Moritz Lazarus

Das Leben der Seele in Monographien über seine Erscheinungen und Gesetze

Moritz Lazarus

Das Leben der Seele in Monographien über seine Erscheinungen und Gesetze

ISBN/EAN: 9783743317758

Hergestellt in Europa, USA, Kanada, Australien, Japan

Cover: Foto ©Thomas Meinert / pixelio.de

Manufactured and distributed by brebook publishing software
(www.brebook.com)

Moritz Lazarus

Das Leben der Seele in Monographien über seine Erscheinungen und Gesetze

Das

Leben der Seele

in Monographien über seine Erscheinungen
und Gesetze

von

Prof. Dr. M. Lazarus.

Dritte Auflage.

Erster Band.

———————

Berlin

Ferd. Dümmlers Verlagsbuchhandlung
Harrwitz und Goßmann

1883.

Vorwort

Die Psychologie ist das edlere, wissenschaftlich gewordene Selbstbewußtsein der Menschheit. Jeder Denkende ist sich seines augenblicklichen inneren Geschehens, seiner Gedanken und Gefühle bewußt, jeder Gebildete strebt darnach, von der Gesammtheit seines inneren Lebens, dem vergangenen und gegenwärtigen, ein deutliches Bild vor dem Seelenauge zu haben, die Wissenschaft aber trachtet darnach, von dem allgemeinen, in allen auch noch so verschiedenen Individuen waltenden, geistigen Thun und Schaffen, von allen Vorgängen und Ereignissen im Reiche der Seele, von allen Richtungen und Strebungen des Gemüths die Kenntniß zu sammeln. — Sich in die Tiefe seines eigenen Innern zu versenken, den Gehalt seines eigenen Lebens und Daseins zu erkennen, ist eine Arbeit des Geistes, welche, sicherer als jede andere, ihren Lohn in sich selber trägt. An der Schönheit eines herrlichen Gebäudes erfreut sich jedes Herz; die wunderbare Harmonie und das herrliche Maß der menschlichen Gestalt auch nur in Marmor zu sehen, ist eine wohlthuende Befriedigung, entzückend aber ist's für jede Schöne,. ihre eigene Schönheit im Spiegel zu schauen; in dem Leben der Seele aber walten Maß und Gesetz, eine Fülle der Formen und ein Reichthum von Gestalten, wie nirgends in der Körperwelt und die Psychologie ist der Spiegel der Seele, darin jede ihre eigene und ihre allgemeine Schönheit erschauen kann. Aber nicht blos ein voll= ständiges Bild des Seelenlebens, nicht blos die Kenntniß, sondern auch die Erkenntniß und das Verständniß desselben soll die Psychologie enthalten, sie soll nicht blos Thatsachen, sondern auch Ursachen aufzeigen, die Erscheinungen nicht blos darstellen, sondern erklären. Eine Erscheinung erklären heißt aber ihre Bedingungen oder das Gesetz ihrer Entstehung nach= weisen. Seit Aristoteles hatte die Psychologie nur jener erst= genannten Aufgabe nachgestrebt und nichts Anderes gesucht und gefunden, als eine Aufzählung und Classification der ver= schiedenen Arten innerer Thätigkeit, denen man eben so viele und verschiedene Kräfte unterlegte. Erst Locke und Leibniz haben eine genauere Beobachtung und Untersuchung des con= creten Einzelnen im Seelenleben unternommen, aber schon in der Wolffischen Schule liegt das neuangebaute Feld wieder brach. Zu Anfang dieses Jahrhunderts ist die Psychologie als eigentliche Wissenschaft ins Dasein getreten; mit der Frage nach den Gesetzen des Seelenlebens hat Herbart ihr ein un= erschütterliches Fundament bereitet, hat er die Bahn ver= zeichnet, auf welcher allein sie fortschreiten, das Ziel, zu welchem sie gelangen kann. Er hat es versucht eigentliche, strenge, und zwar mathematische Gesetze der geistigen Thätigkeit aufzustellen, und mit Hülfe der Beobachtung, Speculation und des mathematischen Calculs hat er eine Statik und Mechanik des Geistes geschaffen, welche der Mechanik des Himmels nicht nur an die Seite zu setzen, sondern nach ihrer Bedeutung für das menschliche Wissen so weit vorzuziehen, als unsere Seele uns näher ist, denn die Sterne des Himmels, und als der bewußte Geist höher steht, denn die Natur.

Seit Herbart ist die Psychologie als Wissenschaft aus den Kinderjahren herausgetreten und befindet sich vielleicht gerade zu unserer Zeit in dem Jünglingsalter blühendster und gedeihlichster Entwicklung; in und an derselben mitzuarbeiten, ihre Früchte zu erwerben, zu genießen und fortzupflanzen, ist der ernsteste Beruf und die reinste Freude; an beiden aber je nach seiner Fähigkeit Theil zu nehmen, dazu seien die Schranken für Alle geöffnet.

Aus diesem Grunde habe ich den vorliegenden Monographieen eine freiere, von dem Schulzwang entfesselte und der gebildeten Welt zugängliche Form gegeben und sie als einen Beitrag zur Förderung höherer Bildung behandelt; obwohl der eigentlich wissenschaftliche Inhalt derselben ursprünglich keine andere Bestimmung hatte, als manche Lücken in der bisherigen Psychologie auszufüllen, allgemeine psychische Erscheinungen, welche theils noch gar nicht, theils nur beiläufig behandelt waren, zur Darstellung zu bringen und auf die betreffenden psychologischen Gesetze zurückzuführen. Daß durch Hervorhebung und Erforschung früher unbeachteter und unbearbeiteter Erscheinungen auch die Gesetze jederzeit klarer und fester erkannt, zuweilen aber abgeändert und berichtigt, oder auch neue entdeckt werden, versteht sich von selbst.

In wie fern es möglich sei, beide Zwecke zu vereinigen, namentlich über den Vorzug der monographischen Form und ihre Tauglichkeit eine vollständige Psychologie für die gebildete Welt darin zu kleiden, überhaupt über die Absicht und Anlage des vorliegenden Werkes habe ich mich in dem, gleichzeitig zur Einleitung dienenden, ersten Aufsatz, Seite 91 bis 96, des Näheren ausgesprochen, wo es nach vorhergegangener Erörterung über das Verhältniß von Bildung und Wissenschaft klarer und kürzer geschehen konnte.

Von meinen Fachgenossen, den Psychologen, darf ich erwarten, daß sie es sich werden gefallen lassen, den Erfolg wissenschaftlicher Forschung in dem Gewande einer freieren Form zu finden; den gebildeten Leser aber, vor Allem die Leserin bitte ich zu bedenken, daß, ob ich es gleich an Mühe und Eifer nicht habe fehlen lassen, schwere Begriffe in erleichternde Worte zu fassen, es dennoch immer unmöglich ist, den Inhalt dieser Blätter wahrhaft zu begreifen und in sich aufzunehmen, wenn nicht eine zulängliche Aufmerksamkeit und Anstrengung meiner Absicht entgegenkommt. Philosophische und insbesondere psychologische Forschungen können zwar durch stetige, wohlüberlegte Hinweisung auf die eigenen inneren Erfahrungen des Geistes so klar und deutlich gemacht werden, daß sie der Denkfähigkeit jedes Gebildeten zugänglich sind; die Darstellung derselben aber kann den Leser nie der Mühe selbsteigener Denkthätigkeit überheben; der Autor kann ihn nur führen, nicht tragen, und der Leser darf nicht blos zuschauen, um zu sehen, wohin man kommt, er muß mitgehen, um selber ans Ziel zu gelangen. Keine Hemmung des Verständnisses aber ist so groß, als die voreilige Kritik einzelner Gedanken; möge daher des Kritikers Pflicht und des Lesers Vortheil die Bitte unterstützen, über einzelne Sätze nicht zu urtheilen, als bis das Ganze, zu dem sie gehören, gelesen und durchdacht ist.

Wo diese Bitte erfüllt wird, da bin ich der Zuversicht, nicht vergeblich gearbeitet zu haben, weder für die Erforschung psychologischer Wissenschaft, noch für die Verbreitung psycho= logischer Bildung, ob auch Vieles, was hier zuerst gelehrt wird, einst noch weit vollkommener und deutlicher zur Er= kenntniß gebracht werden mag.

Berlin, den 15. October 1855.

Der Verfasser.

Vorwort

zur zweiten Auflage.

Seit etwa fünf Jahren ist die erste Auflage dieses Werkes vergriffen; es erscheint jetzt in erweiterter Form. Aus vieljährigen Beobachtungen ist Mancherlei eingefügt, so weit dies geschehen konnte, ohne den ursprünglichen Bau der Monographieen zu zerstören. Vermehrt ist diese Auflage durch eine Abhandlung aus dem Gebiete der Völkerpsychologie, deren erste Grundlegung damit einem weiteren Kreise gebildeter Leser zugänglich gemacht werde.

Berlin, den 1. November 1875.

Der Verfasser.

Vorwort
zur dritten Auflage.

———

Der Text des Buches ist für den neuen Abdruck genau revidirt; Aenderungen aber, welche nicht durch eigene oder fremde Forschungen dringend veranlaßt waren, habe ich vermieden und die nothwendigen auf das Knappste bemessen.

So konnte denn auch fast durchgehends die Seitenzahl der zweiten Auflage beibehalten und damit der schuldigen Rücksicht auf die Leser der Werke gedient werden, in denen sie citirt ist. Deshalb haben auch die mancherlei neue litterarische Hinweisungen in einem besonderen Anhang ihre Stelle gefunden.

Berlin, den 1. October 1883.

Der Verfasser.

Inhaltsverzeichniß.

I.

Bildung und Wissenschaft S. 3—123.

II.
Ehre und Ruhm S. 127—228.

III.

Der Humor

IV.
Ueber das Verhältniß des Einzelnen zur Gesammtheit
S. 323—411.

Bildung und Wissenschaft.

In jedem einzelnen Falle wird jeder Gebildete ein bestimmtes, wohl auch richtiges Urtheil darüber haben: ob dieser oder jener Mensch seinesgleichen ist oder zu den Ungebildeten gezählt werden muß, ob diese oder jene Handlung eines Gebildeten würdig oder unwürdig ist; selbst über den Grad und Werth der Bildung eines Andern ein entschiedenes und schnelles Urtheil zu fällen, wird fast Jeder sich zutrauen. — Wenn aber die Frage aufgeworfen würde, was ist Bildung? dann dürfte sich leicht, wir wollen nicht sagen eine gewisse Verlegenheit, aber doch gewiß die Veranlassung zu einer längeren Unterredung herausstellen; man würde die eine und andere Bestimmung anzunehmen sich geneigt, manche aber wieder aufzugeben sich genöthigt finden, verschiedene Momente würden auf= und zurücktreten, ehe des Begriffes Kern sich aus seiner mannigfaltigen Anwendung im Leben herausschälen ließe, kurz, es würde eine eigentliche Untersuchung nothwendig sein, um das in seinem inneren Wesen zu erkennen, was man doch zu kennen vermeinte und in der Anwendung wirklich kennt. Für diese Untersuchung hier einige leitende Gesichtspunkte zu finden, wird demnach Manchen hoffentlich willkommen sein. — Was ist Bildung? Den Bauern, den Arbeiter, den gemeinen Handwerker nennen wir Ungebildete! ihnen fehlt die geordnete Pflege des Geistes, jede nachhaltige Erhebung über den Boden des

1*

materiellen Lebens. Aber welche Art von Pflege des Geistes macht den Menschen zu einem Gebildeten? Wir reden von gebil= deten Kreisen; in diesen werden Künste und Wissenschaften ge= trieben, genossen, besprochen, — gepflegt. Sind es Kunst und Wissenschaft, welche die Bildung ausmachen? Doch nicht unbe= dingt; dieser Mann ist sehr gelehrt, aber es fehlt ihm dennoch an — Bildung; dagegen jenen Handwerker, der keine Wissenschaft treibt und kennt, keine Kunst übt und pflegt, selbst diesen und jenen Bauern nennen wir einen in seiner Art Gebildeten. — Von den Frauen zumeist fordern wir Bildung, aber ihre Be= schäftigung mit den Wissenschaften erscheint den Männern min= destens unnöthig, oft auch unangemessen und meist unangenehm. Mancher Dorf= und Volksschullehrer ringt eifrig und mit Erfolg, mancher eitel und vergeblich, zu den Gebildeten zu gehören oder wenigstens gezählt zu werden; von einer Bildung des Herzens ist sonst, zumal im Anfange des Jahrhunderts und seit der Blüthezeit der Nationalliteratur in guten Kreisen oft und viel die Rede gewesen; jetzt hört man davon wenig; nur bei jenen kleinstädtischen Freundinnen Schiller's, welche durch französischen Putz und englische Romane den Anspruch auf Bildung erwerben, dient sie als Trost, wenn sie das vermeint= liche Unglück haben, einen reichen aber ungebildeten Mann zu heirathen; da bedeckt man alle Mängel mit dem Mantel der — Herzensbildung und kommt dem gefürchteten Beileid der Ge= spielinnen zuvor mit dem — „aber er hat viel Herzens= bildung". Wenn wir einmal das Historische berühren, um den Fragepunkt genauer zu fixiren, so sei hier sogleich bemerkt, daß der Begriff der Bildung im engeren Sinne überhaupt noch gar nicht sehr alt sei; daß er in seiner specifischen Bedeutung, in welcher er bei uns Deutschen gedacht wird, bei den übrigen Nationen als ein einziger Begriff nicht vorhan=

den zu sein scheint, da ein congruentes Wort zu seiner Be=
zeichnung in allen neueren Sprachen fehlt; die Elemente des=
selben erscheinen hier anders gemischt und enthalten bald mehr,
bald weniger, als unser Wort aussagt; gewiß aber ist, daß
ihn die alten Völker, auch die classischen, nicht gekannt noch
gebraucht haben, daß ihnen der Begriff und das Wort, großen=
theils auch die Sache gefehlt hat.*)

---

*) Seit dem Erscheinen der ersten Auflage dieses Werkes, also in den
letzten zwanzig Jahren haben sich die Zustände des öffentlichen Geistes bei
uns sehr wesentlich geändert. Nicht so als ob der specifische Begriff der
Bildung, also das Wort, aus dem Wörterbuche der Gegenwart schon zu
streichen wäre; aber doch so, wie es mir scheinen will, daß der Begriff heute
unter uns nicht entstehen, die besondere Bedeutung des Wortes nicht aus=
gebildet werden würde. Die Untersuchung gewinnt dadurch ein neues ein=
flußreiches Interesse sowohl für die nationale Pädagogik als insbesondere für
die Nationalpädagogik. Unter dieser letzteren verstehen wir, im Unterschiede
von jener, welche die besondere Art, Methode und den Grad der Erziehung,
die in einem Volke den Einzelnen zugewendet wird, vielmehr die auf die
Gesammtheit des, ob auch vielfach gegliederten, doch einigen Volksganzen
gerichtete Erziehungskunst. Beide verhalten sich zu einander wie Völker=
psychologie und individuelle Psychologie. Aus jener ergeben sich Betrach=
tungen und Aufgaben für die Erziehung, welche diese kaum gelegentlich be=
rührt hat.

Obgleich jedes Volk nur aus Einzelnen besteht, so ist doch die Erziehung
eines Volkes eine ganz andere Sache als die Erziehung von Einzelnen.
Der Sinn und die Wahrheit dieses Satzes wird hoffentlich aus der letzten,
diesem Bande hinzugefügten Abhandlung über das Verhältniß des Einzelnen
zur Gesammtheit vollkommen klar werden.

Sehr lichtvolle Bemerkungen zur Geschichte der specifisch deutschen
Bildung hat inzwischen Dr. F. Schröder, Oberschulrath, (in einem Vortrage
über die moderne Bildung in ihrer geschichtlichen Entwickelung, Rostock 1862)
geliefert. Wie er aber mit seinen meist sehr treffenden Anschauungen über
die Vergangenheit und das Werden der deutschen Bildung seine Ansichten
über die Gegenwart und Zukunft derselben vereinigen kann, dies zu begreifen
ist eine psychologisch eben so interessante wie schwierige Aufgabe.

Das Vorzüglichste zur Geschichte der modernen und der individuellen
Bildung überhaupt findet man bei Jacob Burckhardt „Cultur der Renaissance
in Italien" im 2. Abschnitt. S. 136 heißt es dort im besonderen: „Ein
sehr geschärfter culturgeschichtlicher Blick dürfte wohl im Stande sein, in

Der Begriff erscheint demnach einerseits eben so eng be=
grenzt und in sich bestimmt, als andererseits seine Anwendung
unbegrenzt und unbeschränkt ist. Die Beantwortung unserer
Frage muß daher möglich sein; sie ist es in der That, wenn
die Frage darauf gerichtet wird, welche Bestimmungen in dem
Begriff der Bildung enthalten sind, aus welchen Elementen
sie besteht, die bei ihrer Trennung und Vertheilung auch eine
verschiedene Anwendung zulassen. Es versteht sich dabei von
selbst, daß der Begriff oder vielmehr das Wort in der Um=
gangssprache hie und da auch wohl falsch angewendet oder
in einzelnen Fällen metaphorisch gebraucht wird, daß wir ihn
also auch nicht bis dahin verfolgen werden, ihn in allen Ver=
bindungen, in denen er möglicherweise vorkommt, wieder zu
erkennen; aber auch daß dies nicht hindern könne, den wahren
Inhalt des Begriffs in dem vollen Umfang seiner eigentlichen
Bedeutung zu erforschen.

Ausdrücklich hervorgehoben zu werden verdient es, daß
man auch von der Bildung eines Volkes redet; hier aber hat
das Wort eine ganz andere Bedeutung, als wenn von eines
Einzelnen Bildung im eigentlichen und engsten Sinne gesprochen
wird. Daß die Römer und Griechen zu den gebildeten
Nationen gehören, wird Niemand leugnen wollen. Unter
der Bildung eines Volkes versteht man die Summe seines

15. Jahrhundert die Zunahme völlig ausgebildeter Menschen schrittweise zu
verfolgen. Ob dieselben das harmonische Ausrunden ihres geistigen und
äußeren Daseins als bewußtes, ausgesprochenes Ziel vor sich gehabt, ist
schwer zu sagen; Mehrere aber besaßen die Sache, so weit dies bei der
Unvollkommenheit alles Irdischen möglich ist." Der Charakter des In=
dividuellen in dem specifischen geistigen Zustand der Bildung wird dort
deutlich (vgl. S. 131 a. a. O. und 137) bezeichnet durch die Ausdrücke
„uomo singolare, uomo unico"; und aus der hier folgenden Entwicklung
wird klar werden, wie und weshalb dieser zugleich l'uomo universale sein
kann.

gesammten geistigen Lebens, seine Bestrebungen und Leistungen in Kunst und Wissenschaft, seine Sitten und Gebräuche; und der Grad der Volksbildung wird gemessen, theils nach der Anzahl und dem Werthe der Producte des geistigen Lebens und aller inneren Thätigkeit, theils nach der ungefähren An= zahl aller derer, welche eben diese Producte hervorgebracht, welche um die Erzeugung und Erhaltung der öffentlichen Bil= dung sich verdient gemacht haben. Diese Individuen aber, welche die allgemeine öffentliche Bildung repräsentirt und da= zu beigetragen haben, sind selbst nicht im engeren Sinne Gebildete, sie waren Gelehrte, Künstler, Gesetzgeber, Staats= männer, aber nicht blos und nicht immer Gebildete; so ist also in Bezug auf eben dieselben Werke und Manifestationen der Bildung der Begriff derselben doch ein gänzlich verschie= dener, wenn von dem Volke und wenn von den Einzelnen geredet wird. Noch wesentlicher ist es, daß die öffentliche oder Nationalbildung aus sehr wichtigen Elementen besteht, welche gar nicht das Werk der Einzelnen und schlechterdings Allen gemeinsam sind; es sind dies Elemente des Volksgeistes, den wir, mit anderen Volksgeistern verglichen, einen gebildeten nennen, wie z. B. Sitten, Religion, Weltanschauung und ins= besondere die Sprache, welche der Spiegel von dem Allem ist; ein Volk kann eine sehr entwickelte, eine im höchsten Sinne gebildete Sprache besitzen; sie wird das Zeichen und Zeug= niß sein, daß die Nation eine gebildete ist; aber der Ungebildete und der Gebildete, der Unwissendste und der Gelehrteste reden dieselbe Sprache;*) so sehr ist Bildung in Bezug auf ein

---

*) Obgleich der Gebrauch, welchen der Gebildete von seiner Sprache macht, von dem des Ungebildeten sehr verschieden ist, so kann doch weder der Gebildetste in einem Volke von niederer Sprachbildung den wesentlichen Charakter seiner Sprache sehr erheben, noch auch der Ungebildete, der einer

Volk und auf ein Individuum etwas Verschiedenes. Die
Sitten einer Nation können als Ausdruck der Volksindivi=
dualität und im Vergleiche mit anderen gebildete sein, aber
der Einzelne, der die Sitten übt, zeigt darin eben noch nicht
Bildung, sondern nur Sittlichkeit, Sittigkeit.

Einem Volksgeiste oder einem Volke können daher alle
Merkmale der Bildung zukommen, welche sich im Laufe unserer
Betrachtung als solche ergeben werden, ohne daß irgend wie
daraus folgt, daß die Einzelnen dieses Volkes eigentliche Ge=
bildete sind.

Unsere Betrachtung wendet sich ausschließlich der indivi=
duellen Bildung zu, oder derjenigen, welche im engeren und
eigentlichen Sinne so genannt wird.

Der Inhalt und das Wesen der Bildung ist kein einfaches,
es sind mehrere und verschiedene Elemente, welche zusammen
genommen das Ganze des Begriffs ausmachen und ihn er=
schöpfen. Diese mehreren Elemente gehören sogar verschie=
denen Sphären des geistigen Lebens an, und dahingestellt, ob
diese verschiedenen Sphären oder wenigstens jene Elemente
sich auf eines zurückführen und aus diesem allein ableiten
lassen möchten, so wird unsere Betrachtung doch dann an
Klarheit gewinnen, wenn wir sie mit Rücksicht auf jene Ver=
schiedenheit anordnen und jedes Element nach der eigenthüm=
lichen Sphäre, der es angehört, gesondert zur Darstellung

---

hochentwickelten Sprache angehört, den Bildungsgrad derselben verwischen.
Man hat berechnet, daß der Sprachschatz eines Kohlenarbeiters nicht mehr
als etwa 500 Wörter umfaßt, der einer guten englischen Zeitung sich auf
6 bis 8000 erhebt, während das Wörterbuch Shakespeare's gegen 15,000
Wörter enthält. Dennoch wird der Sprachforscher in der Sprache des
Arbeiters alle oder wenigstens fast alle wesentlichen d. h. psychologisch
charakterisirenden Merkmale des Englischen ebenso wieder erkennen, wie in
der unvergleichlich süßen, starken und tiefen Rede Shakespeare's.

bringen. Bildung bezeichnet zunächst einen gewissen Zustand und Entwicklungsgrad der Intelligenz, eine bestimmte Art der Erhebung des Geistes über seine primäre und ohne erziehliche Pflege gewonnene Natur- und Lebensanschauung, eine Erfüllung des Gemüthes mit solchen Gegenständen der Erkenntniß, welche über die unmittelbaren und natürlichen materiellen Lebensbedürfnisse hinausgehen. Dies sind jedoch allgemeine Bestimmungen, welche von jeder Art des im höheren Sinne geistigen Lebens gelten; welcher Grad und Zustand der Intelligenz aber das Eigenthümliche dessen, was man Bildung nennt, ausmacht, welche Art von Erhebung und Erfüllung des Geistes darunter zu verstehen ist, werden wir am besten zur Klarheit bringen, wenn wir sie im Unterschied von anderen Arten geistigen Lebens und von Entwicklung der Intelligenz und zwar insbesondere im Gegensatz zur Wissenschaft betrachten. — Sodann bezeichnet der Begriff der Bildung eine bestimmte Weise des menschlichen Handelns, Betragens und Benehmens; vornehmlich von dem Gebildeten verlangen wir Erfüllung dessen, was die Sittlichkeit vom Menschen fordert; Bildung wird als eine eigenthümliche Quelle der Sittlichkeit und ein eigenes Motiv der Gesinnung angesehen, zugleich aber erheischt sie in Bezug auf unsere praktische Erfüllung des menschlichen Berufs Mancherlei, was der bloßen Ethik und Religiosität fremd oder gleichgiltig ist. Dieses zweite Element der Bildung wird am besten durch den Unterschied derselben von der Sittlichkeit beleuchtet werden.

Endlich enthält die Bildung eine besonders innige Beziehung und Verbindung mit der Schönheit; man setzt bei jedem Gebildeten nicht blos eine starke und regsame Empfindung, sondern auch eine beziehungsweise Darstellung des Schönen voraus, man fordert wenigstens bestimmt, daß in

und an ihm nichts Unschönes, selbst um ihn nichts den ästhe=
tischen Sinn Verletzendes zur Erscheinung komme. In wie fern
und weil hier das Aesthetische nicht blos in Beziehung auf
Kunst, sondern eben so sehr und noch mehr in Beziehung auf
natürliche Lebens= und Gesinnungsschönheit zur Anwendung
kommt, werden wir unser Augenmerk zu richten haben auf
die Bildung in ihrer Verbindung mit dem Schönheitssinn
überhaupt.

Unsere ganze Betrachtung theilt und ordnet sich demnach
dergestalt, daß wir zu entwickeln haben:

in Bezug auf die Intelligenz
den Gegensatz von Bildung und Wissenschaft;

in Bezug auf die praktische Thätigkeit
den Unterschied von Bildung und Sittlichkeit;

endlich in Bezug auf Aesthetik des Lebens
die Verbindung von Bildung mit dem Schönheitssinn.*)

---

*) Nur der erste der genannten drei Theile ist die Absicht dieser Ab=
handlung, die beiden letzten aber werden wir nur um das Gesammtwesen
der Bildung zur Anschauung zu bringen, ergänzungsweise flüchtig skizziren.

Der Gegensatz von Bildung und Wissenschaft

tritt am entschiedensten und deutlichsten hervor in der Verschie=
denheit ihres Zweckes. Der Beginn unserer Betrachtung aus
diesem Gesichtspunkt ist um so mehr gerechtfertigt, als aus
dem Zweck sich jede andere Bestimmung ergeben muß.
Der Zweck der Bildung ist wesentlich i n d i v i d u e l l, er
erfüllt sich ganz und ausschließlich innerhalb des Individuums,
die Bildung eines Menschen hat keinen anderen Zweck, als
daß er eben gebildet sei. Die Bereicherung und Entwicklung,
überhaupt Bethätigung des Geistes, in wie fern sie nur darauf
gerichtet ist, den Zustand der Bildung zu erreichen, hat keinen
allgemeinen oder objectiven d. h. außer der Person selbst
liegenden, noch auch einen praktischen Zweck. Hierin ist sie
der Wissenschaft ganz entgegengesetzt. Der Zweck jeder wissen=
schaftlichen Thätigkeit ist a l l g e m e i n. Das Mitarbeiten an
einer Wissenschaft, sei es lernend oder lehrend, sei es schöpferisch
oder nur sammelnd, hat einen allgemeinen über die Person
des Mitarbeiters hinausgehenden Zweck, nämlich die Wissen=
schaft selber. Wenn Jemand sich wissenschaftlich beschäftigt, so
handelt es sich nicht um die Entwicklung des Individuums
um seiner selbst willen, daß es ein wissenschaftlich erfülltes sei,
sondern um seine Entwicklung zu einem Gliede in der Gemein=
schaft der Wissenden. Erst in der jedesmaligen Anzahl und

dem Maße der Thätigkeit derer, die sich mit der Wissenschaft beschäftigen, liegt die eigentliche objective R e a l i s i r u n g der Wissenschaft; an sich ist die Wissenschaft zwar auch außer jedem einzelnen Individuum vorhanden, objectiv; aber sie schwebt gleichsam nur über und zwischen den Individuen, sie hat da nur eine ideale Gestaltung und Wirklichkeit (Objectivität), allererst in den sie wirklich denkenden und wissenden Individuen ist sie jederzeit real vorhanden, hier hat sie objective Realität. Selbst in den Monumenten der Wissenschaft, den Büchern, Karten, Instrumenten ꝛc., worin sie doch wirklich vorhanden und aufgehoben zu liegen scheint, ist sie in der That nur als die M ö g l i c h k e i t gewußt zu werden; sie ist darin nicht anders als die Naturwissenschaft im Buche der Natur, ein Buch, das gelesen werden muß, um ein Buch zu sein. Also nur in der ununterbrochenen Folge der Wissenden lebt in Wahrheit die Wissenschaft. Hier liegt die Würde des wissenschaftlichen Berufs, hier auch der Unwerth des rein persönlichen und sub= jectiven, meist eitlen Dilettantismus, hier endlich die Schmach der literarischen Krämer, deren Geist ganz der Leihbibliothek gleicht, wo die Werke der Wissenschaft erworben und aus= geliehen werden — um den Lesegroschen. — Sodann hat jedes Einzelnen Arbeit in und an der Wissenschaft den Zweck, daß er wenigstens möglicherweise den Fortschritt derselben bewirken, außerdem die Weitervererbung durch einfaches Lehren besorgen kann. Auch die Kunst hat in ihrer schöpferischen Thätigkeit einen gleich allgemeinen Zweck, der aber mehr ob= jectiv d. h. in der Sache und außer den Personen erreicht wird; weniger als das Buch des Lesers bedarf das Kunstwerk des Zuschauers, wobei natürlich nur von den plastischen Künsten die Rede ist, im Unterschiede von Musik und Poesie. Der Buchstabe ist todt, das Kunstwerk hat ein eigenes Leben; das

Buch) sezt Verständniß v o r a u s, wenn es Medium des Wissens werden soll, das Kunstwerk, oder noch besser die Kunstwerke schaffen großentheils das Verständniß für sie, machen sich selbst verständlich. Dies sind indessen immer nur Unterschiede des Grades. Alle Verbindungen der Begriffe Kunst und Wissen= schaft, wie Politik als Staats=Kunst und =Wissenschaft, Religion als Theologie und Kirchendienst und =Lehre u. dgl. m., haben allgemeinen und objectiven Zweck, objectiv im Nationalgeist als Institutionen, als ethische, religiöse u. s. w. Zustände.

Der Vollständigkeit wegen erwähnen wir noch, daß es außer den beiden Arten von Wissenschaften, die auf allgemeine und objective Zwecke gerichtet sind, noch andere gibt, welche nicht wie diese rein in der Sphäre des geistigen Lebens ver= harrend, auch auf das materielle sich erstrecken und darum vorzugsweise praktische genannt werden. Naturwissenschaft in ihrer Anwendung auf Industrie, Meßkunde und Meßkunst, Medicin als Heilkunde und Heilkunst, Jurisprudenz als Rechts= kunde und Rechtsübung. Diese zeichnen sich dadurch aus, daß sie zugleich ins äußere Leben eingreifend und i n d i v i d u e l l wirksam, also im engeren Sinne praktisch sind, während Staats= kunst, öffentliche Religion u. dgl. nur objective geistige Zustände darstellen und befördern; mittelbar aber können selbst diese und sogar Philosophie und Astronomie (die zur reinen Wissen= schaft gehört) praktisch werden. — Die Wissenschaften also, wie die eigentlichen und wissenschaftlichen Künste haben und verfolgen sämmtlich in ihrer Ausübung allgemeine und ob= jective zum Theil auch praktische Zwecke, die Bildung aber, wiewohl sie gleicherweise geistige Thätigkeit und Entwicklung bezeichnet, ist mit ihrem Zwecke persönlich abgeschlossen, auf das Individuum beschränkt und in ihm allein erfüllt.

Während so die Bildung und Wissenschaft einerseits gänz=

lich verschieden, finden wir sie andererseits doch in sehr inniger Verbindung mit einander. Zunächst offenbart sich bei näherer Betrachtung das Verhältniß, daß der gesammte Stoff und Inhalt der geistigen Thätigkeit, welche die Bildung ausmacht, nur aus der Wissenschaft (und den Künsten) entnommen ist; die Bildung ist nicht für sich schöpferisch, sondern wesentlich aufnehmend, passiv; jeder eigentliche Fortschritt des öffentlichen Geistes, jede Erweiterung und Erhöhung seines Gehaltes, welche durch ein Individuum bewirkt würde, wird nimmer seiner Bilduug als solchen, sondern der Kunst oder Wissenschaft in ihm zugezählt.

Wie verhält sich nun die Bildung zur Wissenschaft bei der völligen Verschiedenheit ihres Zweckes und der völligen Gleichheit ihres Inhaltes?

Wie der Zuschauer zur Kunst, der Gläubige zur Kirche, so verhält sich der Gebildete zur Wissenschaft. — Die Denker und Gelehrten arbeiten, die Gebildeten genießen die Wissen= schaft, die Gelehrten sind die Priester der Wissenschaft, die Gebildeten sind die Gemeinde der Gläubigen; — was nicht ausschließt, daß ein Laie oft mehr von der wahren Gottes= gelahrtheit verstehen mag, als sein Beichtvater. Die Wissen= schaft ist die Darstellung und Entfaltung des Nationalgeistes nach der Einen Richtung, der des Wissens; ihr Werth und ihr Wesen, ihr Leben und Zweck beschränkt sich daher fernab nicht auf eine zünftige Anzahl von Individuen; die Wissen= schaft ist nicht für die Gelehrten, sondern die Gelehrten sind für die Wissenschaft da, sie lebt in jenen und beherrscht sie zugleich; aber die Wissenschaft ist auch nicht für sich selber da, sie ist nur Theil und Glied in dem Organismus des Nationalgeistes — weiterhin des menschheitlichen Geistes. Die Wissenschaft und ihre Diener, die Gelehrten, sie arbeiten nur für ihre Nation, für die Erhaltung und Erhebung des nationalen Geistes, sie sind thätig, um die Quellen ihrer Lebenssäfte dem öffentlichen Gesammtgeist zuzuleiten und ihn zur Blüthe zu bringen. Die Gebildeten einer Nation sind es zuerst und vor= zugsweise, welche das auf dem Gebiete der Wissenschaft für den öffentlichen Geist Errungene und Erworbene aufnehmen, und darum ist es nicht gleichgiltig, ob eine größere oder ge= ringere Anzahl von Gebildeten die Wissenschaft oder deren fertige Resultate sich aneignet. Die Höhe und Würde des Nationalgeistes bestimmt sich nicht blos nach dem Inhalt des Gewußten (in der Wissenschaft), sondern zugleich nach dem Umfang der Gebildeten; die Böotier bleiben Böotier, die Abderiten Abderiten, auch wenn jene einen Pindar, diese einen Demokrit besitzen. Nicht die Priester machen die Kirche aus; sie können es nur in der innigsten Gemeinschaft mit den Gläubigen; so machen nicht die Gelehrten den wissenschaftlichen Nationalgeist aus, sondern nur die ganze Anzahl der durch Wissenschaft Gebildeten. Auch die Kunsthöhe eines Volkes ist nicht blos nach den Künstlern, sondern nach den Kennern und Gönnern zu messen. An dem Baume der Erkenntniß, der auf dem Boden eines Nationalgeistes emporwächst, ist die Wissen= schaft selbst den innersten Triebkräften vergleichbar, welche saugend und säugend die Säfte aus den quellenden Tiefen emporheben und umgestaltet in alle Zweige emporsenden; der Stamm sammt den Wurzeln sind die dauernden Träger der Wissenschaft, die Gelehrten; das frische, sichtbare schöne und duftende Leben des Baumes aber in Blatt, Blüthe und Frucht, das ist die allgemeine Bildung, welche jenen entkeimt.

Man kann von der Selbstständigkeit des Wissens und der Wissenschaft, sowohl den Bildungs= als auch den praktischen Zwecken gegenüber nicht hoch genug denken, man kann den selbstständigen und absoluten Werth der Wissenschaft nicht zu hoch schätzen. Wenn sich aber neuerdings Stimmen gegen die Verbreitung der Wissenschaft unter den Gebildeten und gegen den hiezu geeigneten Vortrag derselben erheben, dann schießen sie weit über das Ziel. Die Wissenschaft selbst darf an Strenge und Tiefe um keines Zweckes willen eine Einbuße erleiden; die Abschließung ihrer Arbeit von einer vorzeitigen und voreiligen Verbreitung ist ihr Recht und ihre Pflicht. Es ist aber auch dafür gesorgt, daß der mathematische Calcul, langandauerndes Untersuchen, tiefgehende Forschungen nicht auf den weiten Markt gebracht werden.

Die Meinung aber, welche den Werth und das Wesen des Wissens in einer völligen und inselhaften Absonderung desselben von der Bewegung des öffentlichen Geistes findet, geht selbst und führt die Wissenden in die Irre. Die wahren Quellen aller Erhebung des Geistes, auch des streng wissenschaftlichen, sind vor ihren Augen verhüllt. Sie entspringen im letzten Grunde doch nur in der Tiefe des gesammten und bei allen mannigfachen Verzweigungen in sich geeinigten Volksgeistes.

Weder möglich noch ersprießlich ist die einsame und isolirte Blüthe der Wissenschaft.

Und das reine Gold verliert nicht an seinem Feingehalt, wenn es aus Barren in edle Formen gestaltet wird, selbst dann nicht, wenn es um dieser Gestaltung willen mit minder edlen Metallen legirt werden muß.

Der objective Werth der Wissenschaft ist durchaus noch verschieden von der persönlichen Bildung der Individuen, welche durch sie erreicht wird und, will man Maßbegriffe auch an ungeeigneter Stelle anwenden, so steht jener objective Zweck der Wissenschaft höher als dieser subjective. Wir werden weiter unten, da, wo von der sittlichen Bildung die Rede ist, das

Verhältniß der persönlichen Ausbildung und der objectiven Leistung schärfer zu prüfen haben; hier aber darf jedenfalls darauf hingewiesen werden, daß wir auch an der Wissenschaft im engeren Sinne, (im Unterschiede von Bildung,) einen objectiven und einen subjectiven Zweck und Werth unterscheiden müssen, insofern jener in der Erzeugung der Wahrheit schlechthin, in der Verwirklichung der Idee der Wahrheit besteht, dieser aber in der Erleuchtung und Bereicherung und Vertiefung der Geister, die an und in ihr arbeiten. Allerdings sollte dieser Gegensatz keine reale Geltung erlangen, sollte er, als ein ächt speculativer die nothwendige und unvermeidliche Einheit beider bei entsprechendem Denken einschließen; aber thatsäch= lich denken die Menschen nicht speculativ, sondern abstract, haften auch, wo sie aufgelöst werden sollten, an den Dissonanzen, und so kann man in Bezug auf unsere Frage nicht blos Personen genug, sondern ganze Epochen und Völker finden, in denen entweder nur die persönliche Ausbildung oder die objective Leistung ins Auge gefaßt wird; ein Unterschied, der auf die Methoden und erziehlichen Einrichtungen einen tiefgreifenden Einfluß üben muß.

Die ethische Natur des Gegensatzes hat Lotze vortrefflich beleuchtet.

„Sich selbst auszubilden und aus sich einen vollkommenen Menschen zu machen, mag allerdings leicht als der Inbegriff aller menschlichen Aufgaben erscheinen; nichtsdestoweniger werden wir doch zugeben müssen, daß dieser Sinnesart, die theils mit instinctiver Unbefangenheit, theils mit doctrinärem Selbstbewußtsein nur das eigene Wesen zu einem plastisch schönen Ganzen auszugestalten sucht, das eine Element der Sittlichkeit, die Hingebung und Selbstaufopferung fehlt. Und diese Bemerkung gilt keineswegs blos der sogenannten gesunden

und naturwüchsigen Sinnlichkeit gegenüber, die mit den physi=
schen Gaben der Organisation prunkend im Grunde nicht weiter
kommt, als ein vorzügliches Exemplar des naturgeschichtlichen
Gattungsbegriffes der Menschheit herzustellen; sondern als ein
Egoismus feinerer Art muß doch auch jene bestechende Selbst=
erziehung gescholten werden, welche zwar überall das Gute
und Edle sucht, aber doch nur darum, damit alle Ornamente
der Tugend sich an dem besonders lieben Punkte vereinigen,
den wir unser Ich nennen. Alle Pflichten, die diese Gesinnung
sich selbst auferlegt, erscheinen ihr als Pflichten, die sie auch
nur gegen sich selbst zu erfüllen hat; die Würde der eigenen
Persönlichkeit ist der Zweck, dem jede Anstrengung des Lebens
gewidmet wird. Man kann nicht sagen, daß die andere Sinnes=
art, die wir dieser entgegensetzten, nicht zur Erfüllung derselben
Aufgaben gelangte, aber indem sie nicht zunächst auf dieses
Ziel, sondern selbstverleugnend und selbstvergessen auf die all=
gemeine Verwirklichung des Guten in der Welt ausgeht, fällt
ihr mehr als eine nebenher reifende Frucht das Bewußtsein
ihrer persönlichen Würde zu. Oder vielmehr weniger das
Bewußtsein derselben als die Gewohnheit ihr gemäß zu fühlen
und zu handeln, und damit auch weniger die Virtuosität der
äußeren ausdrucksvollen Erscheinung, die natürlich dem in
höherem Maße eigen sein wird, der sich selbst als ein zu
höchster Vollendung zu steigerndes Kunstwerk betrachtet. Ein
nützlicher Mensch zu werden und durch den Dienst für das
allgemeine Gute seine Stelle in der Welt zu füllen, ist der
weit prosaischer erscheinende Wahlspruch dieser Gemüthsart
und die eigene Persönlichkeit wird nur als einer der Theil=
nehmer geachtet, die an dem Segen des Allgemeinen sich zu
erfreuen haben. Ueberall wo in einzelnen Zeiten und Nationen
diese Sinnesart überwiegt, sehen wir die Lust an der Arbeit

erwachen, die eben so wohl den Zuständen der Gesammtheit zu gute kommt, als auch in ihren Erzeugnissen der Persönlichkeit des einzelnen ein objectives Abbild gewährt, in dessen charakteristischen Formen er den Werth und die eigenthümliche Phantasie seines Wesens verkörpert sieht. Nicht sich selbst, sondern das, was er geschaffen hat, nicht seine Person, das Erzeugniß des Weltlaufs, sondern den Widerschein, den er von seinem eigenen Wesen durch leibliche und geistige Arbeit und Hingabe in seiner Umgebung hervorgebracht hat, stellt dann der Mensch als das hin, um deswillen er in der Welt mitzählt .. —" (Lotze Mikrokosmus II. S. 399 f. — Beachtenswerth ist auch ein Aufsatz von Hollenberg in Mützell's Zeitschr. für Gymnasialwesen 16. Jahrg. (1862), „Die höhere Aufgabe der erziehlichen Bildung" S. 113 ff.)

Inwiefern es sich um die eben so wohl ethische als speculative Lösung dieses Gegensatzes schlechthin für das Individuum handelt, kann ich nur den Gedanken hier vorweg nehmen, welcher den Schluß meiner Abhandlung über den Ursprung der Sitten bildet: Um ihre eigene Achse kreist die Erde; aber zugleich auch um einen anderen Mittelpunkt bewegt sie sich, um die Sonne. So auch bewegt das irdische Leben des Menschen sich um die Zwecke des eigenen Ich; aber außer der eigenen Ichheit steht die Sonne der Idee, der Zweckmäßigkeit, des Guten. Alle Geister der Menschheit oder zum wenigsten der edlen Stämme derselben bewegen sich gemäß der ursprünglich edlen Natur des Menschengeschlechts nach den Gesetzen einer unauslöschlichen Anziehungskraft um diese Idee des guten Zweckes, um diese Idee, von welcher wir ahnen, daß sie das ganze All der Schöpfung durchdringt, von welcher wir wissen, daß sie das ganze Reich des Menschenthums durchdringen soll.

2*

Aber wie nahe immer verwandt und gleichartig, dennoch im Wesen verschieden ist ein anderer Gegensatz und seine Lösung, der auch oben bei Lotze überall durchklingt, ohne sich deutlich abzusondern. Nicht blos der Person steht die Sache und die Idee, dem Einzelnen das Allgemeine, sondern auch dem Individuum die Gesammtheit gegenüber. Ihr kann die Hingebung, die Selbstverleugnung gelten; nicht den eigenen, sondern ihren Zweck, nicht die eigene, sondern ihre Würde zu erfüllen kann auch die persönliche Bildung wie die sachliche Arbeit gewidmet sein. Dann aber kehrt die Frage nach dem Verhältniß der subjectiven Arbeit und dem objectiven Werk für den Gesammtgeist zurück. Kaum findet hier die Anschauung Platz, daß ein Volk sich zur Menschheit, wie das Individuum zu ihm verhalte, daß auch ein Volksgeist sich als das hinstellt und um deswillen in der Welt mitzählt, was er durch „Arbeit und Hingabe" in seiner Umgebung hervorgebracht. Möchten wir aber auch den Nationalgeist auf einen so erhabenen ethischen Standpunkt stellen, auch ihm von Egoismus reden und im Kampfe gegen denselben Unterordnung und Hingebung für die gesammte Menschheit fordern: den Gedanken des anderen Gegensatzes von persönlichem Schaffen und sachlicher Schöpfung als Zweck werden wir hier kaum vollziehen können. Wohl dem Individuum muthen wir im Unterschiede von der persönlichen Bildung die Arbeit in und an der Sache zu, weil die S a c h e zugleich das A l l g e m e i n e ist. Bei einem Volke aber kann der Schatz des Wissens nicht als eine Sache angesehen werden, deren Werth der Bildung des öffentlichen Geistes, der Erleuchtung und Vertiefung desselben gegenüber steht. Darum hat alles Wissen und alle Wissenschaft vom nationalen Standpunkt betrachtet ihren Werth und ihre Bedeutung nicht an sich selbst, sondern in dem Dienst oder in dem Antheil, welchen sie an der Darstellung und Entwicklung des Gesammtgeistes ausmacht.

In rein psychologischer Beziehung ist noch eine wesentliche Thatsache hervorzuheben, die sich der ethischen Forderung glücklich verbindet: die Hingebung der Person an die Sache, die Herrschaft dieser über jene führt bei weitem sicherer die Gewähr des Gelingens in jeder Arbeit mit sich, während der Erwerb des geistigen Inhalts für die persönliche Bildung auch ohne Vollkommenheit derselben ans Ziel zu kommen meint; die Lebhaftigkeit des Empfangens, das Gefühl des eigenen Wachsthums, kurz die persönliche Befriedigung, die gesucht und gefunden wird, läßt auch leicht einen subjectiven Maßstab für die Quellen derselben aufkommen; leicht erscheint, was wir lieben, auch als liebenswürdig, und als reich und voll, was uns bereichert und erfüllt. Aber nur der wird Meister in der Sache, über den die Sache Meister ist.

In allen Dingen eines öffentlichen Geistes aber ist dieser Gegensatz wohl kaum vorhanden und von einer Herrschaft des objectiven Zwecks oder der Sache über das egoistische Bewußtsein kann nur in dem Sinne geredet werden, daß dies letztere sich überhaupt zurückzieht oder unterordnet.

So ist denn der Zweck der Bildung in jedem Einzelnen zwar individuell, ohne unmittelbare und wirksame Beziehung zum Allgemeinen und Ganzen, und dennoch im innigsten Zusammenhang mit dem allgemeinen Zweck. Das Besonderste schließt sich hier unmittelbar an das Allgemeinste, so wie der Mensch sich unmittelbar an die Menschheit schließt, seinen Zweck und Beruf in ihr sieht, erfüllt und begreift, mehr als in einer engeren Gemeinschaft wie Familie, Gemeinde und Staat, zu welchen er doch eine factische Beziehung hat. Alle Sittlichkeit des einzelnen Menschen, sie mag sich nun auf in-

dividuelle oder öffentliche Verhältnisse beziehen, hat ihre Be=
gründung in seiner Natur und seinem Beruf als Mensch, also
in dem Allgemeinsten der — Menschheit, Humanität.*) So
ist auch die Bildung in ihrem Zwecke zunächst ganz individuell,
aber die Gesammtheit der Individuen und somit auch jedes
an seinem Orte hat die Höhe und den Stand des National=
geistes auszudrücken und ins Leben zu setzen, das ist der Allen
gemeinsame Zweck.

Die statistische Betrachtungsweise, nach welcher jeder Ein=
zelne und jede einzelne Handlung zur Charakteristik des Ganzen
eines Volksgeistes in einem gegebenen Moment einen bestimm=
ten Beitrag liefern, oder die völkerpsychologische Anschauung,
nach welcher alle Einzelnen zur causalen Gesammtmasse der
schöpferischen Kraft der Gegenwart, also zur Gestaltung der
nächsten und dadurch mittelbar aller Zukunft sich zusammen=
schließen, enthalten zusammen einen neuen Antrieb für die
ethische Verpflichtung Aller. Zu der durch Kant bereits aus=
gesprochenen Maxime der Allgemeinheit, welche wesentlich
nur die Gleichheit enthielt, tritt die der Gesammtheit oder
der in Wechselwirkung begriffenen Einheit des Handelns einer
Gesellschaft. Sowohl für den Werth und die Würde jedes
Individuums tritt dadurch ein anderes Maß ein, wie auch
für die psychologische d. h. causale Stellung derselben eine
erhöhte Bedeutung gewonnen wird. Handle so, daß du wollen
kannst, daß die psychologischen Folgen deines Handelns in der
Gesammtheit zur Geltung kommen.**)

---

*) Eine weitere Ausführung dieses Gedankens findet sich unten in der
Abhandlung über „Ehre und Ruhm", s. S. 189 f.

**) Es sei gestattet, hier einen allgemeinen ethischen Gedanken anzu=
fügen. Nicht auf das formale Gesetz der Allgemeinheit, als dem Grunde der
Gleichheit aller Einzelnen in der sittlichen Verpflichtung, sondern nur auf

Nicht unerwähnt dürfen wir es lassen, daß auch die Bil=
dung über ihre individuellen Schranken hinauswirkt und in
dieser Wirkung einen weiteren als den eigenen persönlichen
Zweck hat, nämlich in der Fortpflanzung der Bildung. Am
allermeisten freilich gilt dies von derjenigen Bildung, welche
sich auf Sittlichkeit und Schönheit des Menschen, auf das
gebildete Leben und Betragen bezieht; hier ist der Einfluß
einer gebildeten Umgebung nicht blos wesentlich, sondern un=
ersetzlich. Der ästhetische Sinn überhaupt und seine Bewäh=
rung im eigenen Leben insbesondere, heischt eine so dauernde
und praktische Pflege, wie sie nur durch den Umgang und die
Gesellschaft der Gebildeten geboten wird, während alles theo=
retische Wissen davon und einsame Streben danach fast ver=
geblich erscheint. Daher die häufige Erfahrung, daß auch
sehr bildungsfähige und innerlich gebildete Menschen, wenn
sie in den früheren Jahren nicht in gebildeter Gesellschaft er=
wachsen oder auch in späteren Jahren derselben entwachsen
sind, bei allen Vorzügen das entbehren, was uns sonst als
am ehesten offenbares Merkmal des Gebildeten entgegentritt.
Nach dieser Seite der Bildung hin bleiben die Autodidakten

---

das reale Gesetz der Zusammenschließung, als dem Grunde der Bildung einer
Gesammtheit aller Einzelnen in der sittlichen Gemeinschaft, ist ein System
der sittlichen Lebensaufgabe zu erbauen. Die Kantische Maxime: „handle so,
daß du wollen kannst, daß alle Anderen eben so handeln,“ kann eine Probe
für die Richtigkeit der ethischen Rechnung, aber nicht der Grund dersel=
ben sein.

Der Kantische formale Grundsatz schließt immer die abstracte Bedingung
ein, daß jeder Andere so handeln solle, wenn er sich in der gleichen Lage
befindet; aus dem Grundsatz der Zusammenschließung Aller zu einem Zu=
sammenwirken in der sittlichen Gemeinschaft aber folgt eine reale Bestim=
mung der sittlichen Pflicht, indem aus Naturanlage und persönlichem und
allgemeinem Schicksal für Jeden eine Stellung in der Gesammtheit und
eine bestimmte Lage und damit Lebensaufgabe hervorgeht, aus welcher wie=
derum jede besondere, einzelne Handlung sich ergiebt.

am weitesten zurück; nur, wenn man so sagen kann, das Genie der Bildung wird auch im Schneckenhause der Einsamkeit die feinen Fühlfäden besitzen für jeden Anstand, alle Schicklichkeit und Schönheit der Lebensformen.

Die Fortpflanzung der intellectuellen Bildung aber durch die Gebildeten geschieht immer nur in einem geringeren Maße, und oft verkehrt, wenn nicht die Wissenschaft selbst hin=zutritt. Wo die Gebildeten allein die Bildung der Intelligenz erzeugen und vererben wollen, sei es in der Erziehung der Kinder oder gar in literarischer Wirkung auf das Publikum, da ist Halbheit und Hohlheit nahe; alle Anlage der Bildung muß immer wieder von der Wissenschaft selbst ausgehen; nicht Mehl, sondern nur Korn kann gesät werden, um Mehl zu gewinnen.

„Daß es der Sammelpunkte und Brennpunkte für das berufsmäßige Studium aller möglichen Wissenschaften in Deutsch=land so viele giebt, mehr, als in irgend einem anderen Lande, das hat nicht am wenigsten dazu gehört und dazu beigetragen, aus unserem Vaterlande das classische Land der allgemeinen Geistesbildung werden zu lassen." (Schröder.)

Von dem Schutze zu reden, den die öffentliche Bildung der Wissenschaft unwillkürlich und absichtlich dann angedeihen lassen wird, wenn die Vertreter des Obscurantismus und Gegner der Wissenschaft zufällig die herrschende Partei ge=worden, — davon zu reden ist hier der Ort nicht.

Den wohlthätigen Einfluß der Bildung und ihre fördernde Rückwirkung auf die Wissenschaft, sowohl dadurch, daß sie in immer weiteren Kreisen die Neigung für wissenschaftliche Studien anregt und damit den Umfang der wissenschaftlichen Geister vermehrt, als auch besonders dadurch, daß sie in den Jüngern der Wissenschaft selbst, welche eben nur in Einem

Fache Gelehrte sind, den allgemeinen Umblick der Kenntnisse und damit auch einen größeren Tiefblick des Wissens erzeugt, diesen zwiefachen Einfluß der Bildung auf die Wissenschaft können wir dann erst erörtern, wenn wir den Unterschied beider in Bezug auf Wesen und Inhalt dargestellt haben.

Bevor wir hierzu übergehen, ist hier aus der Bestimmung des Zwecks der Bildung sogleich die Ursache abzuleiten, weshalb die alten Völker den Begriff derselben nicht kannten, weshalb Wissenschaft und Bildung noch nicht geschieden sind. Der Zweck der geistigen Thätigkeit rein um ihrer selbst willen innerhalb des Individuums war den alten Völkern fremd; Alles hatte oder sollte haben einen objectiven, allgemeinen Zweck. Ueber den Mangel des Individualismus bei den classischen Nationen ist viel gesprochen, auch wohl gestritten worden; aber gewiß ist, daß, wie individuell auch ein Gegenstand oder Verhältniß sich dem Streben und der Fähigkeit nach gestaltet haben mochte, gewürdigt wurde es nur aus dem Gesichtspunkt des Allgemeinen.*) Wo nun die Selbstständigkeit und Geltung des Einzelnen als solchen nicht zur Anerkennung gelangt, da kann auch in der Bildung des Individuums um seiner selbst willen kein beachtenswerther Zweck gefunden werden.

Am wichtigsten aber ist hierbei, daß die Alten namentlich zu der Anschauung nicht gelangt waren (welche auch in modernen Zeiten, wo wiederum der Individualismus ein so großes Uebergewicht erlangt hat, nur ungenügend zu Bewußtsein gekommen ist), daß der individuelle Zweck, wie oben ausgeführt, zugleich und eben so sehr der allgemeinste ist; daß jeder Einzelne auch ohne eine factische Bethätigung für die

---

*) Auch hierzu bietet die Abhandlung über „Ehre und Ruhm" einen Beleg.

Nation ein Glied und Repräsentant derselben ist, so daß auch
sein individuelles Leben und Thun von nationalem
Werth und allgemeiner Geltung ist. Socrates ist nicht blos
durch seine Lehre und sein Leben, sondern auch durch die Art
seines Sterbens eine Zierde des griechischen Nationalgeistes,
und daß Junius Brutus, wiewohl Zinswucherer, als Privat-
mann doch durch die That und nach allgemeiner Schätzung
der beste Bürger Roms ist, werden wir nicht seinem, sondern
der Nation noch unentwickelten ethischen Sinn für Privattugend
zurechnen.

Was wir im heutigen Sinne allgemeine Bildung nennen,
ist daher bei Griechen und Römern überhaupt nicht sehr verbreitet, die geistige Thätigkeit verfolgt meist einen praktischen
oder doch allgemeinen Zweck; daneben finden wir einen viel-
gewandten ästhetischen Sinn und als dessen Erfolg gar feine
gebildete Lebensformen; aber selbst die Kunst, mehr als jede
andere Richtung des geistigen Lebens geeignet, dem Individuum eine Genüge zu thun, ist im innigsten Zusammenhange
mit Religion und Staat.*) Wo aber dennoch eigentliche
Bildung auftritt mit rein persönlichem Zweck, hat sie nicht die
Bestimmung, den individuellen sittlichen Beruf des Menschen zu erfüllen, seinen Werth zu erhöhen, seiner Würde zu
entsprechen, sondern sie gilt vorwiegend als — Genuß und
Luxus. Im griechischen Volke besonders war ein hoher Grad
von öffentlicher Bildung vorhanden, aber die Einzelnen besaßen sie unmittelbar und erwarben sie weder in dem Sinne
noch in der sittlichen Absicht der Bildung, so wenig als der

---

*) In unseren Zeiten würde umgekehrt die Kunstschöpfung und die
Kunstanschauung fast gänzlich in die Sphäre des Individuellen hinabsinken,
wenn nicht der unbewußte, causale psychologische Prozeß den inneren Zusammenhang mit dem Allgemeinen und der Gesammtheit wieder herstellte.

gemeine Mann unsere gebildete Sprache sich aneignet zum
Behuf und als ein Element der Bildung. Daher auch die
eigenthümliche Weise ihrer Erscheinung; bei den Griechen be=
sonders als blühend gerühmt und gesucht unter den Hetären,
bei der römischen domina späterer Zeit (die frühere kannte sie
gar nicht —) neben sittlicher Entartung ein, vielleicht nur
untergeordneter, Zweig des mannigfaltigen ausgesuchten Luxus,
neben Rohheit und Grausamkeit.

Grade der Unterschied der Frauen in alten und neuen
Zeiten erklärt sich aus dieser verschiedenen Auffassung vom
Zweck der Bildung. War sie dort nur im Dienste der objec=
tiven und allgemeinen Zwecke, wie Staat und Religion, vor=
handen: so bedurften die Frauen derselben nicht, da sie an
diesen Theil zu nehmen keine Pflicht noch Recht haben; für
uns aber ist die Bildung allgemein menschliches Bedürfniß,
Erfüllung des menschheitlichen für jedes Individuum geltenden
Zweckes, darum nehmen die Frauen einen gleichen Antheil
daran.

Ja sogar die Bildung im ausschließlichen Sinne als
einiges Element und alleinige Bezeichnung für den Grad des
geistigen Lebens fällt bei uns meist den Frauen anheim, weil
die Männer zugleich mit Wissenschaft und wissenschaftlicher
Praxis beschäftigt sind, zumal sie in den Kreisen, welche über=
haupt der Bildung angehören, sich meist gleich einer Wissen=
schaft oder Kunst zuwenden. —

Aus dem auf diese Weise umschriebenen Zweck der Bildung
ergeben sich auch die näheren Bestimmungen ihres Wesens
und Inhalts.

Zunächst ist offenbar, daß Bildung als Intelligenz auf
kein bestimmtes Gebiet des Wissens beschränkt ist; es ist keinerlei
Gedankenstoff denkbar, der nicht irgendwie ein Element der

Bildung ausmachen kann; da sie keinen objectiven Zweck ver=
folgt, so ist ihr auch kein bestimmtes Gebiet der Erfüllung
desselben angewiesen; sie kann sich frei in dem Universum des
Wißbaren bewegen, in so weit und in der Art als es ihrem
individuellen Zwecke der geistigen Bethätigung, des innern
Lebens, der Erhebung und Vertiefung irgend angemessen ist;
sie ist die Biene, die aus den Blüthen aller Wissenschaft
saugt.

Aber nicht blos ist die Bildung auf kein wissenschaftliches
Gebiet eingeschränkt, sondern es gehört zu ihr, im höheren
Sinne genommen, sogar die Universalität als ein auszeich=
nendes Merkmal, wenigstens wird jeder Grad derselben zugleich
nach dem Maße der Universalität, in welcher sie sich bewegt,
gemessen werden. Obwohl dies nun bloße, sehr bewegliche
Gradunterschiede sind, welche man mit dem Prädicate einer
mehr oder weniger vielseitigen Bildung bezeichnet, so hat
diese Sonne doch auch ihre Wendekreise; welcher Mann z. B.
dies Bild nicht versteht, für wen die Namen Shakespeare und
Humboldt leere Namen sind, wer nicht weiß, wann und von
wem Amerika entdeckt ist, den nennen wir einen Ungebildeten.
Wenn Börne seinen Aufsatz „Dioptrik" damit beginnt, „daß
er schon daran seine Schadenfreude findet, daß auch die
schönsten und stolzesten Leserinnen nicht wissen, was Dioptrik
bedeutet, und genöthigt sind, männlicher Einsicht im Stillen
zu huldigen," so setzt er doch voraus, daß die Männer und
Väter dieser Leserinnen es wissen, ohne daß sie alle Optik
studirt haben. Auch derjenige, für welchen ein „geflügeltes
Wort" ein ungeflügeltes ist, erscheint als ein Ungebildeter.
Es wird also im Allgemeinen bei jedem Gebildeten ein ge=
wisses, d. h. ungewisses Maß von Kenntnissen vorausgesetzt. —
Aber außer dieser immer noch dem Ungefähr des öffentlichen

Takts überlassenen Bestimmung von dem durchschnittlichen Umfang des Wissens, welcher zu dem Anspruch auf Bildung berechtigt, und welche zugleich je nach den verschiedenen historischen Epochen sich erweitern oder zusammenziehen würde, läßt sich aus dem Zwecke der Bildung noch eine eben so wohl festere als deutlichere Bestimmung finden. — Wenn diese, weil aus dem Zwecke abgeleitet, das angiebt, was und wie die Bildung sein und aufgefaßt werden soll, und davon das, was wirklich als Bildung ist und aufgefaßt wird, oft genug verschieden sein mag, so brauchen wir doch auf diese Differenz nicht besonders einzugehen, die vergleichende Kritik mag Jeder selbst vollziehen. Inzwischen hoffen wir auch nicht Abweichendes vorzubringen, wenn wir den Inhalt aus dem Zweck und der Idee zunächst ableiten, vielmehr nur das, was man im Allgemeinen auch wohl im Sinne hat, zur Klarheit und zum Bewußtsein zu bringen. Nur daß stellenweise das psychologische Wissen zur pädagogischen Forderung wird.

Man kann das ganze Universum des menschlichen Wissens und der Elemente geistigen Lebens als einen unermeßlichen Kreis ansehen, und wenn wir das allgemein menschliche Interesse daran (ohne jede besondere Bestimmung durch individuellen Beruf und Trieb) als das Centrum desselben betrachten, so werden sich die verschiedenen Theile des gesammten Kreises dadurch unterscheiden lassen, daß sie dem Centrum, dem Interesse näher oder ferner liegen; die verschiedenen Gebiete des Wissens werden sich in dieser Beziehung wie größere und kleinere concentrische Kreise zu einander verhalten, von denen mancher wiederum sich aus einem einfachen Kreis zu einem Kreis von Kreisen gestalten möchte. So z. B. wenn die Geschichte überhaupt einen Kreis von bestimmter Nähe zum Interesse ausmacht, wird derselbe aus den verschiedenen

Kreisen von politischer, Cultur=, Literatur=, Religions=Geschichte u. s. w. bestehen.

Hiernach läßt sich ein allgemeiner, idealer Maßstab für die Höhe so wie für die rechte Weise des Fortschritts in der Bildung aufstellen, nämlich von dem engeren Kreise in immer weitere und weitere hinauszubringen. Die Bildung und Aus= bildung des Menschen in Bezug auf die Intelligenz besteht in der Aneignung desjenigen geistigen Inhalts, welcher die Gesammtheit des geistigen Lebens der Menschheit und ihrer Interessen ausmacht, und dies zwar aus keinem anderen Grunde, als weil er ein denkendes Wesen und näher ein Mensch ist; Denken, Erkennen, Einsehen ist Licht und Luft, in welchen sein Gedeihen als Mensch allein möglich ist, Intelligenz der Lebensnerv, worin und wodurch der Organismus seines Daseins als Mensch allein Energie hat, und der Inhalt des Denkens ist durch seine Natur, seinen Beruf und seine Ge= schichte bestimmt. Alle Theile dieses weiten Kreises sind von Einfluß auf einander, alle gehören zusammen, um ein Ganzes zu bilden, so wie die ganze Erde mit den sie umgebenden Luftschichten eine umschlossene Einheit ausmachen. Der ganze Ball aber hat ein Centrum, wohin alle Schwerkraft nach Naturgesetzen drängt.

Das allgemein menschliche Interesse haben wir als dieses Centrum bezeichnet; wenn nun Jemand behufs seiner Bildung gleich damit anfinge, irgend ein entfernt liegendes Gebiet des Wissens zu betreiben und darin zu beharren, um etwas Be= sonderes und Ausgesuchtes an Bildung zu haben, wenn eine Frau, anstatt über die rechten Grundsätze für die Erziehung ihrer Kinder, über den Unterschied der atheniensischen und lacedämonischen Verfassung oder über die Geschichte aller bisher zur Erde gefallenen Aerolithen läse, dann wäre dies

gerade so viel, als wenn einer nicht mehr auf der festen
Erdoberfläche die gemeine Luft einathmen, sondern sich in
eine Montgolfiere setzen wollte, um über den Wolken zu leben.
Freilich der Aeronaut, welcher für naturwissenschaftliche For=
schung diese Reise antritt, entfernt sich damit kaum von dem
ihm zugehörigen Centrum des Interesses und Zweckes, weil
für die gelehrte Forschung kein Gebiet zu entfernt, so lange
es überhaupt erreichbar ist; für die Bildung aber als solche,
wenn sie nicht mit Dilettantismus verwechselt werden soll,
giebt es einen bestimmten Anfang und Fortschritt.*)

An dieses Grundgesetz der Bildung knüpfen sich nun mehrere
Folgerungen. — Zunächst ist der eben berührte Unterschied von
Wissenschaft und Bildung näher zu entwickeln. Jeder Mann
der Wissenschaft oder der Praxis, (denn es giebt keine Praxis,
ohne daß ihr eine Theorie zugehört, d. h. ohne daß sie Gegen=
stand der Intelligenz ist —) hat nicht blos das allgemeine mensch=
liche Interesse der Erkenntniß, sondern zugleich, ja eigentlich
vorher ein individuell bestimmtes. Nach unserem obigen Bilde
hat also Jeder sein Centrum nicht in dem Centrum des allge=

---

*) Aus der Geschichte der deutschen Bildung ist es erklärlich, daß lange
Zeit die im engeren Sinne sogenannte Litteratur im Gegensatz zu aller
Naturwissenschaft als Inhalt und Quelle der Bildung gegolten hat. Ob
und wie weit dies heute in Deutschland noch der Fall ist, lasse ich da=
hingestellt; jedenfalls ist es nicht nur zur Berichtigung dieser Anschauung,
sondern auch im historischen Sinne interessant, wie noch Liebig gegen die=
selbe zu kämpfen sich veranlaßt sieht, und besonders charakteristisch ist der
erste der folgenden Sätze:
(Liebig Reden und Abhandlungen 1874, S. 12.) „Wie sonderbar, daß
der Ausdruck Bildung bei einem wahrhaft erleuchteten Volke sich nur auf
Kenntniß der classischen Sprachen, Geschichte und Litteratur erstreckt! Die
Frage nach den Ursachen der Naturerscheinungen, den Veränderungen von
Allem, was uns täglich umgiebt, ist dem regen menschlichen Geiste so ange=
messen, daß die Wissenschaften, welche befriedigende Antworten auf diese
Fragen geben, mehr als alle anderen Einfluß auf die Cultur des Geistes üben.

meinen Kreises, sondern in einem besondern engeren Kreise. Die Aufgabe dieses in einen bestimmten Beruf gestellten Menschen ist es demnach vor Allem in seinem ihm zugehörigen Kreise zu arbeiten und zu denken. Nur damit dies nicht einseitig und in der Enge des Geistes geschieht, hat er seine Thätigkeit nach all den Gebieten hin auszudehnen, welche rings im Kreise um seinen eigenen liegen. Meist ist dies sogar eine unerläß= liche Bedingung, welche von seiner Wissenschaft selbst gestellt wird, in so fern er die Mittel zur Ergänzung und Erhellung der nächsten Erkenntniß von dort her zu holen hat. So wird der Arzt nicht blos Krankheits= und Heilkunde, sondern aus den Naturwissenschaften, Anatomie und Physiologie, weiter Chemie und Botanik, noch weiter auch Physik und Mathematik, und wiederum nach einer ganz anderen Seite aus der Philo= sophie Psychologie, Logik u. s. w. studiren müssen. Daß diese Ausdehnung der Intelligenz von dem eigenen Kreise auf weiter und weiter angrenzende keine absolute Maßbestimmung hat, ist sogleich einleuchtend, wenn man bedenkt, daß alle Wissen= schaften wie ein Netz mit einander zusammenhängen, und daß man ohne einen einzigen Sprung von jedem Punkte mensch= lichen Wissens zur Gesammtheit desselben fortschreiten kann. — So wie aber der Arzt anderer Wissenschaften z. B. der Psy= chologie bedarf, wird auch der Psycholog einen Theil der Medicin, mindestens nämlich Geistes= und Nervenkrankheiten, studiren, und um diese zu verstehen, den medicinischen Kreis in immer leichteren Wellenformen kennen lernen müssen. Wie unterscheiden sich nun Arzt und Psycholog in Bezug auf ihre Kenntniß der Psychologie oder der Pathologie? Beide kennen beide, die eigene und die fremde Wissenschaft, der Unterschied ist sichtlich einer des Maßes und Grades, welchen wir vorläufig bezeichnen, später aber begründen werden als den Unterschied

von Wissenschaft und Bildung, der Arzt muß in der Pathologie
gelehrt, aber auch in der Psychologie soll er gebildet sein und
umgekehrt der Psycholog. Gerade in diesem Sinne unterscheidet
auch der Sprachgebrauch einen gebildeten und einen ungebil=
deten Arzt (als Arzt); also denjenigen, welcher nicht blos den
engsten Kreis des nothwendigen, sondern auch den weiteren
des zuträglichen, den Geist erhellenden und belebenden Wissens
sich angeeignet hat, nennen wir einen gebildeten Arzt. Einen
sehr gelehrten Arzt aber werden wir den nennen, welcher so=
wohl sein eigenes Fach mit besonderer Gründlichkeit, als auch
die angrenzenden in einer solchen Weise durchdringt, als ob
sie sein alleiniges Fach wären. Etwas ganz Anderes ist es
dann aber noch, ob wir sagen: dieser ist ein gebildeter Arzt,
oder: dieser Arzt ist ein gebildeter Mann.

Der Arzt ist nicht blos Arzt, sondern zugleich Mensch.
Die Bestimmung seines nächsten Wissenskreises, so wie die
Richtung des Fortschritts über denselben hinaus zur weiteren
Bildung wurzelte in dem centralen Interesse seines Berufs.
Insofern der Arzt aber sich lediglich als Mensch betrachtet, hat
er ein allgemein menschliches Interesse, ist dadurch unmittelbar
in eine ganz andere Sphäre der Intelligenz versetzt, durch
deren Erwerb er den Namen eines Gebildeten verdienen kann.
In der That können diese beiden Centralpunkte des allgemein
menschlichen und individuell praktischen oder wissenschaftlichen
Berufs, wonach sich Ausgangspunkt und Richtung der Geistes=
thätigkeit bestimmen, sehr verschieden und fernliegend von ein=
ander sein; man würde weit abirren, wenn man meinte, jeder
Beruf sei ja nur eine Individualisirung des allgemein mensch=
lichen, somit würde man in der bloßen Erfüllung des einen,
gewiß auch einschließlich zu der des andern gelangen. Wir
brauchen, um dies ersichtlich zu machen, nicht etwa erst an den

Numismaten, den Heralden oder Mechaniker zu erinnern, sondern sogar der ärztliche Beruf, der doch von dem allgemein menschlichen in Bezug auf Bildung kaum verschieden zu sein scheint, würde zu höchst naheliegenden Anforderungen an allgemeine Bildung nur auf den allerweitesten und nie betretenen Umwegen führen. Was geht z. B. den Arzt als solchen die Nationallitteratur an? Das medicinische Interesse würde, wenn wir den allerkürzesten Weg einschlagen wollten, hierher nur durch die Psychologie gelangen, an dem Punkte nämlich, wo diese sich mit den eigenthümlichen psychologischen Erscheinungen im Gebiete der Aesthetik, oder mit den specifischen Resultaten der verschiedenen Nationalgeister beschäftigt. Dergleichen aber ist sogar unter den Psychologen selten, unter den Aerzten aber gewiß ganz unerhört; zu solchen Riesenschritten würden unsere Mediciner Siebenmeilenstiefeln haben müssen, wie sie etwa Paracelsus und unter den Neueren Platner besessen; auch haben unsere Aerzte in der That zu Hause und in der nächsten Umgegend genug zu thun, um ihr Feld gehörig zu bestellen. Nothwendig also muß Jeder, der einem individuell bestimmten Beruf angehört, von zweien verschiedenen Punkten aus einen zwiefachen Anlauf nehmen, um sein gedoppeltes Ziel zu erreichen. Die Aufgabe eines solchen aber ist in Bezug auf den Zweck der Bildung genau genommen eine dreifache. Zunächst über die engere Sphäre der Berufs-Gelehrsamkeit oder Praxis hinaus je nach den Antrieben und der Richtung derselben einen weiteren Umfang der Intelligenz in der Weise der Bildung zu gewinnen; sodann von dem einem jeden Menschen als solchen gebotenen Gesichtspunkte aus an den allgemeinen geistigen Interessen sich zu betheiligen und darin seine Bildung als Mensch zu gewinnen; endlich aber, um diese objectiv verschiedenen Elemente in sich (subjectiv) zur Einheit und Harmonie zu bringen und beides zu Einer persönlichen Gestalt von organischer Lebenskraft und Energie auszuprägen, muß er die Verbindung suchen zwischen denselben insbesondere nämlich das, was an sich geschieden erscheint und zunächst nur in der Person vereinigt wird, auch als an sich und objectiv verbunden in seiner wahrhaften Einheit zu erfassen streben; dies geschieht mit einer wechselweise sich unter= stützenden Zusammenwirkung dadurch, daß er vom Standpunkte seines individuellen Berufs zu begreifen sucht, daß er eben nur ein Glied in der großen Kette allgemein menschlichen Strebens ist, und wiederum auf dem Boden allgemeiner Bil= dung den Umblick und die Einsicht gewinnt in eben das All= gemeine und Ganze sammt seiner Gliederung. Vielleicht ist ein aus dem Leben gegriffenes Beispiel vom Gegentheil im Stande die letzte Forderung besonders deutlich zu machen.

Beim Besuche eines mathematischen Collegen finde ich mehrere Geigen an der Wand und höre, daß er selbst sie spiele. Ich drücke die frohe Erwartung aus, er werde der Prüfung der mathematischen Verhältnisse in der Musik auch in psychologischer Beziehung nahe getreten und zu meiner Belehrung bereit sein. Aber er hat von den Herbart'schen Versuchen nichts gehört und „will auch davon Nichts wissen;" „er treibe die Musik nur zu seinem Vergnügen." Wir können ihm das Letztere gern gönnen; aber daß er ein ungebildeter Mathematiker trotz der Musik und ein ungebildeter Musiker trotz der Mathematik sei, läßt sich nicht leugnen.

Zwar würde die theoretische Anwendung der Mathematik auf die Musik ihn schwerlich zu einem besseren Geiger machen; aber als Mathematiker, der er nun einmal ist, sollte er eine bessere Erkenntniß, eine tiefere Einsicht und hellere Ansicht vom Wesen der Musik vermöge seiner Individualität, d. h. ver=

möge des Zusammentreffens von Mathematik und Musik in seiner Seele besitzen.

Man kann die eben bezeichnete dritte charakteristische Auf=
gabe der Bildung kurz so ausdrücken: daß alle in einem Geiste
gegebenen psychischen Elemente, welche einer objectiven, gegen=
seitig erleuchtenden Beziehung fähig sind, auch subjectiv in diese
Beziehung zu einander gesetzt werden. Die gleiche Summe
psychischer Elemente also gewinnt im gebildeten Geiste d u r ch
einander Leben und Bewegung, während sie im ungebildeten,
wenn auch vielleicht fachgelehrten Geiste todt und träge n e b e n
einander liegt.

Durch die Erfüllung dieser dreifachen Aufgabe der Bil=
dung bei den Männern der verschiedenen Fächer erzeugt sich
naturgemäß eine zunächst jedem Stande und dann (weil die
Elemente sich subjectiv nach verschiedenen stöchiometrischen Ver=
hältnissen mischen) auch den Individuen eigenthümliche Bildungs=
und Anschauungsweise, welche der ernsten Unterhaltung von
Männern verschiedenen Faches einen unübertrefflichen Reiz
verleiht. Hier erscheint die Fülle und Fruchtbarkeit des mensch=
lichen Geistes noch größer und lebendiger als in der zu einer
besonderen Aufgabe erhobenen Uebersicht der Masse wissen=
schaftlicher Leistungen.

Durch diese dreifache Tendenz der Bildung bei denen,
welche einem speciellen wissenschaftlichen Berufe angehören,
sind seit nahe einem Jahrhundert viele Männer der Gelehr=
samkeit aus der sonst berüchtigt gewesenen pedantischen Ver=
knöcherung gerade derjenigen Geister, welche ihr ganzes Leben
dem geistigen Thun und den Zwecken des öffentlichen Geistes
im besonderen Felde gewidmet hatten, herausgetreten; jeder
hatte sich früher seine eigene geistige Nahrung aus einer einzi=
gen Wurzel gezogen und ist dabei innerlich verkommen, indeß

man jetzt durch den gegenseitigen Austausch des erworbenen Gutes an wohlnährender Tafel sitzt und gedeiht. Aber nicht blos eine große Anzahl von Gelehrten ist von einseitigen Pedanten zu gebildeten Menschen geworden, sondern die Wissen=schaften selber haben den größten objectiven Gewinn davon getragen, zwiefach: an innerer Bereicherung, an Vertiefung und Umsicht, so wie besonders durch den Erwerb der Fähigkeit, sich weiteren Kreisen mittheilbar zu machen. — Wem dieser Gedanke von der Verbindung der verschiedenen Bildungs=elemente durch die Beziehung auf das Centrum allgemein menschlichen Interesses noch dunkel erscheinen sollte, der kann ihn sich erhellen durch einige leuchtende Beispiele aus der Ge=schichte der deutschen Bildung. Fast an der Spitze derselben als Begründer finden wir: Lessing. Wir finden ihn, wenn wir seine Schriften betrachten, außer der allgemeinen mensch=lichen Bildung nicht blos in einem, sondern sogar in mehreren individuellen Zweigen als Mann von Beruf und Fach; seine antiquarischen Forschungen, seine ästhetischen Arbeiten, seine theologischen und philosophischen Abhandlungen, endlich seine poetischen Werke stehen auf der Höhe ihrer Zeit. Diese viel=seitige Gelehrsamkeit ist Frucht seines individuellen Genies, kann weder als Maßstab noch als eigentliches Vorbild dienen. Seine wahre Größe, von welcher hier zu reden ist, besteht aber auch nicht in diesen verschiedenen Massen des Wissens; Conring*) konnte das Gleiche, ohne ihm nur entfernt ähnlich zu sein; vielmehr in Einem ist er ein leuchtendes Vorbild, nicht blos daß, sondern auch wie er alles dies Verschiedene in sich und in der Sache vereinigt hat. Das allgemein menschliche Interesse, welches der Centralpunkt aller Bildung im eigent=

---

*) Lebte von 1606—81, Professor in Helmstädt, weiland Doctor aller vier Facultäten.

lichen Sinne ist, war auch das Centrum seiner Persönlichkeit, seines Wirkens und Strebens, seiner Intelligenz, hier trafen alle Strahlen des mannigfaltigen geistigen Lichtes bei ihm zusammen und bildeten den Brennpunkt einer glühenden Begeisterung. Darum ist es ihm allein möglich geworden, in zweien Gebieten, welche zur Zeit gerade noch am entferntesten und feindlichsten von einander getrennt waren, Theologie und Schauspiel gleicherweise reformatorisch zu wirken, ja sogar sie einander innerlich nahe zu bringen, indem er der Theologie Licht und weltliche Klarheit, dem Schauspiel Kraft und sittlichen Ernst eingeimpft hat. Beides konnte er, weil seine Bildung und seine Weltanschauung nicht eine theologische oder dramatische, sondern beides zugleich und in beiden eine allgemein menschliche war, von welcher aus der nur individuelle, aber als solcher selbstständige und selbstgültige Werth beider ihm erkennbar wurde.

Ehedem war die Arbeit im Weinberge der Wissenschaft eine andere, der Eine hat gegraben, ein Anderer gepflanzt, ein Dritter beschnitten, Keiner wußte was und wie der Andere es gemacht hatte, Wenige waren, die aus den reifen Trauben nun auch den Wein zu keltern wußten. — Zwar Theilung der Arbeit ist nothwendig, das wissen wir wohl, aber eben so sehr, daß die Consequenz derselben, Isolirung des Arbeiters auf einen bestimmten Handgriff, das geistige Leben desselben ruinirt und ihn zur Maschine macht; es hat auch solche philologische, juristische, theologische und medicinische Maschinen gegeben, und ihre Wissenschaft selber war dadurch zum Mechanismus geworden. In neueren Zeiten sind die glücklichen Erfolge der Verbindung der verschiedenen wissenschaftlichen Gebiete durch die Beziehung derselben auf das allgemein Menschliche und in diesem zusammentreffende Universelle ungemein zahlreich.

Ritter's Geographie, deren leitender Grundgedanke ist, daß die Erde das Wohnhaus der Menschheit sei, und deren Ziel und Absicht, daß die Scholle selbst mit aufgenommen werde in den Bund des Geisterreichs; der Kosmos Alex. v. Humboldt's und W. v. Humboldt's Sprachbetrachtungen, Schleiden's Pflanze, Liebig's Briefe und viele Werke gleicher Art und Tendenz sind die lebendigen und dauernden Zeugnisse nicht blos von der Gelehrsamkeit, sondern von der Bildung unserer Gelehrten.

Geschichte und Rechtswissenschaft stehen heute in der innigsten und fruchtbarsten Berührung mit einander. Als aber noch zu Anfang dieses Jahrhunderts der Professor der Juris= prudenz Weiße dem Decan seiner Facultät sein neues Werk in zwei Bänden brachte, lobte ihn dieser ob seines Fleißes, der schon wieder ein beträchtliches und gewiß fürtreffliches opus erzeugt habe; als aber der Herr Decan das Buch aufschlug und auf dem Titelblatt las, daß es eine Geschichte der Sächsi= schen Erblande sei, da sagte er: „ei ei, Herr Collega! hätte nicht gemeint, daß wir solche allotria treiben."

Indessen ist für die deutliche Einsicht in die Natur des Begriffs der wesentliche Unterschied festzuhalten, zwischen der= jenigen Bildung, welche persönlich und zu gegenseitiger Ver= vollkommnung verbunden ist mit der Wissenschaft, und der= jenigen, welche der alleinige Inhalt und Ausdruck eines geisti= gen Zustandes, einer bestimmten Stufe inneren Lebens ist. Alle mit wissenschaftlicher Arbeit verbundene Bildung hat schon eine individuelle Gestaltung, welche sowohl im Umfange, wie im Maß und der Art gegenseitiger Durchdringung sich nach der geforderten Verbindung richtet; die reine und freie Bildung, welche für sich allein Streben und Ziel des Geistes ist, führt diesen Namen in ausschließlichem Sinne, ist wesentlich all=

ge m e i n e Bildung, und individualifirt fich nicht durch den
Beruf, fondern nur nach Fähigkeit und Neigung.

Da wir nun von jedem Manne, der über die bloße Hand=
habung feiner materiellen Kräfte fich zu erheben vermag, for=
dern, daß er einer geiftigen Berufsthätigkeit — praktifcher
oder wiffenfchaftlicher Art — obliege, alfo auch daß, was er
an Bildung erwirbt, mit diefer in Verbindung und Wechfel=
wirkung trete, fo wird die zweite Art der Bildung, die ganz
allgemeine, nach der idealen Forderung vornehmlich den
F r a u e n zukommen. Keinerlei Art von geiftiger, praktifcher
oder theoretifcher Berufsthätigkeit, fondern Bildung verlangen
wir von den Frauen und nur Bildung, diejenige Art, welche
kein anderes und kein engeres Ziel vor Augen hat, als Ver=
edlung der Perfönlichkeit, Ausprägung und Darftellung des
allgemeinen und rein Menfchlichen, zu keinem Nußen und kei=
nem Zwecke als nur zu diefem höchften der Entwicklung des
allfeitig Humanen in jedem Individuum. Aber nicht blos weil
die Frauen bei ihrer jeßigen Stellung in der Gefellfchaft Muße
haben, können fie vorzüglich die reine allgemeine Bildung ver=
treten, fondern umgekehrt, weil fie die allgemeine Bildung
vertreten können, follen fie in ihrer jeßigen Stellung verharren
und Muße dazu finden. Es bleibe dahin geftellt, ob es den
Frauen von Natur an Kräften und Fähigkeiten fehlt, den Be=
ruf öffentlicher und geiftiger Thätigkeit mit den Männern zu
theilen; die Verfuche, welche Einzelne gemacht haben, find
wenigftens fo ausgefallen, daß eine andauernde Fortfeßung
und Erweiterung derfelben nicht gerade fürchten läßt, ·daß fie
allzeit fruchtlos fein würden.

· Wenn man auf die unzweifelhaft feltener hervortretende
Kraft und Urfprünglichkeit des Schaffens bei den Frauen, auch
wenn und wo fie eine genügende Vorbildung erlangt haben,

wenn man namentlich und mit gutem Grund auf die Musik
hingewiesen hat, in welcher die Frauen seit Jahrhunderten
Zeit, Gelegenheit und Geschicklichkeit gefunden, sich nicht blos
als Dilettanten, sondern auch als ausübende Künstlerinnen
neben die Männer zu stellen und dennoch keine einzige in der
Schöpfung musikalischer Werke eine nennenswerthe Energie
oder Originalität bekundet hat, so ist doch selbst aus diesen
schwer wiegenden Thatsachen ein unbedingter Schluß gegen
die Naturbegabung der Frauen nicht gerechtfertigt. Es bleibt
immerhin denkbar, daß Erziehung und sociale Stellung unzulänglich sind, um den geeigneten Boden für die Entwicklung
schöpferischer Kraft herzugeben. Zwar die wissenschaftliche
Vorbereitung, die künstlerische Uebung und die gesellschaftliche
Freiheit und Anerkennung war ja vielen Frauen gegeben, um in
der Musik von der Kunstausübung zur Kunstschöpfung überzugehen.
Allein unter allen psychologischen Bedingungen, von denen
schöpferische Kunstthätigkeit und Ursprünglichkeit abhängig ist,
scheint die einer innigen und gewollten, thätigen oder leidenden Theilnahme an den großen Bewegungen des öffentlichen
Geistes hervorzuragen; große, originale Kunstschöpfung, welche
den Charakter einer geschichtlichen Epoche kennzeichnet, ist
durchaus bedingt von der inneren Verbindung des Künstlers
mit den großen Fragen dieser Zeit, von der Bewegung seines
Gemüths durch die Probleme, Bestrebungen und Leistungen
auch der Gebiete, welche scheinbar seiner eigenen Kunst ganz
fern liegen. Wie fein und voll also auch die musikalische Ausbildung eines Weibes sein möchte: zur Schöpfung neuer, eigenthümlicher, ursprünglicher und Richtung gebender Kunstwerke
wird sie nicht fortschreiten, wenn und weil sie den Pulsschlag
der Geschichte nicht fühlt, weil sie nicht aus der Macht des
öffentlichen Geistes denkt, weil sie nicht das Leid der Probleme

trägt, nicht den Kampf und Sieg der Principien kämpft oder innerlich miterlebt.

Ob also auch unmittelbar auf dem eigenen Kunstgebiet, dem eine Frau sich zuwendet — hier der Musik — Vorbildung und öffentliche Stellung keinerlei Hemmniß darböten; mittelbar ist es vielleicht doch die Erziehung und gesellschaftliche Lage der Frauen, welche dem Werden und Wachsen einer Schöpferkraft die erforderliche Nahrung versagen.

Frauen wie die Staël und George Sand, die Bell und Elliot, die Pichler, Fanny Lewald, Eliza Wille, neuerdings Nahida Remy, Emma von Dincklage, Marie Giese-Itzenplitz u. A. zeigen genügend, daß sie alldies vollkommen erringen oder ersetzen können. Vielleicht ist es grade die specifische und einseitige Vorbildung für ein künstlerisches Fach, welche die weiblichen Kräfte von aller Hoheit und Kraft und Arbeit des Gesammtgeistes ablenkt und darum die Aber wahrhaft schöpferischer Thätigkeit unterbindet. Auch unter Männern, bei den Künstlern zweiten und dritten Ranges, stammt ihr Mangel an ursprünglichen und charakteristischen Werken, — der sie eben verhindert sich zu Künstlern ersten Ranges zu erheben —, unzweifelhaft nicht aus der Unzulänglichkeit auf dem eigenen, sondern aus der frühen und starken Absonderung von dem allgemeinen Boden des geschichtlichen Lebens. Die früh und lange isolirende Arbeit der Technik wird zu einer erschöpfenden zugleich im schlimmen Sinne des Wortes.

Auch den bekannten und wohlbegründeten Einwand, daß die Frauen durch die natürlichen Bedingungen, die aus ihrer ebenfalls natürlichen Bestimmung als Gattin und Mutter sich ergeben, an der Ausübung eines gleich dem männlichen ununterbrochene Thätigkeit heischenden Berufs verhindert werden, wollen wir nicht des Breiteren wiederholen. Das aber halten wir sowohl den Frauen, welche Emancipationsgelüste

hegen, als den männlichen Vorkämpfern einer gänzlichen oder
größeren Frauenemancipation mit allem Nachdruck entgegen:
daß jedes Streben, den Frauen einen über die Grenzen der
Bildung und der häuslichen Wirksamkeit hinausgehenden
wissenschaftlichen oder öffentlich praktischen Beruf anzuweisen,
die Bestimmung derselben nicht, wie man meint, gegen die jetzige
erhöht, sondern in der That erniedrigt; erniedrigt, weil ihrer
Eigenthümlichkeit beraubt. Die ächte Weiblichkeit ist nichts
Anderes als die reine Menschlichkeit; von dem Manne verlangen wir, damit Großes oder Ganzes durch ihn geschaffen
werde, eine gewisse Einseitigkeit so des geistigen wie des praktischen Lebens, er muß sich zunächst in den Schranken seines
Berufes bewegen, er soll in den öffentlichen Kämpfen Partei ergreifen, er darf mit der Toleranz Festigkeit des eigenen Sinnes,
mit der Humanität Strenge verbinden, er soll milde im Frieden, aber zugleich muthvoll und kampfbereit für den Krieg
sein; so ist die Menschlichkeit des Mannes. Die des Weibes
aber soll rein, frei und allgemein, ungefesselt von den
Banden eines bestimmten Berufs, ungefärbt von der Farbe
des Parteigeistes, im ewigen Frieden sich befinden. Jede
Anspannung des Geistes auf einem eingeschränkten Gebiet,
jede Spannung des Gemüths auf dem Boden der Partei
nennen wir unweiblich. Das „ewig Weibliche, das uns hin-
anzieht,“ mag für seine magische Kraft mancherlei mystische
und poetische Deutung in Anspruch nehmen, aber gewiß hat
es die klare und hohe Bedeutung, das ewig gleiche rein Menschliche zu sein. Der Mann tritt auf den Markt des Lebens
hinaus, jeder folgt seinem Gotte in den Tempel seines Berufes,
der eine dem Mars, der andere dem Apoll, und ein anderer
dem Mercur, das Weib aber dienet den häuslichen Penaten,
die Jeder verehrt, der die Schwelle einer friedlichen Menschen-

wohnung übertritt. Von den Männern werden die Geister=
schlachten geschlagen, die Frauen aber bewahren die Trophäen:
die aus dem geistigen Kampfe errungene allgemeine Bildung.

Zwei Grundzüge im Charakter des germanischen Na=
tionalgeistes sind oft hervorgehoben worden: die Univerſa=
lität des geistigen Strebens, und die Verehrung des Weibes.
Sie stehen nicht beziehungslos neben einander. Vielmehr
während das männliche Geschlecht sich spaltet und trennt in
die unermeßliche Mannigfaltigkeit der geistigen Arbeit, und
nur selten und theilweise Einzelne die individuelle Sammlung
zum Ganzen finden, ist die jedesmalige Bildung des weiblichen
Geschlechts die Stätte der Vereinigung aller verschiedenen
Elemente und Richtungen des gesammten geistigen Lebens;*)
und wiederum von diesem Punkte der Einheit der Bildung
gehen Stoff und Gelegenheit und persönliche Antriebe aus,
einzelne Elemente des geistigen Lebens genauer zu erforschen,
tiefer auszubilden, lebendiger zu gestalten und namentlich mit
anderen in innigere Verbindung zu bringen. Wo der Sonnen=
strahl des Geistes an dem kantigen Prisma des praktischen
und factischen Lebens der Männer sich scheidet in verschiedene
Farben des Sonderberufes, da sammelt der Brennspiegel weib=
licher Bildung wiederum alle Farben in Einen Strahl reinen
weißen Lichtes der allgemein menschlichen Bestimmung, aus
welcher alle besondern geistigen Bestimmungen zuerst hervor=
gegangen waren. Und die mannigfaltig verschiedenen Be=
strebungen des Geistes werden zur wahrhaften Universalität

---

*) Charakteristisch ist, daß die Aebtissin Herrat von Landsberg (Ernst
Guhl Frauen S. 35) im 12. Jahrhundert, als wissenschaftliche Thätigkeit
unter deutschen Männern noch wenig verbreitet war, den Versuch einer
Encyklopädie alles Wissens machte, und das Brockhaus'sche Conversations=
lexicon in seiner ersten Auflage den Nebentitel „Frauenzimmer=Lexicon"
führte.

und erlangen die Vollkommenheit ihres Werthes erst dann, wenn sie in eine umschlossene und zusammenschließende Einheit eingehen und ihrer als Zwecks und Zieles sich bewußt werden. Die hohe Bestimmung des germanischen Weibes ist es, den Hort der allgemeinen Bildung zu besitzen und zu genießen; wenn man in den Männern die freie geistige Manneskraft tödtet, dann wird auch das weibliche Geschlecht wie Kriemhilde nach dem Tode Siegfried's in klösterlicher, blüthenloser Einöde verkümmern; wenn man aber vollends ihm selbst den Nibelungshort der Bildung entreißt, dann wird es, ebenfalls wie Kriemhilde, alle edle Weiblichkeit verlieren. — —

Aus dem aber, was wir als wahrhafte „Bildung" bezeichnet haben und noch weiter kennen lernen werden, folgt, daß wir zwar mit der bürgerlichen Stellung, aber durchaus nicht mit der üblichen und durchschnittlichen Unterweisung der Frauen zufrieden sein können.*) Vielmehr gilt es vor Allem, alles Spielende und Zerstreuende, alles Scheinhafte und Energielose auszuschließen und für eine solche Erziehung zu sorgen, welche dem Weibe die Erkenntniß und damit die Theilnahme an der wahren Bedeutung des menschlichen Lebens, an allen Fortschritten und Schöpfungen desselben ermöglicht. Wir muthen den Frauen die eigenste, persönliche und innige Theilnahme zu für den Ernst und die Tiefe geistiger Arbeit, für die Erhebung des nationalen, für die Bewegung des geschichtlichen Geistes, deren jeweilige Zustände gerade in ihrer Denkweise, in ihren Gesinnungen und in ihren Lebensformen sich spiegeln sollen. Und wir zweifeln nicht, daß sie bei der

---

*) Mit treffender Ironie bemerkt Schott (Ansichten vom Leben. Breslau 1870) deshalb: „Wir Germanen sollen die Frauen von jeher besonders hoch gestellt haben: vermuthlich ist dies der Grund, warum wir es für entbehrlich erachten, noch Vieles an ihrer Vervollkommnung zu rücken."

entsprechenden Anleitung Neigung und Fähigkeit genug hiezu an den Tag legen, daß sie lernen werden nachzudenken, mit Anstrengung und Ausdauer zu denken, über alle großen mensch= lichen Fragen sich eigene, innerlich erzeugte und nicht bloß äußerlich überkommene Anschauung zu bilden und als Früchte derselben eine freie und feste Gesinnung zu besitzen. Nicht sowohl die bürgerliche Stellung, sondern die traditionelle Passi= vität des weiblichen Geistes ist vornehmlich zu brechen.

Nicht nachdrücklich genug können wir den Gedanken wieder= holen, der zur obersten pädagogischen Richtschnur für die weib= liche Erziehung werden muß: eine wahrhaft gebildete Frau muß durch eigenes, klares und festes Denken, durch ein be= wußtes, aus der Einsicht in den Zusammenhang menschlicher Verhältnisse stammendes, vom Denken allgemeiner Grundsätze be= gleitetes und geleitetes Wollen ausgezeichnet sein. Nicht philo= sophische oder pedantische Seelen sind damit gefordert, sondern nur selbstthätige, durch freien Umblick erleuchtete, innerlich be= wegte Gemüther; denn auch in den kleinsten Sorgen und in den engsten Beziehungen des Lebens kann der das Ganze umspannende Geist, der feste und ausdauernde Wille sich offenbaren.

Wie viel fehlt, daß die Frauen unserer gebildeten Stände diesem Ideal entsprächen. Gefällige Erscheinung und gefällige Lebensform z. B. haben durch natürlichen Antrieb und sittliche Ordnung eine feste und wohlbegründete Stelle in der Lebens= aufgabe des Weibes; aber statistisch unzweifelhaft und ethisch unberechtigt bildet bei sehr Vielen Alles was wir zum Putz rechnen, einen ganz unverhältnißmäßigen Theil ihrer Lebens= erfüllung.*) Und nicht was und wie viel, sondern die Art

---

*) „Den Zweck uns zu gefallen", sagt Schott a. a. O., „will das Weib noch sicherer dadurch erreichen, daß es sich mit geeigneten Zuthaten versieht. Der Putz ist für Frauen ein vom Instinct gebotenes Bedürfniß, deshalb

wie sie lernen, setzt auch ihr Wissen und Können zum bloßen geistigen Putz zum zerstreuten Schmuck und zerstreuenden Spiel des Lebens herab.

Unter den mancherlei gesellschaftlichen Kämpfen und Be= wegungen, welche seit dem Erscheinen der ersten Auflage sich in Europa ausgebreitet haben, steht in vorderster Reihe die Frauen= frage, die man füglich noch als ein Chaos bezeichnen darf. Wir sind weit davon entfernt, die Bedeutung derselben irgendwie zu unterschätzen, denn wirthschaftliche Antriebe üben eine Gewalt aus, welcher andere Gründe schwer wider= stehen können. Auf die vorliegende Untersuchung aber darf ihre Beantwortung einen wesentlichen Einfluß nicht gewinnen. Alle einschlägigen Forderungen gehen im Grunde nur dahin, eine große Anzahl von Frauen einem praktischen Berufsleben zuzuführen; diese treten damit in Bezug auf die Bildungs= frage nur hinüber auf die Seite der Männer und für sie ver= schwindet die besondere Stellung, welche wir den Frauen haben anweisen wollen.

Gewiß wird es in den oberen Schichten der Gesellschaft immer eine beträchtliche Anzahl von Frauen geben, denen die Muße gewährt ist, nur in häuslichem Kreise zu walten und in Bezug auf die Intelligenz den hervorragenden Beruf der ausschließlich allgemeinen Bildung zu erfüllen; für sie halten wir unsere Grundsätze fest, nach denen allein das Ideal der menschlichen Gesellschaft erreichbar ist, das uns vorschwebt, und das nothwendig zerstört wird, wenn etwa allen Frauen ganz die gleiche Lage und Aufgabe zugetheilt wird, wie den Männern.

---

ihr Recht und auch ihre Pflicht. Alles was beitragen kann, ihre Erschei= nung lieblicher, aristokratischer, lichter werden zu lassen, dürfen sie füglich anwenden, weil es sie noch anziehender macht. Viele sind freilich gar zu pflichteifrig."

Bei dem gegenwärtigen Zustande der Frauenerziehung mag man auch diejenigen gewähren lassen, welche meinen, daß man die Mädchen in der Zeit der Entwicklung ihrer Intelligenz jedenfalls vorbilden solle für einen bestimmten praktischen Beruf; werde ein günstiges (nach Anderer Meinung sogar ungünstiges) Geschick sie der Ausübung desselben entheben, würden sie immer noch im Stande sein, gleich den Andern vortreffliche Hausfrauen, Gattinnen, Mütter zu werden.

Dächte man sich aber auf der einen Seite unser Ideal weiblicher Erziehung wirklich erfüllt, dann würde auf der anderen Seite auch blöden Augen die psychologische Thatsache bald offenbar werden, daß fachmäßige Berufsbildung und Berufsthätigkeit nicht der Boden ist, auf welchem die Tugenden der Hausfrau und der Segen allgemeiner Bildung auch ungepflanzt und ungepflegt hervorsprießen. Der Trauungsact allein kann den psychischen Charakter nicht verändern und eine zielbewußte Ausbildung nicht ersetzen; der Trauungsact, welchem freilich der gegenwärtige Zustand (und in Frankreich z. B. noch viel mehr als bei uns) eine ungemeine Bildkraft zutraut, dessen Früchte aber erst nach langen und oft bitteren Erfahrungen reifen. Ich kann diese Anmerkung aber nicht schließen, ohne ausdrücklich hervorzuheben: ich halte die Frauen — vollends dann, wenn man sie in der Blüthezeit ihrer Entwicklung nur einigermaßen an Ernst und Ausdauer in geistigem Thun gewöhnt — zu Allem, was die Erziehung der Kinder betrifft und mit ihr zusammenhängt, besonders befähigt, weil sie ganz vorzüglich hiezu geeignete Kräfte und Anlagen besitzen; ihr Charakter steht der Natur und der Kindheit so nahe (der Natur durch unmittelbare und fast divinatorische Auffassung, der Kindheit durch unermüdliche und kaum alternde Empfänglichkeit), daß sie die Leitung beider gleichsam selbstverständlich

und mühelos vollbringen; selbst geführt durch ein — minde=
stens aufnehmend — sicheres Stilgefühl und führend durch
einen selten fehlenden Tact, stehen sie immer auf jener feinen
und fruchtbaren Grenze, wo Naturkraft und Culturschöpfung
einander begegnen und unterstützen. Die Männer können die
Gebilde der Cultur schaffen, aber die edlen Reiser derselben
auf den immer wieder wild aufschießenden Stamm der Natur
zu pfropfen gelingt am meisten der Frauenhand, vielleicht dem
Frauenherzen.

Ich trenne mich mit harter Resignation von der Fort=
setzung dieses Gedankens und will nur noch sagen, daß auch
unter den männlichen Lehrern selbst auf sehr hohen Stufen
des wissenschaftlichen Unterrichts diejenigen die besten und
beliebtesten und darum die einflußreichsten sind, welchen etwas
Weibliches anhaftet. Sonst können die Männer die erwachsen=
den Knaben und Mädchen im wissenschaftlichen Unterricht
leiten, in den beginnenden Lebenskämpfen fester führen; die
erste Pflege und Erziehung aber gelingt sinnigen Frauen am
besten, weil in ihnen unmittelbar und gleichsam persönlich ver=
körpert die Ideen wirken, die Ideen ohne Worte, aber in Blick
und Mienen, ohne Werke, aber im aufschließenden Ton und in
angleichender Empfindung verkörpert.

Daß Frauen auf die Dienstleistung und selbst Handhabung
bei gewissen Theilen der Heilkunde hingewiesen werden sollen,
ist ebenso sicher, wie daß die Richterstühle und Geschwornensitze
und politische Rednerbühnen von Weibern besetzt immer das Bild
der menschlichen Gesellschaft verzerren werden.

Mit dem Ausspruch, daß Bildung auf ihrem Höhepunkt
in jedem einzelnen Individuum die Universalität des gesammten
Geisteslebens umfassen soll, scheint etwas Unmögliches gefordert
und es knüpft sich daran natürlich die dringende Frage: in

welcher Weise kann und soll dies geschehen? Unsere Antwort hat zunächst zwei Bestimmungen zu verneinen. Die Univer=salität kann erstens in der Form der Polyhistorie auftreten, zweitens ist sie ein bestimmtes Merkmal der Philosophie, bei=des haben wir aber von der Bildung zu unterscheiden. Daß die Bildung als Polyhistorie aufgefaßt werde, d. h. als ein Aufsammeln einer ungeheuren Masse von einzelnem Wissens=stoff aus den verschiedenen Gebieten der Wissenschaften, wäre nicht blos die Forderung eines Unmöglichen, sondern auch, wo etwa dieselbe erfüllt würde, wäre das Ziel bei weitem nicht erreicht. Nicht blos werden wir einen Polyhistor darum, weil er dies ist, noch nicht einen Gebildeten nennen, sondern in den meisten Fällen lehrt die Erfahrung, daß er es grade darum nicht ist. Polyhistorie und Bildung sind in der Sache ver=schieden. Das Streben und der Werth polyhistorischen Wissens besteht lediglich in der fragmentarischen Kenntniß der Dinge; aber eine angehäufte Summe von sogenannten Kenntnissen, ein Festhalten und Innehaben einer Menge von thatsächlichem Ma=terial dieser und jener Wissenschaft ist kaum ein begleitendes, geschweige ein wesentliches oder gar erschöpfendes Merkmal der Bildung. Der Stoff und Gegenstand des Wissens kann in beiden also derselbe, gleich universell und ohne eine Beschränkung sein, aber durch die Form und Art der Auffassung sind sie wesentlich verschieden. In wie fern und wodurch sie hierin ver=schieden sind, wird sich aus den positiven Bestimmungen über das Wesen der Bildung von selbst ergeben, welche hier vorweg zu nehmen ungeeignet wäre.

Auch der Philosophie kommt wie der Bildung die Be=stimmung der Universalität zu; sie ist nicht blos auf kein Gebiet eingeschränkt, sondern auf die Gesammtheit derselben hingewiesen. Aber während die Philosophie einerseits gleich der Bildung sich von der Polyhistorie dadurch unterscheidet, daß sie nicht in der Kenntniß und dem historischen Aufnehmen der gesammten Masse des Wissens besteht, unterscheidet sie sich doch andererseits eben so sehr von der Bildung durch ihr Verhältniß zu eben dieser Masse des universellen Wissens. Um diesen Unterschied neben der großen Aehnlichkeit, welche sich herausstellen wird, klar und deutlich zu erkennen, müssen wir das Wesen der Philosophie genauer charakterisiren. Die Philosophie ist nach ihrem innersten und wesentlichsten Kern die Wissenschaft der Wissenschaften, das Wissen des Wissens im strengen Sinne des Wortes. Die ganze Summe der menschlichen Erkenntniß, alle Dinge und Verhältnisse, Erfah= rungen und Thatsachen bilden einen Complex, welcher sich nach dem verschiedenen Inhalt in verschiedene Wissenschaften ordnet. Natur=, Sprach=, Rechts= u. s. w. Wissenschaft. Alle diese Wissenschaften mit ihren Objecten machen das Object der Philosophie aus. Zwar jeder Gegenstand, in so fern er Gegenstand einer Wissenschaft ist, ist damit auch Object der Philosophie, weil eben die Wissenschaft, welcher er angehört, selbst es ist; aber nicht unmittelbar bezieht sich die Philosophie auf die einzelnen Dinge, sondern nur mittelbar, in so fern sie die Wissenschaft vom Wissen dieser Dinge ist. Die Philo= sophie ist Wissenschaft der Wissenschaften, das heißt, sie hat erstens die Möglichkeit und die Grenzen des menschlichen Wissens überhaupt, also auch in den einzelnen Gebieten und Disciplinen desselben im Besonderen, zu erforschen, die Mittel des Wissens anzugeben und zu untersuchen (Erkenntnißtheorie, Logik und Vernunftkritik). Sodann aber hat sie sowohl alles menschliche Wissen im Allgemeinen, als wiederum auch jedes Gebiet desselben im Besondern zu begründen, die Principien desselben aufzusuchen, die vor und außerhalb der Philosophie durch Erfahrung und Reflexion gewonnene Erkenntniß der einzelnen Wissenschaften entweder nach den letzten Gründen alles Wissens zu befestigen oder zu widerlegen, und neue und richtigere Begriffe an deren Stelle zu setzen (Metaphysik). Offenbar hat es hier die Philosophie nicht mit der ganzen Breite des Inhaltes derjenigen Wissenschaften, für welche sie nur die letzten begründenden Principien aufsucht, zu thun, und am wenigsten hat sie das Einzelne dieses Inhaltes, etwa der Naturwissenschaft, selbst zu produciren; sie betrachtet nur die ganzen Wissenschaften als Totalitäten, in wie fern in allen Theilen derselben gleiche Principien der Erkenntniß zur An= wendung kommen; jedes Ding und Verhältniß also, jedes Ob= ject eines menschlichen Gedankens ist demnach zugleich Object der Philosophie, aber nicht als dieses Einzelne, sondern nur als ein Glied in der Kette derjenigen Wissenschaft, zu welcher es zunächst gehört. So hat die Philosophie das Wesen der einfachen Qualitäten der Dinge zu untersuchen, aber nicht die einzelnen physikalischen Thatsachen und Gesetze zu entdecken; und während die Botanik und Zoologie die Beschreibung und Anordnung alles Organischen nebst den Gesetzen seiner Ent= faltung zu leisten hat, wird die Philosophie sich nur mit der Untersuchung über das Wesen und den Begriff des Organismus beschäftigen.

Zugleich aber enthält die Philosophie einzelne Disciplinen, in denen sie auch den Stoff, ohne ihn von einer anderen Wissenschaft gesammelt und geordnet zu empfangen, selbstständig bereiten und darstellen muß; hieher gehören die Psychologie, oder die Lehre vom Wesen, Leben und Thun der Seele, ferner die Ethik und Aesthetik, oder Lehre vom Guten und Schönen. Es ist sehr wohl denkbar, daß alle diese Disciplinen zunächst in gleicher Weise wie Natur= und Sprachwissenschaft auch

Jurisprudenz und Politik als Theile der Ethik, ohne die
Philosophie auf dem Standpunkte der Erfahrung bearbeitet
werden; die empirische Psychologie, die religiöse Sittenlehre
sind nicht unmittelbar philosophische Wissenschaften, auch Kunst=
lehren über die verschiedenen Künste könnten geschaffen werden,
ohne daß sie mit der Aesthetik oder der allgemeinen Philosophie
des Schönen zusammenfallen. Indessen hat eine solche Son=
derung bis jetzt nicht stattgefunden und wahrscheinlich deshalb,
weil in diesen Gebieten die letzten Principien mit ihrer An=
wendung auf die breite Masse des gesammten Inhaltes in
einem so untrennbaren Zusammenhange stehen, daß nach dem
bisherigen Stande der Erkenntniß eine gesonderte Behandlung
der Letzteren allzudürftige Resultate zu erzielen befürchten ließ.
In der That verhält es sich mit diesen Wissenschaften gar nicht
anders als mit allen übrigen, und so wie in der geschichtlichen
Entwicklung alle insgesammt ursprünglich Gegenstand n u r der
Philosophie gewesen und erst allmälig sich aus derselben der=
gestalt entfaltet haben, daß die Masse des Materials eine
gesonderte Betrachtung, Behufs der Beobachtung, Sammlung
und Anordnung in Anspruch nahmen, so daß endlich nur die
Untersuchung der obersten Principien der Philosophie als eigene
Aufgabe verblieben ist: so werden gewiß auch Psychologie,
Ethik und Aesthetik bei der immer größeren Bereicherung der
Gebiete in Bezug auf Erforschung der einzelnen Thatsachen
sich zu besonderen Wissenschaften entfalten, die nur ihre Prin=
cipien in gleicher Weise aus der Philosophie entlehnen. Für
Psychologie und Aesthetik ist nach dieser Seite hin neuerdings
manches sehr Gute geleistet. Zwar die Unterscheidung von
empirischer und rationaler Psychologie hatte schon Wolff; aber
die rationale war da noch gar sehr blos empirisch, und die
empirische weder rational noch im heutigen Sinne wahrhaft

empirisch, es war unwissenschaftliche vage Erfahrung. Dagegen sind solche Werke, wie Drobisch's und Fortlage's, Fechner's und Wundt's wirkliche empirische Wissenschaft; in der Aesthetik sind die abgesonderten Theorieen von der ästhetischen Farbenlehre, von der Morphologie, den Proportionen, vom „musikalisch Schönen" (Hanslik) u. s. w. ganz vortreffliche Beiträge, die materielle Seite des Aesthetischen zu bearbeiten; die schon alte Prosodie, wie die Lehre von den Gattungen und Arten der Poesie gehören auch hieher.

Das letzte Ziel jeder Wissenschaft aber ist natürlich nicht die Trennung, sondern die Vereinigung der empirischen mit der speculativen Seite derselben. Allein auf dem Wege dahin ist eine Theilung der Arbeit, wie die Geschichte lehrt, noth= wendig und heilsam, wenn sie vernünftig gehandhabt wird. Diese vernünftige Handhabung ist am sichersten dadurch zu erreichen, daß nicht nur kein feindliches, sondern ein gegenseitig dienstliches Verhältniß unter ihnen stattfindet; und dies Verhältniß wiederum dadurch zu bewerkstelligen, daß die Trennung nur objectiv in den Producten der Wissenschaft stattfindet, nicht aber subjectiv in den Producenten und Autoren; vielmehr soll Jeder, der auf der empirischen oder der speculativen Seite thätig ist, auch die andere Seite kennen und verstehen, der Eine die Principien, der Andere das Material aufzunehmen fähig und bereit sein, productiv aber können die meisten Menschen von durchschnittlicher Befähigung nur nach einer Seite hin sein. Daher sowohl die Isolirung in Bezug auf die Receptivität, als das Uebergreifen in das andere Gebiet in Bezug auf die Productivität immer Unklarheit oder Unvollständigkeit des Wissens erzeugen wird.*)

---

*) In neueren Zeiten, wo das Streben nach der Emancipation der exacten Wissenschaften von der Philosophie Mode geworden ist, weil man fast allgemein in einer materialistischen Richtung befangen, gründlich genug

Endlich ist es die Aufgabe der Philosophie, die Gesammt=
heit alles Wissens oder aller Wissenschaften zu einem geord=
neten Systeme zu machen, den bestimmten allseitigen Zusammen=
hang derselben unter einander und ihre Verbindung zu einer
Einheit und Totalität nachzuweisen; dadurch wird jene Ver=
bindung mehrerer Wissenschaften zum Zwecke ihrer gegenseitigen
Vollendung, welche auf dem Boden und bei den Bearbeitern
jeder einzelnen Wissenschaft ganz dem individuellen Können und
Belieben anheimgestellt bliebe, zu einer bestimmten wissenschaft=
lichen Forderung erhoben und Anleitung dazu gegeben. Erst
die Philosophie, also in dieser Eigenschaft als Wissenschafts=
lehre im engeren Sinne, erkennt und bringt zum Bewußtsein,
was in der Sache selbst thatsächlich der Fall ist, daß nämlich
eben so alle Wissenschaften nur eine Ausströmung und Aus=
breitung der einen und selbigen allgemein menschlichen Intelligenz
sind, wie alle Gegenstände des Wissens, alle Dinge und Er=
eignisse, alle Kräfte und Verhältnisse im letzten Grunde in einer
thatsächlichen wirkungsreichen Beziehung zu einander stehen.*)

---

zu sein vermeint, wenn man sich durch Versuche vor den Sinnentäuschungen
sicher stellt, aber vor den ebenso gefährlichen psychologischen Täuschungen
sich zu hüten weder Erkenntniß noch Interesse vorhanden ist, hat man auch
diese Thatsache von der Entstehung und Entwickelung der exacten Wissen=
schaften aus der Philosophie und durch dieselbe oft genug vergessen oder
verhüllt. In der That finden wir die ersten Anregungen und Bearbeitungen
aller jetzt von der Philosophie gänzlich getrennten Disciplinen nur im
Schooße und mitten im Zusammenhange eben der Philosophie. Natur= und
Sprachwissenschaft, auch Rechts= insbesondere politische Wissenschaft sind
zuerst durch die Philosophie zum Gegenstand wissenschaftlicher Erforschung
erhoben worden. Die Empörung der Colonien gegen das Mutterland ist
freilich eine allgemeine Erfahrung in der Geschichte; die Befreiung in gar
vielen Fällen und auch in diesem berechtigt und heilsam, nur ist der fort=
gesetzte Krieg und Streit ebenso verderblich als ungerecht.

*) Es würde uns von unserer vorliegenden Untersuchung viel zu weit
abführen, wenn ich hier die Abhängigkeit der Grundbegriffe der einzelnen

Die allgemeine Bildung ist der Philosophie hierin nahe verwandt; der Unterschied beider besteht darin, daß Erstere die
Einheit und Allgemeinheit des menschlichen Interesses in
allen Wissenschaften anstrebt, die Letztere dagegen die Einheit
der Principien und deren objectiven Zusammenhang aufsucht.

Ueberhaupt wird sich eine mannigfache Verwandtschaft der
Bildung mit der Philosophie für unsere Betrachtung immer
mehr herausstellen, und wir werden finden, daß Vieles, was
als Merkmal der Bildung zu bezeichnen und im Leben bezeichnet
ist, durch den Sprachgebrauch oft auch „philosophisch" genannt
wird; in vielen Fällen wird sich zeigen, daß die Bildung wesentlich nur eine Art von Philosophie ist, die auf das Einzelne angewendet wird.

Nunmehr können wir zur directen Beantwortung der Frage
übergehen, wie sich denn nun die Bildung zu den Wissenschaften
und dann zur Universalität derselben, insbesondere aber zur
Philosophie, verhalte?

Eine jede Wissenschaft hat ein innerlich abgegrenztes Ge-

Wissenschaften in ihrer Bedeutung und Fassung von der Art, wie ihr Zusammenhang mit denen anderer Wissenschaften aufgefaßt wird, darlegen
wollte. Nur Ein Beispiel möge davon wenigstens eine Andeutung geben.
Der Begriff des Besitzes oder des Eigenthums bildet einen der Grundbegriffe
der Rechtswissenschaft; sein Inhalt ist abhängig von dem ganzen System
dieser Wissenschaft, so wie er umgekehrt auf einen beträchtlichen Theil derselben wesentlichen Einfluß übt. Aber weit über die Grenzen der Jurisprudenz hinaus liegen die Gründe für seine Bestimmung, also auch für sehr
verschiedene Anschauungen über denselben in den Grundbegriffen zunächst
der Politik und Nationalökonomie, weiterhin aber auch von der historischen
Auffassung aller Culturentwickelung, von dem Wesen der menschlichen Gesellschaft, von den Ursachen und Zielen ihrer Gestaltung, also auch von den
Grundbegriffen der Völkerpsychologie, der Anthropologie und der Sittenlehre; endlich hat sogar — nicht bloß hypothetisch, sondern geschichtlich —
die theologische Anschauung von der Stellung und Aufgabe des Menschen
tiefgehenden Einfluß geübt auf die Gestaltung der verschiedenen Rechts-
anschauungen vom Besitz und Eigenthum.

biet von Dingen und Verhältnissen, eine Region von natür=
lichen oder geistigen Wesen und Zuständen zu ihrem Object;
die Wissenschaft nun erheischt zunächst **Vollständigkeit des**
Umfangs, und insbesondere von einem jeden ihrer Jünger
fordert sie die genaue, vollständige und prompte Kenntniß und
Gegenwart dieses gesammten Umfanges in allen seinen Theilen
bis hinab in die äußerste elementarische Gliederung eines jeden
Theiles; zur **Bildung** aber gehört in Bezug auf eben das=
selbe Gebiet nicht sowohl Vollständigkeit des Umfangs, als nur
Klarheit des **Inhalts**; nicht die vollständige und gegen=
wärtige **Kenntniß** alles Einzelnen, sondern nur das **Ver=**
ständniß desselben. Einige Beispiele werden den Unterschied
erläutern: Der Gebildete muß wissen, was eine chemische
Qualität ist, wie und wodurch chemische Processe vor sich
gehen, was Wahlverwandtschaft unter den Körpern heißt, etwa
auch, daß die chemische Verbindung der Stoffe nach stöchiome=
trischen Gesetzen vor sich geht; dagegen wird man nur von
dem Chemiker fordern, daß er die ganze Tabelle der stöchio=
metrischen Bedingungen nicht blos kennen gelernt, sondern
auch jederzeit im Kopfe habe, daß er der ganzen Reihe der
gradweisen Wahlverwandtschaften in jedem Augenblick sich zu
erinnern weiß. Was Spectralanalyse bedeutet, darf heute
auch einem Gebildeten nicht unbekannt sein; er muß wissen,
daß verschiedene Körper bei ihrer Verbrennung ein Licht er=
zeugen, welches durchs Prisma gesehen, verschiedene farbige
Linien zeigt. Er wird also auch einsehen, daß und weshalb
man die Anwesenheit gewisser Stoffe auch auf entfernteren
Gestirnen annehmen wird, von denen doch nur die Lichtstrahlen
zu uns gelangen. Aber die Tabelle aller charakteristischen
Linien wird nur der Chemiker oder Physiker im Kopfe haben
müssen, um weitere Beobachtungen mit Erfolg anstellen zu

können. Aus der Botanik wird jeder Gebildete wissen, was
die wesentlichen Merkmale des Pflanzenorganismus im Gegen=
satz zum Anorganischen und zum thierischen Organismus sind,
daß die Pflanzen in verschiedene Gattungen, Arten und Fa=
milien eingetheilt werden und zwar wesentlich nach welchen
allgemeinen Merkmalen; dagegen wird man nur von dem
Mann des Faches erwarten dürfen, daß er genau die Eigen=
thümlichkeiten nicht blos einer jeden Familie, sondern wo mög=
lich jeder einzelnen Species anzugeben wisse. Daß heutzutage
Streit um die Grenzen wie um die Entstehung der Arten ge=
führt wird, welche Bedeutung derselbe für die Entwicklungs=
geschichte aller organischen Gebilde hat, wie die Lehre von
der Abstammung und Entwicklung des Menschen davon bedingt
ist, soll auch dem Gebildeten nicht fremd sein; während nur
der Gelehrte mit allen Thatsachen und Gründen bekannt sein
muß, durch welche der Streit entstanden ist und geschlichtet
werden soll.*)

Also nicht die ganze Summe der einzelnen Thatsachen,
sondern vielmehr die in denselben zur Erscheinung kommenden
allgemeinen Bestimmungen und Gesetze zu kennen, ist Aufgabe
der Bildung. Daß aber diese allgemeinen Gesetze entweder
gar nicht oder doch höchst unklar zur Erkenntniß kommen
können, wenn nicht ein gewisses Maß von Anschauung des
concreten Individuellen und Factischen vorher erworben ist,
versteht sich von selbst; für die Bildung als solche bestimmt
sich nun dieses Maß eben durch jenen Zweck. Theils also

*) Ueber die Stellung, welche auch die Physiologie zur allgemeinen
Bildung gewinnen kann, giebt Czermak in seiner Antrittsrede „am 13. No=
vember 1869 in Leipzig gehalten" ausreichenden Aufschluß. Daß die edlen
Bemühungen desselben, seine Gedanken zugleich zu verwirklichen, durch seinen
allzufrühen Tod ein jähes Ende gefunden, wird Jeder schmerzlich beklagen,
der für Verbreitung und Vertiefung der Bildung interessirt ist.

wird die Bildung gar nicht eine vollständige Einsicht in die
Masse des Materials erfordern, theils aber, und dies beson=
ders, wird sie im Gegensatz zur Wissenschaft nicht erheischen,
daß die etwa erworbene Kenntniß und Einsicht in das Einzelne
dem Gedächtniß treu aufbehalten bleibe. Dieser Unterschied
ist gewiß eben so unbestritten, als er höchst charakteristisch ist.
Hieraus ergiebt sich, daß es wesentlich bei aller Kenntniß des
Einzelnen für die Bildung um das sich handelt, was daraus
für die Intelligenz des Menschen, für die Klarheit der
Anschauung, für die Tiefe und Deutlichkeit der Einsicht in die
Dinge hervorgeht. Es ist also nicht die Summe der einzelnen
Vorstellungen von der Summe der einzelnen Dinge und Er=
scheinungen, welche die Bildung ausmacht (obwohl die Wissen=
schaft als solche deren nie entrathen kann, schon weil der pro=
ductive Fortschritt gar oft von der Combination, also der
Gegenwart derselben im Gedächtniß, bedingt ist), sondern die
bestimmte höhere Art der Ansicht von den Dingen, die Weise,
sie für sich und in ihren Beziehungen unter dem Gesichtspunkt
der Gesetzmäßigkeit zu betrachten; es ist mit einem Worte der
allgemeine ideale Gehalt, welcher in dem einzelnen Wissen
eingeschlossen ist, um den es sich für die Bildung handelt. Es
ist ganz unleugbar, daß derjenige, welcher von der Umdrehung
der Erde und ihrer Bewegung um die Sonne, wie von den
Bewegungen der übrigen Planeten eine einigermaßen klare
Anschauung hat, von der Größe, Entfernung und den Bahnen
der verschiedenen Gestirne eine ungefähre Uebersicht besitzt, es
ist unläugbar, sage ich, daß dieser über den ganz ungebildeten
Menschen, welcher von alledem keinen andern Begriff hat,
als welchen der Sinnenreiz seiner beiden Augen in seiner
Seele hervorbringt, und der daher glaubt, daß die Sonne
nicht größer als ein Mühlrad, und die Sterne nur dauernde

Funken sind, ganz eben so erhaben ist, wie der vollkommen aus=
gebildete und gelehrte Astronom. Wenn wir auf das Wissen
von genauen astronomischen Thatsachen, auf die Kenntniß und
Angabe von Zahlen und mathematischen Formeln sehen, dann
wird unser Gebildeter dem völlig Ungebildeten wohl gleich oder
doch sehr nahe stehen; blicken wir aber auf die Art der Natur=
betrachtung, auf die Einsicht in das Wesen und Gesetz der
Dinge, nicht auf die Breite, sondern Höhe der In=
telligenz, so zu sagen auf die allgemeine psychologische
Qualität des Geistes, so können wir jenen Gebildeten neben
dem gelehrtesten Astronomen finden.

Aus diesem Beispiele ist leicht ersichtlich, was die Cultur=
geschichte auf jeder Seite lehrt, daß jede Wissenschaft je nach
ihrem Stande auf dem bestimmten Gebiete eine gewisse Stufe
der allgemeinen Intelligenz, eine bestimmte Höhe des natio=
nalen Geistes ausdrückt; und dies mit der ganzen Summe
der einzelnen Thatsachen, welche sie lehrt zwar im Zusammen=
hange und von derselben bedingt, aber dennoch auch ohne die
genaue Kenntniß derselben erkennbar und in den Individuen
wirksam. Erinnern wir uns dessen, was oben über den Zweck
der Bildung und ihrer Beziehung zum öffentlichen National=
geist entwickelt worden ist, so ergiebt sich die einfache Folge=
rung, daß jeder Einzelne den Zweck der Bildung erfüllt und
auf der Höhe des nationalen Geistes steht, je nachdem er in
den verschiedenen Gebieten die der Wissenschaft adäquate An=
schauungsweise und allgemeine Stufe der Intelligenz erreicht
hat. — An dieser Stelle verdient es auch erwähnt zu werden,
daß es noch ein charakteristisches Merkmal, gewissermaßen die
Probe der Bildung ist, daß sie im Stande sei, dem allmäligen
Fortschritt der Wissenschaften, den Entdeckungen, Beobachtun=
gen, Aufklärungen und der Fortbildung der Principien zu

folgen. Diese Fähigkeit der Auffassung des Neuen und Fort=
geschrittenen (die Apperceptionsfähigkeit) setzt nicht sowohl
die vollständige Kenntniß, wohl aber das genaue
Verständniß der voraufgegangenen Zustände der Wissen=
schaft voraus. Die Bildung schließt demgemäß auch diejenige
Stufe geistigen Lebens und namentlich auch den Grad
geistiger Regsamkeit ein, vermöge deren ein Mensch
befähigt und geneigt ist, wie man zu sagen pflegt, mit der
Zeit fortzuschreiten; dagegen findet man sehr oft Menschen,
welche zur Zeit ihrer Blüthe wirklich zu den Gebildeten ge=
zählt werden mußten, und dennoch bei reiferem Alter weit
unter dem Niveau derjenigen stehen, welche einen gleichen Grad
der Bildung wie Jene in ihrer früheren Zeit nicht erreicht
haben.

Beide diese Eigenschaften des Wissens, welches zur Bil=
dung gehört, nämlich eine bestimmte Stufe der Intelligenz,
der allgemeinen Einsicht in die Dinge überhaupt auszumachen
und die Apperceptionsfähigkeit für den Fortschritt zu enthalten,
erweisen sich, wenn wir nun ihren psychologischen Charakter
mit Genauigkeit bestimmen wollen, als wesentlich aus Einer
Wurzel stammend. Dieser Charakter der gebildeten Intelli=
genz nämlich besteht darin, (anstatt der einzelnen Facta eines
jeden Kreises oder neben denselben) vor Allem die leitenden
Gedanken, die regulativen Ideen, die allgemeinen Gesetze, die
Principien und Kategorieen in bewußter Weise inne zu haben
und beim concreten Denken im Leben und aller Thätigkeit zur
Anwendung zu bringen. Ein solcher leitender Gedanke ist,
um an ein obiges Beispiel zu erinnern: daß die körperlichen
Gegenstände, je weiter sie von unserem Auge entfernt sind,
desto kleiner erscheinen; als Thatsache in einzelnen Fällen hat
dies sicherlich auch der Ungebildetste oft genug erfahren. Der

Bauer, der vor seinem Acker steht, sieht ja deutlich, wie sich die Parallellinien, welche seine Breite bezeichnen, je weiter, je mehr verengen, also daß das entfernte Ende viel schmaler ist als das nahe, wo er steht, und daß sich dies umkehrt, wenn er pflügend ans andere Ende gekommen ist; schon das Kind sieht seinen Drachen, den es fliegen läßt, immer kleiner, den Vogel, der aus der Höhe herabfliegt, immer größer werden; aber diese Thatsache ist, obwohl in den einzelnen Fällen wahr= genommen und erkannt, nicht zum Bewußtsein gekommen, noch weniger zur allgemeinen und leitenden Regel geworden; wäre dies der Fall, so könnte auch der Bauer unmöglich die Sonne für eine kleine Scheibe von zwei Händen groß halten. Wie= derum aber, wenn er in der Schule beide Thatsachen, daß die Sonne sehr entfernt und sehr groß sei, kennen gelernt, wenn ihm sogar die Zahlen beider Bestimmungen fest eingebläut wären, ohne daß er aber die in diesen Thatsachen liegende all= gemeine Regel erkannt hätte, so würde sein Bewußtsein eben so ungebildet, seine Intelligenz noch eben so stupid sein, als die seines Nachbarn, der von jenen Zahlen keine Ahnung hat. Wenn er nun aber auch nur Eine solche Thatsache vollkommen begriffen hätte, wenn er wüßte nicht blos daß, sondern auch weshalb sein Acker am andern Ende schmäler erscheint, dann würde er nicht blos nothwendig die Sonne für sehr groß halten müssen, ohne es je von einem Lehrer gehört zu haben, sondern auch in allen räumlichen Verhältnissen würde er den Fehler der Sinnenanschauung nach dieser Regel verbessern, er würde, von den Fesseln der gemeinen Sinnlichkeit befreit, ·über die trübe und dumpfe Anschauung derselben hinaus zu einem wahrhaft gebildeten Bewußtsein über die Räumlichkeit der Körperwelt gelangen. Solcher leitender Gesichtspunkte und regulativer Ideen giebt es für jedes Gebiet des Wissens und Lebens; sie bilden den eigentlichen Kern der Intelligenz, sie üben eine gleichsam organische, gestaltende Wirkung auf die Masse des Einzelnen aus, sie prägen jedem singulären Gedanken das allgemeine Siegel specifisch menschlicher, d. h. bewußter Intelligenz auf und verleihen ihm lebendige und belebende Kraft, auf andere Erkenntniß fortzuwirken.*)

Jede Wissenschaft als solche umfaßt Beides, die leitenden Ideen und Principien und die ganze Summe des Einzelnen; so wie es aber Bildung giebt, welche nur das Erstere ohne Letzteres besitzt, so kann es auch eine vollständige Kenntniß des Einzelnen ohne die Erkenntniß und das Bewußtsein von den allgemeinen leitenden Ideen geben, diese wird im Leben gewöhnlich als trockene Gelehrtheit bezeichnet; für sich allein ist diese ebenso wie die Bildung verschieden von der eigentlichen Wissenschaft; nur hat sogar die Bildung das beste Theil erwählt.

Sehr bezeichnend ist demnach für die Stufe und Art der Intelligenz, welche er bezeichnen soll, der deutsche Ausdruck: Bildung. Er deutet an, daß es sich nicht um eine Anfüllung der Seele mit einem Material von Kenntnissen, sondern um die Bildung d. h. Gestaltung, und weil organische Gestaltung auch Belebung und innere Bewegung des Geistes handelt; das Bildende ist demnach nicht in dem Erwerb einer beliebigen Masse von Kenntnissen zu suchen, sondern in der Aneignung solches Wissens, welches ein wahres Verständniß, eine Einsicht in die Dinge und Verhältnisse irgend eines Gebietes möglich macht. Ist jede individuelle Seele auf ihrem

---

*) Von dem Wesen der leitenden Ideen wird in der Abhandlung über den Humor näher gesprochen; eine noch genauere psychologische Analyse ihrer Entstehung und Wirksamkeit ist im 4. Capitel des 2. Bandes enthalten.

natürlichen Standpunkt v o r aller Erziehung und Bildung einem Stück weichen Wachses vergleichbar, in welches jede neue Erfahrung, jede Sinnenanschauung oder von außen kom= mende Mittheilung sich als ein Bild einprägt: so wird Bil= dung die Seele zu einem Organismus umschaffen, für den jede neue Erfahrung eine Nahrung ist, welche er in sich auf= nimmt, organisch verarbeitet, und die nicht blos zu seiner Er= haltung, sondern auch inneren Entfaltung und lebendigen Thätig= keit dient.

Halten wir nun zunächst diesen Begriff der Bildung als Art und Stufe der Intelligenz fest, ohne an den engeren Sinn der sogenannten allgemeinen Bildung zu denken, so ist aus dem Bisherigen von selbst klar, in wie fern man davon reden kann, daß Jemand in irgend einem speciellen Fache eben so wie gelehrt, auch blos gebildet sein kann. Es kann Einer natürlich eine gewisse, etwa naturwissenschaftliche Bildung be= sitzen, ohne daß er eine vollständige Kenntniß der Naturwissen= schaft, aber auch ohne daß er eine, außer derselben liegende Bildung in anderen Gebieten besitzt; sie besteht in der gedanken= mäßigen, bewußten, principiellen Auffassung und Anschauung eines Gebietes, wodurch das Verständniß auch alles Einzelnen möglich wird. Daher kann auch von religiöser Bildung im Unterschiede von einer natürlichen naiven Religiosität geredet werden. Den Unterschied der politischen Bildung von der Wissenschaft der Politik kann man nach der Analogie leicht erkennen; der Umfang derselben kann sich in weiten Abständen bewegen, und je nach der Verfassung und der historischen Epoche eines Landes wird man bei seinen Bürgern und deren Vertretern ein sehr verschiedenes Maß von politischer Bildung antreffen und fordern.

In diesem Sinne nun werden wir viele Menschen als

in ihrer Art und an ihrem Ort gebildete bezeichnen; wir wer=
den reden können von einem in seiner Art gebildeten Bauern,
Handwerker, ohne daß sie etwa eine allgemeine, von ihrem
Stande gänzlich unabhängige Bildung besitzen (denn dann ist
der Sinn des Wortes für sie selbstverständlich kein specifi=
scher), oder auch von irgend einer Wissenschaft als solcher
auch nur eine Ahnung haben. In allen Berufsarten einer
civilisirten menschlichen Gesellschaft, in aller Thätigkeit und
Handhabung fast ohne Unterschied, sowohl in jedem Handwerk,
jeder Fabrikarbeit, wie in dem Ackerbau, liegt eine objective
thatsächlich vorhandene Masse und Fülle geistigen Lebens; sie
sind in Bezug auf den Zweck und die Gestaltung der Producte,
als auch nach den Mitteln, Regeln und Handgriffen, wodurch
sie zu Stande kommen, ein Erfolg des schöpferischen mensch=
lichen Geistes; oft auch die einfachsten Thätigkeiten schließen
die geistvollsten Erfindungen ein und beruhen im Einzelnen
auf allgemeinen mannigfaltigen Gesetzen; die Ausübung also
ist factisches, in der Sache selbst liegendes, also objectives
geistiges Leben. Subjectiv aber, d. h. in den Personen, welche
die Ausübung vollziehen, finden wir selten eine wirkliche Er=
kenntniß dessen, was sie thun, der Gesetze, wonach sie arbeiten,
der Formen, welche sie schaffen, der Zwecke, welche sie fördern;
ihre Thätigkeit ist im engsten Sinne des Wortes angelernt,
eingeübt, kaum daß sie der Regeln, wonach sie thätig sind, sich
bewußt werden, geschweige daß sie dieselben sich als eine zu=
sammenhängende Reihe vorstellen und Anderen als Ganzes
mittheilen könnten, und vollends daß sie diese Regeln anstatt
blos als erprobte Vorschriften als wirkliche Gesetze erkennten,
deren Nothwendigkeit sie einsehen. Zwar von außen und durch
menschliche Mittheilung erlernt, und dadurch von dem thieri=
schen Instinct verschieden, wirken dennoch diese Regeln oft in

ihnen fast eben so unbewußt und dunkel, wie in der Biene, das, was wir Instinct nennen, jene objective geistige, nach bestimmten mathematischen Gesetzen gestaltende Kraft. Wenn nun aber etwa ein Bauer von jedem einzelnen Thun und Schaffen in seinem Berufe sich und Anderen Rechenschaft zu geben im Stande ist; — wenn er die allgemeinen Regeln seiner Thätigkeit, wie sie ihm vorgezeigt worden, in ihrer Nothwendigkeit und Nützlichkeit zu begreifen sucht, um das mit persönlicher und selbstbewußter Ueberzeugung zu thun, was sein Lehrer unbewußt gethan und ihm geheißen hat; — wenn er seine fragende Aufmerksamkeit auf die Naturerscheinungen richtet, von denen sein Beruf abhängig ist, und zu dem Ueberlieferten die Beobachtung, zu dem Geglaubten den Versuch fügt; — wenn er dergestalt von der allgemeinen Gesetzmäßigkeit und Nothwendigkeit im Naturleben und wohl auch von manchen einzelnen Gesetzen einen Begriff erlangt oder gar eine genauere Kenntniß davon durch Bücher und Gespräch erwirbt; — wenn er endlich, und das wird aus dem Obigen gewiß nothwendig folgen, sich über den Zweck seines Berufs und dessen Zusammenhang mit andern menschlichen Thätigkeiten, also auch über seine gesellschaftliche und politische Stellung klar zu werden sucht; — wenn er also mit Einem Worte den objectiven, allgemeinen idealen Gehalt, den geistigen Stoff seines Standes auf bewußte Weise selbstständig und persönlich zu erfassen strebt: dann werden wir diesen Bauern mit allem Recht einen Gebildeten nennen.

Seinem eigentlichen und wesentlichen Inhalte nach ist also der Begriff hier kein anderer, als bei der allgemeinen Bildung, und ihr Unterschied besteht nur in dem des Umfangs, des Gebietes, worin sie sich bewegen; zugleich aber ist nicht zu übersehen, daß bei dieser engeren Bildung in ihrer Art und in ihrem Kreise dennoch das Moment der Universalität mit hineinspielt, welches dem Begriff der eigentlichen Bildung, wie sich oben gezeigt hat, nicht blos äußerlich und zufällig zukommt, sondern ein wesentliches Merkmal desselben ist. Auch die Bildung für den engsten Kreis, wenn sie eben die bezeichnete Weise der Auffassung der Dinge erreicht, wodurch sie den Namen verdient, wird allemal den Geist über das eigene Gebiet hinausführen und eine weitere Umsicht und Ein= sicht entweder möglich oder nothwendig machen. Denn theils machen die Gegenstände jedes Wissens und Thuns fast immer das Object für verschiedene Felder menschlicher Thätigkeit aus und verschaffen somit, wenn sie auf einem Gebiete in ihrer allgemeinen Natur erkannt sind, zugleich einen Einblick in andere, theils sind die leitenden und allgemeinen Prin= cipien, welche in dem einen Fache erkannt würden, auch in anderen herrschend, und machen die Uebersicht leicht möglich, theils endlich ist die Verbindung der Gegenstände an den Grenzen eines jeden Kreises mit denen der benachbarten eine so innige, daß auch für die klare Erkenntniß in dem eigenen die Kenntniß der anderen Kreise nothwendig wird. An Bei= spielen für diese verschiedenen Arten der erleichterten und der geforderten Verbindung der zu verschiedenen Berufsarten ge= hörigen Gedankenstoffe kann es nicht fehlen; sie finden sich fast in jeder Wissenschaft und selbst in jedem Handwerk.*) Daß ein und derselbe historische Stoff Object eben so sehr des Kirchen= als des Staats=Historikers, dann aber auch des Philosophen der Geschichte, des Münzkundigen, des Archäo=

---

*) Es klingt sehr paradox, und ist doch nicht minder wahr, wenn Hume einmal sagte: „wir können vernünftigerweise nicht erwarten, daß ein Stück wollenen Tuches bei einer Nation, welche die Astronomie nicht kennt, zur Vollkommenheit gebracht werden könne.”

logen u. f. w. sein kann, liegt auf der Hand; daß die leiten=
den Principien etwa der Quellenforschung oder der Geschichts=
auffassung u. dgl. für verschiedene historische Wissenschaften
mit wenigen Modificationen dieselben sein werden, ist eben=
falls sicher; daß endlich die Geschichtsforschung eben so wohl
an das Gebiet der Geographie, als an das der Philologie,
der Archäologie, der Jurisprudenz u. f. w. stößt, und deren
bedarf, ist nicht minder unverkennbar. Aber auch der gebil=
dete Tischler wird seinen Stoff, die verschiedenen Holzarten
mit dem Zimmermann, dem Böttcher, dem Schnitzer und selbst
dem Forstmann gemein haben, er wird wie Jene, Maßstab,
Cirkel und Winkelmaß nach gemeinschaftlichen leitenden, näm=
lich mathematischen Principien handhaben, er muß endlich,
um ein guter und gebildeter Tischler zu sein, vom Bauwesen,
von Mathematik, von ästhetischer Construction und Ornamen=
tik u. dgl. Etwas verstehen; wobei sogar immer noch davon
abgesehen ist, daß er, weil ein gebildeter Tischler auch
ein gebildeter Bürger und Mensch zu sein sich bemühen
wird; denn wer die Früchte einer höheren oder strengeren
Form seiner geistigen Thätigkeit in Einer Richtung ge=
kostet hat, wird sie in jeder andern zu erwerben leicht ge=
neigt sein.

Die vielfachen edlen Bemühungen unserer Zeit um höhere
Volks= und Fortbildung können nicht zu hoch geschätzt, nicht
eifrig genug unterstützt werden; nicht minder ist das Streben,
den Künsten einen Einfluß auf das Handwerk zu verschaffen,
lobenswerth. Auf Eines aber möchte ich, aus reichlich gesam=
melter Erfahrung, mit allem Nachdruck aufmerksam machen:
es wird wenig nützen, wenn man unseren Handwerkern n e b e n
ihrem Gewerbe allerlei Kenntnisse und Fertigkeiten, manche
Begriffe und Anschauungen beibringt, noch auch daß man

sie künstlerische Formen zu sehen und selbst zu erzeugen ge= wöhnt.

Das deutsche Handwerk — Ausnahmen immer mit Dank und Ehren anerkannt! — leidet daran, daß der Arbeiter inner= halb der Grenzen seines eigenen Faches im Denken träge, in der Handtierung nachlässig ist; was ihm meistentheils fehlt, ist die Schärfe der Vorstellung und die Strenge in der Aus= führung. Unermüdlich sollten wir in den Vereinen, in den Schulen, im Verkehr — als Lehrer, als Wohlthäter, als ein= fache Consumenten (die dadurch jenes beides zugleich werden können) in der Forderung sein, daß nachhaltig und klar ge= dacht, daß sorgfältig und genau ausgeführt werde; unaufhör= lich und unnachsichtlich sollen wir fordern und lehren, daß sich der Arbeiter den Zweck der Sache, die er schafft, vor Augen halte, um danach jeden Schritt und jeden Theil seiner Arbeit zu richten.

Unsere Bauten, unsere Möbel, Geräthe, Kleider zeigen, wie verhältnißmäßig schnell die ästhetische Ornamentik Eingang findet: mit der schönen Zierrath an unseren Erzeugnissen, wie mit den Façaden unserer Häuser könnten wir leichtlich zu= frieden sein. Schwer aber und langsam wird eine strenge und genaue Ausführung der Arbeit in ihren scheinlosen Theilen, auf welche der Zweck am meisten gerichtet ist, eingebürgert; das, woran es so häufig fehlt ist: das Halten und Dienen, das Schließen und Klappen.

Hüten wir uns, daß nicht die vielen edlen Bestrebungen um Fortbildung auch nur zu einer Ornamentik neben und außerhalb des Gewerbes führen, den Kern und das innere Getriebe desselben aber im Argen liegen lassen. Thun wir Alles, um unsere künftigen Handwerker zu gebildeten Menschen zu machen; sorgen wir aber dafür, daß sie vor Allem ge=

bildete Handwerker in dem oben angedeuteten Sinne wer=
den, denn dies ist zugleich der sicherste Weg, daß sie auch jenes
zu werden die meiste Neigung und Fähigkeit gewinnen.

Die vielgerühmte Freude des Deutschen an seiner Arbeit
muß sich, wenn sie vorhanden war, in den letzten Jahren
(vielleicht unter dem Einfluß der aufgelösten Zünfte und
hoffentlich also nur im Uebergange) wesentlich verringert haben.
Freude an der Arbeit kann ohne den berechtigten Stolz auf die=
selbe nicht dauernd bestehen. Arbeitsscheu wird sich leicht zur
Pfuscherei gesellen, denn diese ist selbst nur eine Frucht der
Trägheit, namentlich im Denken.

Es kann wenig trösten, aber vielleicht einen Fingerzeig über
den Werth strenger Forderung geben, wenn der deutsche Arbeiter
im Auslande berühmt und gesucht ist.

Die Uebung und Erleuchtung des Geistes, die gebildete
Form unseres inneren Lebens können wir an sehr verschiedenen
Gegenständen erwerben; es ist aber praktisch, fruchtbar und un=
streitig erfolgreicher, wenn dieselbe zunächst an dem Gegenstande,
dessen Behandlung unseren Lebensberuf ausmacht, vollzogen
wird. Alle unsere Vereine wollen in der verschiedensten Weise
das Glück des Menschen fördern; leicht aber wäre zu zeigen,
daß das Glück vor und nach Allem von der Tüchtigkeit in der
eignen Berufsarbeit abhängig ist.

Namentlich fehlt es oft an derjenigen Gemeinsamkeit des
Interesses für das Ganze, an welchem Viele und Verschiedene
mitarbeiten, durch welche allein die Vollkommenheit verbürgt
wird. Bei dem Bau eines Hauses muß man froh sein, wenn
nur in dem Baumeister der einheitliche Gedanke des Ganzen
und die Behandlung aller Theile aus dem Zwecke vertreten ist;
die einzelnen Gewerke stehen äußerlich oft bis zur Hemmung
neben einander. Selbst da, wo der Gemeingeist aus anderen

sittlichen Gründen gefordert wird, sehen wir ihn nicht selten fehlen. Ein Beispiel für viele: in einer durch Regsamkeit des Geistes, durch Reichthum des Verkehrs und des Gewerbefleißes weit berühmten Stadt habe ich folgende Schildbürgerei erlebt. An dem Giebel eines alten städtischen Gebäudes, das neu verziert wird, befindet sich eine alte Sonnenuhr; die Tafel dieser Sonnenuhr wird schwarzbraun angestrichen, vermuthlich weil sich goldene Ziffern schön darauf ausnehmen. Ich traf den Rathszimmermann, wie er eben den Abbruch des Gerüstes leitet. „Aber Meister," sagte ich ihm, „soll denn die Sonnenuhr so bleiben? mit einer dunkeln Tafel?" — „Das geht mich Nichts an," antwortet er mit verblüfftem Lachen, „das ist Sache des Malers, ich werde mich hüten da drein zu reden." Erst einige Monate später ist der Schöppenstädter Streich durch einen hellen Firniß wieder verwischt worden.

Man ist nicht sehr geneigt anzuerkennen, daß auch auf litterarischem Gebiete, namentlich in der wissenschaftlichen Thätigkeit die Theilung der Arbeit dieselben Gefahren sowohl für die Bildung der Personen als für die Schöpfung der Sachen mit sich führt, welche bei aller materiellen und industriellen Arbeit deutlich hervortreten. Aber dort wie hier wirken die gleichen psychologischen Ursachen dahin, eine Enge des Vorstellungskreises und mit dieser eine Einschränkung auf wenige psychische Functionen zu erzeugen.

Nur dadurch allein, daß man den Zweck der wissenschaftlichen Thätigkeit ganz abstract als Erkenntniß von Thatsachen und ihrer Zusammenhänge faßt, kann es den Schein gewinnen, als ob auch die abgetrennte vereinzelte Forschung in einem Sondergebiete derselben vollkommen entspreche. In der That aber hat diese ihre wahre Bedeutung nur in dem objectiven Zusammenhang des Theiles mit einem Ganzen, dessen Werth durch die größere Vollkommenheit aller Theile erhöht wird. Genau genommen hat der einzelne Theil an sich selbst, wie viel Mühe oder Kunst, wie viel Fähigkeit und Vorübung zu seiner Erzeugung auch gehören mag, nur einen Schein- oder, wenn man will, gar keinen Werth; eine Schraube, ein Rad, noch so fein oder schwer hervorgebracht, ist fast ein Nichts, wenn es für sich allein ist; mitwirkend in einem Mechanismus wird sein Werth nach dem Dienste bestimmt, den es in demselben leistet, und nach dem Grade der Vollkommenheit dieser Leistung.

Der wahre Unterschied, der zwischen der rein geistigen und der industriellen Specialarbeit, wenn auch nicht immer, so doch sehr oft vorhanden ist, besteht darin, daß einmal die erzeugenden Functionen bei der geistigen Arbeit selten so einfach und abgesondert sind, wie bei der materiellen, sodann aber daß in letzterer auch die einfacheren Functionen zum großen Theil wiederum in einem Werkzeug oder einer Maschine verkörpert sind, mit deren Hilfe sie vollzogen werden.

Sinkt aber die materielle Theilarbeit in Bezug auf den persönlichen Werth, welchen alle Arbeit haben soll, immer tiefer, und entfernt sie sich von der wahrhaft menschlichen Arbeit, d. h. von der freien Gestaltung eines Theiles in und aus seiner Beziehung zu einem Ganzen immer mehr, so steigt darum die geistige Arbeitstheilung, welcher diese gleichsam deprimirende Mitwirkung des mechanischen Werkzeugs fehlt, noch nicht höher.

Wir wollen davon absehen, daß äußerlich aufgenommene, ohne persönliche Erleuchtung überkommene Methoden an dem Maßstab der persönlichen inneren Bildung gemessen wie psychische Werkzeuge zu betrachten sind; daß, wie für den Dichterling der Classiker Sprache „dichtet und denkt," so auch die überlieferte Methode für den Einzelforscher den besten Theil seiner inneren Thätigkeit vollzieht.

Aber sehr bedeutsam ist, daß auf Seiten der industriellen Thätigkeit ein Vorzug vor der litterarischen Arbeitstheilung steht, der auch vorbildlich für diese zu sein Beachtung verdient. Für die Schöpfung des Ganzen ist die Erzeugung des Theiles hier sicher vorherbestimmt; aus einem vorausgehenden schöpferischen Gedanken fließt die Sonderarbeit, deren Vollkommenheit auch jenem eine vollkommene Verwirklichung sichert.

Wie viel fehlt, daß auf einem litterarischen und selbst naturwissenschaftlichen Forschungsgebiete ein gleicher Vorzug zu Tage träte. In einer glücklichen aber gefährlichen Freiheit der Bahnen bewegen sich die Einzelforschungen; selten vorausgedacht, niemals mit Sicherheit vorausberechnet, ist die Leistung, mit welcher eine Theilarbeit dem Ganzen dienen wird. Bald fehlt es an dem Geiste, der, alle Theile überschauend, aus der Fülle der Einsicht in das Ganze allem Besonderen neue Bedeutung, neue Gestaltung giebt, ihm neue Aufgaben zuweist; bald an den Geistern, die das Einzelne so tief und scharf durchdringen, daß sie in ihm neue Beziehungen zum Ganzen und damit neue Keime zur Umgestaltung des Ganzen entdecken.

Daß alle diese Sätze indeß nur eine relative und wechselnde Geltung in Anspruch nehmen, versteht sich wohl von selbst; sie haben einen absoluten Kern von Wahrheit in sich, welchen zur deckenden Anschauung zu bringen aber ein Eingehen auf die Zwecke und Methoden verschiedener Wissenschaften und die Arten und Grenzen ihrer Arbeitstheilung erheischen würde. Vielfache Irrthümer und namentlich falsche Schätzungen zu berichtigen, werden die Anregungen, die hier gegeben sind, genügen, wenn man ihnen an der Hand der Erfahrung nachgehen will.

Durch die angeführten Vergleichungen aber, welche nirgends gepreßt sein wollen, werden sich die nachfolgenden Gedanken beleben, welche in aller Kürze die Beziehung aller schöpferischen Geistesarbeit zu ihrem Bildungswerth wenigstens andeuten möchten.

Alle Entdeckung, Beobachtung, Feststellung einzelner Thatsachen, auch solcher, welche mittelbar und bei größerer Anhäufung der Wissenschaft wesentliche Dienste leisten können, sind dann von geringem oder keinem Bildungswerth, wenn sie nur in die bekannte Ordnung der Dinge sich einfügen, den bekannten Gesetzen unterliegen, den anerkannten Principien entsprechen, mit Hülfe bekannter Methoden gefunden sind. Die Wissenschaft mag durch solche Arbeit stetig bereichert, sie mag allmälig auch durch sie zur Vertiefung geführt, sie mag zu neuen Gesammtanschauungen herausgefordert oder befähigt werden: die Bildung des Individuums und der Stand des öffentlichen Geistes, auch nur wie er sich in einem bestimmten Gebiete des Denkens manifestirt, wird dadurch nicht verändert.

Sodann aber auch alle diejenigen Forschungen und deren Erfolge, welche nicht blos zu ihrer Entstehung, sondern auch zur Aneignung den vollständigen Apparat wissenschaftlicher Kenntnisse und technischer Einsicht erheischen, welche nicht oder wenig verstanden werden ohne ein gleichzeitiges und übersichtliches Festhalten aller feinsten Einzelheiten eines Wissensgebietes, sie sind ein Kennzeichen wahrer Wissenschaft, ragen aber weit über den Begriff der Bildung hinaus; sie sind von der allgemeinen Bildung weder abhängig noch auch für dieselbe fruchtbar, und werden beides nur durch weit verschlungene Vermittelungen.

In positiver Weise aber fallen die höchsten Bildungswerthe der wissenschaftlichen Thätigkeit mit den wahrhaften und wesentlichen Fortschritten der Wissenschaften selbst fast immer zusammen.

Zu diesen gehören in erster Linie die schöpferischen Gedanken, welche für eine große und gleichartige Masse von Vorstellungen eine neue oder vollkommenere Ordnung schaffen; von solcher Art ist die Aufstellung einer Ordnung für die massenhaften Erscheinungen der Mineralien, der Pflanzen = oder der Thierwelt, die Classifikation der Sprachen; sie ist abhängig von der Entdeckung solcher Charaktere, die das Wesen der Dinge tiefer und schärfer erfassen, den Bestand, die Lebens = und Entwicklungsgesetze fester umspannen und darum auch die Masse immer weiter ins Einzelne hinein mit den unterscheidenden Merkmalen durchdringen.

Wie reich und fein und fest nun auch eine solche Ordnung sei, man verschiebt doch die Begriffe, wenn man sie als System bezeichnet. Tiefer und weiter greifend für die Erkenntniß der Dinge, wie für die Erleuchtung des Geistes ist das System. Nicht blos, daß hier neben den gleichartigen auch ungleichartige Massen in Verbindung gebracht werden — man könnte ja auch der Aufstellung allgemeinerer Begriffe eine weitere rückwärts liegende Gleichartigkeit unterschieben — und wir würden nur eine weitere nicht eine tiefere Ordnung erhalten — sondern ihre Beziehung, ihre gegenseitige Erklärung, ihr innerer, wirkungsvoller Zusammenhang wird im System aufgedeckt. Eine Ordnung enthält und enthüllt nur die gleichsam ruhend neben einander liegenden Reihen und Netze der Formen der Erscheinungen, das System aber weist die Entstehung und wirkungsvolle Verknüpfung derselben nach.

In diesem Sinne giebt es ein Rechtssystem, giebt es philosophische Systeme, welche das All der Dinge mit ihrem causalen Zusammenhange durchdringen wollen. Ob es je gelingen wird, auch von einem botanischen und zoologischen, von einem mineralogischen und chemischen System zu reden? ob die neben einander erscheinenden, wohlgeordneten Reihen der Gestaltung zugleich als eine bedingte und verursachte Abfolge derselben werden erkannt werden?

Abgesehen von einer großen Anzahl von Thatsachen, die bereits der Bejahung dieser Frage vorarbeiten, ist jedenfalls das Eine in neueren Zeiten bereits ausgesprochen, was wir als dritte Form des bildungschaffenden Wissens zu bezeichnen haben, nämlich das Princip, das im vorliegenden Falle „Entwicklung" heißt.

Wer eine Geschichte des Wortes und Begriffs „Princip" geben wollte, hätte damit allein schon einen bedeutsamen Aufriß der Geschichte aller Wissenschaft gegeben. Es kann demnach nicht unsere Aufgabe sein, das Wesen dessen, was Principien in der Entwicklung menschlichen Wissens bedeuten, mit wenigen Worten erschöpfen zu wollen. Nicht wenige Abhandlungen dieses Werkes aber werden Gelegenheit geben, den Begriff in verschiedenen Anwendungen zu erläutern. Hier mag es genügen zu erwähnen, daß Principien Grundgedanken, Ideen sind, vermöge deren ganze Gebiete von Erscheinungen als Folgen aus ihrem Urquell erklärt werden; sei es daß sie ein reales Wesen bezeichnen, aus welchem als ihrer Ursache die Erscheinungen der Wirklichkeit, sei es, daß sie einen Grundsatz nennen, aus welchem als ihrem Grunde die Formen des Erkennens abgeleitet werden (reale und Erkenntniß-Principien). Bald also bezeichnen sie, als Ideen des Seins, ein Grundwesen, das in unendlich mannigfaltigen Erscheinungen als das wesentlich Gleiche und Erzeugende existirt, bald, als Ideen des Sollens, den innersten Antrieb und die leitende Kraft für den Aufbau menschlicher Lebensordnung, bald als Ideen der

Kunst oder des Könnens, die letzten und höchsten Formen
und gestaltenden Kräfte für die schöpferische Thätigkeit des
Menschen.

Hervorragende Ideen sind vor Allem und auf allen Ge=
bieten die allgemeinen G e s e t z e; die logischen Gesetze z. B.
für das Erkennen, für das Dasein und Wirken aber des Geistigen
die psychologischen, des Materiellen die physikalischen Gesetze.
Das Gesetz, um nur ein Beispiel zu erwähnen, von der Er=
haltung der Kraft durchbringt und beherrscht alle Erscheinungen
des natürlichen Geschehens.

Wie die Gesetze zu den Dingen, so verhalten sich endlich
die M e t h o d e n zu der Erkenntniß derselben; allgemeine, gleich=
artige (je nach den Gegenständen rein geistige oder diese und
physische zugleich) Vorkehrungen und Regeln ordnen den Proceß
des Erkennens. Neue Methoden eröffnen oder vollenden neue
Gebiete oder Arten des Wissens. Die Mikroskopie z. B., die
chemische Analyse, die Auscultation, die Statistik, die Ver=
gleichung der Sprachen und der Mythen der Völker drücken
methodische Vorgänge aus, welche das betreffende und selbst
mehrere Gebiete umspannen, indem sie den Weg ihrer Erfor=
schung angeben.

Nunmehr können wir den Grundgedanken, auf den es uns
ankommt, nämlich den charakteristischen durchgreifenden Unter=
schied im Wissen kurz so ausdrücken: sowohl für den Bestand
wie für den Fortschritt einer Wissenschaft liegt im Gegensatz
zu allem einzelnen und vereinzelten Erkennen das Wesent=
liche in der O r d n u n g, dem S y s t e m, den P r i n c i p i e n, den
G e s e t z e n und den M e t h o d e n, und diese machen zugleich den
Bildungsgehalt eines jeden Wissensgebietes aus. Eine psycho=
logische Ausführung an der Hand dieses Grundgedankens
würde sowohl über die Geschichte der Wissenschaften das hellste

Licht verbreiten, wie sie die sicherste Führung im Gebiete der Pädagogik gewähren möchte.

Kommen wir nun endlich auf die für eine allgemeine Bildung im prägnanteren Sinne geforderte Universalität des Umfangs, so ist über die Art und Bedeutung dieses allgemeinen Wissens das Nöthige gesagt und von selbst einleuchtend. Der Mensch, als solcher soll, um als Mensch sich entwickelt und gebildet zu haben, von Allem, was menschlich ist, eine Kennt= niß und insbesondere ein Verständniß haben, was wiederum die Bedingung einer Theilnahme überhaupt ist, so daß weder dem Geiste noch dem Gemüthe eines Jeden irgend ein Gebiet der menschheitlichen Entfaltung, des geistigen und historischen Daseins fremd bleibe. Zunächst also wird er wesentlich nur von der Existenz aller Kreise menschlichen Wissens, von dem Dasein sämmtlicher Wissenschaften und der Gegenstände, welche sie behandeln, eine Kenntniß haben, dann aber auch wie und auf welche Weise, durch welche Mittel die Dinge erkannt sind, welche Interessen sie der Totalität menschlicher Erkenntniß oder menschlichem Leben darbieten, in welcher Weise sie mit einander verknüpft sind, endlich welche Principien, welche all= gemeine Ideen und Gesetze zur Erkenntniß der Dinge führen und wiederum aus derselben für das organische Leben und die Fortentwicklung des menschlichen Geistes sich ergeben. — Daß und weshalb nicht die ganze Breite und Fülle des In= halts einer jeden Wissenschaft dazu gehört, daß eine Kenntniß alles Einzelnen eben so unmöglich als unnöthig sei, ist oben wohl genügend erörtert; der Vorwurf aber, als ob in solcher Art der Universalität des Wissens gleichsam nur der Rahmen aller Wissenschaften gegeben sei, ohne ein wirkliches Wissen, kann mit so wenigem Rechte erhoben werden, daß vielmehr in der That darin die Central= und Quellpunkte, die eigent=

lichen Lebenselemente des Geistes enthalten sind, welche in
jener Masse des einzelnen Wissens nur die Stätte haben,
worin ihre Trieb= und Zeugungskräfte wirksam sind.
Indessen ist diese vollständige Universalität nur ein Ideal,
das Ideal der Bildung, wie eine absolut wahre und voll=
ständige Kenntniß eines einzelnen Gebietes das Ideal jeder
Wissenschaft ist; und so wenig ist dies Ideal, weil es ein
solches ist, zu verwerfen, daß es für die Feststellung des Be=
griffes kaum zu umgehen ist. Wohl zu erwägen aber ist,
daß vor und selbst neben dieser Universalität der Bildung eine
genauere Kenntniß und vollständigere Beherrschung einzelner
Gebiete vor andern stattfinden wird und muß. Immer werden
äußere und innere Einflüsse, sowohl auf den Anfang, als den
Fortschritt derselben bestimmend einwirken, und auch die all=
gemeine Bildung wird demnach in jedem Individuum einen
individuellen Charakter annehmen. Würde es sich nun darum
handeln, eine pädagogische Vorschrift über den Erwerb der Bil=
dung zu geben, so müßten wir das ganze Bereich derselben
durchgehen, müßten den centralen Ausgangspunkt, die Richtung
des Weges und die rechten Maße des Verweilens erwägen, um
das Ideal einer aufsteigend und fortschreitend harmonischen, dem
letzten Ziel auf jedem Punkte des Weges entsprechenden Bil=
dung aufzustellen. Dies aber ist hier weder unsere Aufgabe
noch unsere Absicht. Eben deshalb bleibt hier auch die Kritik
der heutigen Bildung fern, welche durch manche Verkehrtheiten
dringend genug zum Reden herausfordert. So ist z. B. be=
sonders bei der Bildung der Töchter die leidige, fast aus=
schließliche Beschäftigung mit fremden Sprachen ein wahrer
Hemmschuh jeder wirklichen Entfaltung geistigen Lebens. Ein
ungebildeter Franzose oder ein ungebildeter Engländer oder
ein ungebildeter Deutscher zu sein, oder alles Dreies zugleich

zu sein, das ist für die Bildung ganz gleich; oder ist es nicht gänzlich einerlei, ob ein Mensch in der einen Sprache als ein Ungebildeter denkt und spricht oder in dreien? Freilich kann das Sprachstudium ein sehr kräftiger Hebel geistiger Bildung werden, durch die erweiterte Kenntniß entweder der mehreren Litteraturen oder des Baues und Geistes der Sprachen selbst. Nun aber ist einmal von einem Fortschritt bis zur Kenntniß und einem wahrhaft geistigen Gewinn der Litteraturen überhaupt selten die Rede, dann aber, wenn die Rede davon sein kann, entsteht die Frage, ob die minderwerthe Aneignung durch Uebersetzungen zu Gunsten einer dafür verstärkten und erweiterten Kenntniß der eigenen Nationallitteratur nicht von weit größerem Einfluß auf Hebung und Klärung des Geistes sein würde. Was aber die Sprachen selbst betrifft, so ist die Art, wie sie betrieben werden, in den bei weitem allermeisten Fällen zu einer formalen Bildung des Geistes auch nicht im Entferntesten geeignet; entweder wird nach den Leistungen unserer Schulen überhaupt eine Vollkommenheit in der Sprache gar nicht erreicht und das Stundennehmen wird bis in die ersten Jahre des ehelichen Lebens stoßweise so oft von Neuem wiederholt als eine anwesende Französin oder französisches Schauspiel, oder eine Reise nach England und Frankreich dringende Veranlassung bieten, oder man hat bei ganz geläufigem Sprechen, doch anstatt des Geistes der französischen Sprache, nur den Geist der französischen — Bonne sich angeeignet.*) Nicht zu gedenken, daß durch dies mühsame und ängstliche Streben nach dem Erwerb der fremden Sprache, vollends durch frühzeitige Bonnenwirthschaft, bei der das Kind zugleich die fremde mit der Muttersprache erlernt, alle Klarheit und Energie ge-

---

*) Im nächsten Bande wird ein Aufsatz über „Geist und Sprache" über diesen Gegenstand ein helleres Licht verbreiten.

schweige Originalität des Ausdrucks, also auch des Denkens ver=
loren geht, während eine fleißige und gründliche Lectüre der
Nationallitteratur sogar die letztere leicht begünstigt, indem ein
Classiker vor andern zum Lieblingsautor und unwillkürlich zum
Muster des Ausdrucks wird. Man findet zuweilen Damen, die
weder französisch noch englisch sprechen, in ihren Briefen aber
ohne es zu wissen treu und doch frei ganz im Lessing'schen Styl
schreiben, weil er in ihren besten Jahren der Entwicklung ihr
Lieblingsdichter war.

Man wird uns hoffentlich nicht etwa unsere Gymnasien
entgegenhalten wollen, mit ihrem vorwiegenden Unterricht in
den classischen Sprachen. Der Unterschied ist augenfällig; hier
werden die Sprachen vollständig, genau, und besonders mit
Weglassung aller technischen Sprachfertigkeit nach ihrem gram=
matischen Bau betrieben; das ist wahrhafte Bildung des Geistes
durch Sprache; selbst die eigene Muttersprache gewinnt hier in
hohem Grade an Klarheit und Schärfe. Wie denn überhaupt
unsere Gymnasien, ohne irgend einen praktischen Zweig des
Wissens zur fruchtbringenden Reife zu fördern — woraus
ihnen nur Ignoranz einen Vorwurf machen kann — die eigent=
lichen Bildungsanstalten der Gelehrten sind, d. h. ihre all=
gemeine Bildung begründen, während schon die Universität
vorzüglich Lehrerin der besondern Berufswissenschaften ist; es
verdient hier erwähnt zu werden, daß der Sprachgebrauch mit
allem Recht nur von Universitätsstudien, aber von einer
Gymnasialbildung redet.*)

---

*) Mit Recht reden wir von Gymnasialbildung, weil sowohl die
Vielseitigkeit der allgemeinen Grundlage für die wissenschaftliche Erziehung
als auch die formale Uebung und Gewandtheit des Geistes darin erstrebt
wird.

Ob nun auch auf den Gymnasien schon in neuern Zeiten die Abminde=
rung des specifischen Charakters der Bildung, auf welche ich in der Anmer=

Hieran knüpft sich die Bemerkung, daß die Sprache, die Wahl und Geläufigkeit des Ausdrucks in der mündlichen oder schriftlichen Darstellung ein wesentliches Element und sogar Kriterium der Bildung ist. Man kann an eines Menschen Art zu sprechen, oder richtiger, da oft äußere Zufälligkeiten wie Blödigkeit, Mangel an Uebung und dergleichen den Redefluß hemmen — zu schreiben, den Grad seiner Bildung ermessen; der Styl ist der Mensch, offenbar deshalb, weil er nicht blos in der Sprachkenntniß besteht, sondern zugleich die Denk= und Auffassungsweise des Menschen ausdrückt. Wie Einer eine Sache beschreibt, so hat er sie gesehen und erkannt. Sich immer und über jede Sache richtig auszudrücken, ist nur möglich bei einer Universalität der Bildung, also bei einer Klarheit und Idealität der Anschauung von allen Dingen, über die man spricht. Die Reife der öffentlichen Bildung des Volks= geistes giebt sich zumeist in seiner Sprache kund, und zu den

---

tung (zu S. 5) hingewiesen, sei es im veränderten Lehrplan und Lehrstoff, sei es in der Weise der Bearbeitung, vorbereitet wird, darauf möchte ich hier nicht eingehen. Die Begründung meiner Meinung würde den Vortrag von Thatsachen in einer Breite erfordern, welche weit über die Grenzen der Psychologie in die der Pädagogik hinüberreicht.

Unzweifelhaft aber ist es, daß auf den Universitäten von den Studiren= den die Richtung des Geistes auf allgemeine Bildung viel schneller und energischer als ehedem verlassen und die Bahn der ausschließlichen Fachwissen= schaft betreten wird. Daß die üppige Triebkraft der Specialwissenschaften den größten und im doppelten Sinne besten Theil der Schuld daran trägt, soll nicht geleugnet werden. Ob aber nicht deshalb in Form und Vortrag derselben auf der Hochschule eine Aenderung nothwendig ist, ob nicht der überlieferten Ordnung und Einrichtung der Studien die Wissenschaften ent= wachsen sind, das sollte wohl ernst und eifrig erwogen werden.

Die Klage ist allgemein, aber die Neigung, über eine Abhülfe auch nur nachzudenken, ungemein selten. Universitätspädagogik liegt nicht nur in den Anfängen, sondern gradezu im Argen. Und nicht Beachtung und Unter= stützung, sondern im besten Fall Achselzucken fände derjenige, der von der Nothwendigkeit einer gründlichen Reform der Hochschulen reden wollte.

Gebildeten desselben zählen nur die, welche diese Anhöhe er= stiegen haben und das ganze Gebiet beherrschen. — Der Sprach= schatz und die Sprachgewalt, die Styl= und Ausdrucksweise eines Volkes spiegelt und manifestirt sich in seiner National= litteratur; sie ist der Born, aus welchem jeder Einzelne zu schöpfen hat. Mit diesem Namen bezeichnet man sehr richtig alle diejenigen Zweige der Litteratur, welche nicht einem be= stimmten Fache, also einer bestimmten Menschenklasse ausschließlich angehören, sondern Allen, der ganzen Nation gemeinsam sind.

Hieraus nun erklärt sich, weshalb man im Allgemeinen, wiewohl unbewußt, doch nach einer sehr richtigen Anschauung der Sache, unter der höheren, der litterarischen Bildung, vor= wiegend eine Kenntniß der Nationallitteratur befaßt, und dies sogar noch vor der Geschichte und vor allen sonstigen aus eigentlicher Wissenschaft herstammenden Kenntnissen; wir for= dern von jedem eigentlich Gebildeten vor Allem eine Bekannt= schaft mit den nationalen Dichtern, mit ihren Werken und ihrer Geschichte, sie sind das eigentliche Gespräch der Gebilde= ten und ihr Verständniß der fast absolute Maßstab der Bil= dung. Für die allermeisten Gebildeten würde auch die aus= gebreitetste Gelehrsamkeit in anderen Fächern die Kenntniß der Nationallitteratur nicht ersetzen; wer etwa die Namen Klopstock oder Geßner, gar Herder oder Jean Paul nicht kennte, oder nicht mehr als den Namen von ihnen wüßte, über den würde der Stab gebrochen und wäre er ein Weiser wie Sokrates und ein Gelehrter wie Conring. Dagegen kann man mit dem naiven Glauben von den vier Elementen, mit der Meinung, daß Plato ein Römer und die Catonen Griechen gewesen, man kann sogar, wie ich selbst gehört, Hannibal unter die Helden Roms zählen, und doch als gebildete Frau gelten, wenn man nur in der Nationallitteratur heimisch ist. Selbst die Litteratur eines fremden

Volkes kommt vor der Geschichte und Geographie — nicht blos des fremden, sondern sogar des eigenen Volkes. Aber auffällig und verkehrt wie dies immerhin auf den ersten Blick erscheinen mag, so hat es doch in der That seine guten und zureichenden Gründe. Es ist ersichtlich, daß das sittliche und besonders das ästhetische Element der Bildung seine vorzügliche Quelle in der Nationallitteratur hat, worüber weiter unten zu reden geeignet sein wird. Hier aber ist vor Allem hervorzuheben, daß die Nationallitteratur in zweien wesentlichen Merkmalen die größte Verwandtschaft hat mit der Bildung. Erstens ist es die Freiheit und Universalität des Zweckes, die völlige Ungebundenheit des Stoffes, die Unbe= schränktheit auf ein bestimmtes Gebiet, wozu noch die wahr= hafte Allgemeinheit des Mittels, nämlich der allen gemein= samen Sprache und deren Fortentwicklung ohne alle technolo= gische Vereinzelung gezählt werden mag; es ist das rein menschliche oder höchstens nationale geistige Streben, wie die Erfolge desselben allen gemeinsam angehören. Es ist hier der gleiche Zug des Geistes zur Freiheit, in welchem auch die Bildung, von allem praktischen Nutzen und von jeder Beson= derung der Gegenstände absehend, nach einer Thätigkeit strebt, welche nur sich selbst und die Lebenskraft des Geistes offen= bart und erzielt. Zweitens aber bildet jede Nationallitteratur in Wahrheit den Brennpunkt der Volksseele, worin alle Strahlen aus allen Gebieten geistigen Lebens zusammen= laufen; sie zeigt das Niveau des öffentlichen geistigen Lebens, sowohl der Wissenschaft, als aller praktischen Thätigkeit an (wenn sie nicht gerade einmal zu einer Zeit in einer ganz absonderlichen Verirrung sich befindet), sie enthält den idealen Goldgehalt des Volksgeistes in jeder Erzstufe seiner histori= schen Entwicklung und bildet ihn nur in eigene, schöne Ge=

stalten um.*) Es ist hier ein ganz ähnlicher Gegensatz, wie er oben zwischen Bildung und Wissenschaft dargelegt worden; nur daß hier ein noch mehr verschiedener Inhalt vorhanden ist und doch in gleicher Weise die Höhe und der Grad des geistigen Lebens in beiden derselbe ist. Diese Gleichheit des innern Wesens von Bildung und Nationallitteratur in ihrem Verhältniß zur wissenschaftlichen und sonstigen nationalen Intelligenz und Geisteshöhe, bildet eine naturgemäße Art von Wahlverwandtschaft zwischen beiden; aber so wie die großen Schöpfungen der Litteratur bei ihren Autoren mehr als bloße allgemeine Bildung voraussetzen und vielmehr ein Hinabsteigen in die ursprünglichen Tiefen des Wissens erfordern, so kann auch die Bildung aus jener, als den secundären und nur reflectirten Strahlen des Lichts ihre Geistesklärung nicht genügend empfangen und muß vielmehr selbst zugleich zu den wissenschaftlichen Urquellen der Erkenntniß und geistiger Bewegung zurückgehen.

Schließlich haben wir noch das Verhältniß der Bildung zu Einer Wissenschaft besonders hervorzuheben, nämlich zur Philosophie, da wir eben aus dieser einen Beitrag zur Beförderung der Bildung mit diesem Werke zu liefern die Absicht haben.

Aus unserer Betrachtung über das Wesen der Bildung hat sich als Resultat ergeben, daß ihr Verhältniß zu den

*) Wohl zu beachten ist hierbei, daß zur Nationallitteratur nicht etwa blos die poetischen und belletristischen Schriften gehören. Die Grenzen abzustecken ist schwer; umgekehrt muß man vielmehr sagen: Alles, was allgemeinen Einfluß auf das öffentliche Leben und die öffentliche Bildung gewinnt, gehört zur Nationallitteratur, wenn sie auch von speciellen Fächern ausgehen. Luther's Schriften, Möser's patriotische Phantasien, Lessing's und Mendelssohn's philosophische und Schiller's ästhetische Abhandlungen sind in Wahrheit Eigenthum und Ferment der nationalen Bildung geworden.

übrigen Wissenschaften in gewissen Beziehungen ein gleiches ist, wie das der Philosophie zu denselben; sie sind darin ver= wandt, wenn auch in anderen Stücken wesentlich verschieden.

Dasjenige erstens, was die Philosophie aus den übrigen Wissenschaften nimmt, nämlich nicht den ganzen weiten Um= fang von speciellen Thatsachen, sondern die allgemeinen Be= griffe, gewissermaßen die allgemeinen Thatsachen, welche im Concreten nur anders und anders modificirt, wesentlich aber dieselben sind, also die allgemeinen Gesetze, nach denen die Gegenstände jeder Wissenschaft sind und wirken; und dann wiederum das, was die Philosophie einer jeden einzelnen Wissenschaft giebt, nämlich die leitenden Ideen der Erkenntniß, die Kriterien des festen und wahrhaften Wissens im Gegensatz zu bloßer vager Erfahrung, die obersten Principien eines jeden wissenschaftlichen Gebietes, wie sie aus der philosophi= schen Ueberlegung hervorgehen (z. B. für die Naturwissenschaft die Begriffe der Materie, des Daseins, des Geschehens und der Causalität, des Zweckes, des Organismus u. s. w.), und endlich die Anknüpfungspunkte jeder Wissenschaft an die übri= gen durch Darlegung ihrer inneren Beziehungen zu einander und die daraus sich gestaltende allgemeine Weltanschauung; dieses Beides, sage ich, was die Philosophie von den übrigen Wissenschaften nimmt und was sie ihnen giebt, macht eben auch den wesentlichen Inhalt der Bildung aus; gerade dies ist der Gegenstand, dessen Kenntniß und Anwendung im Leben diejenige Stufe der Intelligenz bezeichnet, die wir Bildung nennen.

Eben hierin ist aber auch schon angedeutet, daß wir auf die Frage: wie sich denn nun die Bildung zur Philosophie, als dieser besonderen Wissenschaft verhalte? werden antworten müssen: sie verhält sich zur Philosophie gerade umgekehrt, als zu jeder anderen Wissenschaft. Es ist an und für sich klar, daß die Bildung nicht an den Untersuchungen, an der eigentlichen Arbeit der Philosophie Theil nehmen kann; nur die Resultate derselben, diejenigen Resultate, welche sie den einzelnen Wissenschaften als leitende Ideen zuweist, können auch die Gebildeten, wenn sie ihnen in geeigneter Form dargeboten werden, (mittelbar aus den einzelnen Wissenschaften oder unmittelbar aus der Philosophie) aufnehmen; in die eigentliche Werkstatt der Philosophie, da wo die Probleme gesucht, aufgestellt und gelöst werden, können sie nicht eindringen; nicht blos nicht mitarbeitend, sondern auch zuschauend können sie hier nicht verweilen, denn in der Werkstatt der Gedanken ist eigentliches Zuschauen selber Arbeit. Die Scheidekunst der Principien bleibt den Gebildeten und Jedem, der nicht ausdauernde und tiefe Gedankenarbeit daran setzt, allezeit fern, nur der geprägten Goldstücke des Gedankens können sie sich erfreuen und sie in Umlauf setzen. Der innerste Kreis der Philosophie, da wo es sich um Sein oder Nichtsein aller Wahrheit handelt, die Metaphysik, enthält ganz natürliche Mysterien, die man doch selbst mit offenen Augen nicht sieht, wenn nicht die Weihe angestrengtester, tiefer Arbeit den unsichtbaren Schleier hebt. Jede zudringliche Anmaßung, mit oberflächlichen · Versuchen hier einzudringen, vollends das Mitreden über diese letzten Dinge, ist bei allen Gebildeten, zumal den Frauen, entweder Ursache oder Erfolg einer gewissen Frivolität. Man kann eben philosophische Gedanken nur mit philosophischem Denken zu Stande bringen, sowie der Demant nur durch den Demant geschliffen werden kann. Da aber, wo die Philosophie mit ihren fertigen Gedanken, mit ihren geschliffenen Diamanten ans Licht tritt, da mögen sie jedem Gebildeten leuchten und ihn ergötzen.

Während also die Bildung von jeder anderen Wissenschaft nicht die Summe der einzelnen Thatsachen, die besonderen Verhältnisse, sondern nur die obersten und allgemeinen Grundsätze und Ideen aufzufassen hat, um Bildung zu sein, wird sie von der Philosophie gerade umgekehrt, nicht die allgemeinsten und obersten Principien, nicht die letzten Probleme und Untersuchungen, sondern nur die in das Besondere der einzelnen Wissensgebiete hineinragenden, auf das Concrete angewandten Gedanken der Philosophie aufnehmen können. Auf jener Grenze also, wo die exacten Wissenschaften und die reine Speculation sich berühren, da steht die Bildung an ihrem rechten Platze.

Oben aber ist bereits erwähnt worden (S. 52), daß die Philosophie einige Disciplinen unter sich befaßt, welche, im Unterschiede von den anderen, die rein speculativen Inhalts sind und einer von ihnen abgesonderten, empirischen Wissenschaft entsprechen, wie z. B. die Naturphilosophie den Naturwissenschaften, die Geschichtsphilosophie der Geschichte u. dgl., zugleich den empirischen Stoff unmittelbar in sich aufnehmen und also beide Seiten der Bearbeitung, die empirische und speculative in Einer Wissenschaft vertreten. Dies ist bei der Ethik, Aesthetik und Psychologie der Fall. Was also die Bildung aus diesen Gebieten des Wissens empfangen soll, das muß sie unmittelbar aus der Philosophie selber empfangen, und zugleich ist es begreiflich, weshalb gerade diese Theile derselben am oftesten und leichtesten zum Gegenstand der sogenannten populären Philosophie gemacht worden sind. Mit einem leichten Hinstreifen an die Principien wird gewöhnlich dafür der empirische Inhalt, die Masse der bloßen Thatsachen in einem nach speculativen Gründen angeordneten System, dem gebildeten Leser als Abhub vom Tische der Philosophie dargeboten; die meisten populär-philosophischen Bücher enthalten so zu sagen die bloßen Schlacken dessen, woraus der reine Metallgehalt der Philosophie bereits gezogen ist; nur die Ordnung bleibt, es ist eben Eisen-, Kupfer-, Gold- und Silberschlacke jedes an seiner Stelle. Nach dem, was wir über das Wesen der Bildung und ihr Verhältniß zur Philosophie erkannt haben, ist die gewöhnliche populäre Bearbeitung dieser gänzlich unfruchtbar für jene. Das Verständniß der philosophischen Principien einer jeden einzelnen Disciplin setzt einerseits die Kenntniß vieler anderen voraus und ist andrerseits ohne eine genaue Erkenntniß des Concreten, der Thatsachen ganz unmöglich. Nun aber führt jenes den Gebildeten zu sehr in die Tiefe, als daß er ohne angestrengte Mühe und Arbeit, dieses aber zu sehr in die Breite, als daß er ohne Mißbehagen und Langeweile folgen könnte. Die Abkürzung aber führt entweder zu einer Dunkelheit, welche das Verständniß unmöglich, oder zu einer Seichtigkeit, welche es werthlos macht, weil es keinerlei Eindruck auf die Seele und keinerlei Einfluß auf die geistige Thätigkeit übt. Aber auch im günstigsten Falle, wenn wir uns das Ideal eines populär-philosophischen Schriftstellers und das Ideal eines gebildeten Lesers denken, wird die systematische Behandlung einer ganzen philosophischen Disciplin immer nicht diejenige Frucht tragen, um welche es sich bei allem philosophischen Studium für die Bildung eigentlich handelt, nämlich die Anwendung des systematischen Gedankens und der allgemeinen Gesetze auf den concreten, einzelnen im Leben vorkommenden Fall zu finden, selbst denken zu lernen, also bei den Vorkommenheiten des Lebens sich selbst philosophisch darüber zu orientiren. Beides, nicht blos die

Analyse der in Erfahrung gegebenen Thatsachen, um die darin waltenden, allgemeinen Gesetze zu erkennen, sondern auch die Synthesis der Principien, um durch sie zur Erklärung der Thatsachen zu gelangen, ist die eigentliche Arbeit des Philo= sophen, und es genügt bei weitem nicht, nur die beiden Ele= mente dazu dem Gebildeten zu bieten, ihm aber die Verarbei= tung zu überlassen, ohne ihm eine Anleitung und ein Vorbild dazu zu geben, was durch eine systematische, wenn auch noch so klare Darstellung niemals dargeboten wird.

Alles aber, die Klarheit und Erschöpfung des Inhaltes, die Verfolgung desselben von den Principien bis zu ihrer Realisirung in den Thatsachen, das Vorbild und die Uebung dieses Processes, des eigentlichen philosophischen Denkens ist zu erreichen, wenn man nicht in Einem Zuge das ganze System einer Wissenschaft, auch nicht einmal einzelne systematische Capitel zu Darstellung bringt, sondern concrete Erscheinungen der Wirklichkeit — in der Psychologie des Seelen=, in der Aesthetik des Kunstlebens u. s. w. — und zwar solche, die einen weiteren Kreis von mannigfachen verschiedenen That= sachen umspannen, zum Gegenstande der Betrachtung macht und von der Basis der bekannten Facta zu deren Ordnung und zur Erkenntniß der darin waltenden allgemeinen Gesetze und Principien aufsteigt. Es ist offenbar, daß dadurch nicht blos eine vollständige und gründliche Erkenntniß eben dieses Erscheinungsgebietes, sondern auch ein Eindringen und Mit= erleben des philosophischen Denk=Processes selbst bewirkt wird, und damit zugleich Vorbild und Vorübung des ebenmäßigen, selbstständigen Denkens über andere Gebiete gegeben ist.

Vollends wenn nun eine solche Reihe von concreten Er= scheinungen dargestellt werden, daß darin annähernd alle Prin=

cipien der gesammten Wissenschaft zur Anwendung kommen, dann
ist mit ihnen zugleich beides, das Wesentliche der Wissenschaft
und die Kunst und Art ihrer Anwendung erworben (welche
dann frei und selbstständig in anderen und anderen Kreisen
der Erscheinung sich versuchen und orientiren mag), so daß
sie zum gestaltenden Element und zum organischen Trieb des
Geistes, also zur wahrhaften, inneren Bildung der Seele ge=
worden ist.

Dies ist der Plan, nach welchem das vorliegende Werk
angelegt ist; es soll die Psychologie, die Erscheinungen und
Gesetze des Seelenlebens zur Erkenntniß und zum Verständniß
bringen. Dies wird geschehen, indem statt einer abstracten
Darstellung allgemeiner psychologischer Theorien, statt der Auf=
zählung der allgemeinen Gesetze, je eine einzelne Richtung des
concreten geistigen Lebens, in denen offenbar nicht ein, sondern
mehrere Principien zur Erscheinung und Anwendung kommen,
zum Gegenstande einer abgesonderten Betrachtung gemacht, in
die darin waltenden, psychischen Elemente zerlegt und auf die
betreffenden Gesetze und Principien zurückgeführt wird. Wenn
gleiche Principien in verschiedenen Gebieten wiederkehren, wo=
bei ihre Besprechung an der einen oder anderen Stelle abge=
kürzt wird, so wird das nicht den Fehler einer Wiederholung,
sondern den Vortheil einer mehrseitigen Aufklärung einschließen.
Allmälig sollen auf diese Weise sämmtliche psychologische Ge=
setze zur angewandten Erkenntniß gebracht werden. Ein Inhalts=
verzeichniß wird dann sowohl den Nachweis der psychologischen
Gesetze, als der Modification, die sie in verschiedenen Gebieten
erleiden, erleichtern und das Werk zu einer Art von psycholo=
gischer Encyklopädie machen. Zugleich sei es erlaubt hier noch zu
bemerken, daß dies Werk nicht etwa eine bloße, populäre Um=

gestaltung einer vorhandenen Psychologie ist, sondern wie die principielle Selbstständigkeit der Bearbeitung dieser Wissenschaft jedem Sach- und Fachkundigen sich manifestiren wird, nimmt sie auch besonders das Verdienst in Anspruch, für die einzelnen Abhandlungen allemal solche Gegenstände der Untersuchung zu wählen, welche in den bisherigen Werken über diese Wissenschaft entweder noch gar keine oder eine nur sehr gelegentliche und dürftige Behandlung gefunden haben, so daß jede zugleich einen Beitrag zur Fortbildung der Wissenschaft selbst ausmachen wird. Das Gebiet der Psychologie ist so weit, und die gründliche Behandlung desselben noch so neu, daß es an solchen Stoffen nicht fehlen konnte.

Schließlich ist nur noch über die Wahl gerade der Psychologie ein Wort zu sagen: sie zu rechtfertigen ist gewiß unnöthig, denn nicht leicht wird sie Jemand irgendwie beanstanden. Die leitenden Gesichtspunkte aber über ihre specifische Bedeutung für die Bildung mögen hier ihre Stelle finden. Wir haben es als ein wesentliches Merkmal der Bildung erkannt, daß der Geist an den Gegenständen, mit denen er sich beschäftigt, ein freies Interesse der bloßen Intelligenz um ihrer selbst willen findet, daß der Mensch von den Dingen, womit er sich beschäftigt, sich 'eine intellectuelle Rechenschaft zu geben bereit und fähig sei; wir haben selbst den Bauern in dieser Beziehung dann einen Gebildeten nennen zu müssen geglaubt, wenn er seinen durchaus praktischen, materiellen Beruf zum Gegenstand des Nachdenkens macht, nach den darin waltenden geistigen Gesetzen zu suchen bemüht ist. Der Beruf der Bildung ist Intelligenz, geistiges Leben überhaupt, demnach aber ist dieser Beruf gar nicht zu erfüllen, ohne daß nach einer Erkenntniß der Gesetze des geistigen Lebens, nach einer Rechenschaft über

das eigene, innere Leben und die geistige Thätigkeit, mit einem
Worte, nach einem psychologischen Verständniß des eigenen
Innern gestrebt wird.*)

In der That, wenn irgend ein Wissen, eine Kenntniß und
Erkenntniß irgend eines Dinges uns am Herzen liegt, irgend
Wahrheit ihren Werth in sich selber hat, ohne alle äußere
Rücksicht und Nützlichkeit, so ist es vor Allem das Wissen um
uns selbst, die Kenntniß unseres eigenen Wesens und Wirkens.
„Das Studium des Menschen ist der Mensch;" der wahre,
eigentliche, der innere Mensch.

Wäre auch wahr, was die Seele vor den großen und
gewaltigen Räthseln des Weltenlebens staunend und verzwei=
felnd ausruft: ins Innere der Natur bringt kein erschaffener
Geist, weil die ganze äußere Natur eben immer die äußere,
außer uns ist und bleibt; nun, der Mensch ist auch ein Stück

---

*) Die Aussicht darauf, daß dies Werk eine Psychologie für Gebildete
sei, hat uns auch bei der Wahl der einzelnen Stoffe geleitet, um gerade das=
jenige zur psychologischen Anschauung zu bringen, was dem Gebildeten, als
solchem, nahe liegt. So bringt dieser Band die Betrachtung von „Ehre und
Ruhm" aus dem sittlichen, vom „Humor" aus dem litterarisch=ästhetischen
Gebiet, die gegenwärtige aus dem intellectuellen Gebiete, sämmtlich dem Kreise
der Gebildeten vorwiegend angehörig. Der zweite Band bringt über „Geist
und Sprache" eine Abhandlung, deren Gegenstand zu allen Richtungen und
Regungen des menschlichen Geistes eine vielseitige Beziehung hat.

Der dritte Band enthält eine Abhandlung von vielseitiger Bedeutung
über den „Tact", eine ästhetische über die „Vermischung und Zusammenwirkung
der Künste" und aus dem ethischen Gebiet über „die Freundschaft".

Die Verbreitung, welche der Gedanke der Völkerpsychologie inzwischen
gefunden, hat es mir zur Pflicht gemacht, ihm auch innerhalb dieses Werkes
angemessenen Raum zu gönnen. „Das Leben der Seele" erscheint eben hier=
durch am wesentlichsten erweitert; dieser Band enthält als Einführung und
Grundlegung der völkerpsychologischen Betrachtung des Seelenlebens die Ab=
handlung über „das Verhältniß des Einzelnen zur Gesammtheit;" der zweite
bringt ein völkerpsychologisches Schlußcapitel über die Sprache; der dritte
wird „den Ursprung der Sitten" behandeln.

Natur, ein Glied in ihrer großen Kette, und hier ist er selbst
in ihrem Innern, ist selbst das Innere, und sich selber schauend
und betrachtend sieht er die Natur und ihr Gesetz. Also ab=
gesehen von allem moralischen und religiösen Vortheil der
Selbsterkenntniß bildet sie das tiefste und allgemeinste Interesse
alles Wissens und aller Wahrheit durch eine dreifache Bedeu=
tung für sie. Die Seele ist erstens das einzige Wesen im
ganzen Reiche der Natur, welches uns ihr inneres Dasein
und Gesetz unmittelbar zum Bewußtsein und zur Erkenntniß
bringen kann; der einzige Punkt, wo die Natur sich ungetrennt
und ungeschieden, in sich selber leuchtend, offenbart; das Central=
feuer, in welchem allein alle Zweifel an der Wahrheit und
dem Wissen schmelzen. Ewig fruchtlos und vergebens würde
der Menschengeist sich abringen im Suchen und Forschen nach
dem Innern der Natur, wäre er nicht selbst ein Inneres zu=
gleich und Natur, ein Strahl leuchtend und sehend zugleich.
Sodann aber ist die Seele, wie schon angedeutet, nicht blos
das Centrum, sondern auch des ganzen Kreises unserer Natur=
und Weltkenntniß Spiegel und Abbild; von innen heraus be=
greift der Mensch, wie sich selbst auch das All, das er in
seinem Innern trägt; er kann nach außen schauen und die
Dinge sehen, begreifen kann er nur das Bild davon, das
sich in seiner Seele spiegelt; wir müssen daher einen forschenden
Blick in die Werkstatt der Begriffe werfen, um zu prüfen, ob
ihre Producte der Wahrheit und der Sache gemäß gebildet sind
oder nicht; hier wird die Psychologie zur Vernunft= und Ver=
standeskritik.

Sowohl in pädagogischer, in praktisch = politischer, wie in
theoretischer Beziehung ist es überaus wichtig, daß der Mensch
die Gebilde des Geistes, das Wissen, die Gesinnung, das
schöpferische Können als allmälig werdende, auf den Stufen

ihrer Entwicklung ungemein verschiedene kennen lernt, und daß er von den Ursachen und Gesetzen, ihren verschiedenen Formen und Werthen eine Anschauung gewinnt.

Wie würden wir in Bezug auf uns selbst und auf Andere, im Gebiete des öffentlichen, wie des Privatgeistes im friedlichen Verkehr und im Kampfe der Parteien ganz anders handeln, wenn wir nur einsähen, daß und wie die Arten, die Grade, die Gründe und die Erfolge der Ueberzeugungen sehr ver= schieden sind.

Wie viel schärfer würden die Anforderungen an die Staats= leitung in Bezug auf die Bildung des öffentlichen Geistes her= vortreten; wie viel deutlicher die Pflicht Aller, dem ganzen Felde des inneren Lebens eine fleißige ausdauernde Pflege zu widmen; wie viel mehr Strenge hier, Nachsicht dort, wie viel mehr Kampf und strenge Forderung aber auch Milde und sanfte Führung, wenn man im Stande ist zu erwägen, daß die Früchte des Gemüthes nur allmälig reifen, nur in fort und fort wirkenden Processen sich gestalten.*)

Endlich aber hat die Seele noch eine andere Seite als die der Natur; zwar selber zu ihr gehörend und Centrum und Abbild derselben, erhebt sie sich doch als Geist, im höheren Sinne, über sie, erbaut sich eine eigene höhere Welt, davon

---

*) Mit Recht heißt es bei Henke „Ergebnisse und Gleichnisse, heraus= gegeben von Dreydorff, Leipzig 1874" S. 58:

„Wer nur ein wenig philosophische Ausbildung seiner Selbsterkenntniß und seines Selbstbewußtseins hat, weiß schon dadurch um qualitative und Grad=Unterschiede menschlicher Gewißheit der Erkenntnisse und ist schon da= durch vor dem Fanatismus sicher, der aller Erkenntniß eine gleiche Festigkeit und Qualität beilegt. Was „Bildung" heißt oder heißen sollte, beruht vor= züglich oder allein auf dem Wissen um diese qualitativen Unterschiede. Wer „weiß was er thut," verliert dann freilich um so viel die ungehemmte ent= schlossene Schlagfertigkeit für eine vorgeschriebene, nur mit Gehorsam, nicht mit Reproduction aufgenommene Doctrin."

kaum ein Vorbild in jener natürlichen liegt, das Reich des
ästhetischen und moralischen Lebens, Sinnens, Denkens und
Schaffens. Die ganze Breite und Fülle des Menschlichen,
specifisch Humanen, womit der Geist einen Theil der Natur
belebend durchdringt, aber auch über alle Natur und alles
Endliche hinausbringt, zum Unendlichen und Ewigen sich for=
schend emporhebt und lebend gestaltet, kurz: die Ideen sind es,
welche nicht blos Eigenthum, sondern das Lebenselement des
Geistes werden. Das Dasein, Wesen und Wirken derselben
auf den ganzen Menschen, die Entwicklung, die zu ihnen und
von ihnen kommt, ist der höchste Gegenstand der psychologischen
Forschung, welche nichts Anderes ist, als das wissenschaftlich
gewordene, höhere, edlere Selbstbewußtsein der Menschheit.*)

---

*) Sehr bezeichnend ist es, daß wir im Leben der in der Entwicklungs=
epoche der modernen Bildung vorzugsweise nach ihr Strebenden überall das
Ringen nach einer Fassung des eigenen Gemüths in die Form des Selbst=
bewußtseins wahrnehmen und das „Tagebuch" das Mittel ist, jede Gegen=
wart mit der Vergangenheit zu verbinden und in die Zukunft hinüber zu
retten; daß aber auch in der Dichtung von damals bis auf unsere Tage,
von der „schönen Seele" und Ottilie bis auf Irene (Auerbach, „Auf der
Höhe"), Eva und Julie (Heyse, Kinder der Welt und Im Paradiese) das
Tagebuch der alten delphischen Forderung zu genügen strebt. Und wenn es
hier im Leben und in der Dichtung vorzugsweise die Frauen sind, die diese
Form des fixirten und fortgebildeten Selbstbewußtseins wählen, so stimmt
dies nicht blos mit ihrer obenbezeichneten Stellung zur Bildung überein,
sondern auch damit, daß es den Männern zusteht, ihr inneres Leben in ob=
jectiven Schöpfungen anstatt in subjectiven Schilderungen festzuhalten, oder
das Tagebuch zu Materialien für psychologische Forschung umzugestalten,
grade so wie bei Sokrates die persönliche Selbsterkenntniß zu einem Princip
subjectiver und kritischer Philosophie erweitert ist.

Nachdem wir in dieser Betrachtung das Wesen der Bil=
dung als Stufe der Intelligenz an dem Verhältniß derselben
zur Wissenschaft erörtert haben und damit zugleich die wesent=

liche Absicht derselben erfüllt, ist: Zweck und Anlage dieses Werkes als eines Beitrages zur philosophischen Bildung dar=zulegen, und als Einleitung in dasselbe zu dienen, bleibt noch die Aufgabe übrig, auch die Anfangs genannten beiden anderen Seiten der Bildung zu charakterisiren.

Sollte dies vollständig geschehen, so wäre eine etwa gleiche Ausführlichkeit erforderlich, um das Verhältniß zur Sittlichkeit und Schönheit zu bestimmen; denn hier müßte in gleicher Weise auf die Art und Principien der Ethik und Aesthetik ein=gegangen werden, wie oben auf die der Erkenntniß. Dies aber liegt nicht in der Absicht der gegenwärtigen Abhandlung; vielleicht an einer anderen Stelle, wo die psychologische Natur des moralischen Lebens zur Darstellung kommt, werden sich passende Anknüpfungspunkte dazu darbieten; hier aber mag es genügen, einige Andeutungen zu geben, welche mit dem Dargelegten zusammen das Wesen der Bildung, ihre Beschaffenheit und ihren Einfluß auf das Seelenleben er=kennen lassen.

Giebt es für die Gebildeten eine andere Sittlichkeit als für die Ungebildeten? Niemand wird das behaupten wollen. Und doch stellt man an den Gebildeten gewisse sittliche Anfor=derungen gerade um seiner Bildung willen. Ist die Bildung ein Mittel zur Sittlichkeit? oder enthält sie eine Bürgschaft derselben? — und doch erwartet man von dem Gebildeten eine der Sittlichkeit entsprechende Lebensweise mit einer Bestimmt=heit, tadelt den Mangel derselben mit einer Schärfe, wie dies bei Ungebildeten nicht der Fall ist. Man muß gestehen, daß die Begriffe, welche diese Frage betreffen, im Allgemeinen sehr dunkel und unklar sind; um aber darüber ins Klare zu kommen, müssen wir vor Allem scheiden, was meist nicht ge=

schieden wird. Bei genauer Beobachtung finden wir, daß im gewöhnlichen Sprachgebrauch die Bildung überhaupt, also die höhere Stufe der Intelligenz und der Kenntnisse, die An= forderung begründet, daß damit zunächst sittliches Leben, dann aber sogar ein specifisch feineres oder edleres Leben und Be= tragen verbunden sei. Gleichwohl wird man sich gestehen müssen, daß in einer größeren Ausbildung der Intelligenz, in erweiterten Natur=, Sprach= und andern Kenntnissen keine unmittelbare Ur= sache, weder einer größern Fähigkeit, noch eines geneigteren Willens zur Moralität zu finden ist; die Unsittlichkeit der so= genannten Gebildeten, welche weder geringer, noch seltener und meist nur feiner ist, als die der Ungebildeten, gehört nicht eben zu den psychologischen Wundern. Nichts desto weniger hat der, wenngleich dunkel, so doch nicht minder stark empfundene Anspruch, mit der höheren Stufe der Intelligenz auch eine gleiche der Sittlichkeit verbunden zu sehen, einen guten Grund, und zwar den, welcher in dem ersten der folgenden ethischen Elemente der Bildung erörtert werden wird.

In der That sind es nämlich drei unter einander zu= sammenhängende, ihrem Wesen nach aber dennoch verschiedene Elemente der Sittlichkeit, welche in der Bildung dann enthalten sind, wenn sie zur vollen Erscheinung kommt.

Nichts ist natürlicher, als daß die Ansprüche an die Sitt= lichkeit eines Menschen mit seiner gradweisen Bethätigung der= selben steigen; wer viel hat, von dem wird viel gefordert werden; dies liegt in der Natur der Sittlichkeit selbst, deren Ausübung wie einerseits auf der Freiheit des Willens, andererseits zugleich auf Uebung oder Gewöhnung beruht. Die sittliche Kraft wächst einzig und allein durch die sittliche That; nach dem Grade also, in welchem sie sich manifestirt, fordert man mit Recht, daß sie wachse und sich bethätige. Intelligenz aber ist eine

Seite und Art des sittlichen Daseins; die Erfüllung und Läu=
terung der Seele durch höhere Erkenntniß ist ein Zweig am
Baume sittlicher Vollkommenheit des Menschen. Freilich kann
Intelligenz und Bildung auf einem ganz anderen Boden, als
auf dem der Sittlichkeit emporsprießen; äußere Nützlichkeit
und Luxus sind gar oft die einzigen Motive ihres Erwerbes;
sie sollen aber Producte und Elemente eines sittlichen Stre=
bens sein, und ihr wahrer, idealer Werth besteht vorzüglich
darin, eine Seite der ethischen Vollkommenheit des Menschen
auszumachen. Ein wesentliches Element der wahren
Bildung ist die sittliche Absicht derselben. Das sitt=
liche Streben, die ethische Gesinnung, welche nach Bildung
trachtet, ist der eigentliche Kern in der Frucht der Bildung;
er tritt zwar nicht an das Licht, aber er kann immer wieder
neue Blüthen und Früchte erzeugen. Wer von den Gebildeten
sich also nicht selbst herabwürdigen, wer den Edelstein seiner
Bildung nicht auf den Scheinwerth böhmischen Glases herab=
gesetzt sehen will, wird zugestehen, daß die sittliche Triebkraft,
welche sich an seiner Intelligenz manifestirt, zum ethischen
Kraftmesser für ihn wird, zum Maßstab der sittlichen Forde=
rungen, welche man an ihn stellen darf.

Dies gilt auch von derjenigen speciellen Bildung, welche in
einen Berufskreis ein= oder demselben angeschlossen ist, also
von dem gebildeten Arzt, Bauern, Handwerker (S. 65). Jede
größere Vollkommenheit der Berufsthätigkeit (wie sehr sie auch
anderen Zwecken zu dienen scheinen oder neigen mag) ist zu=
gleich eine Erhöhung des sittlichen Daseins eines Menschen.
Denn wie verschieden auch die ersten Gründe und die letzten
Ziele alles sittlichen Lebens in den verschiedenen ethischen
Systemen aufgefaßt werden mögen: keines wird sich entschlagen
dürfen anzuerkennen, daß die gesammte Culturthätigkeit der

7*

Nationen zugleich die Gesammtaufgabe derselben bezeichnet; je mehr nun jeder Einzelne von dieser Aufgabe übernimmt und je vollkommener er dieselbe in seinem Berufsleben erfüllt, desto größer ist seine und damit auch der Gesammtheit sittliche Leistung.

Diese auf dem Grunde der Völkerpsychologie erwachsende oder doch hier am ehesten einleuchtende Betrachtung des Sittlichen charakterisirt sich dadurch, daß sie erstens wesentlich positiv und schöpferisch in ihrer Forderung ist, neben welcher die negativen einschränkenden Vorschriften eine untergeordnete Stelle einnehmen. Sodann aber erhöht sie den Werth und die Würde alles sittlichen Thuns wesentlich dadurch, daß sie es zum Ausdruck, zum mitwirkenden Theil und Glied des Gesammtgeistes macht. Hier wird also auf dem Boden der individuellen Ethik schon erkennbar, wie das Wirken des Einzelnen auch für die Gesammtheit zu einer erhebenden, fortschreitenden und umgestaltenden Kraft sich entwickeln kann.

Aber auch abgesehen von dieser eigentlich moralischen Eigenschaft der Intelligenz selbst, ergiebt sich derselbe Gedanke als Resultat einer anderen, in jedem menschlichen Bewußtsein liegenden, allgemeinen Forderung, nämlich der Harmonie. Bildung, Intelligenz und jede Art des geistigen Lebens wird mit Recht als eine Erhebung des Menschen auf eine höhere Stufe des Daseins aufgefaßt; die Erhebung aber soll eine des ganzen inneren Menschen sein, neben der der Intelligenz erwarten wir eine des Willens. Wo sie eine einseitige ist, da empfinden wir einen Widerspruch des Vorhandenen und des Fehlenden und empfinden ihn mißfälliger, als wir den bloßen Mangel empfinden würden. Vollends die Sittlichkeit ist nicht blos ergänzendes Moment zur harmonischen Entwicklung, sondern die Basis und Bedingung aller inneren Harmonie; ist doch die formelle Grundlage aller Moralität, die innere Freiheit des Menschen selbst nichts Anderes, als das ewig unabweisliche Bedürfniß innerer Uebereinstimmung mit sich selbst, als die Forderung ungestörter Harmonie! Jede künstlerische und wissen= schaftliche, bildende und gebildete Bethätigung des inneren Lebens ist ein Aufsteigen zu höherem und edlerem menschlichen Wesen, Sittlichkeit aber ist das menschliche Wesen selbst; sie ist in der That und in der Geschichte der Kern, aus dem der Lebens= baum der allgemeinen Menschheit emporwächst, sie soll auch wiederum die Frucht an dem jedes Einzelnen sein, zu welchem sich jedes andere Können und Wissen nur wie Blatt und Blüthe verhält.

Begründet demnach Bildung einerseits die Voraussetzung und Forderung der Sittlichkeit, so ist sie andererseits, wenn anders die Bildung eine rechte und ächte, eine strebsame und energische ist, auch Mittel und Hebel der Sittlichkeit, in so fern jedem Menschen, und dem gebildeten insbesondere, jener Trieb nach Harmonie innewohnt, und er mit jeder Erhöhung der Intelligenz auch eine Kräftigung und Läuterung des Willens erstreben wird.

Von größerem Gewichte aber als dieses ist ein zweites Element der Sittlichkeit, welches in der Bildung enthalten ist. Bildung ist Intelligenz; diese aber umfaßt nicht blos Natur= und Sprachkenntniß, sondern auch Geschichte, Litteratur, Kunst und Leben. Die Nationallitteratur haben wir aber als die erste und reichste Quelle der Bildung erkannt; in ihr manifestirt sich alle geistige und sittliche Höhe des Volkes; unter der Hülle der Schönheit strömen in ihr zusammen und entströmen aus ihr die edelsten inneren Kräfte des Volksgeistes, ihre Werke sind die Adern, in denen das sittliche Herzblut des National= geistes pulsirt. In unseren Zeiten ist jede sittliche und religiöse Unterweisung nach Abschluß des Confirmationsunterrichtes fast

zur Seltenheit geworden. Die Zahl derer, welche sie in der
Kirche suchen, ist offenkundig zumal in den großen Städten
sehr gering. Aber daß, außer den Theologen, die Studirenden
auf der Universität eine Vorlesung über Ethik besuchen, ist selten
genug.*) Vollends auf den Gewerbe-, Kunst-, Bau- und Kriegs-
akademieen, wo man doch sonst den Kreis der Fachwissenschaften
zu dem der allgemeinen Bildung zu erweitern rühmlich bemüht
ist, scheint man jede Pflege, jede Sammlung, Beleuchtung und
Vertiefung der sittlichen Gedankenwelt als eine durchaus fremde
und ungehörige Sache zu betrachten. Unter diesen Umständen
bildet schon für die reiferen Jahre der Erziehung geschweige
in den höheren Lebensstufen die Nationallitteratur für Viele
die einzige Quelle, aus der sie eine sittliche Belehrung
schöpfen, die vordem gepflanzte Gesinnung erfrischen und
beleben.

Die Beachtung dieser Thatsachen möchte ich den lebenden
Dichtern ans Herz legen, ob ich gleich weit davon entfernt bin,
den Regeln der Kunst und den innern Antrieben der Schöpfung
pädagogische Tendenzen unterschieben zu wollen.

Aber je größer der Einfluß der Litteratur wird, desto
strenger sind die Pflichten ihrer Vertreter. Die Poesie ist von
einer bloßen Zierde des Geistes zur führenden und erweckenden
Kraft desselben geworden; hier und fast hier allein werden
dem Gebildeten alle Formen des sittlichen Daseins, die Motive
und Erfolge des moralischen Lebens, das Streben und Wirken
der Einzelnen und der Völker, kurz: die sittlichen Ideen in
ihrer lebendigen Wirksamkeit werden der Anschauung des Ge-

---

*) Ob es hiermit zusammenhängt oder gar dadurch gerechtfertigt ist,
daß in den letzten 30 Jahren selbst in der Ankündigung der philosophischen
Vorlesungen an der Berliner Universität eine über Sittenlehre fast niemals
anzutreffen war?

bildeten dargeboten, seinen Geist und seinen Willen zu erfüllen. In gleicher Weise umfaßt die Bildung das, was Kant die praktische Vernunft genannt hat, oder die sittliche Erkenntniß, wie sie das theoretische Wissen ausmacht; die sittliche Erkenntniß aber ist eine Bedingung alles Wollens und Handelns. Wahrhafte sittliche Bildung aber ist ohne Handeln kaum denkbar; das zuschauende sittliche Urtheil sammt den Gefühlen der Theilnahme ermatten ohne Action. Nach der inneren psychologischen Natur alles Ethischen bedingen wirkliches Erkennen und Handeln einander nothwendig; nimmer ist eine sittliche Reife und Höhe des Geistes erreichbar, ohne die persönliche, thätige, ins Leben eingreifende Erfahrung. Nicht blos f ü r , sondern auch d u r c h die Praxis allein entwickelt sich die praktische Vernunft. Sittliches Handeln ist also nicht blos die Frucht, sondern zugleich eine wesentliche Bedingung der sittlichen Einsicht und Anschauung.

Darum kann auch (vgl. oben S. 17 ff.) die s i t t l i c h e Bildung, im Unterschiede von der scientifischen oder ästhetischen, nicht dabei verharren, eine bloße Zierde der Persönlichkeit, ein verfeinerter Egoismus zu sein; auf ihrem Wege liegt, wenn sie das Ziel erreichen will, die thätige Hingebung, der erprobte und innerlich erfahrene Gehorsam. Nur durch die T h a t und das W e r k wird auch die Idee des Sittlichen in der Persönlichkeit vollendet. Fehlt denn nun aber etwa dem Ungebildeten die praktische Vernunft? ist er nicht in gleicher Weise verantwortlich? und welchen Einfluß und Vorzug sollte demnach die Bildung auf die Gesinnung haben? Ganz davon abgesehen, daß hier von Gradunterschieden die Rede sein kann, welche auf sittliche Weisheit eben so anwendbar sind, wie auf jede andere, ist in der sittlichen Erkenntniß, welche jedem Handeln vorangehen muß, zweierlei zu unterscheiden, nämlich die Kenntniß der Pflichten, der ethischen Forderungen, und die Kenntniß der Umstände, Thatsachen und Verhältnisse, worauf sich die Handlung beziehen soll. Immerhin mag das Gewissen des Ungebildeten so laut und so deutlich reden, als des Gebildeten, wenn er seine gleiche Lage und die gleichen Verhältnisse in gleicher Weise erkennt; eben diese letztere Erkenntniß aber wird bei dem Gebildeten weiter, freier, reiner sein. Vielfachen Täuschungen ist die Schätzung des Sittlichen im Gemüthe ausgesetzt, und meist findet der irrige Gedanke Raum, als ob die sittlichen Handlungen nur nach dem Maße des inneren Gehorsams zu messen und von der Höhe der geistigen Entwicklung, aus welcher sie hervorgehen, unabhängig seien. Es ist hier der Ort nicht, diesen Täuschungen nachzugehen, aber ein Beispiel mag genügen, weiteres Nachdenken darüber anzuregen.

Nichts scheint auf den ersten Blick einleuchtender, als daß der Werth einer Handlung gemessen werden muß nach der Verantwortung, welche sie einschließt, also nach der Größe des wohlthätigen oder schädlichen Erfolges, welchen sie nach sich zieht, oder nach der Abhängigkeit einer größeren oder geringeren Summe menschlichen Glückes oder Leides von dieser Handlung. Wir werden deshalb die Stellung des Staatsmannes, des Arztes u. s. w. so hoch annehmen. Gleichwohl ist diese Proportion keineswegs entsprechend oder erschöpfend. Ein Maschinenführer, ein Weichensteller hat sehr große Verantwortung; vieler Menschen Glück und Leben ist von seiner Pünktlichkeit, also von der unnachlässigen Ausdauer seiner sittlichen Willensthätigkeit abhängig. Aber die Handtierung desselben ist einfach; — die geistige Funktion von einem beschränkten Umfang, von einseitiger Form.

Weder das schöpferische objective Werk des Sittlichen noch die (subjective) persönliche Fülle und Form des Processes darf übersehen werden bei der Schätzung der sittlichen Handlung, in beiden aber findet die höhere Bildung des Menschen Raum für ihre einflußreiche Wirksamkeit. Und deshalb verlangt man mit Recht, daß das Gewissen des Gebildeten gleichsam empfindsamer, seine Gesinnung edler, sein ethisches Streben tiefdringender sein soll, daß er von der Aeußerlichkeit bürgerlicher Pflicht sich zur Innigkeit des moralischen Willens und freiester Tugend erheben solle. Alles sittliche Thun bezieht sich auf den Thätigen selbst, oder auf seinen Nebenmenschen. Der Gebildete, als solcher nach Klarheit des Selbstbewußtseins Ringende, kennt seine sittlichen Bedürfnisse und entfaltet sie in einer Weise, welche dem Ungebildeten fremd bleibt. In den Beziehungen zu seinen Nebenmenschen überschaut er in anderer Art ihre äußere Lage, kennt die inneren Zustände, die Gemüthsver= fassungen. Darauf gründen sich gar mancherlei berechtigte An= sprüche der Feinheit und des Edelsinns. Hier hat die feinere und tiefere Herzensbildung ihre eigene Stelle; sie verharrt nicht bei der bloßen dürren und herben Pflichterfüllung, sondern schließt die ganze Seele auf, versenkt sich mit Innigkeit und Zartheit in das Gemüth des Andern, wirkt segensreich, be= sänftigend und wohlthuend hier durch eine Gabe, da mit einem Wort und dort mit bloßer Zurückhaltung, wo der ungebildete Sinn beim besten Willen anstößt und verletzt. Freilich diese eigenthümliche Bildung des Herzens, die durch alle Elemente sonstiger Bildung, wie durch den Umgang mit gebildeten Menschen, und insbesondere unter der sanften Führung poetischer Lectüre gewonnen werden kann, ist bei weitem nicht ausschließ= liches Eigenthum der in anderer Art Gebildeten; und oft kann ein scheinbar rauher und wirklich unwissender Mann die feinste, vielesende Dame mit durchsichtigem Teint durch die Feinheit seiner sittlichen Empfindung beschämen.

Aber nicht blos Stärke und Feinheit, sondern auch die Art des sittlichen Bewußtseins soll erhöht werden durch die Bildung. Die idealen Forderungen werden entweder als Tradition angenommen oder in bewußter Weise entwickelt; sie werden als vereinzelte Töne des Gewissens vernommen oder aus der Einsicht in den Zusammenhang aller sittlichen Zwecke verstanden; dort erscheinen sie als ungeprüfte, als gegebene Wahr=heiten, Gesetze, Werthe; — hier mit Kritik verbunden, aus freiem und bewußtem Gehorsam angenommen.*) Und am tiefsten bedeutsam für die Entstehung und Lösung sittlicher Conflicte kommt hinzu, daß dort die sittlichen Gebote in aus=schließlicher Geltung wie im untrennbaren Zusammenhang eines Systems der gesammten Lebensverhältnisse auftreten; an keinem einzelnen Punkte darf gerüttelt oder gezweifelt wer=den, ohne daß die sittliche Weltordnung überhaupt in Gefahr ist; — hier werden in allseitiger historischer Prüfung und An=erkennung alle Elemente des Sittlichen erfaßt und von Neuem geboren. Aechte, innige, dem eigenen Gemüth entquellende

---

*) Mit vollem Verständniß hat Schröder (a. a. O. S. 9—12) die Be=deutung der Reformation für diese Seite des Ursprungs sittlicher Bildung im deutschen Volke dargelegt. Vielleicht ist es unserer Zeit vorbehalten, diese tiefste sittliche Seite des gegenwärtigen „Culturkampfes" im öffentlichen Geiste zur Anschauung zu bringen; dann und nur dann allein wird er diesen edlen Namen verdienen und zu einem Siege führen, der alle Mühe und Sorgen und Leiden des Kampfes reichlich und dauernd vergütet. Ob in dem freien, strebenden und prüfenden Geiste des Volkes die Wahrheit ge=sucht und errungen, die sittliche Kraft erzeugt und fortgebildet, oder ihm irgend eine Lehrmeinung zu schweigendem und stumpfem Gehorsam dargeboten wird, das ist der Gegensatz in welchem das gewaltigste ethische Schicksal eines Volkes seinen Ausdruck findet. Alle Blüthen der Cultur sind taub, alles Salz der Wahrheit ist dumm, alle Formen des Sittlichen sind hohl, wenn nicht die eigene Schöpferkraft und Werdelust des suchenden und ringenden, am Weiterbau der historischen Lebensgestaltung selbstständig und selbstverant=wortlich arbeitenden Geistes sie erfüllt.

Humanität und freie kritische, selbstbewußte Auffassung der=
selben bilden zusammen das Wesen der sittlichen B i l d u n g.
Wie für die Philosophie die persönliche, selbsterrungene Ueber=
zeugung im Unterschied von aller lediglich überlieferten Wahr=
heit, so ist für die sittliche Bildung die S e l b s t v e r a n t w o r=
t u n g, das persönliche Haften und Eintreten, der freie und
bewußte Gehorsam die unerläßliche Bedingung.

Endlich ist als das Wesentlichste und Wirksamste das
dritte sittliche Element der Bildung hervorzuheben. Dies ist
von dem vorigen am meisten verschieden, denn es bezieht sich
gar nicht auf den Begriff der Bildung als Stufe der Intelli=
genz, sondern auf einen ganz anderen Begriff, welcher mit dem
Worte Bildung gerade in Beziehung auf praktisches Leben ver=
bunden wird.

Es giebt ausgezeichnet tugendhafte Menschen, welche, ob=
gleich als solche anerkannt und verehrt, doch nichts weniger
als wohlgelitten und gern gesehen sind; sie sind weise, ehren=
haft, sittenrein, auch, wie man es zur Unterscheidung nennt,
geistig gebildet, also einsichtig und kenntnißreich, aber — es fehlt
ihnen die Bildung des Lebens, das gebildete Betragen und Be=
nehmen, die rechte Form und Neigung des Umgangs, der Tact
und der Sinn der Gesellung.

Alles das, was man im Leben als das Schickliche, Pas=
sende, Angemessene, Anständige bezeichnet, wird als eine Vor=
schrift nicht sowohl der Moralität, als der Bildung angesehen,
man versteht darunter also einen geistigen Zustand, einen Zug
der Seele, welcher eine eigenthümliche Quelle ist für mancherlei
Arten und Formen des Wollens und Handelns. Wie deutlich
aber auch das Bewußtsein ist, daß es sich hier um viele von
den Vorschriften der Sittlichkeit verschiedene Lebensregeln
handle, so lassen sich doch die Grenzen beider nicht leicht an=

geben; um so weniger, als selbst der bloße Inhalt dessen. was die Bildung als Richtschnur des Lebens erheischt, aller Bestimmtheit im Allgemeinen entbehrt. Nicht nur ist auf der einen Seite ein großer Wechsel dieser Ansprüche unter den Gebildeten in den verschiedenen Zeiten, eine Differenz derselben bei den verschiedenen Nationen und Ständen eine historische Thatsache, und zwar so sehr, daß der Gegensatz des Anstän= digen und Unanständigen bei verschiedenen Völkern und Zeiten bis zur Umkehrung sich steigert, sondern auf der anderen Seite sind die verschiedenen wissenschaftlichen Systeme der Ethik in einem gleichen Schwanken, und hier erscheint als eine strenge Forderung der Moralität, was dort gänzlich außerhalb ihres Gebietes liegt. Die Griechen nannten das, was Schicklichkeit und Anstand betraf, πρεπον (Prepon), und zählten dazu einer= seits Dinge, welche bei uns zur gangbaren Moral gehören, und andererseits solche, die in unseren Zeiten ein Kant nicht entfernt zu den Gegenständen der Moral rechnen würde, wäh= rend die griechischen Begriffe etwa von der Schamhaftigkeit bei uns als absolut schamlos gelten. Bei den Römern be= zeichnet man bekanntlich dasselbe Gebiet mit dem Namen des Decorum, ein Wort, welches bis auf den heutigen Tag unter uns mit etwas verschobenem Sinne im Gebrauch ist; Cicero zählt die näheren Bestimmungen desselben in dem Buche von den Pflichten auf; während diese aber mit den Vorschriften des äußeren Anstandes beginnen, schließen sie mit der Ver= ehrung der um den Staat und alle großen Dinge verdienten Männer, der Ehrfurcht vor den Greisen, der Bescheidenheit vor den Behörden, der Auswahl und Unterscheidung zwischen Einheimischen und Fremden, und unter den Fremden wieder, ob sie in Staats= oder Privatangelegenheiten gekommen sind, und endlich damit, daß man eine freundschaftliche Verbindung und Gesellung des ganzen Menschengeschlechts anbahnen, schützen und bewahren solle.

Wenn wir noch hinzufügen, daß einer der neueren englischen Moralisten das ganze Gebäude der Sittlichkeit auf das Fundament des „Schicklichen", wofür jeder Mensch einen angebornen Sinn habe, begründen wollte, so ist wohl, wenn das Verworrene deutlich sein kann, das Bild der Verwirrung aller hieher gehörigen Begriffe deutlich. Gleichwohl sind aber zu jeder Zeit die Ansprüche, welche an das Handeln und Benehmen des Gebildeten gestellt werden, zumal in jedem einzelnen Falle, durchaus entschieden und zweifellos.

Die Lösung dieses scheinbaren Räthsels und jener wirklichen Verwirrung würde, neben einer historischen Sichtung, eine principielle Aufklärung erheischen, welche, wie oben bemerkt, hier außer unserer Absicht liegt. Ein Streiflicht aber mögen folgende Bemerkungen darauf werfen. Schon daraus, daß diejenige Richtschnur des praktischen Lebens, welche wir als Bildung bezeichnen, zugleich, und sogar vorwiegend das äußere Benehmen und Betragen des Menschen betrifft, ist es erkennbar und auch anderweitig nachweislich, daß die hier gegebenen Angaben und Vorschriften nicht blos auf sittlichen, sondern eben so sehr auf rein ästhetischen Principien beruhen. In vielen Punkten und fast allen des sogenannten Anstandes ist es ausschließlich der ästhetische Sinn des Menschen, welcher gesetzgebend auftritt und für das Leben ästhetische Formen vorschreibt, welche mit den sittlichen Normen Nichts gemein haben; was also vor dem Richterstuhle der Sittlichkeit gleichgültig erscheint, kündigt sich als eine nicht minder unmittelbare und unleugbare Forderung des Gemüthes aus ästhetischen Gründen an; daher die unbedingte Sicherheit derselben, auch wenn das Bewußtsein ihres Ursprunges fehlt.

Dies gilt begreiflicherweise noch viel mehr für das Fol=
gende.

Für viele Beziehungen des Lebens und der Geselligkeit
bewegen sich die Regeln der gebildeten Handlungsweise auf
jener Grenze, wo das innere Verhältniß mit dem äußeren
Verhalten zusammentreffen, wo Gesinnung und Handlung,
Inneres und Aeußeres einander entsprechen und darin harmo=
niren sollen, daß dieses in seiner Form eben so den Gesetzen
der Schönheit, wie jenes mit seinem Inhalt denen der Sitt=
lichkeit gemäß sei. Diese äußere Schönheit der Handlung,
welche der inneren Reinheit der Gesinnung, die ästhetische
Gestalt, welche dem sittlichen Gehalt des Lebens entsprechen
soll, bezeichnet man gewöhnlich als das Decorum, welches zu
bewahren nothwendig sei; eine Vorschrift, welche fast immer
den ironischen Sinn hat, daß eben die Gesinnung und der
innere Gehalt fehlt. Und zwar hängt dies mit der Natur
des Schönen zusammen, welches seinem eigensten Wesen nach
nicht das rein Innere, sondern nach außen Strebende ist, und
wenn auch nicht um zur Materialität, so doch zur Erschei=
nung zu kommen; und so wird leicht das Streben nach
dem schönen Schein, zum Streben nach dem Schein des
Schönen.

Endlich aber ist das Wesentlichste von alledem noch her=
vorzuheben, und zwar dieses: jede menschliche Handlung kann
einer zweifachen Betrachtung unterworfen werden, der sittlichen
und der ästhetischen; selbst jede innere That, jeder Zug der
Gesinnung ist ein Gegenstand eben so des ästhetischen wie des
moralischen Urtheils.*)

---

*) Daß dieser Unterschied ein psychologisches Factum ist, läßt sich kaum
bestreiten. Man würde aber auch sehr irren, wenn man meinte, daß er bei
Herbart durch die Zurückführung der moralischen Principien auf ästhetische

Das ästhetische Gewissen macht einen Theil der Bildung aus; die Schätzung und Beurtheilung der sittlichen Handlungen aus dem Gesichtspunkt und nach den Principien des Schönen kommt auch meist nur den Gebildeten zu, denen, welche andere Arten und Formen des Schönen, andere Erscheinungen des Aesthetischen zu beurtheilen gewohnt und geübt sind. Zwar daß eine Stellvertretung der sittlichen durch die ästhetischen Ideen stattfinden dürfte, werden wir auch im Entferntesten nicht annehmen, denn es fehlte immer noch die specifische Kraft und der Kern des moralischen Lebens; auch nur daß im Resultat, bei der Schätzung und Wahl jeder einzelnen Handlung, eine Concurrenz zwischen beiden stattfinden würde, möchten wir nicht behaupten; wohl aber ist es denkbar, daß ein Mensch in vielen Fällen, vielleicht in seinem ganzen Leben, aus ästhetischem Triebe, zu denselben Handlungen geleitet würde, wozu die Sittlichkeit ihn geführt hätte; gewiß ist es endlich, daß viele Menschen, insbesondere von den Gebildeten, in gar vielen Fällen des Lebens schätzen und verdammen, wählen und verwerfen, ohne daß sie darüber zum Bewußtsein kommen, ob ihr Urtheil das Gute oder das Schöne, das Häßliche oder das Böse treffe. Eben daher werden Viele der Bildung allein zuschreiben, was Andere von der Sittlichkeit herleiten, je nachdem in ihnen das eine oder das andere Gewissen schärfer und lebendiger ist. Die bei den Griechen herrschende Vermischung und beziehungsweise Gleichsetzung des Schönen (καλον) und des Guten (αγαϑον), und ihr stehender Begriff der καλο καγαϑια, deutet am besten ihren zweiseitig

---

Urtheile aufgehoben wäre; in der That bedarf es nur einer kleinen Ueberlegung, auch hier die Verschiedenheit des Moralischen und des im engeren und eigentlichen Sinne Aesthetischen herauszufinden.

sittlichen Standpunkt an und macht sie nach dieser Seite hin zu der eigentlich gebildeten Nation.

Also in dem ästhetischen Wohlgefallen an den moralischen Handlungen besitzt die Bildung ein eigenes Motiv zur Sitt= lichkeit, obgleich es dem ethischen Werth nach wesentlich von ihr verschieden ist. Die mancherlei Anstandsformen und Lebens= arten der Gebildeten, welche bei den verschiedenen Völkern verschieden sind und in verschiedenen Zeiten wechseln, ver= halten sich wohl zu dem absoluten und idealen Decorum, zu dem für den Menschen absolut Schicklichen gerade so, wie sich die verschiedenen Sitten zur Sittlichkeit verhalten; nachdem wir aber erkannt haben, daß das Schickliche auf der Mischung von ästhetischen und sittlichen Ideen beruht, ist offenbar, daß jene Differenz und der Wechsel eben so sehr von dem Wechsel des ästhetischen Geschmacks als der ethischen Anschauung be= dingt ist, und daß die Schwankungen dieser Begriffe in den verschiedenen Systemen desto größer sein mußten, je weniger sie sich der Mitwirkung der verschiedenen Principien bewußt waren.

Es darf an dieser Stelle ein weitergehender Gedanke wenigstens angedeutet werden. In das Gewebe des sittlichen Lebens treten verschiedene Fäden hinein, welche nicht aus der ethischen Forderung als solcher oder nicht aus dieser allein gesponnen sind, vielmehr sind es psychologische Zustände, Arten und Richtungen des Gemüths, welche neben der Strenge der sittlichen Vorschrift hergehen und in Verbindung mit ihr die Fülle der Lebensbeziehungen erzeugen, die aus jener allein nicht erfolgen würde. Schon in diesem Werke kommen drei solcher Gemüthserscheinungen zur Sprache: die Bildung, die Ehre, der Tact. Aber auch die Politik muß hier gleich genannt werden, deren Bestrebungen und Leistungen von der Ethik untrennbar,

dennoch über sie hinausgehen und eigenartige Motive des sitt=
lichen Lebens herbeiführen.

Fassen wir alle Idealität des menschlichen Lebens kurz in
die beiden Begriffe zusammen, daß sie die Schöpfung einer
Culturwelt und die innere Entfaltung des Geistes, des
nationalen wie des individuellen, zur Aufgabe hat: so werden
wir behaupten müssen, daß die Sittlichkeit der Kern und
Mittelpunkt derselben ist und die unerläßliche Bedingung für
ihr Gedeihen ausmacht; aber die wirksame Entfaltung aller
anderen Motive und das Ringen nach Harmonie derselben mit
dem des sittlichen selbst, bildet den Reichthum und die Fülle
nicht nur des Lebens überhaupt, sondern auch der ethischen
Lebensgestaltung.

———

Wir sind hiermit schon in die Mitte derjenigen Betrach=
tung eingetreten, welche den dritten Hauptpunkt unserer Ab=
handlung betrifft, nämlich das Verhältniß der Bildung zur
Schönheit. — Der Grundgedanke über dies Verhältniß ist
einfach dieser: schon in wie fern die Gegenstände der Schön=
heit, die Producte der Kunst einen Theil der Objecte der In=
telligenz ausmachen, ist die Kenntniß derselben ein Theil der
Bildung; in dem Begriffe derselben liegt aber zugleich die
Forderung, daß der Gebildete auch Sinn und Geschmack,
Genuß und Verständniß der Kunst und aller, zumal auch der
Naturschönheit besitzen soll. An jeder Art und Form der
Kunst sich zu erfreuen, Theilnahme und Interesse dafür zu
hegen, gilt als ein entschiedenes Merkmal des Gebildeten; aber
auch an sich selber, wie in seiner Umgebung, so weit Natur
und Verhältnisse es begünstigen, die Schönheit zu pflegen,

wird dazu gerechnet. Hier haben wir nun einem gar sehr verbreiteten Irrthum zu begegnen, und das ist der, welcher über die Ausübung der Künste herrscht. Von den Künstlern reden wir nicht; die Größe der Neigung oder des Talentes leite sie zur Kunst, die sie als Beruf erwählen; aber bei Laien und Dilettanten, wo weder Neigung noch Talent vorhanden ist, da soll doch die Uebung der Kunst durch bloße Uebung erworben werden; die Wahl wird, weil jene beiden natürlichen Motive derselben fehlen, nach der Leichtigkeit getroffen, und Musik, das Clavier ist die allgemeine Parole, wenn nicht eine Familientradition Zeichnen und Malen vorschreibt. Die Epidemie der Porzellanmalerei ist glücklich vorüber, nur das Piano ist endemisch geworden. Jedes Element der Bildung aber soll in Wahrheit bildend einwirken, das innere Wesen und die äußere Erscheinung der Persönlichkeit gestalten, formen, veredeln. Daraus ergiebt sich eine Reihenfolge für die Wahl der a u s z u ü b e n d e n Künste, welche, einem pädagogischen Principe folgend, von der ästhetischen durchaus verschieden ist; hier stehen nämlich die Künste voran, welche nicht zu den eigentlichen Künsten gezählt werden, diejenigen nämlich, deren Ausübung nur in einer körperlichen oder geistigen (oder aus beiden gemischten) L e b e n s ä u ß e r u n g besteht, in einer Thätigkeit, welche nicht ein objectives, außerhalb der Person zu Stande kommendes Kunstwerk schafft, sondern nur sie selbst zu einem momentanen Kunstwerk macht, wo also Künstler und Kunstwerk identisch sind. Für die Frauen ist es der Tanz, für Männer Ringen und jede gymnastische Uebung, welche nicht blos augenblicklich die Persönlichkeit in dem besten Lichte der Schönheit zeigen, sondern auch dauernd die Bewegung derselben und mittelbar sogar die Gestalt verschönern und veredeln. Aber nicht blos in der Bewegung der ganzen Gestalt, sondern

auch wo einzelne Organe sich regen und thätig sind, soll
Schönheit walten. Beim Sprechen und Lesen drückt die Art
und Form, wie es geschieht, den Grad der Bildung aus; der
Vortrag und die begleitenden Mienen offenbaren viel, selbst
von der inneren Individualität eines Menschen, sie sind der
Sitz der Anmuth. Unsere Schulen auf diesen Gedanken hin=
zuweisen, von ihnen zu fordern, daß Schärfe und Bestimmtheit
des Accents bei jedem Schüler hervortrete, ist leider keine
überflüssige Sache. Immer wird unter den Menschen auch bei
der gleichmäßigsten Sorge des Erziehers mannigfaltige Ver=
schiedenheit in Aussprache und Vortrag vorhanden sein; daß sie
verschwinde, hat man weder zu fürchten noch zu hoffen; es ist
auch nicht nöthig, „daß allen Bäumen Eine Rinde wachse;“
aber eine Rinde müssen alle Bäume haben, wenn sie gedeihlich
wachsen sollen. Und jede Schärfung und Festigung des Tones
wird auch zu einer des Gedankens führen. Auch die Decla=
mation schafft kein eigentliches Kunstwerk, aber kunstgemäß aus=
geübt, kann sie erfreulich und wohlthuend eines Gedichtes Wir=
kung erhöhen. Mehr der eigentlichen, auf ein von der Person
abgesondertes und für sich bestehendes Werk zielenden Kunst
nähert sich der Gesang; aber wesentlich ist er dennoch in den
Kreis der Persönlichkeit einbegriffen, tritt als eine bloße Lebens=
äußerung des eigenen Organismus in die Erscheinung und offen=
bart neben der äußeren Schönheit der Töne zugleich die der
inneren Erregung.

Bei weitem verschieden hiervon ist schon die Musik als
Handhabung eines Instruments; dies befindet sich außerhalb
der Persönlichkeit, und nicht der eigene, sondern ein fremder
Ton wird erzeugt, das Spiel soll nicht eine persönliche,
sondern eine künstlerische Schönheit offenbaren. Wohl kann

auch aus dem musikalischen Vortrage auf dem Instrumente
die schöne Bewegung des eigenen inneren Lebens hervortönen;
aber daß dies mehr eine Sache des Kunstberufs als der Bil=
dung sei, geht schon daraus hervor, daß außer der Seelen=
stimmung eine Gewandtheit und Fertigkeit der Handhabun er=
fordert wird, wie sie nur den Fachgenossen eigen zu sein pflegt,
während z. B. auch der einfachste und kunstloseste Natur=
gesang im Stande ist, das innerste Seelenleben auszudrücken.
Daß also die Musik eben so wenig als ein anderer künstlerischer
oder wissenschaftlicher Beruf zur Bildung gehört, und daß nur
entschiedene Neigung oder Talent zu ihr führen sollten, dies ist
das Resultat einer principiellen Betrachtung aus dem Wesen
der Bildung. Längst sollte die Erfahrung schon gelehrt haben,
daß ein gewaltsames Drängen der Kinder zum musikalischen
Unterricht nicht nur den für jeden Gebildeten erforderlichen
Kunstsinn nicht erhöht und schärft, sondern ihn vielmehr
abstumpft und selbst den Kunstgenuß vernichtet, weil der
Widerwille stärker ist, als der natürliche Trieb; das bloße
öftere Anhören guter Musik würde als ein besseres Mittel
zur Pflege des Kunstsinnes sich empfehlen. — Ueberhaupt
würde eine wahrhaft ästhetische Erziehung, welche die Aus=
bildung der Seele zur Schönheit mit gleichem Nachdruck
verfolgte, wie jetzt kaum die zur Sittlichkeit und nur die
zur Intelligenz, nicht sowohl durch gradweise Uebung, als
lediglich durch geregelte Anschauung und Verständigung von
Kunstwerken zu erzielen sein. Indessen ist die Musik immer
noch diejenige von den Künsten, welche der Bildung am
nächsten steht; alle übrigen, die plastischen Künste und die
Poesie, haben zur Bildung, als der inneren Vollendung der
Persönlichkeit, keine andere Beziehung, als sonst ein Lebens=
beruf, welcher, wenn er der Individualität mehr als jeder

andere angemessen ist, sie auch zur höchsten Reise und reichsten Manifestation bringen wird.*)

Die innigste und werthvollste Verbindung aber der Bil= dung mit der Schönheit liegt in der oben schon erwähnten Schönheit des Lebens. Der Mensch ist das höchste und edelste Kunstwerk der Natur; er soll auch in noch edlerem Sinne das schönste Kunstwerk der Kunst, der freien, bewußten, sittlichen Schöpfungskraft seiner selbst sein.

Bildung in seiner ursprünglichen Bedeutung**) heißt: Ge= stalt, Form, Schönheit; eine wahrhaft gebildete Seele ist dem= nach diejenige, deren Dasein und Leben, Empfinden und Han= deln den Gesetzen der Schönheit folgt, und sie verdient den Namen einer schönen Seele. Man wolle aber hierbei ja nicht an die in jedem Betracht blasse und sieche Schönheit der Seele denken, die uns im Wilhelm Meister entgegentritt. Ganz an= ders ist das Bild derselben, welches Schiller in der überaus vortrefflichen und nicht genug zu empfehlenden Abhandlung über Anmuth und Würde entwirft.

„Eine schöne Seele nennt man es, wenn sich das sittliche Gefühl aller Empfindungen des Menschen endlich bis zu dem Grad versichert hat, daß es dem Affect die Leitung des Willens ohne Scheu überlassen darf und nie Gefahr läuft, mit den Entscheidungen desselben im Widerspruch zu stehen. Daher sind bei einer schönen Seele die einzelnen Handlungen eigent= lich nicht sittlich, sondern der ganze Charakter ist es. Man

---

*) Nur die Anfänge der Zeichenkunst und schlichte nach Neigung abge= stufte Kalligraphie dürften als rein pädagogische Mittel zur Bildung angesehen werden, weil jene zur Basis der sinnlich ästhetischen Anschauung werden kann, die Schrift aber gewöhnlich mehr als ein unmittelbarer Ausdruck der Persön= lichkeit, denn als die Schöpfung eines objectiven Werkes sich darstellt.

**) Bei Lessing und Winckelmann hat das Wort dieselbe.

kann ihr auch keine einzige darunter zum Verdienst anrechnen, weil eine Befriedigung des Triebes nie verdienstlich heißen kann. Die schöne Seele hat kein anderes Verdienst, als daß sie ist. Mit einer Leichtigkeit, als wenn blos der Instinct aus ihr handelte, übt sie der Menschheit peinlichste Pflichten aus, und das heldenmüthigste Opfer, das sie dem Naturtriebe abgewinnt, fällt wie eine freiwillige Wirkung eben dieses Triebes in die Augen. Daher weiß sie selbst auch niemals um die Schönheit ihres Handelns, und es fällt ihr nicht mehr ein, daß man anders handeln und empfinden könnte; dagegen ein schulgerechter Zögling der Sittenregel, so wie das Wort des Meisters ihn fordert, jeden Augenblick bereit sein wird, vom Verhältniß seiner Handlungen zum Gesetz die strengste Rechnung abzulegen. Das Leben des Letzteren wird einer Zeichnung gleichen, worin man die Regel durch harte Striche angedeutet sieht, und an der allenfalls ein Lehrling die Principien der Kunst lernen könnte. Aber in einem schönen Leben sind, wie in einem Tizianischen Gemälde, alle jene schneidenden Grenzlinien verschwunden, und doch tritt die ganze Gestalt nur desto wahrer, lebendiger, harmonischer hervor. In einer schönen Seele ist es also, wo Sinnlichkeit und Vernunft, Pflicht und Neigung harmoniren, und Grazie ist ihr Ausdruck in der Erscheinung."

Wie trefflich aber Schiller hier die Beschaffenheit der schönen Seele auch gezeichnet hat, so sind ihm doch der psycho=logische Zustand derselben und seine Gründe entgangen. Jede Neigung, jeder Trieb, auch wenn sie unmittelbar und unbewußt wirken, bedürfen des Motivs; wenn Jemand irgend Etwas zu thun, irgend eine Handlung zu wählen und der anderen vor=zuziehen geneigt ist, so muß immer ein Grund vorhanden sein, weshalb er dazu geneigt ist. Schiller hat nur den Gegensatz vor

Augen gehabt, daß das Motiv jeder Handlung entweder das Sittliche oder das Angenehme*) ist. Er muß daher, um dennoch das Dritte zu finden, zweierlei Widersprechendes ver= binden, daß der Trieb, der als solcher nur das Angenehme sucht, nicht auf das Sittliche gerichtet ist und die Pflicht und die Sittenregel nicht kennt, dennoch das Sittliche wählt, und daß sich das sittliche Gefühl vorher des Triebes versichert hat, so daß also doch das Sittliche das Leitende desselben ist. In der That giebt es ein Drittes, welches im Unterschiede von jenen beiden Motiv der Neigung sein kann, nämlich das Schöne. Die Ideen und Gesetze der Schönheit sind verschieden von denen der Sittlichkeit, aber sie können in dem anerkennenden oder verwerfenden Urtheil über eine Handlung zusammentreffen; die schöne Seele folgt den Gesetzen der Schönheit; und nun ist es auch begreiflicher als vorher, weshalb sie diesen Namen trägt und warum Schiller selbst von der Schönheit ihrer Handlungen reden kann, während sie sonst blos weder sittlich noch nicht sittlich sein würden. — Das Unbewußte und Kampf= lose der Handlung würde kein Grund sein, ihr das Attribut des Schönen eher beizulegen, als wenn sie das Resultat eines mächtigen sittlichen Widerstreites wäre; dagegen ist es eine anerkannte Thatsache, daß die ästhetischen Ideen und Gesetze auf den Künstler wie im Zuschauer auf unbewußte Weise wirken. Dies ist auch der einzige Grund für die alther= gebrachte Meinung, daß über den Geschmack nicht gestritten werden kann.

In der gewöhnlichen Anschauung über die Ansprüche an das Leben und Benehmen der Gebildeten waltet derselbe, wir wollen nicht sagen Irrthum, aber Mangel an Erkenntniß.

---

*) Das dem natürlichen, sinnlichen Triebe Zusagende und Entsprechende.

Mit Recht betrachtet man nämlich das Handeln des Gebildeten als ein individuelles, als einen Ausdruck seines eigenen und eigenthümlichen Innern, unterschieden von den Sitten und dem legalen und moralischen Handeln nach allgemeinen und bekannten Gesetzen. Aber man meint daher auch, es gebe kein Gesetz des gebildeten Lebens. Das Urtheil darüber ist Sache des Gefühls, werden die Meisten sagen, denn das Gefühl ist nun einmal der Großalmosenier der Psychologie, der jeder Armuth an Erkenntniß abhelfen soll. In der That ist es Urtheil und nicht Gefühl, aber das Urtheil erscheint dem Bewußtsein nur als Ausspruch der Individualität und als Anspruch an die Individualität (dergleichen pflegt man nun vorzugsweise Gefühl zu nennen, anstatt auf die Elemente der Individualität und deren Mischung zurückzugehen).

Daher wohl besitzt auch unsere Litteratur bis jetzt über das Leben des Gebildeten noch keine anderen Werke, als solche, die rein empirische Regeln meist über den bloßen An= stand und die Schicklichkeit im Umgange enthalten. Uns aber ist es klar geworden, daß alle Schicklichkeit und Angemessen= heit des Betragens, von dem äußeren Benehmen bis zur innersten Gestaltung der Seele auf ästhetischen Gesetzen be= ruht, aus unbewußten ästhetischen Urtheilen herstammt; nur weil sie unbewußt sind, erscheinen die Ansprüche der Bil= dung als rein individuell, während in Wahrheit alle In= dividuen, wenngleich in verschiedenen Graden, bei ihren Ur= theilen von denselben gleichen und ewigen ästhetischen Gesetzen geleitet werden. Die Zurückführung dieser einzelnen Urtheile und der allgemeinen Regeln des anstandsvollen und überhaupt schönen Lebens auf die allgemeinen Gesetze der Schönheit hat bisher noch Niemand versucht. Die Wissenschaft der allge= meinen Aesthetik ist noch zu jung, sie war bisher noch hinläng=

lich mit der Entdeckung der Schönheitsgesetze in den Künsten beschäftigt, als daß ihr daraus ein Vorwurf gemacht werden könnte. Einer folgenden Zeit aber wird die Aufgabe klar werden, auch die Schönheit des menschlichen Lebens und Handelns wie die der Kunst in ihren Gesetzen zu begreifen, und neben der Aesthetik der Künste eine Aesthetik des Le= bens zu schaffen. Mit herzlicher Anerkennung will ich hier bemerken, daß das inzwischen erschienene Werk von Köstlin, ob es gleich die hier gestellte Aufgabe nicht erfüllen will, dennoch eine wirkliche allgemeine Aesthetik darbietet; durch Aufzeigung aller Elemente ist sie zunächst Aesthetik der Natur und des Lebens, an welche die der Kunst sich anschließt.

Von dem, was jene lehren müßte, ist in dem Queblin= burger Galanthomme und selbst in Knigge's Umgang mit Men= schen gerade so viel enthalten, als in einem Kochbuch von einer synthetischen Chemie; auch in den Schriften unserer weit vorgeschrittenen Pädagogik, wie in den meisten über Ethik werden sich nur zerstreute Bemerkungen dazu finden. Eine solche Wissenschaft hätte die ästhetischen Quellen einerseits für mancherlei sitttliche Vorschriften, andererseits für eine über das Sittliche hinausreichende Veredlung des Lebens nachzuweisen. Das Maß für die verschiedenen Antriebe, die zusammenstim= mende Ordnung der Fähigkeiten, der Uebungen und der Motive des Handelns, die Harmonie aller Erfüllung heischenden Ideen in der geschlossenen Persönlichkeit und ihrem Charakter hätte sie zu bestimmen. Der Platonische Gedanke, daß das Indivi= duum ein Abbild der Gesellschaft sei, dort fast nur als psycho= logisches Gleichniß gefaßt, würde hier zu einer ästhetischen Forderung sich in dem Sinne gestalten, daß jede wohlgebildete, schöne Seele ein individuelles Spiegelbild von der Gesammt= heit, der sie angehört, darstelle, indem sie die — schaffende

ober genießende, thätige ober anschauende Theilnahme an a l l e n
idealen Elementen zur E r s c h e i n u n g bringt. Je größer die
Fülle dieser idealen Elemente wäre, desto weiter würde auch
der Spielraum sein, in welchem die Individualität durch
eigenartige Ordnung und Gestaltung derselben zu einer Lebens=
einheit sich ausprägen könnte. — Selbst die praktische Bedeu=
tung solcher Wissenschaft und ihrer Einwirkung auf die Päda=
gogik ist nicht gering anzuschlagen; die Rücksicht auf Schön=
heit des Lebens und Betragens ist für den sittlichen Zustand
der Gesellschaft von größerer Bedeutung, als strenge Moralisten
zugestehen möchten. Das gesellige Leben gewinnt dadurch
seine edlere Sicherheit, und mit Recht mag man es den g u t e n
Ton nennen, wenn die Geselligkeit durch keinerlei ungebundenes
Wesen, durch keine moralische D i s s o n a n z entehrt wird.
„Dieser gute Ton könnte ohne die Achtung des Anständigen
nicht bestehen, und so ist die Eitelkeit, die dadurch gefallen
und sich empfehlen will, offenbar ein Grundpfeiler der Societät."
Wir können diese Betrachtung nicht schließen, ohne, wieder=
holend, zu bemerken, daß, wie sehr wir auch dem letzteren
Ausspruch des ehrenwerthen Pockels (in seiner Schrift über
Gesellschaft, Geselligkeit und Umgang) beipflichten, doch viel
daran fehlt in der öffentlichen Richtung auf das Schöne einen
Ersatz der strengeren Sittlichkeit finden zu wollen.
Wohl macht es einen integrirenden Theil der Bildung
aus, daß die eigene Lebensweise selbst unter dem Gesichts=
punkt der Schönheit betrachtet und nach den Regeln und
Gesetzen derselben eingerichtet wird; wohl ist die Bildung
überhaupt mit sammt dieser Richtung auf das Schöne ein
Theil der menschlichen Aufgabe und Lebensbestimmung; aber
auch nur ein Theil! wenn nun die Seele gebildet ist in aller
Weise, dann soll sie ihrem eigentlichen und höchsten Berufe

folgen, dem der Sittlichkeit. In einem praktischen und sittlichen Beruf allein liegt der Werth und die Würde, die wahrhafte Erfüllung menschlichen Lebens; die Bildung aber ist nur Vorbereitung und dann Zierde für dasselbe. Ist es auch wahr, was ein alter Schriftsteller behauptet: „wenn wir die sittliche Güte in ihrer ganzen sichtbaren Schönheit anschauen könnten, so würden sie alle Menschen lieben": so wächst doch auf dem Boden dieser Liebe immer nur die Schönheit, aber nicht die Ausdauer des Charakters, welche allein auf dem festen Grunde ächter und strenger, sittlicher Strebekraft gedeiht. So wenig eine ganze Nation, welche nur der Kunst und dem Ideale der Schönheit nachstreben und alle praktische Größe darüber ver= gessen wollte, ihren wahren Beruf erfüllen und in Macht und Freiheit verharren könnte, eben so wenig darf der einzelne Mensch einzig und allein dem Zuge der Schönheit folgen; aber der edelste Schmuck eines Volkes ist die Kunst und der edelste Sinn des Menschen ist der ästhetische; ein Vorrecht der Bildung ist es, dieser Zierde des Lebens sich zu erfreuen und das Schöne in allen Wegen zu verehren und zu genießen; alles Schönen Schönstes aber ist die schöne Seele.

Ehre und Ruhm.

Ehre! was ist Ehre? Zuckt sie nicht wie ein elektrisches Fluidum stark und schnell durch das Herz eines Jeden, von dem sie nur genannt, oder gar gefühlt, errungen oder vermißt wird? ist sie nicht die stärkste magnetische Kraft im Bereiche des inneren Lebens, welche gewaltsam und unwiderstehlich mit ihrer positiven und negativen Wirkung anzieht und abstößt, bindet und trennt, wie keine andere? Welcher Genuß, welcher Besitz, welcher sittliche Trieb schafft die Einheit der Gemüther und der Kräfte so innig und so plötzlich, als die Ehre, wo sie den Genossen winkt? welche Feindschaft und Zwietracht entspringt so jählings und so bitter, als die aus Verletzung der Ehre?

Ehre hat Städte gegründet und zerstört, Kriege erweckt und geführt, Bündnisse der Völker geschlossen und gelöst, Fürsten und Staaten erhoben und gestürzt; gleich der Göttin Athene erscheint sie jedem im Rathe und in der Schlacht und bei jeglichem Thun und Streben in verschiedener Gestalt, immer aber in der, welche den Muth am feurigsten beseelt, die schlummernden Kräfte am sichersten weckt; sie leitet das Schwert des Helden, der die Geschicke der Nationen erkämpft, aber auch die Feder dessen, der sie beschreibt; sie befiedert den Pfeil des

Kriegers und beschwingt das Flügelroß des Dichters, sie hat das Hirn des Columbus erhitzt, eine neue Welt auf der Erde, eines Herschel und La Place, neue Welten am Himmel zu entdecken; sie ist bei den Menschen jeglicher Großthat Meister oder — Geselle.

Aber nicht blos Muth und Kraft des Mannes belebt sie, sie verleiht auch Würde und Maß denen, welchen sie ihr strah= lendes Antlitz offenbart hat; wen sie mit ihrem Zauberstabe berührt, er sei der Höchste oder Niedrigste im Range der Menschenordnung, er ist gefeit vor jeder Niedrigkeit, vor jeder Gemeinheit des Denkens und Handelns. Dem allgewaltigen Despoten auf dem Throne, wenn Ehre in seinem Herzen wohnt, fesselt sie die wilden Begierden, aber auch dem niedern Lastträger, wenn er „Ehre im Leibe hat“, nimmt sie die ge= meinen Triebe und leiht ihm einen edlen Sinn. Und Frauen= ehre! was ist reiner, schöner, edler als wahrhafte Frauenehre?

Thatsächlich erscheint der Ehrgeiz als der gewaltigste Hebel in der Hand dessen, der die Geschicke der Nationen vor= sieht; gleichsam als der Griff am Schwungrade der Zeit, daran sich Alle hängen, welche jenes bewegen. Und wie im öffentlichen, so auch im Privatleben ist die Ehre Triebfeder auf der einen, und wirklicher höchster Erfolg der Handlungen und Strebungen auf der andern Seite; der Werth der Stände und des Berufs, sowie der Stellung und Leistung eines Jeden in ihnen wird ausgedrückt durch die Ehre, welche er genießt; das höchste Glück, wie das höchste Verdienst wird durch eine „ehrenvolle“ Laufbahn bezeichnet, und „ehrenhaft“ ist die am höchsten gewürdigte, aber auch für jede Würdigung nothwen= digste Beschaffenheit eines Charakters oder Strebens. Es setzt der reife Mann, wie der feurige Jüngling sein eigenes

und (was bei einem sittlichen Menschen noch mehr ist) eines
Andern Leben im Duell aufs Spiel, um — seine Ehre
zu retten.

Hat doch auch das Gold, das über Alles begehrte, meist
nur seinen Werth darin, als K a u f p r e i s d e r E h r e zu
dienen, es mag sie Einer im Besitz selber, oder im Luxus,
oder im Einfluß, oder was sonst dadurch zu erreichen, finden;
größer aber als des Goldes unbegrenzte Macht erscheint a u c h
d e s h a l b die der Ehre, weil sie nicht blos gleich jenem alle
privaten, sondern auch alle öffentlichen Verhältnisse bewegend
durchdringt.

Waltet so der Besitz und Trieb der Ehre in allen Sphären
des Lebens, so wird auch die Frage nach dem Wesen derselben
uns von allen Seiten interessiren; und man müßte sich wahr=
lich darüber wundern, daß sie nicht öfter aufgeworfen und
genügender beantwortet ist, als es bisher geschehen, wäre nicht
eben der übergroße Reichthum der Thatsachen, die uns allent=
halben entgegengetreten, der Grund, weshalb man die Ursache
derselben aufzusuchen sich um so weniger bewogen fühlte.
Was man so oft und mannigfaltig s i e h t, glaubt man damit
auch zu k e n n e n. Dichter und wohl auch Historiker haben
oft und viel von der Ehre gesprochen, auch wenn von Er=
ziehung die Rede ist, kann sie schwerlich vergessen werden;
aber alle diese sprechen meist nur von den W i r k u n g e n und
dem E i n f l u s s e derselben; ihre Ursachen aber (— nicht die
Veranlassungen meine ich, sondern die eigentlichen inneren
Gründe, die Beschaffenheit und das Wesen dieser Erscheinung
im Seelenleben) hat man selten gesucht, und natürlich noch
seltener gefunden. Die Frage ist offenbar eine psychologische,
aber die ältere Psychologie hat Nichts weiter darüber gelehrt,

als daß Ehre ein Gefühl sei; in dem Capitel über die Ge=
fühle wurde auch das Ehrgefühl mit a u f g e z ä h l t, man hat
ihm einen Ort in der Seele angewiesen, und das war Alles.
Auf die Frage aber: woraus entspringt dieses Gefühl, worin
besteht eigentlich die Ehre und wie entsteht ihre wundersame
Macht in der Seele, die alle andern Gefühle und Triebe über=
ragt? hat erst die neuere Psychologie eine Antwort gesucht.

Gründlicher ist schon Falstaff. In seinem „Katechismus“
steht die Frage: „was ist Ehre?“ und das Wesen derselben
wird dann sehr gewissenhaft beleuchtet. Nachdem er vor Allem
weislich dargethan, daß Ehre sich nicht auf Chirurgie versteht
denn: „kann Ehre ein Bein ansetzen? nein! oder einen Arm?
nein! oder den Schmerz einer Wunde stillen? nein!“ — heißt es
weiter: „Was ist Ehre? Ein Wort. Was steckt in dem Worte
Ehre? Was ist diese Ehre? Luft. Eine feine Rechnung!“ —
Gilt ihm dies von der Ehre überhaupt, so wird er die nach
dem Tode nicht besonders höher schätzen. „Wer hat sie?“ fragt
er, „er, der vergangene Mittwoch starb? fühlt er sie?“ u. s. w.
Das Resultat ist schließlich: „Ehre ist Nichts als ein gemalter
Schild beim Leichenzuge.“ Falstaff hat seine Untersuchung
offenbar aus p h y s i k a l i s c h e m Gesichtspunkte angestellt, und
je weniger von diesem gegen sein Resultat zu streiten, desto
dringender wird die Frage: woher dennoch diese Macht der
Ehre? woher die Glut, mit welcher diese „Luft“ die Gemüther
erfüllt? woher der Muth, welchen dieser Schild verleiht? Wie
kann dennoch der herrliche, wackere Heißsporn ausrufen:

Schickt nur Gefahr vom Osten bis zum West,
Wenn Ehre sie von Nord nach Süden kreuzt,
Und laßt sie ringen — — ? — —

Der geneigte Leser wolle uns durch einige — nur wenige —
philosophische Dornenhecken folgen; die blühenden Beete des

frischen Lebens werden uns dann bald desto klarer vor Augen liegen.

Das Ehrgefühl erweist sich bei näherer Betrachtung als ein Erfolg, ja als bloßer Theil oder besondere Erscheinungs= weise des Selbstgefühls und, in dessen weiterer Entfaltung, des Selbstbewußtseins. Diese beiden, Selbstgefühl und Selbst= bewußtsein, zwar für den Psychologen die schwersten Begriffe, sind doch rein thatsächlich für jeden Einzelnen, durch die innere Erfahrung die sichersten und festesten. Wir dürfen da= her unsere Betrachtung, um sie nicht über Gebühr auszudehnen, auf diese Begriffe sicher bauen und ein volles Verständniß voraussetzen; jeder Erwachsene fühlt sein Selbst, jeder Ge= bildete ist sich auch desselben bewußt. Schon die gewöhnliche Anschauung und der Sprachgebrauch setzen Ehrgefühl und Selbstgefühl in die nächste Berührung, so daß in vielen Fällen beide Worte und Begriffe stellvertretend für einander gebraucht werden. Dies aber hat nur den Sinn, daß mit einem ge= wissen, hohen oder niedern, Selbstgefühl ein gleiches, starkes oder schwaches, Ehrgefühl verbunden ist; denn als wer und was Einer sich selbst fühlt, als solcher will er auch geehrt sein: jenes drückt demnach nur das Maß aus für dieses. Aber auch das wahre Wesen und der Grund dieses nothwendigen Zusammenhangs wird uns völlig klar werden, wenn wir Fol= gendes bemerken.

Was wir in dem Selbstgefühl als das Selbst erfassen oder fühlen, ist nicht dieser abstracte und metaphysisch zwar tiefe, für die gewöhnliche Anschauung aber leere Begriff eines Selbst, oder des reinen Ich (als Fichte'sches Subject = Object), nicht die abgezogene allgemeine Vorstellung der Persönlichkeit: sondern unter dem „Selbst" (als dem eigenen Ich) und der eigenen Persönlichkeit) begreift Jeder sein ganzes inneres Wesen,

9*

d. h. die ganze Summe aller seiner Vorstellungen, Meinungen, Absichten, Gesinnungen, Plane, Gefühle, Empfindungen u. s. w. Wer da sagt: „Ich" — wenn nicht gerade in philosophischer, sondern in irgend welcher Lebensbeziehung, z. B. in Ehren= sachen — der denkt unter diesem seinem Ich nicht das reine Subject, sondern Alles, was er erlebt, was er gethan und gedacht und gefühlt hat, Alles, was den Kreis seines inneren Daseins wesentlich erfüllt, seine Fähigkeiten, seine Stellung c.; „ich muß dies und das thun, unterlassen" und dergleichen, heißt in Wahrheit: ich, der ich diese Bildung be= sitze, diesem Stande, dieser Familie angehöre, diese Pflichten, Plane zu erfüllen habe, u. s. w.

Der Mensch denkt und fühlt sein Selbst, seine — als ein Ganzes geschlossene — Existenz in diesem gesammten Inhalte seiner Persönlichkeit und seiner Lebensverhältnisse; jede Vor= stellung, jeder Wille ist nicht blos Eigenthum, sondern ein Theil seines Selbst, in welchem er Sich, d. h. sein Ich wiedererkennt. Und wie das Selbst als ein einziges Ganzes gefühlt wird und doch aus allen diesen Theilen zusammen= genommen besteht, so geht auch aus ihm jedes folgende Einzelne, jeder Gedanke, jede That hervor; es gleicht darin sicherlich dem lebendigen Organismus, in dem alle Theile und Organe das Ganze ausmachen und erhalten, und das Ganze wiederum jedes Einzelne erzeugt und belebt und zu seinem, d. h. or= ganischen Theile macht. Eben so wird diese Zusammen= und Wechselwirkung des Ganzen und seiner Theile wie im Organis= mus so auch in der Seele mehr oder minder harmonisch sein, die verschiedenen Kräfte und Fähigkeiten, so wie die verschie= denen Aeußerungen und Bewegungen derselben werden mehr oder minder im Gleichgewicht, enger oder loser im Zusammen= hang sich befinden.

In dem Selbstgefühl — oder Selbstbewußtsein — liegt aber außer jenem Fühlen, inneren Wahrnehmen und Erfassen seines Selbstinhalts, schon nach dem Sprachgebrauche, noch ein zweites Moment, nämlich die S ch ä tz u n g desselben. Was bei dieser Schätzung den Maßstab des Werthes der eigenen Per= sönlichkeit hergiebt, ist ein Vielfaches, gleichwie in der Schätzung dessen und deren, die außer uns sind, des Objectiven über= haupt; die eigenen Vorstellungen können einer moralischen, theoretischen und ästhetischen Schätzung unterworfen, an den betreffenden Ideen gemessen werden. Wie aber mit jeder Wahrnehmung und Auffassung eines äußern Gegenstandes oder einer andern Person eine ästhetische, moralische zc. Schätzung derselben nicht blos willkürlich, sondern meist auch absichts= los und nothwendig verbunden ist, eben so ist die Schätzung unseres eigenen Selbst, unseres Denkens und Thuns nicht blos willkürlich, sondern unter gewissen Bedingungen nothwendig. Bei dieser Selbstschätzung des Menschen nun unterscheidet sich offenbar und ganz von selbst die Persönlichkeit als ein Zwie= faches, als Subject und Object, als das Ich, welches sich anschaut, und das, welches eben angeschaut wird, nicht blos im reflectirenden Philosophen, sondern — wenn gleich unbewußt — in jedem einfachsten Menschen, wenn er sein ganzes Leben oder irgend eine einzelne That betrachtet. Er, der sein Thun von gestern beurtheilt, unterscheidet sich von seinem gestrigen Ich, ist damit zufrieden oder unzufrieden, er, als Subject, urtheilt über sich, als Object.

Daß diese Betrachtung nicht sowohl eine willkürliche Re= flexion des Psychologen, sondern vielmehr thatsächlicher innerer Vorgang ist, kann sowohl jeder an sich selbst erfahren, als aus denjenigen Meisterwerken der dramatischen Poesie erkennen,

welche mit genialer und ergreifender Wahrheit in die Tiefen
des menschlichen Gemüths sich versenken.

Ich erinnere nur an Richard III. von Shakespear. Für
diesen Helden des Dichters ist schon im Laufe der Entwick=
lung das an philosophische Schärfe und Bestimmtheit strei=
sende reflectirende Selbstbewußtsein charakteristisch. In den
Monologen werden nicht nur, wie auch sonst üblich, seine
Plane enthüllt, sondern eine Selbstbeurtheilung von schneidiger
Feinheit geführt. Man wolle dazu den ersten in der 1. Scene,
den zweiten am Schluß der 2. Scene 1. Acts vergleichen.
Einen Jünger Fichte's aber, dem das Ich als Subject = Object
zu fassen gar geläufig ist, glaubt man zu hören, wenn man
vernimmt, was er in der 3. Scene des 5. Actes zu sich
selber spricht.

> Still, ich träumte nur.
>
> O feig Gewissen, wie du mich bedrängst! —
> Das Licht brennt blau. Ist's nicht um Mitternacht?
> Mein schauerndes Gebein deckt kalter Schweiß.
> Was fürcht' ich denn? mich selbst? Sonst ist hier Niemand.
> Richard liebt Richard: das heißt, Ich bin Ich.
> Ist hier ein Mörder? nein. — Ja, ich bin hier.
> So flieh. — Wie? vor dir selbst? Mit gutem Grund:
> Ich möchte rächen. Wie? mich an mir selbst?
> Ich liebe ja mich selbst. Wofür? für Gutes,
> Das je ich selbst hätt' an mir selbst gethan?
> O leider, nein! Vielmehr hass' ich mich selbst,
> Verhaßter Thaten halb, durch mich verübt.
> Ich bin ein Schurke, — doch ich lüg', ich bin's nicht!
> Thor, rede gut von dir! — Thor schmeichle nicht!
> Hat mein Gewissen doch viel tausend Zungen,
> Und jede Zunge bringt verschiednes Zeugniß,
> Und jedes Zeugniß straft mich einen Schurken.
> Meineid, Meineid, im allerhöchsten Grad,
> Mord, grauser Mord, im fürchterlichsten Grad,
> Jedwede Sünd', in jedem Grad geübt,
> Stürmt an die Schranken, rufend: Schuldig; schuldig!
> Ich muß verzweifeln. — Kein Geschöpfe liebt mich.

Und sterb' ich, wird sich keine Seel' erbarmen.
Ja, warum sollten's Andre? Find ich selbst
In mir doch kein Erbarmen mit mir selbst. — — —

Niemals sind philosophische Forderungen der Selbsterkennt=
niß und ihre Folgen gewaltiger und glänzender in poetische
Formen gekleidet worden. Erzieher sollten an solchen Quellen
tief eindringender Belehrung nicht vorübergehen.

Hierauf gründet sich nun unsere Erklärung von Ehre und
Ruhm, welche wir sogleich darlegen werden, wenn nur noch
folgender Gedanke vorangeschickt ist, um auch den Schein von
Paradoxie, der so leicht auf jeden neuen Gedanken fällt, von
ihr zu entfernen und die Ueberzeugung von der reinen Thatsäch=
lichkeit hinlänglich vorzubereiten.

Wenngleich weit davon entfernt, mit Fichte die Realität
der Dinge, der uns umgebenden sinnlichen Welt zu leugnen
und sie für blos ideale Gedankendinge zu halten, muß man
nach der einfachsten Beobachtung des inneren Lebens doch an=
erkennen, daß Alles, was der Mensch unmittelbar in seinem
Selbstbewußtsein hat, Alles, was er innerlich ist und thut
und genießt, nur Vorstellungen und Gedanken sind. Der ma=
terielle Reichthum, die leibliche Kraft sind sicherlich reale Dinge,
aber die Freude der Seele darüber ist doch nur eine über die
Vorstellung von ihrem Besitze. Das ist die Eigenheit des
zu geistigem Leben entwickelten Menschen, daß er alles Ma=
terielle in Gedanken und Vorstellungen verwandelt und so zu
seinem inneren Eigenthum macht, worauf der Geist sich in aller
Weise bezieht. Es sind demnach alle objectiven Verhältnisse,
alles materielle Vermögen und alle realen Kräfte sammt allen
factischen Beziehungen zur Nebenwelt, Stand und Stellung im
Leben u. s. w. für das Selbstbewußtsein und das Selbst=
gefühl nur Vorstellungen, welche zum Inhalt der objectiven

Perſönlichkeit eines Menſchen gehören, Vorſtellungen, an denen
es natürlich nicht gleichgültig iſt, ob ſie einer Realität ent=
ſprechen und entſpringen, oder nicht, aber immerhin nur —
Vorſtellungen. Vorſtellungen von Beſitz ſind es alſo, welche
dem Geizigen jene eiſerne Energie ſchaffen, mit allen Laſten
und Gefahren des Lebens das Gold zu erringen, um dann in
der Dürre des Herzens darüber zu wachen, Vorſtellungen von
Summen, die er zu ſeinem objectiven Ich zählen will; Vor=
ſtellungen von Macht regen das Gemüth des Herrſchſüchtigen
auf und befriedigen es; Vorſtellungen von Kraft ſpornen und
belohnen den Fleißigen u. ſ. w. Aller Genuß beſteht eben
darin, und alles Streben iſt darauf gerichtet, das eigene innere
Leben mit ſolchen realiſirten Vorſtellungen zu erfüllen, ſie zu
dem Inhalt der eigenen Perſönlichkeit zu rechnen, die eigene
Exiſtenz in ihnen und durch ſie zu erweitern.

Ehre und Ehrgefühl iſt nun eine ſolche Erweiterung
des Selbſtgefühls in Andern und durch ſie. Daß ich
auch in dem Vorſtellungskreiſe eines Andern und nicht blos
in meinem eigenen Exiſtenz habe, daß meine Handlungen
nicht nur von mir, ſondern auch von Andern gedacht und
geſchätzt werden, iſt das Weſen der Ehre.

Dieſe Erweiterung des Selbſtgefühls kann, nach der vor=
her bezeichneten Scheidung von Subject und Object in dem=
ſelben, eine zwiefache ſein, und zwar die der ſubjectiven und
die der objectiven Perſönlichkeit; jenes, indem die Andern, wie
wir ſelbſt, uns denken und ſchätzen, dieſes, indem unſere Ge=
danken und Thaten von den Andern nachgedacht und nachge=
than, zu deren objectiver Perſönlichkeit werden, wie
ſie vorher die unſrige ausmachen; wobei ſogar deren Bewußt=
ſein, daß ſie von uns ſtammen, gleichgültig werden kann,
welches die höchſte und reinſte Stufe des Ehrgefühls iſt. Noch

weiter gehende Scheidungen werden wir bei der näheren Er=
örterung kennen lernen.

Vor derselben ist, um störende innere Fragen zu vermeiden,
nur noch dies zu bemerken:

Etwaige Controverfen darüber, ob das Wesen der Ehre
zu den Gefühlen, oder Vorstellungen, oder zu den Begierden
gehöre und in den betreffenden Theilen der Pſychologie be=
handelt werden müſſe, ſind durchaus unweſentlich, ja werthlos.
Ehrgefühl, Ehrbegierde und Ehrbewußtſein ſind alle drei fac=
tiſche Zuſtände in der Seele des Menſchen, deren ſpecifiſcher
Charakter aber nur durch das Wesen der Ehre erkannt, wäh=
rend der Unterſchied, ob ſie als Gefühl oder Begierde ꝛc. vor=
handen ist, nur die Verſchiedenheit der p ſ y ch o l o g i ſ ch e n
Form angiebt, in welcher ſie augenblicklich exiſtirt. Es wäre
vollends lächerlich, ſie etwa nur zu den Gefühlen oder nur zu
den Begierden zu zählen. Vielmehr ist klar geworden, daß
ſie einen beſtimmten geiſtigen Inhalt bezeichnet, welcher das
geſchilderte innere Verhalten eines Andern gegen uns und
unſerer gegen den Andern betrifft. Dieſer Inhalt wird als eine
beſtimmte Vorſtellungsmaſſe gedacht, das Denken dieſer Vor=
ſtellungen aber ist von einem beſtimmten und entſprechenden
Zuſtand der Seele begleitet, den wir als Gefühl bezeichnen; und
wo endlich dieſer Vorſtellungskreis nur erſt gedacht und ſeine
Realiſirung gewünſcht wird, macht er den Gegenſtand einer Be=
gierde aus.*)

Faſſen wir nun die verſchiedenen Stufen und Arten des
Ehrgefühls unter dem Geſichtspunkt der S e l b ſ t e r w e i t e r u n g
näher ins Auge.

---

*) Das Verhältniß der Vorſtellung zum Gefühl wird in der folgenden
Abhandlung über den „Humor“ näher beſprochen, das zur Begierde wird
bei einer ſpäteren Gelegenheit zur Erörterung kommen.

Die erste Stufe ist das im Selbstgefühl keimende Streben, auch im Andern a l s e i n S e l b st gedacht zu werden, der Wunsch von den Andern b e a ch t e t, überhaupt eine Person und ein Gegenstand der Aufmerksamkeit für sie zu sein. So sucht manches Kind sich Fremden bemerkbar zu machen, freut sich, wenn es Gegenstand einer Mittheilung (von Lob und Tadel abgesehen), einer Sorge 2c. ist, wenn es mündlich oder schriftlich gegrüßt wird. Und sind nicht die meisten Menschen den je höheren Ständen, in denen sie fremd sind, gegenüber hierin wahre Kinder? wird nicht jeder beste, in seinem Kreise geehrteste Bürger eine hohe Ehre und Freude darin finden, vor oder gar von seinem Fürsten gekannt und mit Namen ge= nannt zu werden? — Dem Umstand, daß er fast alle Bürger Athens beim Namen kannte, verdankte Perikles einen beträcht= lichen Theil seiner politischen Allmacht; — Hannibal, Wallen= stein, Friedrich und Napoleon haben durch das Kennen und Nennen der einzelnen Soldaten ihren Heeren vermöge des Ehr= triebes mehr Muth eingeflößt, als der höchste Sold und selbst Vaterlands= uud Freiheitsliebe vermocht hätten. — Je höher und je entfernter von mir der Andere ist, desto größer die Ehre, d. i. Freude, in ihm eine Seele (ein Subject) zu finden, welches mein Selbst denkt, sich vorstellt, zum Object macht; mein Selbst= gefühl ist subjectiv erweitert, indem nicht nur ich selbst mich denke, sondern auch dieser Andere mich denkt.

Von einem Andern nicht wiedererkannt zu werden, wenn man ihm vorher bekannt war oder zu sein glaubte, ist eben deshalb schmerzlich, und jeder kennt die peinlichen Verlegen= heiten, die hieraus oft für beide Theile entspringen, weil sie eben den Ehrenpunkt betreffen. — „Ich kenne Sie nicht!" ist unter Umständen die ehrenrührigste Antwort. „Arroganz", her= ausforderndes Wesen, Alles trägt sich leichter, weil es doch verräth), daß die eigene Existenz bemerkt worden, als das ruhige, von einem ganz gleichgültigen Blick Bestreift = und weiter nicht = beachtet=werden. (Leo Wolfram Dissolving Viewes.)

Aus diesem Grunde ist eine ausgedehnte Bekanntschaft für viele Leute, ganz abgesehen von allen Vortheilen der = selben, etwas Werthvolles und sie thun sich gemeiniglich was darauf zu gute. Der Herostratesruhm ist eine Erscheinung, welche sich in verschiedenen Abstufungen und verjüngten Maßen häufig im Leben wiederholt, und die doch nur durch diese Erklärung eine psychologisch denkbare wird. Hiermit hängt auch zusammen, daß unser Mitgefühl für die Ehre des Nebenmenschen tief angeregt, oft empört wird, wenn wir hören, daß in Gefängnissen die Sträflinge mit einer bloßen Nummer bezeichnet und gerufen werden; wir wünschen, daß der Mensch mindestens einen eigenen Namen, den Ausdruck eines Selbst, haben soll.*)

Diese erste Stufe des Ehrgefühls ist eigentlich als die des Kindes dem Erwachsenen gegenüber anzusehen, obgleich sie, wie gezeigt, einen weiteren Kreis auch von Erwachsenen beherrscht, aber eben nur in solchen Verhältnissen, wo der Geehrte von dem Ehrenden meist in einer analogen Entfernung steht, also der Niedrigsten zu den Höchsten. Beruht diese erste Stufe der Ehre auf dem Selbstgefühl in seiner ersten und einfachsten Bedeutung als S e l b s t e r f a s s u n g und = W a h r n e h = m u n g, so entspringt die zweite dagegen dem Selbstgefühl als S e l b s t s c h ä t z u n g. Diese ist der mittlere und durch= schnittliche Begriff der Ehre; der Mensch will von dem An=

---

*) Bei einem Meister der Sitten= und Seelenschilderung, Berthold Auerbach, finden wir in seinem Trauerspiel: der Wahlbruder, eine Scene (I, 6.), welche sich auf diesen Gedanken gründet, und eben so tief psychologisch gedacht, als sittlich ergreifend dargestellt ist.

dern nicht blos erkannt, sondern anerkannt, nicht blos beachtet, sondern geachtet sein; durch das Selbstgefühl erkennt er in sich einen bestimmten Werth, nicht blos ein Selbst überhaupt, sondern ein bestimmtes, mit diesen und jenen Vorzügen begabtes, und a l s d i e s e s will er oder es in der Seele des Andern existiren, gedacht und geschätzt werden. Dies ist vorwiegend das Verhältniß des Schülers zu seinem Lehrer, seinen Eltern und wem er sonst Urtheil zutraut; denn in dem Urtheil dieser will er das M a ß seines Selbstgefühls finden. Dem Jugendalter ist diese Stufe des Ehrgefühls vorwiegend eigen, oder richtiger dem Standpunkte der Bildung und des Charakters der Jugend; denn alle ihre Eigenschaften sind noch im Werden begriffen, die Kräfte noch nicht erprobt, ihr Werth noch nicht bestimmt, und desto eifriger und gieriger hascht sie nach Anerkennung von außen, je mehr alle Triebkräfte überhaupt in Bewegung sind und je weniger das eigene Urtheil — nach einem richtigen Tacte — ihr schon genügt. Das beifällige Urtheil wird hier oft desto eifriger g e w ü n s c h t oder g e s u c h t , je weniger es nach einer sicheren Selbstschätzung g e f o r d e r t werden kann. Freilich werden viele Leute siebzig Jahre alt, ohne über diesen Standpunkt hinauszukommen, da sie, zur Festigkeit des Charakters oder anderer entschiedener Vorzüge nicht gelangt, allezeit in dem Urtheile Anderer das alleinige Maß ihres eigenen Werthes sehen.

Die überwiegende Macht des Ehrgefühls gerade während der Jünglings= und ersten Mannesjahre hat ihren allgemeinen Grund namentlich darin, daß die Ehre überhaupt ein r e i n i d e a l e s Verhältniß ist, wie aus dem Obigen offenbar geworden; es handelt sich bei ihr eben nur um den Gedanken des Andern, wofür der sectdurstige, materialistische Falstaff gar kein Organ hat. Die Jugend aber ist die Zeit der Ideale und des Idealen, weil sie eben noch auf dem allgemeinen und weiten Boden der Bildung sich bewegt und noch nicht in die engen Grenzen der zugemessenen Berufsthätigkeit einge= sperrt, noch weniger auf die materiell praktischen Zwecke des Lebens gerichtet ist. Hiezu kommt, was in anderer Be= ziehung schon erwähnt ist: erstens das Schwanken des Cha= rakters, welcher noch nicht in seiner eigenen factischen Offen= barung, in seinen ausgeführten Thaten ein höheres Genüge findet, und eben deshalb zweitens das Schwanken des eige= nen Werthes. Wie nun jenes nach Anerkennung von außen treibt, läßt dieses ein unbegrenztes, ideales Streben da= nach zu. — Kurz in der Jugend sind alle Kräfte in der größten gährenden Bewegung, auf's Ideale gerichtet, ohne thatsächliche Befriedigung, und deshalb ist das Ehrgefühl so lebendig und so reizbar. Menschen von starkem und frühem Selbstgefühl erinnern sich lange oder immer, wer sie zuerst mit „Sie" oder „Herr" angeredet, oder sonst einer besonderen Anerkennung gewürdigt hat. Beleidigungen aber werden in der Jugend am tiefsten empfunden, am nachdrücklichsten gerächt. Neuer= dings ist sogar Selbstmord die Folge von empfangenen Ehren= verletzungen gewesen; ein Gymnasiast hat sich jüngst noch wegen bitteren Tadels von seinem Lehrer erschossen. Die Thatsache wäre wunderbar und psychologisch kaum begreiflich, wenn nicht, nach unserer Erklärung, darin im letzten Grunde das Urtheil ausgesprochen wäre: ich will nicht existiren, will meiner Existenz ein Ende machen, wenn sie nicht in der Seele meines Lehrers und meiner Mitschüler dieselbe geachtete ist, wie in meinem Selbstgefühl. Er verachtet sein Dasein und hält es in seinem eigenen Selbstgefühl für vernichtungswürdig (sonst würde er es nicht vernichten), weil die Andern in ihrem

Bewußtsein es nicht achten und würdigen. Das Selbstgefühl, das man sicher als das eigentliche innere Lebensgefühl bezeichnen kann, ist hier so vorwiegend auf eine Erweiterung in Andern gerichtet, daß es ohne sie nicht bestehen mag, daß es einen Widerspruch (zwischen dem gewünschten eigenen und dem wirklichen fremden Urtheil) in dem Andern eben so, vielleicht noch schmerzlicher empfindet, als in sich selber. Die Ehre ist stärker als das Behagen und das Gewissen. Daß aber jeder Selbstmord aus einem innern Widerspruch, einer Disharmonie dessen, was man ist und hat, und was man sein und haben möchte, also der subjectiven und objectiven Persönlichkeit hervorgeht, ist leicht ersichtlich. Das Beachtenswerthe ist in dem vorliegenden Falle, daß nicht, wie zehn Jahre später gewiß geschehen würde, die Selbstbehauptung (in einem Duell) oder das Rachegefühl gegen den Lehrer eintritt, sondern der Wille der Selbstentsagung; dieser aber ist aus dem Obigen zugleich psychologisch erklärt.

Eine fernere Stufe der Ehre ist die des Mannes unter Männern; ihren Gründen und ihrem Wesen nach ist sie von der vorigen nicht verschieden; auch sie ist auf Anerkennung im Andern gerichtet, aber verschieden sind ihre Wirkungen; weder so reizbar noch so heftig ist sie, weil eben Bedingungen eintreten, die denen entgegengesetzt sind, welche wir mit dem Leben und Charakter der Jugend verbunden sahen. Theils findet der Mann in seinen Handlungen selbst ein Genüge, und er sieht über die Beurtheilung derselben durch Andere hinweg; sein Selbst ist ein von Thaten erfüllteres und darum sein Selbstgefühl mehr in sich selber begrenzt und gesättigt; seine Ehre ist vorwiegend Selbstehre; theils treten zu dem rein idealen Moment der Ehre die materiellen und praktischen Triebfedern hinzu und bestimmen ihre Richtung: — zur Ehre sollen die Ehren, zur Würde Würden, zur Anerkennung Geltung und Einfluß kommen. Daher die leider so häufige Erscheinung eines ehrlosen Handelns, um Ehrenstellen zu erschleichen, eines unwürdigen Benehmens, um Würden zu erlangen. — Der Mann aber, welcher in seinem praktischen Beruf und reellen Streben nicht alle Idealität des Denkens und Fühlens eingebüßt hat, wird, wenn auch nicht den Erwerb und Genuß der Ehre so stark erstreben und so tief empfinden wie ein Jüngling, so doch jeden Verlust und jede Verletzung derselben streng ermessen und durchfühlen, verhüten, überwachen und ahnden. Riehl hat in seinem Buche über „die deutsche Arbeit" die Arbeitsehre nach allen Seiten einsichtig erwogen. Trotz mancher Wunderlichkeiten ist es ein kernhaftes Werk, und ich kann statt aller Auseinandersetzung der Arbeitsehre auf dasselbe verweisen. Treffend ist namentlich auch der Gedanke dargelegt, daß „nicht der Instinct des Volkes, sondern die bewußte Bildung uns die Thatsache der freien Arbeit und der Ehre jeglicher Arbeit verwirklicht hat."

Am stärksten ausgebildet aber finden wir das Ehrgefühl unstreitig bei denen, welche einem geschlossenen Kreise angehören, schon in jeder Zunft und Genossenschaft, am meisten aber in der Studentenschaft, dem Militär und dem Adel. Ist die Ehre bei allen andern Menschen, bei den verschiedensten Classen der Bürger des Staats nur ein besonderer Lebensgenuß, eine Würze des Daseins, eines unter den mancherlei Zielen, dessen Nichterreichung ein eigenthümlicher, aber, wie jeder andere, vergänglicher und heilbarer Schmerz: so ist sie dagegen für diese drei Corporationen das eigentliche Lebenselement, so nothwendig wie dem Fische das Wasser, der Pflanze das Licht, die conditio sine qua non alles Glücks und Genusses, das Maß alles Werthes, daher auch die Richtschnur

des Handelns und Denkens, der eigentliche Ausdruck der Ge=
sinnung, die specifische Form des Gesetzes. Weder Sittenlehre
noch Religion, oder sonst ein ideales Element des Geistes und
Gemüths hat irgend eine Bedeutung, wenn es mit der Ehre
streitet, oder irgend welche Geltung, ohne daß es durch sie
befestigt wird. Nicht: was ist Recht, was Pflicht, was Tu=
gend, was das höchste Gut? — nur: was ist ehrenhaft? lautet
die Frage, und durch die Antwort wird Wille und Entschluß
unabänderlich bestimmt. Alle Bande des Herzens wie der
Natur werden allein durch die Ehre geheiligt, aber auch auf=
gelöst und hintangesetzt, wo sie ihr entgegentreten; weder das
Gebot des Vaters, noch der Angstschrei der Mutter oder der
Rath des Freundes, weder die bittende Schwester noch die
klagende Braut vermag den Schritt zu hemmen, welchen die
Ehre gebeut; ihr folgt er, beherrscht wie von Dämonen, ja
wie vom Fatum, sogar bis zur Verachtung eines Jeden, der
auch für andere Stimmen als der Ehre Sirenen ein offenes
Ohr hat.

Woher nun diese Macht gerade bei diesen Ständen? wo=
her diese dämonische Gewalt, welche dem Philister und Spieß=
bürger, der doch auch ein menschliches Selbstbewußtsein hat,
in seiner Weise ehrenhaft handelt und gegen das Gefühl der
Ehre nicht unempfindsam ist, als Wahnsinn erscheint, die er
wie eine räthselvolle Sphinx anstaunt? — Gewohnheit, wird
er sich zuweilen antworten, falsche Angewöhnung dieser Begriffe,
fehlerhafte Erziehung! — Aber das heißt nur die Frage weiter=
schieben, nicht sie lösen; denn woher diese Gewohnheit? woher
solche Anerziehung?

Zunächst weisen wir auf das für die Jugend angeführte
Element der Idealität hin. Der Student lebt vorwiegend im
Gebiet der Idee; reine Vorstellungen, ideale Gegenstände füllen

seinen Geist und sein Gemüth aus, daher auch alle gelehrten Stände weit über die Studentenjahre hinaus die Reizbarkeit des Ehrtriebes beibehalten; auch der Arzt und der Richter und selbst der Geistliche müssen den „Forderungen" der Ehre ein Genüge thun. Der Adel aber bewegt sich ebenfalls in einem wesentlich idealen Element; seinen Werth findet er nicht nur in seinem eigenen Leben und Handeln, sondern zugleich in dem seiner Ahnen; nicht blos die reale Existenz seines eige= nen Thuns, sondern die jetzt ideale Existenz seiner Vorfahren rechnet er zu seinem eigenen Selbst. Endlich der höhere Krieger gehört entweder zu der einen oder andern der beiden vorigen Classen, er ist ein Adliger oder ein wissenschaftlich gebildeter Bürger; dazu aber kommt noch die ideale Färbung seines Berufs, nicht für eigene individuelle Zwecke, sondern für den Staat eine Thätigkeit zu entwickeln, und in dieser wiederum nicht wie der Beamte für die Besorgung irgend eines einzelnen Geschäfts zu wachen, sondern allein für das Heil und die Ehre des gesammten Vaterlandes. Sehr beachtenswerth zur Erläu= terung des Ehrenwesens überhaupt und zur Bestätigung unserer psychologischen Deutung desselben ist es, daß diese Stände ein festes gesellschaftliches Gefüge ausmachen. Dieses Ge= füge besitzt eine ansteigende Innigkeit und übt auf das Gemüth ihrer Angehörigen einen steigenden Einfluß. Welche wunderbare Anziehungskraft diese feste Geschlossenheit und Gliederung, wie sie namentlich im Kriegerstande herrscht, ausübt, das trat mir deutlich entgegen, als der deutsche Erbprinz von .... (etwa 24 Jahre alt, so daß er jeden Tag zum souveränen Herrn seines Landes werden konnte) mit strahlendem Gesichte verkündete: in drei Wochen werde ich preußischer Hauptmann.

Daß diese drei Stände durch die gedachten idealen Mo= mente ihres gesammten Lebens für größere und strengere

Rücksicht auf Ehre empfänglicher sind, folgt aber nicht blos daraus, daß sie durch jene im Idealen überhaupt heimisch, also auch für jede Erscheinung desselben leichter begeistert und be= theiligt werden, sondern auch daraus, daß alle übrigen Glieder der Gesellschaft oder sämmtliche Staatsangehörigen ihnen eben um dieser Idealität willen größere Achtung bezeigen, ihnen mehr Ehre erweisen. Denn von keinem der menschlichen Güter kann man mit solcher Wahrheit und Bestimmtheit, als gerade von der Ehre, sagen, daß mit dem Genuß die Begierde wächst. Der Patron, der an diesem Morgen von zwanzig Clienten das Knie= beugen genossen hat, wird am einundzwanzigsten die aufrechte Haltung mit zwanzig mal mehr verletztem Auge ansehen, als wenn er der erste gewesen wäre; und so tragen die gebeugten Rücken der Clienten einen größeren Theil der Schuld als der Patron selbst, wenn einer von ihnen seinen graden Rücken büßen muß.

Diese Achtung und Ehrenbezeigung genießen die drei Stände bei allen andern noch besonders durch ihre Abgeschlossenheit; diese aber stützt sich beim Adel auf sein historisches Ansehen und auf Privilegien mancher Art, beim Militär und der Studentenschaft auf ihre Beschäftigung, welche zu dem Leben und Treiben aller andern Bürger geringe Beziehung hat und einen persönlichen Verkehr mit ihnen nicht erheischt, während der Kaufmann und Handwerker, der Jurist und der Arzt mit Jedem verkehren muß, dem es beliebt. Dadurch unterscheidet sich namentlich auch der Student vom praktischen Gelehrten, den er deshalb mit in die Kategorie des Philisteriums setzt. Ab= geschlossenheit aber, da sie Selbständigkeit und Unabhängigkeit ausdrückt, vermehrt immer das Ansehen, zumal wenn sie keine Willkür, keine bloße Laune, sondern eine berechtigte, eigentlich nothwendige ist; daher auch die des Adels, weil sie lediglich auf Willkür oder Tradition beruht, öfter den Unwillen des Bürgers bis zum Trotz hervorruft, während das Militär und die Studenten nur in aufgeregten Zeiten bei einer gänzlichen und lächerlichen Verkennung ihres Berufs in das praktische Treiben des bürgerlichen Lebens hineingewünscht werden.

Bei weitem wichtiger aber als diese im Allgemeinen ideale Denkweise und Lebensrichtung und die öffentliche Achtung ist noch für die psychologische Erklärung der eigenthümlichen Macht des Ehrtriebs in diesen drei Ständen der für alle drei gemeinsame (und noch weiter reichende) Grund, nämlich, daß sie eben besondere und geschlossene Stände sind. Die nach=folgende Begründung dieses Satzes macht es uns zur Pflicht, in denselben ausdrücklich alle Zunft= und Bürger= und Standesehre einzuschließen. Es darf hier vorweg bemerkt werden, daß eine relativ größere Gleichartigkeit und Ein=fachheit der Lebensbeziehungen, in den drei Ständen vor=handen und auf das Ehrenwesen derselben einflußreich ist, während bei den übrigen Bürgern und Ständen die ganze Mannigfaltigkeit aller Lebensbeziehungen Platz greift und zur Folge hat, daß bei diesen die Ehre nicht so gleich= und regel=mäßig gepflegt, der Ehrtrieb nicht immer so gespannt, das Gefühl nicht überall so empfindlich ist. Die drei Stände be=wegen sich in festen Bahnen, die übrigen in vielverschlungenen Linien voll ringenden Eifers, auf welchen oft jeder Zoll im Leben erkämpft werden muß. Man hat hier, prosaisch zu reden, mehr, man hat Anderes, und, wie man meint, Besseres zu thun, als stets auf die Ehre zu passen. Das schließt indessen nicht aus, daß sie bei einzelnen Personen und in einzelnen Lebensereig=nissen desto zarter, straffer, jäher und gewaltsamer hervor=brechen kann.

Unsere Betrachtung hatte uns zu dem Resultat geführt, daß das Wesen der Ehre, in der Selbstehre und weiter in dem Selbstgefühl als der Selbstschätzung wurzelnd, in einer Erweiterung der eigenen Persönlichkeit besteht, indem nicht nur wir selbst uns beurtheilen, sondern auch die Andern, deren Urtheil wir mit dem unsrigen gleich stellen, mit deren Persönlichkeit wir uns so zusammenschließen; gleich unserem eigenen Ich sind sie das S u b j e c t unseres (dadurch erweiterten) Selbstgefühls. Offenbar aber nicht mit und in jedem beliebigen Andern wollen wir unsere Persönlichkeit erweitern, nicht mit Jedem wollen wir unsere Seele zu einer Einheit verbinden lassen; wer unter uns steht, dessen Urtheil werden wir unser Thun eben so wenig unterwerfen, als der Maler sein Bild dem des Laien oder Ungebildeten; sein Tadel trifft nicht, wir wissen, daß wir über ihn sammt seiner Urtheilsfähigkeit selbst erhaben sind; sein Lob erfreut nicht, wir wollen an größerem Maßstabe gemessen werden, als der seinige ist. — Wer über uns steht, wird uns mit seinem günstigen Urtheil erfreuen, er hebt unser objectives Ich, unser Selbst in eine Sphäre, die wir selbst ihm nicht geben können; aber dieses Urtheil ist uns nicht n o t h w e n d i g, wir können es entbehren, wenn wir uns selbst und unseresgleichen genügen; sein Tadel verletzt deshalb nur in so weit, als unser subjectives Ich sich Jenem gleich stellt; sonst nämlich legt er einen Maßstab an, welcher uns fremd und darum für unser objectives Selbst weder erwünscht noch verpflichtend ist. Ziemlich gleichgültig wird uns daher das Urtheil des Höheren sein, inwiefern wir uns nicht innerlich mit ihm gleichstellen, nicht wenigstens selbst das gleiche I d e a l anerkennten und deshalb sein Subject zu dem unsrigen machen können.

Nur also wer uns gleich ist oder scheint, dessen Urtheil m u ß uns interessiren; seine Anerkennung ist nicht bloßer will-

kürlicher, luxuriöser Genuß, sondern die nothwendige Lebens=
nahrung für unser Selbstgefühl; denn wie er uns beurtheilt
(nicht in einem ausgesprochenen, etwa täuschenden Worte, son=
dern wahrhaft in seiner Seele), also müssen wir uns selbst
beurtheilen, sein Urtheil gilt, als ob es unserer eigenen Seele
entspränge; wie sie gleich ist, schließt sich seine Seele mit
unserer eigenen zusammen, kurz: er ist das berechtigte,
nothwendige Subject der Beurtheilung, wie und weil wir
selbst es sind. Für jeden anderen Menschen nun hängt es mehr
oder weniger von seinem Belieben ab, wen er sich gleichstellen,
wem er das Recht, über ihn zu urtheilen, gestatten will; nicht
so in den Ständen, von denen wir sprechen. Hier bildet die
Gesammtheit von Personen in vieler Beziehung Eine Persön=
lichkeit; was es auch sei, das man erstrebt, das man schätzt
und werth hält, nach welchem Maße man Achtung und An=
erkennung zollt, es ist Allen gemeinsam.

Der Geist des Standes (esprit de corps) erzeugt eine
Einheit, zu welcher jeder Einzelne als Theil gehört; er kann
sich nicht darüber erheben, er darf und wird nicht dahinter
zurückbleiben; dieser Geist, der alle umschließt, ist das Subject,
welches sich selbst, das heißt also jeden Einzelnen, der zu ihm
gehört, beurtheilt. Dieser Einzelne, auch wenn er sich für
sich allein beurtheilen will, hat gar keinen andern Maßstab,
als eben den allgemeinen Geist, dessen Repräsentant er selber
ist, wie jeder Andere. Daher ist das Urtheil aller Uebrigen für
jeden Einzelnen ganz dasselbe, als ob es sein eigenes wäre,
nur eben mit größerem Nachdruck und Gewicht, je vielzähliger
die Gesellschaft oder der Stand, je inniger ihre Einheit und
Gleichheit.

Hieraus folgt eine zwiefache Kraft zur Vergrößerung und
Befestigung des sittlichen Einflusses des Ehrenwesens. Erstens

erscheint das eigene Urtheil, die eigene Schätzung seiner selbst richtiger und wahrhaftiger dadurch, daß hundert andere, als competente Richter anerkannt ein gleiches Urtheil und eine gleiche Schätzung anwenden; wird doch jede Wahrheit, zumal in sittlichen Dingen, gemessen nach der Zustimmung einer größeren oder geringeren Anzahl, freilich nur der Fähigen und Würdigen. Zweitens ist hier nicht blos Verstärkung des eigenen Urtheils durch Gleichheit mit Anderen, sondern Wiederholung und Verdoppelung in Anderen. Wenn das Gewissen die innere Stimme ist, welche den Einzelnen bei jeder Handlung an seine sittliche Natur und das sittliche Gesetz mahnt, so ist die Ehre ein tausendfältiges, tausendzüngiges Gewissen; hier erweist sie sich mit psychologischer Nothwendigkeit als eine der größten sittlichen Mächte unter den Menschen.

Erklärt sich aber die vorwiegende Gewalt und der mächtige Einfluß der Ehre in den geschlossenen Ständen schon daraus, daß sie den innersten Kern des Lebens, das eigene Selbstgefühl vertritt, nur noch mannigfaltig vermehrt, indem das subjective Ich sich in allen anderen erweitert und gleichsam wiederholt, so kommt dazu noch ein zweites, psychologisch höchst wichtiges Element der Standesehre. Wie nämlich das subjective Ich den Nachdruck, so verstärkt das objective Ich, indem es sich eben so erweitert, den Inhalt und die Würde der Ehre. Denn in seinem Selbst, welches geschätzt wird, findet der Einzelne nicht blos sich selbst, sein eigenes objectives Ich, sondern die Gesammtheit des Standes, dessen Glied, Abdruck und Repräsentant er ist; in ihm wird die Gesammtheit anerkannt und geschmäht, seine Ehre ist die Ehre des Standes, sein Selbst das Selbst des Standes. Dadurch wird zunächst seine Selbstehre und mit dieser seine Ehre von außen unendlich gehoben; seine objective Persönlichkeit hat sich erweitert, mit

allen Anderen zu einer Einheit verschmolzen. Er selbst hat die
Ehre nicht blos seiner Selbst, sondern des ganzen Standes
in seinen Handlungen v o r s i c h, in seinen Forderungen v o r
A n d e r e n zu wahren und zu schützen, und jeder Andere hat sie
in ihm anzuerkennen. Nicht blos in der Beurtheilung, sondern
auch im Bestand, nicht blos in der einzelnen Handlung, son=
dern mit der ganzen Persönlichkeit sind die Menschen hier zu=
sammengeschlossen; also ihr ganzes Dasein und Leben und
Handeln bildet als Object des Urtheils eine mehr oder minder
geschlossene Einheit.

Alle Zusammengehörigen also werden (auch schweigend)
nicht blos jeden Einzelnen beurtheilen, sondern in Jedem be=
urtheilt werden: in ihm wird der Stand, die Classe, die Zunft,
die Familie geehrt oder verletzt, geschätzt oder verachtet.

Wie Mancher würde auf eine Ehre verzichten, eine Be=
leidigung verzeihen, wenn nur seine individuelle Ehre oder
Beleidigung im Spiele wäre; aber seine eigene ist zugleich des
Standes, der speciellen Gesammtheit Ehre, die er tragen und
wahren und schützen und vertheidigen muß. Die Macht der
Ehre im Menschenleben aber keimt, steigt und wächst hier da=
durch zu einer so beherrschenden Gewalt, weil sie von einer
tiefbedeutsamen Wechselwirkung durchdrungen ist, die sich hier
ereignet: um der Ehre willen schließen sich die Menschen zu=
sammen, und die Zusammenschließung stärkt und schützt die
Ehre. Kein stärkeres Band hat eine Gemeinschaft als die
gemeinsame Ehre des Standes, und keinen stärkeren Erfolg
der Gemeinsamkeit giebt es, als die Pflicht und den Willen
ihre Ehre zu schützen. Vielleicht stärker, gewiß aber deutlicher
als alle Stimmen der Nützlichkeit, der Sittlichkeit, der Vered=
lung ruft die „Ehre des Vaterlandes" die Kräfte seiner Bürger
wach und in den Dienst.

Aber alle antiken und modernen, alle thörichten aber auch alle weisen Declamationen gegen den Ehrgeiz, die obendrein noch selten ehrlich gemeint und eben nur Declamationen sind, deren Vortrag oft genug selbst nur vom Ehrgeiz dictirt wird, denn „keinen zu haben ist nur eine andere Form des Ehr= geizes" (Siegm. Schott) — alle diese Reden wider den Ehr= geiz sind dadurch auf dem Irrwege, daß sie das Ehrgefühl nur auf das Individuum und seinen Selbstgenuß beziehen. Ehre aber ist ein nothwendiges Erzeugniß der Gemeinschaft unter den Menschen und zugleich einer der stärksten Hebel für die energische Wirksamkeit derselben. — Wir werden noch eine höhere Stufe der Ehre als objective Erweiterung der Persön= lichkeit kennen lernen; bevor wir aber dazu übergehen, müssen wir einen Gegenstand beachten, der mit dem Ehrenwesen der gedachten Stände aufs Innigste zusammenhängt; der Leser wird ihn errathen: das Duell.

Der höchste tragische Erfolg des Ehrgefühls zeigt sich bei der Verletzung desselben im Ehrenkampf auf Tod und Leben. Dieser kann zwischen ganzen Völkern, Staaten und Gesellschaften, so wie unter einzelnen Individuen stattfinden; wir reden bisher immer nur von der Ehre des Individuums, also auch hier vom Duell.

Viel ist über und gegen diese leider immer noch nicht blos historisch interessante Erscheinung, welche allen Ansprüchen der Religion und der Sittlichkeit Hohn zu bieten scheint, gespro= chen worden; den psychologischen Grund, die innerste Ursache derselben hat man selten berührt, wie zahlreich auch die Werke

und Werkchen, die darüber handeln. Mit Recht durfte wohl
Rosenkranz schon im Jahre 1837 („Der Zweikampf auf unseren
Universitäten") sagen: „Der Zweikampf ist so oft in socialer
und moralischer, in politischer und religiöser Hinsicht Gegen=
stand der Untersuchung gewesen, daß man dies Thema in der
That zu den erschöpften rechnen kann." Nur in psychologi=
scher Beziehung wird man dasselbe auch heute noch nicht be=
haupten können.

Man hat inzwischen sogar gemeint,*) das Duell sei nicht
sowohl oder wenigstens nicht blos psychologisch, sondern histo=
risch zu erklären. Das ist eine bloße Täuschung; auch das
historische Element, die bestehende Sitte und die überlieferte
Meinung bilden ein psychologisches Motiv für die Gegen=
wart. Das Wahre in dieser Unterscheidung besteht nur darin,
daß erstens damit gesagt werden soll, der ganze Gebrauch des
Duells würde innerhalb der gegenwärtigen Welt= und Lebens=
anschauung nicht entstehen, er würde sich aus derjenigen Summe
von Gründen und Antrieben zum Handeln, welche den heu=
tigen Menschen in Bewegung setzen, nicht ergeben; sodann
daß die einmal als historische Thatsache bestehende Sitte des
Duellirens in gewissen Conflicten mit einer unwiderstehlichen
Gewalt ohne alle und jede eigene und bewußte Motivirung ein=
wirkt, dergestalt daß das ursprüngliche, im engeren Sinn
psychologische Motiv desselben vergessen ist. Das ursprüng=
liche Motiv ist, wie wir sehen werden, geschwunden; der Erfolg
desselben, die Sitte des Duellirens, ist geblieben; auch wer
darüber belehrt wird, daß der frühere Sinn und Grund des
Duells nicht mehr vorhanden ist, hält dennoch an diesem fest,
weil seine bloße Existenz zu seinem neuen abstracten Motiv

---

*) Wolfsohn Wissenschaftl. Beil. zur „Leipziger Zeitung" Nr. 87 ff. 1857.

geworden ist: man schlägt sich in gewissen Fällen, weil man in diesen Fällen sich schlägt.

Mit dieser Erkenntniß des abstract wirkenden Grundes des Bestehenden allein werden wir uns schwerlich begnügen dürfen. An die psychologische Untersuchung über den Grund des Duells knüpfen sich politische und ethische Fragen, welche scharf zu scheiden sind. Ob das Duell in dem Sinne berechtigt, daß es auch heute, wenn es nicht überliefert wäre, entstehen müßte? ob es also eine ethische Forderung wäre, dasselbe als Sitte hervorzurufen? — Es giebt Völker, bei denen das Duell bisher wenig oder gar nicht im Gebrauch gewesen; kann man in demselben geradezu eine werthvolle Institution erblicken, welche von erziehlicher, charakterbildender Bedeutung für ein Volk ist? Kann es wenigstens als das kleinere von zweien Uebeln zur Verhütung des größeren dienen? — Gesetzt aber, daß das Duell heute weder entstehen würde noch entstehen sollte: muß es nicht, weil es einmal vorhanden und seit Jahrhunderten wirksam ist, auch erhalten werden? etwa, weil es ganz auszutilgen doch un= möglich? oder deshalb unzulässig, weil mit der Ausrottung gewisse wohlthätige, für die ethische Volkskraft unentbehrliche Folgen verschwinden oder andere höchst nachtheilige sich ein= stellen würden?

Dieser Unterschied, wonach man also entweder nur ein Vertheidiger oder gar ein Lobredner des Duells ist, spiegelt sich dann auch sowohl in der psychologischen Begründung, wie in der sittlichen Beurtheilung selbst jedes einzelnen Duells. Denn es macht offenbar eine große Verschiedenheit aus, ob Jemand das Duell als die wahrhaft berechtigte Form an= sieht, einen Streit auszufechten, dergestalt, daß er im sittlichen Sinne selbst dem Staate das Recht bestreitet, diese Form des Handelns zu verurtheilen; oder ob Einer das Duell in seiner

Gesinnung gänzlich mißbilligt und dennoch im gegebenen Fall meint, sich zu einer Forderung entschließen zu müssen, weil das öffentliche Bewußtsein in der bestehenden Sitte (oder Unsitte) es von ihm fordert, weil er als Einzelner weder ein Recht besitzt, sich gegen die allgemein gültige Vorschrift aufzulehnen, noch auch die Macht, die mit einer solchen Auflehnung ver= bundenen Nachtheile zu verhüten; endlich ob Jemand troh alledem niemals zu einer Herausforderung sich entschließen würde, aber gleichwohl eine an ihn ergangene Forderung nicht ablehnen kann oder will, weil ihn die Forderung wie ein Schicksal trifft und er den Makel schlechterdings nicht dulden kann, der an der Ablehnung haftet.

Noch bevor wir in die Erörterung der Frage eingehen, mag auf die gewiß sehr interessante Thatsache hingewiesen werden, daß hüben und drüben, bei den Vertheidigern und Lobrednern des Duells, wie bei denen, die es mit allem Nachdruck angreifen, oft mit denselben Waffen gekämpft wird; daß, dieselben Gründe, oft mit den gleichen Worten hier für und dort gegen das Duell angeführt werden.

Kaum eine von den vielen Schriften, die seit hundert und mehr Jahren gegen das Duell gerichtet sind, entschlägt sich des Ausdrucks, daß es auf einem „Vorurtheil“ beruhe; die anonyme „philosophische Abhandlung: über den Zwei= kampf.“ (Nürnberg 1819 bei Monath und Kuchler, deren Ver= fasser ich nicht ermitteln konnte) hat eine energische Einleitung gegen „Vorurtheile, die der Mensch mit Affenzärtlichkeit liebe,“ und eben dem „Vorurtheil“ allein schreibt er den Streit gegen das Duell zu.

Wenn in den Schriften gegen das Duell die Gründe erschöpft sind, dann pflegt noch einer als vom schwersten Kaliber vorgeführt zu werden: daß ein Mensch ja troh alledem, wenn er allein stände, sich duelliren könnte; aber Niemand stehe allein; er hat Eltern, Geschwister, Weib und Kind ꝛc. und deshalb dürfe er sein Leben nicht in die Schanze schlagen; v. Rado= witz (Verm. Schriften, Bd. 4, S. 14 ff.) findet, daß der Mensch, wenn er nur ein Einzelner wäre, wenn er für sich allein stände, sich dem Duell entziehen könnte, aber Niemand stehe allein; er hat Eltern, Geschwister, Weib und Kind ꝛc. und deshalb dürfe er seine Ehre nicht in die Schanze schlagen.

Eben so finden die Einen in der Statistik des Duells, in der beträchtlichen und, wie sie meinen, erschreckenden und ent= setzlichen Anzahl der in Duellen Verwundeten und Gefallenen, eine furchtbare Mahnung gegen dasselbe, die nur der Einzelne und nur in seiner Leidenschaft überhören könne, während sie für die Wissenschaft der unbedingt zureichende Grund zur Verdammung des Duells und zur Verfolgung und Ausrottung desselben sein müßte; die Anderen aber finden diesen und jenen Fall, der einem tüchtigen und hoffnungsvollen Manne im Duell das Leben kostet, zwar recht bedauerlich, aber theils sind sie geneigt, die Anzahl der Duellanten, welche für ihre Privatehre verwundet oder gefallen sind, mit der Anzahl derer zu vergleichen, die im Kriege für die Ehre des Vater= landes fallen oder verwundet werden und anzunehmen, daß die Statistik des Duells eine sehr gelinde sei; theils erinneren sie daran, daß auch durch die Pocken viele Gesichter eben so schlimm wie durch Duellwunden entstellt, und durch Flußbäder noch mehr Menschen als durch Duelle getödtet werden; und so viel weniger Grund sei vorhanden, sich deshalb gegen diese zu er= hitzen, als ja auch beim tragischen Ausgang immer noch eins der edelsten sittlichen Güter, nämlich die Ehre gewonnen sei. Die meisten Gegner des Duells richten ihre Widerlegung gegen das zu starke, unsittliche Rachegefühl, in welchem sie die Ur=

sache des Duells finden. Ihre Reden sind desto fruchtloser, je offenbarer es ist, daß sie den wahren Grund nicht treffen, je deutlicher in den meisten Duellanten das Bewußtsein ist, daß sie von jedem Rachegeist fern sind, je stärker der Glaube, daß sie überhaupt nicht aus individuellem Trieb, sondern aus sitt= licher Nothwendigkeit kämpfen. Wie stimmte auch ein bloßes Rachegelüste zu der eigenen Gefährdung und vollends zu der häufigen Erfahrung, daß die Duellanten sich nicht blos freundlich umarmen, sondern oft wahre Freunde werden oder bleiben, wenn sie, durch Gunst des Zufalls unbeschädigt, ihren Muth gegen= seitig bewiesen haben?

Wohl in den seltensten Fällen kann das Duell als ein Erfolg des Racheburstes angesehen werden, aus diesem allein würde eher noch der Meuchelmord folgen. Auch bei diesem aber müßten wir uns fragen: wie kommt ein vernünftiger und halbwegs sittlicher Mensch dazu, nicht blos in der ersten Hitze der Leidenschaft, sondern bei — um nicht zu sagen ruhiger Besinnung, so doch — kaltem Blute, die Verletzung der Ehre mit dem Leben zu strafen? Wir sind an die Thatsache, scheint es, so gewöhnt, daß wir nach dem Grunde zu fragen ganz vergessen; denn sollte es nicht mehr Staunen noch als selbst Unwillen erregen, daß der Einzelne eine Beleidigung, die der Staat und das öffentliche Recht vielleicht mit vierwöchentlicher Haft belegen, mit dem Tode bestrafen zu dürfen, ja zu müssen meint? Freilich Calderons Don Gutierre, der seine Gemahlin wegen Untreue ermorden läßt, antwortet uns:

> Daß meiner Ehre Arzt genannt ich werde,
> Bedeck' ich meine Schande mir mit Erde.

Aber worin, fragen wir selbst hier, findet ein vernünftiges Wesen das Recht, weil der Glanz der Ehre getrübt ist, das

Licht des Lebens zu verlöschen? — Daß es nicht eine bloße
Ungerechtigkeit des höllischen Rachegeistes ist, sondern auch im
umgekehrten Fall die Ehre dem Leben gleich und selbst höher
geschätzt, daher jene strenger als dieses geschont wird, drückt
in demselben Werk Calderon's Leonore deutlich aus; zu Don
Arrias, da er Miene macht, die Ehre ihres Feindes ungerecht
anzugreifen, sagt sie verweisend:

> Tief gekränkt hat er mich zwar,
> So daß ich den Tod ihm gönnte,
> Ihn ihm gäbe, wenn ich könnte;
> Dennoch spräch ich nie fürwahr,
> Nie von seiner Ehre schlecht.

Dies weiß der Duellant und fühlt sich frei von dem Vorwurf
des Moralisten und erhaben über dessen Anschauung, der nicht
mit Don Arrias hat

> — gehört,
> Wie auf hohem Rednerstuhle,
> In der Ehre ernster Schule,
> Sinnvoll ihn ein Weib belehrt.

Bei dieser Anschauung ist die Gesinnung des Duellanten
und der Sinn der Ausforderung also offenbar, nicht sowohl
Rache, als Recht zu gewinnen, welches man auf einem andern
Wege — etwa dem gerichtlichen — theils wegen der compro=
mittirenden Oeffentlichkeit nicht zu suchen geneigt ist, theils
nach den gesetzlichen Bestimmungen nicht zu finden hofft. Unter
Recht hat man nämlich nicht sowohl die bloße Bestrafung des
Ehrverletzenden zu verstehen (dies wäre Rache), sondern eben
auch die rechtliche Entscheidung, daß jene Beleidigung
unwahr, ungerecht sei, so daß die Ehre des Beleidigten durch
des Richters Spruch wieder hergestellt würde.

Der spanische Dichter läßt seinen König, als den höchsten
Richter und Rechtsvertreter, selbst behaupten, daß er nicht im

Stande sei, durch seinen Spruch den Ehrenstreit zu schlichten, die verletzte Ehre durch seinen Spruch wieder herzustellen, indem er ihm die hochbedeutsamen Worte in den Mund legt: „Ich bin nicht der Seelen König." — Bei uns aber behauptet die Justiz allerdings diese Macht zu besitzen, und bestraft deshalb den Duellanten wegen Selbstrecht. Dies aber erkennen eben die Duellanten und die Vertheidiger des Duells nicht an. V. Rado= witz (a. a. O.) bezeichnet das Duell schlechthin als Nothwehr. Die Vergleichung, die in diesem Begriffe liegt, ist nicht ganz einfach. In der Nothwehr begehe ich eine an sich ungesetzliche Handlung, welche der Staat oder das Recht mir gestattet, weil ich dadurch meine Hilfe zu meinem eigenen Schutze er= lange, die der Staat mir in diesem entscheidenden Augenblick naturgesetzlich nicht gewähren k a n n ; ich handle bei der Noth= wehr gewissermaßen nicht blos in meinem eigenen, sondern zu= gleich in des Staates Interesse, indem ich seine Pflicht, Unrecht, wo er kann, zu verhüten, für ihn erfülle. Ich muß also jetzt, in diesem Zeitmoment, handeln, mir Selbsthilfe schaffen, weil das Recht und der Staat mir keine Hilfe schaffen können. Bezeichnet man nun das Duell als Nothwehr, so kann es offenbar gar nicht das Moment der Zeit sein, welches sie zu einer solchen macht und als solche gestattet. Offenbar ist es nur eine Analogie, und zwar diese: wie dort, bei der eigentlichen Nothwehr, i n d i e s e r Z e i t Selbsthilfe eintreten muß, weil in diesem Moment der Staat machtlos ist, mein Recht zu schützen, so muß im Duell Selbsthilfe eintreten, weil (nach der Voraussetzung) der Staat in Ehrensachen überhaupt nicht im Stande ist, weder die Verletzung zu verhüten noch die geschehene wieder gut zu machen. Ob aber selbst bei dieser günstigen Stellung des Vergleichs derselbe im Ganzen haltbar und psychologisch oder ethisch zulässig ist, scheint mir sehr

zweifelhaft. Nothwehr erstrebt das angedrohte Uebel zu ver=
meiden; Nothwehr soll und kann vor der Verletzung des eigenen
Lebens schützen; ich wehre mich in der Noth, um ein Verbrechen
abzuwehren, d. h. um zu sorgen, daß es nicht begangen werde;
beim Duell aber ist die Verletzung der Ehre bereits geschehen,
vor welcher ich mich durch mein Wehren schützen soll. Aber
ich kann mir, um gerecht zu sein, im Sinne v. Radowitz und
des Duellanten, allerdings die Sache so vorstellen, daß die
geschehene Beleidigung gleichsam ein fortgesetzter und unaus=
gesetzter Angriff auf meine Ehre ist; gegen diesen muß ich,
da (nach der Voraussetzung) der Staat es nicht vermag,
mich selber schützen und das Duell ist die Waffe, deren ich
mich bediene.

Ob ich aber endlich auch, wie bei der Nothwehr, im glück=
lichen Fall das Ziel erreiche? oder meine, einmal oder dauernd,
immerhin verletzte Ehre geheilt wird durchs Duell? Davon
noch weiterhin.

Behalten wir einstweilen im Auge, daß das Duell eine
andere Anschauung von der Ehre und dem Recht derselben ein=
schließt, als gemeinhin die Staatsgesetze hegen.

Diese Verschiedenheit des Ehren=Rechtsbewußtseins für den
Staat und für die genannten drei Stände ist um so größer
und natürlicher, als jener sein Gesetz für alle Bürger gleich
nach gemeinsamen Grundsätzen giebt, die Ehrenschätzung für
diese aber aus den oben angeführten Gründen factisch eine
andere ist, als bei anderen Ständen. Wie aber hofft der Heraus=
fordernde durch das Duell Recht, in dem obigen Sinn, zu
finden? in wie fern soll dieses eine rechtliche Entscheidung ent=
halten oder vertreten?

Am deutlichsten sehen wir dies, wenn der Herausfordernde
nicht für sich selbst, sondern für einen Andern, seine Dame,

seinen Stand ꝛc. in die Schranken tritt, um eine Beleidigung, besonders eine Verleumdung, zurückzuweisen. Es liegt dabei das ritterliche Streben zu Grund, durch seinen Kampf zu beweisen, daß jene Verleumdung eine Lüge sei, durch den eigenen Kampf (und Tod) die Ehre dessen, für den man kämpft, zu bezeugen. Hier ist der Zusammenhang mit der altgermanischen Sitte des Zweikampfs am deutlichsten, hier tritt das historische und psychologische Element zu Tage und der Uebergang des einen zum andern im heutigen Zweikampf wird offenbar. Dieser galt in alten Zeiten bekanntlich als ein gesetzliches, öffentlich zu Recht bestehendes Beweismittel; aber wohlgemerkt! nur dafür, daß der Sieger im Rechte sei, es mochte sich dieses auf Ehre oder Besitz oder irgend etwas beziehen, worüber gestritten wird. Jeder Streit wird durch den Kampf entschieden; auf wessen Seite der Sieg, auf dessen Seite ist auch nicht blos Gewinn und Macht, sondern Recht und Wahrheit. Diese Anerkennung des Sieges als Beweismittel ruhte auf dem religiösen Glauben, daß die Gottheit dem Rechte im Kampf immer den Sieg verleihe; daher „für Greise, Gebrechliche, Kampfunmündige und Frauen der nächste Agnat als Vormund die Pflicht des Kampfes übernimmt." Daß dies nicht eine persönliche Vertretung ist, wie sie heute vorkommt, nicht ein Kampf, den ich für den Anderen, weil ich seine Gesinnung theile und schützen will, zu meinem eigenen mache, sondern eine bloße Macht- und Kraftvertretung, dies offenbart sich darin, daß man im Nothfall auch „einen gemietheten Fechter" zum Kämpfer nimmt. „Die Nothwendigkeit des Duells für die unvollkommene Organisation des Staates in der damaligen Zeit erhellt auch aus der Oeffentlichkeit des Kampfes, dem das Volk seine Theilnahme widmete. Damals hatten die Kämpfenden ein gutes Gewiſſen über ihr Thun.“ (Roſenkranz a. a. O.)

Im neueren Duell fehlt bekanntermaßen dieſer Glaube als Grund gänzlich, und daher auch die Folge: nicht der Sieg, ſondern der Kampf iſt das Beweismittel, denn die Ehre iſt gerettet, auch deſſen, der fällt. Man kann deshalb mit Gneiſt*) ſagen, daß „das neuere Duell nur ein Noth=recht ſei, getragen von alter Sitte, doch mit dem Bewußtſein, daß hier nicht wirkliches Recht gewonnen, ſondern nur eine Demonſtration gemacht wird, der Welt zu zeigen, daß wir das Bedürfniß fühlen, unſer Recht geltend zu machen.“ Etwas mehr als dieſe bloße „Demonſtration der Rechtsforderung,“ welche das letzte Ergebniß der hiſtoriſchen und juriſti=ſchen Betrachtung iſt, zeigt allerdings die pſychologiſche im Duell, nämlich ein wirkliches Beweismittel für die Ehre, beſonders deſſen, der für ſich ſelbſt kämpft, einen Beweis des Rechts, wenn auch keinen Spruch; auf dieſen verzichtet der Ehrenfeſte, wenn er nur jenen geführt. Dies geſchieht eben durch die Vorausſetzung: wer ſein Leben um der Ehre willen preis giebt, hat ſie gewiß nicht verletzt; dadurch alſo wird der Zweifel an ſeiner Ehre, den der Ver=leumder erregt, aufgehoben, und wenn der Tod nicht erfolgt, iſt die Ehre dadurch dennoch gerettet. Hier kehrt ſich das Verhältniß gegen das altgermaniſche geradezu um: nicht blos wenn und weil Einer dem Andern das Leben nimmt, ſondern weil er ſelbſt für die Ehre in den Tod geht, zeigt er ſeine Ehrenhaftigkeit.

Iſt dies die höchſte, ſittlichſte und ſo zu ſagen ehrenhafteſte Deutung des Duells, ſo führt ſie doch immer noch zu der

---

*) „Der Zweikampf und die germaniſche Ehre.“ Von Prof. Dr. Rudolph Gneiſt. Berlin 1848.

Frage: woher kommt es aber, daß ein Mensch, um die Ehre zu retten, das Leben wagt? das eigene und das andere? Welch einen Werth legt er der geretteten Ehre bei, wenn er selbst zu Grunde geht, oder sie mit dem Blute des Andern erkauft ist? „Was hat ein Mensch für ein Recht, fragt der edle Nitzsch, sich mit dem Andern so nahe an die Pforten der Ewigkeit zu drängen?" woher, um es wiederum kurz zusammen zu fassen und alle früheren Fragen mit einzubegreifen, woher die Gleich=stellung von Ehre und Leben?

In unserer oben gegebenen Erklärung der Ehre finden wir eine Antwort, welche den Duellanten nicht als wahnsinnig erscheinen läßt. Ehre ist die Erweiterung der eigenen Existenz in Andern; wo nun die Ehrliebe und das Ehrgefühl im höch=sten Grad vorhanden ist, da wird die geistige Existenz im An=dern als die eigene geradezu aufgefaßt, wenigstens ihr sehr gleichgestellt, wie dies namentlich bei jenen drei Ständen der Fall ist, in denen jeder Einzelne nicht in sich allein, sondern vorwiegend in der Gesammtheit sein geistiges Dasein findet. Die Herausforderung hat hiernach den psychologischen Grund: der Beleidigte will nicht in dem Geiste des Andern als ein Erniedrigter (Verleumdeter, Beschimpfter) existiren: daß der Andere niedriger von ihm denkt, als er ist oder sich fühlt (oder als er dem Geist des Standes nach sein soll), will er nicht ertragen; er mag nicht leben, so lange er weiß, daß er erniedrigt lebt, sei dies auch nur mit einem Theil seines Selbst, d. h. in wie fern er in dem Geiste des Andern lebt. Deshalb nun will er im Kampf den Andern vernichten oder selbst ver=nichtet werden; in beiden Fällen befreit er sich von jener Er=niedrigung. — Daß ein Duell nur unter Ebenbürtigen oder Gleichgeehrten stattfindet, bestätigt dies und ist selbst daraus erklärlich; denn meine Existenz in einem Andern, der unter mir steht, ist mir gleichgültig, ich rechne ihn nicht zu meinem Selbst; so wie es umgekehrt nicht gleichgültig ist, ob mein Name, wie der des Herrn Nieß v. Theudobach*) in den Fensterscheiben der Gasthöfe oder auf dem Friedrichsdenkmal eingegraben ist. Als die schneidendste Consequenz dieser Anschauung er= scheint offenbar das asiatische Duell, in welchem die beiden Gegner unfehlbar fallen, indem jeder sich selber tödtet. Der Entehrte will und kann nicht, der Entehrende soll nicht leben; jener verdammt sich selbst und zwingt diesen zum Untergang, weil seine Ehre untergegangen. — Dem entgegengesetzt ist der Zweikampf mit nicht lebensgefährlichen Waffen, die con= ventionelle renommistische Nachäfferei des Duells, die „Pauke= rei", welche zwar die Haut zu Markte trägt, aber auch nur die Haut, indem sie die Ehre durch einen gelungenen „Schmiß" retten, und obendrein den Ruf der Courage billig verdienen will.

Daraus, daß das Ehrgefühl als die nur veränderte Form und Erweiterung des Selbstgefühls erkannt ist, welches der innere Grund und die eigentliche Manifestation des Lebens und Lebensgefühls ist, wird es begreiflich, wie ein vernünftiger Mensch die Ehre — die Meinung des Andern über und dessen Handlung gegen ihn — zur Bedingung des Lebens machen und eine Verletzung derselben wie eine des Lebens ansehen kann. So spricht der an seiner Ehre gekränkte Don Juan Alfonso**) in seiner Verhüllung:

> Wer ich bin, soll Niemand wissen,
> Denn ich bin nicht, eh' nicht Rache
> Mir zu Theil ward.

Daher denn auch nur diejenigen Punkte einer Ehrverletzung ein Duell nach sich ziehen, welche den eigentlichen Kern des menschlichen Selbst treffen, d. h. sich auf die allgemein hu=

---

*) „Katzenberger's Badereise" von Jean Paul.
**) Calderon, „der Maler seiner Schande."

manen Anlagen und besonders den Charakter des Menschen
beziehen, während ein Tadel irgend einer einzelnen Aeußerung
des innern Lebens (die zwar auch dem Selbstgefühl angehört,
es aber nicht wie die sittliche Natur, der Charakter, ganz aus-
füllt), z. B. eine tadelnde Kritik eines Buches, eines Kunst-
oder andern Geisteswerkes gewiß selten ein Duell herbeiführt.
Also nur diejenige Ehre, · welche die eigentliche Würdigkeit der
Existenz angeht, welche sich auf den Grundzug des Menschen
richtet, von welcher mit Recht jene königlichen Worte gesagt
werden können:

> „Ehre heißt der heil'ge Ort,
> Wo die Seele ganz sich findet,"

weil sie das Selbstgefühl des Menschen umspannt, nur diese
erscheint als eine Bedingung des Lebens.*)

Die Psychologie untersucht nur: was geht in der Seele
dessen, der zu einem Duell herausfordert, oder dessen, der es
annimmt vor? Die Fragen des Rechts oder Unrechts bleiben
zunächst ausgeschlossen. Nur mittelbar kann sich aus dem, was
der Psycholog findet, ergeben, daß in der Seele der Duellanten
ein Inhalt vorhanden ist, welcher, an den Ideen der Sittlichkeit
gemessen, ein unvollkommener, niedriger, unangemessener ist.

Es ist sehr bemerkenswerth, daß die Darstellung der Moralisten, welche das Duell verdammen, meist nicht zutrifft, und
daß dies aus folgendem Grunde geschieht. Ihre logischen
Distinctionen: entweder ist die Beleidigung wahr oder sie ist
falsch, — der Beleidiger ist in gutem Glauben oder nicht,
er ist selbst ehrenvoll oder er ist es nicht u. s. w.; diese
Distinctionen sind alle viel zu klar; der Streitpunkt des

---

*) Wie die verschiedenen Nationen sich in dem, was als ehrenhaft, als
höchste, als nothwendige Ehre oder als „Tusch" gilt, unterscheiden, ist ein
interessantes völkerpsychologisches Kapitel, worauf wir hier nicht eingehen
können.

Duells, der innere Antrieb, ihn durch einen Zweikampf zu be=
seitigen oder auszugleichen, meist sehr unklar. Diese Unklar=
heit verbindet sich erstens mit derjenigen: wie und was denn
nun eigentlich der Zweikampf bei der Sache helfen soll? und
zweitens mit der weiter zurückliegenden allgemeineren Unklarheit
des ganzen Ehrenwesens überhaupt. Was die Wissenschaft im
Innern des Menschen, hier des Duellanten, entdeckt, das ist in
ihm keineswegs zu deutlichem Bewußtsein gekommen. Und auf
eben diese Unklarheit und Unbewußtheit der treibenden Elemente
werden wir die Stärke der ins Spiel kommenden Gefühle, das
Hervorbrechen der Affecte und die Entstehung der Leidenschaft zu
begründen haben.*)

Fassen wir von diesem Gesichtspunkte den Zweikampf ins
Auge, so kommen wir der Sache vielleicht am nächsten und
werden das innere Bild, den Gemüthszustand der Betheiligten
am besten treffen, wenn wir Folgendes annehmen. Auf hohen
Stufen der Cultur entwickeln sich einerseits die feinsten Be=
ziehungen der Ehre, andererseits die zarteste Empfindlichkeit
derselben. Hier verschlingen sich im Verkehr der Menschen
plötzlich die Fäden zu einem Knoten, der sich nicht lösen läßt,
von dem man wenigstens überzeugt ist, daß er sich nicht lösen
lasse. Nun soll der Knoten durchhauen werden. Man kann nicht
sagen, daß dies eine Lösung sei; aber es ist eine Erlösung
von dem völlig unleidlichen Zustande. Die feineren mensch=
lichen Beziehungen, welche die Cultur geschaffen hat, erzeugen
die Verwickelung, aber alle Gesetze und Schranken, alle An=
forderungen und Vorkehrungen der Cultur erscheinen durchaus
als nicht hinreichend, um die Verwickelung wieder zu beseitigen.

---

*) Ueber dieses Verhältniß zwischen Vorstellungsinhalt und Gemüths=
zustand wird die nächste Abhandlung über den Humor eine weitergehende
Lehre bieten.

Auf dem Standpunkt der Cultur ist und bleibt die Sache also absolut verwickelt; deshalb tritt man für eine Weile heraus oder herab auf den Standpunkt der Barbarei oder der Natur, um sich durch einen Waffengang von dem Alpdruck zu befreien.

Ist uns demnach der Versuch gelungen, nachzuweisen, wie das Duell in unsern Zeiten und unter Vernünftigen überhaupt nur möglich ist, so wolle man ihn doch nicht etwa als einen zur Vertheidigung des Duells ansehen, als ob wir darum dasselbe als vernünftig oder sittlich betrachteten.

So oft man von einem Studentenduell mit tödtlichem oder lebensgefährlichem Ausgange hört, wendet man den Blick mit einem gewissen Widerwillen von jenen Schmarren und Hieben, die bei Jena und Leipzig sitzen geblieben, aber nicht in den dortigen Schlachten, sondern in Duellen, zu denen die Gelegenheit vom Zaune gebrochen wird. Die Gegner haben erst mit der Ehre wie Kinder gespielt, um sie hinterher wie Männer zu rächen. Das Selbstgefühl und demnach auch die Ehre beruht hier hauptsächlich in der Sehnen- und Muskelkraft; diese dürstet nach „genügenden Mensuren"; nach einer Anerkennung, die in der civilisirten Gesellschaft allerdings nicht zu finden ist, außer allein auf dem Fechtboden. Die Abneigung gegen diese nicht immer unschuldige und neben der allgemeinen Wehrpflicht ziemlich nutzlose Spielerei würde sich viel schneller verbreiten, wenn man nicht einerseits ein gewisses Maß äußerer aber auch innerer Charaktergymnastik darin erkennen müßte, und andererseits die früheren Generationen als Väter oder Lehrer durch ihre eigene Jugend einigermaßen dafür gebunden wären. Man liebt, was uns in der Zeit jugendlicher Kraft und Freiheit lieb gewesen, auch ohne Prüfung, und mit einer Schmarre im Gesicht läßt sich schwer gegen das Duell kämpfen.

Das Verdienst des Rappiers, form- und regellose Hand-
greiflichkeiten auszuschließen, wird eine psychologische Aesthetik
gewiß nicht unterschätzen; aber mir will scheinen, daß man
unserer studirenden Jugend denn doch sehr zu nahe tritt, wenn
man voraussetzt, daß sie sich fortwährend vor der Alternative
von „Paukerei" oder Prügelei befinde. Die „Rempelei" ist im
Einzelnen Ursache, im Allgemeinen aber Folge der Paukerei.*)
Nicht mindern Widerwillen erregen jene traditionell sogenannten „feineren Ehrenfragen", welche das Duell häufig unter
Leuten herbeiführen, bei denen „auch Ehrenschulden" (diese
schlimmste Mesallianz des Ehrbegriffs) heimisch zu sein pflegen;
denn gerade diese feinere Ehre geht gemeiniglich aus Kleingeisterei, faber Persönlichkeit und würdelosem Stolze hervor; das Selbstgefühl ist hier ohne einen höheren und kräftigeren
Lebensinhalt, die Ehre deshalb ein morsches, geschmackloses Gewand, von Spinneweben aus den verfallenen Räumen einer
veralteten Kulturepoche bereitet, ein Plunder und Zunder, der
am leisesten Funken Feuer fängt.

Nur die wirkliche Leerheit des Lebens an Thaten und
Ideen, und eine arge Bewußtlosigkeit über dessen Beruf und
Bedeutung macht, daß es bei so Vielen an dem Zwirns-
faden rein conventioneller Ehrbegriffe hängt, der in jedem
Augenblick der Parzenscheere eines Ebenbürtigen von gleichem
Kaliber preisgegeben ist. Ein Duell aber wegen grober und

---

*) Bei Spielhagen (Probl. Naturen) heißt es: „Den ganzen sogenannten
Comment hielt ich nämlich von je her für den abominabelsten Unsinn, ver-
derblich für die Gesundheit, viel verderblicher aber noch für die Moral, denn
er zwingt die jungen Gemüther ihr eigenes Denken und Fühlen heroisch dem
Moloch eines barbarischen Ehrbegriffs, der lächerlichsten Caritatur eines
Codex der Moral, die je erfunden ist, zu opfern, und gewöhnt sie auf diese
Weise systematisch an jenes blinde, katholische Gehorchen, welches mir die
eigentliche Sünde gegen den heiligen Geist zu sein scheint."

gemeiner Schimpfwörter sollte in unsern Zeiten wahrlich nicht mehr vorkommen; denn wer sie gebraucht, sollte eben deshalb schon nicht als ebenbürtig, vielmehr trotz sechzehn Ahnen als ein Ehrloser gelten, von welchem man keine Satisfaction fordert; wie denn auch die englische Justiz, offenbar aus keinem andern Grunde, Schimpfwörter nicht als Injurien betrachtet.

Von allen jenen Duellen, welche aus nichtiger Persönlichkeit, oder aus nichtigen und kleinlichen, nur historisch anerkannten Gründen hervorgehen, wollen wir hier absehen, weil sie in jedem Betracht als widersinnig und unsittlich erscheinen. Aber auch das Duell unter wahrhaften Ehrenmännern (die mit Recht von außen keinen Makel dulden wollen, wo sie innen keinen haben), wegen einer aus Irrthum oder in der Hitze der Leidenschaft zugefügten wirklichen Beleidigung kann man vor dem Richter= stuhle der Vernunft und Sittlichkeit nicht freisprechen. Es bleibt immerhin ein unverantwortlich übertriebener Egoismus, das Leben des Andern ganz zu zerstören, weil ein Theil von mir in ihm — in seinen Gedanken — erniedrigt ist; und weit entfernt, daß die gleichzeitige eigene Lebensgefährdung zur Entschuldigung dienen könne, liegt vielmehr hierin nicht blos eine Verdoppelung der Schuld, sondern ein unverzeihlicher und unsittlicher, ja, was das Wichtigste ist, ein unehrenhafter Mangel an Selbstständigkeit, wenn man, um in dem Gedanken des Andern nicht niedriger zu sein, sein Leben ganz aufgeben mag. Der wahrhafte Muth und die wahrhaftige Ehre muß sich darin bewähren, daß sie durch sich fest steht und nicht von jedem Einzelnen abhängig ist; nur ein Armer kann und darf Nichts von seinem Besitze verlieren; nicht die ängstliche Richtung auf ungestörten Genuß und allseitigen Empfang, sondern das ernste Streben nach stetigem Erwerb und Verdienst der Ehre ist die ächte Feuerprobe derselben. Für wen also die Selbstehre unerschüttert, auch die Ehre bei Andern im Allgemeinen fest begründet ist, der wird eine Verletzung derselben durch einen Einzelnen zwar nicht ruhig ertragen, aber doch durch ruhigere und sittlichere Mittel zu heilen suchen.

Denn jedenfalls bleibt das Mittel — Duell — zum Zweck — Wiederherstellung der Ehre — durchaus unzureichend und unangemessen. Gilt es die Ehre in den Augen der Ge= nossen und Mitwissenden zu retten, so ist es ganz vergeblich; denn entweder ist die Beleidigung eine verdiente, der Leumund ein wahrer, dann sind alle Beweise des Muthes umsonst, um die Ehre herzustellen: der erlittene Tod wird die Schmach nicht unverdient machen, der Tod des Andern aber zur Schande noch den Mord fügen. Ist die Beleidigung unverdient, die Behauptung des Feindes eine Verleumdung, dann wird sie, als solche unerweislich, durch Säbel und Pistole nicht widerlegt, da auch der Gegner kämpft, und wer auch falle oder siege, die Wahrheit kommt dadurch nicht an den Tag und die Ehre bleibt nach dem Duell zweifelhaft wie zuvor. Beide haben ihre Ehrenhaftigkeit, d. h. im Punkte des Muthes, durch den Kampf bewiesen, darum kann der Eine noch ein Schurke im Lügen, der Andere in der That sein, welche ihm vorgeworfen wurde. In dieser Beziehung ist das Duell also baare Unvernunft und beruht lediglich auf der falschen Umkehrung des Satzes: wer ehrenhaft ist, schlägt sich, in den Satz: wer sich schlägt, ist ehrenhaft. Das Duell fügt in Wahrheit nur eine neue Ehrenfrage (Schlagen oder Nicht= schlagen) zu der alten (welche Ursache desselben ist); aber die günstige Entscheidung jener ist eben noch lange keine für diese. Gilt es jedoch in der Seele des Gegners selbst gereinigt zu werden, so ist es wahrlich vergebens, ihm das Licht des leiblichen

Lebens auszublasen, seine Meinung und sein Urtheil mit dem Degen niederzuschlagen, oder selber zu Grunde zu gehen. Man wird in diesem Falle nicht die Schande, in jenem nicht den Schänder los, denn die Gedanken können weder durchspießt, noch durchschossen werden.

Wunderliche Mischung von Idealismus und Materialismus! Wesen und Inhalt der Ehre ist, wie wir gesehen haben, ein Ideales, Gedanken, Meinungen, Vorstellungen, inneres Dasein im Andern; allein das Duell hat schließlich nur im Materialismus seinen Grund, in der Meinung, mit dem Leibe auch die Seele niederzuschlagen, die eigene oder die fremde. Und gleich wunderliche Mischung von Kühnheit und Feigheit! Man flieht feige vor dem Gedanken des Andern, kann ihm geistig nicht entgegenstehen — und geht kühn auf seinen Leib los. Ist die Ehre verwundet, so sollte sie als ein geistiges Wesen auch mit dem Geiste durch geistige Mittel geheilt werden; der (geistige) Kampf der Ehre kann durch die Ehre des (leiblichen) Kampfes nicht entschieden werden. Vor der Klinge ist die Schande hieb- und stoßfest wie ein Gespenst, und so wenig wie Jemand seine Ehre verliert, wenn er gemordet wird, so wenig kann er sie erringen dadurch, daß er einen Andern mordet.

Längst wäre auch das Duell antiquirt, wenn nicht jene Stände wirklich forderten, daß der Einzelne wegen jeder Beleidigung sich duellire. Wenn nun factisch seine Ehre da=von abhängt, er mag noch so rein und unschuldig dastehen, so ist es wohl begreiflich, daß auch der Vernünftigste, wenn gleich mit sittlichem Widerwillen, darauf eingeht. Auch geht die Klarheit, die der Gesetzgeber, der Psycholog sich über das Wesen des Zweikampfs verschafft, nicht gleich auf den

Duellanten über, und deshalb weiß der Psycholog, daß sein Wissen das Duell verurtheilen, aber dadurch noch nicht vernichten kann. Gegen die Aechtung der das Duell Abweisenden und nicht gegen das Duell, gegen die Genossen= und Körperschaften und nicht gegen die Duellanten sollten die Strafgesetze sich richten; das Corps sollte bestraft werden, so oft ein Duell stattfindet, und zwar mit öffentlichen Ehrenstrafen, nicht aber die Einzelnen, welche ein Opfer des Gemeingeistes und seiner ausdrücklichen, auch von gesetzgebenden Personen anerkannten Satzungen sind. Freilich würde auch dies wahrscheinlich wenig nützen, denn eine Rechtsanschauung, welche zur Sitte geworden, haftet fester im Bewußtsein und hat größeren Einfluß auf den Willen, als daß sie durch eine gesetzliche Bestimmung verdrängt oder geschwächt werden könnte. Daß die Gesetzgebung der modernen Staaten immer noch zwiespältig ist; daß immer noch, ob geschrieben oder ungeschrieben, zweischneidige Bestimmungen, von deren Erfüllung die Lebensstellung eines Mannes abhängig ist, vorhanden sind; Bestimmungen, welche auf der einen Seite das Duelliren mit Strafe belegen und auf der anderen Seite das Nichtduelliren mit noch viel härterer Strafe bedrohen, — dies sind bekannte Thatsachen.

Es darf auch nicht verkannt werden, daß die Neigung, den Zwiespalt endlich und zwar dadurch zu lösen, daß der Zweikampf entschieden verdammt und die Ablehnung desselben vor allen nachtheiligen Folgen sicher gestellt wird, vielleicht vorhanden ist; daß sie aber wesentlich gehemmt wird durch die Befürchtung, mit der absoluten Beseitigung des Duells auch das Wesen der Ehre, ihre Stärke und ihre Empfindlichkeit zu vermindern. Es geht hier kaum anders, als auf allen Gebieten der Aufklärung: die idealen Elemente sind im Unbewußten, im Dunkel der Zeiten und inneren Zustände erwachsen und sie

erscheinen mit allen Formen, in denen sie eingelebt sind, innerlich verwachsen; man fürchtet sie zu zerstören, wenn man sie
auch nur von denjenigen Formen löst, welche ein deutliches
Bewußtsein als zufällige aufzufassen sich berechtigt glaubt.

Nur steigende Cultur und Einsicht, vor Allem wach-
sender Ernst des sittlichen Berufs, tiefer eindringende
Ueberzeugung, daß nicht der glückliche Genuß, sondern die
Pflichterfüllung Zweck des männlichen Lebens ist, würden im
Stande sein, diese Sitte zu entwurzeln. Denn woher ihre Zähig-
keit? woher kommt es, daß jene duellirenden Stände noch immer
jener Meinung anhängen? Vorwiegend von der, aus einer
roheren Zeit stammenden, einseitigen Ueberschätzung des Muthes,
so daß dieser als höchstes Zeichen und factischer Beweis
der Ehrenhaftigkeit gilt. Das Verkehrte, ja Niedrige dieser
Anschauung liegt aber auf der Hand. Wohl soll der Ehrenmann des Muthes nicht entbehren, nicht feig zurückbeben vor
der Gefahr selbst des Lebens, wo es die Ehre gilt; aber nicht
wer ihn besitzt, ist darum ein Ehrenmann; der Feige verliert,
aber der Todesmuthige gewinnt darum noch nicht an Ehre;
sie wird durch den Muth bedingt, nicht erzeugt, daher er auch
nicht als entscheidendes Zeichen für sie gelten kann.

Wohl zu den Zeiten des Faustrechts mochte, und unter
den Wilden mag noch jetzt der animalische Muth und die
Bereitwilligkeit, das Leben zu wagen — ohne Rücksicht auf
den sittlichen Zweck — die größte Selbstständigkeit und Würde
verleihen; in unserer Zeit und Gesellschaft soll der Mann
nicht blos den Werth der Selbstständigkeit, sondern eine Selbstständigkeit des Werthes, nicht blos Würde der Kraft, sondern
Kraft der Würde besitzen; kurz: eine gute Klinge oder scharf-
gezielte Pistole zu führen und beide todesmuthig zu handhaben,
ist weit davon entfernt, dem Manne in unsern Tagen und

Verhältnissen Werth und Würde, also Ehre zu verleihen, so wie er dessen, im Unterschied von früheren Zeiten, zu seiner Selbstständigkeit vollständig entbehren kann. Das Ziel und nicht die Kraft, der Preis und nicht der Kampf ehrt den Mann; denn muthiger als ein ganzes Dutzend Duellanten ist der Wilde in den Prairien, und sein Leben wagt auch der Raubmörder, um Gold zu erbeuten.

„Alle Gesetze,‟ sagt Rosenkranz mit Recht, „haben erst in der öffentlichen Meinung ihren Halt und diese hat sich jetzt eben so entschieden gegen das Duell gekehrt, als sie im Mittel= alter und darüber hinaus dasselbe begünstigte. Man hat von dem Mysticismus in der Ehre gesprochen, der nur durch das magische Medium des Blutes sich befriedigen könne. Allein ich denke, daß die jetzige Zeit die Capricen des sogenannten point d'honneur,*) diese spanischen Grillen, hinter sich hat und daß die Ehre, ihrer Unendlichkeit, und ihr Gefühl, seiner Tiefe unbeschadet, grade etwas sehr Bestimmtes sind und mit einem geheimnißvollen Dunkel Nichts zu thun haben.‟ Nur die oben erörterte, sehr natürliche Unklarheit des Selbstbe= wußtseins mag auch als die Quelle dieses Mysticismus an= gesehen werden.

Nicht das juridische Unrecht, nicht die moralische Sünde sondern die sittliche Würdelosigkeit, die u n e h r e n h a f t e Schätz= ung der Leibeskraft und des Leibeslebens sollte man den

---

*) „Das point d'honneur ist nicht die Ehre, es ist die Grimasse der= selben, es ist die falsche Ehre. Unter diesen Umständen ist der Friede die Ehre und das vergossene Blut nährt den Despotismus.‟ So weise Worte schrieb Dollfuß im „Temps‟ April 1867.

Wie gering übrigens die Bürgschaften dieser degenspitzigen Ehrenhaftig= keit für die gemeine Wohlfahrt und gesetzte Lebensordnung sind, das be= weisen die Spanier seit einem halben Jahrhundert mit einer erschreckenden Deutlichkeit.

Duellanten zeigen, um sie von ihrem Irrthum zu überzeugen. — Der Student suche seine Ehre in moralischem Wandel und geistiger Befähigung; darin wird er die Waffen finden, jeden Angriff auf seine Ehre geistig zu vernichten; die Kraft seines Armes kann seine Ehre weder schützen noch retten, denn die Ehre des Studenten ist nicht die des Gladiatoren. Der Adelige aber und der Soldat, sie stählen ihren Arm und ihren Muth, um ihre Kraft nicht gegen Verläumder und Schimpfredner, sondern gegen den Feind des Vaterlandes zu beweisen; ist es doch des Soldaten Beruf, auf den Tag zu warten, da er mit der eigenen Ehre zugleich die des Vaterlandes beweisen und retten kann.

Mit unauslöschlichem Nachdruck aber sollte das öffentliche Bewußtsein sich besonders gegen jeden (schon von Gneist mit Recht als Zerrbild bezeichneten) politischen Zweikampf wenden. Von der Herausforderung eines Beamten wegen einer Amtshandlung, die er vollzogen hat und die man als eine persönliche Beleidigung aufzufassen beliebt, gar nicht zu reden; denn sie ist eine Auflehnung wider die staatliche Ordnung, ist eine Verhöhnung nicht dieses oder jenes Gesetzes, sondern aller Gesetzlichkeit unter dem Deckmantel der persönlichen Ehren= haftigkeit.

Aber auch jedes parlamentarische, jedes Duell wegen einer öffentlichen Kritik sei es der Regierungs=, sei es der Partei= organe (auch dann, wenn sie den Schein einer persönlichen Beleidigung annimmt, sobald es feststeht, daß nicht persönliche Feindschaft, sondern politischer Gegensatz die Sache geführt hat), ist im höchsten Grade eben so verkehrt, wie verderblich und verwerflich. Als Unsitte verbreitet, würde das politische Duell offenbar auf dem weiten Wege der Cultur zu den ersten Anfängen derselben zurückführen, in denen etwas mehr Kraft, viel mehr Uebung und Gewandtheit und noch viel mehr leichtes

Gewissen im Gebrauch tödtlicher Waffen das Uebergewicht der Herrschenden begründet.

Was aber soll man von dem wissenschaftlichen Zweikampf mit Säbeln und Pistolen sagen? von der Herausforderung wegen eines akademischen Votums oder einer litterarischen Kritik? Im ganzen Bereiche des Duells hat der eine Gedanke etwas Berückendes: wie es sich mit der Gesinnung und dem Werthe der Parteien auch verhalten möge: das Einsetzen von Leib und Leben für die eigene That und die eigene Meinung, um sie zu behaupten oder abzuwehren, hebe die Kämpfenden über das gemeine Urtheil hinaus; das Einstehen für sein Wort und sein Thun sei die Sache des Ehren= mannes und das eigene Blut sei der höchste Tribut, den ein Mann für seine That zahlen, das höchste Zeugniß, das er für seine Ehrenhaftigkeit bringen könne. Aber dieser alle innere Individualität verdeckenden Maske, dieser zauberischen Formel des Duells gegenüber sollte der einfache Satz allezeit unver= gessen sein, daß nicht einmal die Wahrhaftigkeit einer Behaup= tung, geschweige die Wahrheit einer Meinung durch vergossenes Blut festgestellt werden kann. Ihre persönliche Ehrenhaftigkeit mögen die Streitenden dadurch, daß sie das eigene oder das fremde oder Beider Leben dafür einsetzen, vollgültig beweisen; Nichts beweisen sie dadurch für den Werth ihres sonstigen Han= delns, für die Wahrhaftigkeit ihrer Worte, für die Wahrheit ihrer Ansichten. Vieles, was die Menschen einander beweisen wollen, ist schwer zu beweisen; die Zeugnisse, die Gründe, die Kraft der Erkenntniß selbst sind oft genug unzulänglich. Kein Wunder, daß man dann zu allerlei subjectiven und künstlichen Mitteln greift, um den Gegner oder den zuschauenden öffent= lichen Geist dennoch zu überzeugen. Vielfach gilt die Wirk= lichkeit einer Thatsache, die Wahrheit einer Meinung, der

Werth einer Handlung dadurch als bezeugt, daß die Ehren=
haftigkeit ihres Urhebers außer Zweifel steht. Wenn aber
diese Ehrenhaftigkeit selbst erst und nur durch die Kampfbereit=
schaft bezeugt wird, dann ist es, als ob der Blinde über Ge=
sehenes, der Taube über Gehörtes Zeugniß ablegen soll.
Heillose Ansichten werden nicht heilsam, irrende Behauptungen
werden nicht wahr, niedrige Handlungen werden nicht edel,
auch wenn ihr Urheber Blut dafür bietet oder fordert. „Blut
ist ein besonderer Saft;" aber er kann die Wahrheit weder
verwischen noch enthüllen.*)

Die Alten kannten das Duell — den Privatkampf —
nicht; sie fochten nur für das Vaterland und nicht für sich.
Die Alten kannten freilich auch die Privatehre kaum, fast nur
die, welche vom Staate kam, nur Bürgerehre; wenn wir aber
demnach auf einem höheren Standpunkte stehen, auch für die
Individuen und jede individuelle Tugend eine Ehre anerkennen,
nun dann sollten wir sie um so weniger mit der materiellen
Kraft, welche aller Individualität entbehrt und mit der edelsten
nicht viel gemein hat, nicht in so nahe Verbindung bringen.

---

*) Jos. W. Nahlowsky in seiner energischen Schrift gegen das Duell
(Leipzig 1864), insbesondere gegen den Zweikampf der Studenten: diese,
„Deren Mission es ist, dereinst in höheren Berufskreisen, als Lehrer,
Priester, Richter und Räthe der Krone zu wirken; Licht und Wahrheit, Recht
und edlere Sitte zu verbreiten, sollten und müssen fortan ihre Hand rein
erhalten von solchem blutigen Götzendienste, der leider schon manches
edle, aber bethörte Opfer gefordert hat!" Beherzigenswerth ist, was N.
weiterhin S. 37 ff. über das Verhalten der öffentlichen Meinung und zu
ihr bemerkt: nur sollte man überhaupt wenig über den Inhalt der öffent=
lichen Meinung streiten, sondern an der Aus= und Umbildung derselben
arbeiten, wie der Verf. selbst es so innig und vollkräftig thut. An den
obersten Stellen im Kriegsheer, bei den Lehrern der Hochschulen und in den
hervorragenden öffentlichen Blättern fließen für unsere Frage die Quellen
der öffentlichen Meinung; bald würden sie sich wirksam erweisen, wenn sie
nicht vereinzelt, sondern stetig und gleichartig fließen wollten.

Wenn wir aber seit Menschengedenken bei allen Völkern, auch auf den höchsten Punkten der Cultur, dieselbe Schätzung der materiellen Kraft und des animalischen Muthes sehen, so daß die militärische Ehre allezeit die empfindlichste Stelle ihres Ehrgefühls war, so muß man bedenken, daß es sich hier wirklich um die Nationalehre handelt. Denn hier erreicht der Kampf, der Krieg, durchaus verschieden darin vom Duell, wirklich sein Ziel, die Ehre zu retten. Von der militärischen Kraft hängt die Selbstständigkeit der Nationen ab, und diese ist der erste und wichtigste Maßstab für den Werth und die Würde einer Nation als solche.*) — Aber auch der Krieg wird ja nur als als ein nothwendiges Uebel angesehen und in gebildeten Staaten möglichst vermieden; der Abscheu vor ihm und seiner Rohheit wäre sicherlich noch größer, wenn nicht „in jeder bedeutenden Kraft etwas so Bewältigendes läge, daß man ihre tyrannische Erscheinung vergißt, wenn sie vorüber ist, und nur die ideale Kraft und der Erfolg von ihr in Er=innerung bleibt."

Etwas hievon kommt allerdings auch dem Duell leider zu gute; aber während im Kriege für das Vaterland oft die heiligsten Saiten des Menschenherzens harmonisch erklingen, rührt und sprengt das Duell sie meist mit schreienden Disso=nanzen gegen Kindes=, Gatten=, Vater=, Bürger= und Menschen=pflicht überhaupt.

Ich darf die Besprechung des Duells nicht schließen, ohne eines auf den ersten Blick sehr begründeten Einwandes zu ge-

---

*) Darum hat es einen guten und schönen Sinn, wenn Fürst S. (in Rußland) nach allen hohen Orden als höchste Auszeichnung ein einfaches Kreuz erhält, wie es gemeinen Soldaten als Zeichen und Belohnung ihrer Tapfer= keit verliehen wird, und die gleiche Anschauung tritt in den Stiftungsurkunden des älteren wie des neueren „eisernen Kreuzes" offen und leuchtend zu Tage.

denken, welcher von Wolffsohn dagegen erhoben ist, daß meine Darstellung in der ersten Auflage (wie auch in dieser) den Zweikampf nur als Erfolg des Ehrenwesens ansieht.

Der Wahrheit zu Ehren muß ich die wichtigste Stelle wörtlich hier anführen:

„Das Wesentliche, das sich gegen die Folgerungen von Lazarus sagen läßt, läuft auf keine Berichtigung, auf keine Ergänzung seiner durchweg scharfsinnigen umfassenden Ent= wicklung des Ehrbegriffs hinaus. Ich komme damit nur auf die Unvollständigkeit in der Betrachtung des Duells, die sich auch bei ihm daraus ergiebt, daß er es in allen Punkten an den Ehrbegriff anknüpft, während man in denen mit ihm einverstanden sein muß, wo es sich wirklich daran anknüpfen läßt. Er durfte immerhin „den höchsten, tragischen Erfolg des Ehrgefühls" im Duell erblicken; aber sein Absehen von allem Andern, wovon das Duell auch die höchste tragische Spitze ist, zeigt, daß auch er in der ganzen Frage nur den Belei= digten, nicht den Beleidigenden, nur die unmittelbare, nicht die mittelbare Veranlassung zum Zweikampf vor Augen hat. Das nenne ich eben nur eine theilweise Anschauung der Sache. Die Nöthigung zum Duell aber ist nicht blos auf die Conse= quenzen, sondern auch auf die Motive der Beleidigung zurück= zuführen. Ehe der Beleidigte in die Nothwendigkeit kommt, sein Leben einzusetzen, hat sie der Beleidiger schon empfunden, der die Folgen seiner Handlung doch voraussehen muß. An= genommen selbst, Ehre sei das Einzige, wofür es der Be= leidigte einsetzt, wer kann dasselbe vom Beleidiger behaupten? Ich werde alle Gründe des Hasses oder des Zornes nicht auf= zählen, der zur Beleidigung drängt; genug, daß ich nicht zu beweisen brauche, gekränkte Ehre sei nicht der einzige, nicht einmal der überwiegende Grund.

12*

Sollte nun auch das Duell in seiner Ausführung immer als eine Ehrensache zu betrachten sein, wenn es in seinen Beweggründen nicht immer eine solche ist, so kann Ehre nicht mehr für die allgemeinmenschliche Bedingung dieser Sitte genommen werden, so ist eine andere Begründung derselben in der Menschennatur, ein anderer Zusammenhang mit dieser in all den wechselnden Formen des Duelles zu suchen. Welches höchste Interesse wird gewahrt, wo der Conflict zwischen Persönlichkeiten oder Genossenschaften zum Kampfe treibt? Der Lebensinhalt, das „Gut." Ob das nun Macht, Ehre, Liebe, Glauben, Wissen — es ist die materielle oder moralische Fülle des Lebens. Die Ehre ein höheres Gut nennen als das Leben, ist eine Redensart, in welcher Gut wie Leben falsch verstanden ist. Abstract genommen, kann die Ehre kein Gut sein, weil nur das ein Gut ist, was dem Leben Inhalt giebt; in realer Verwerthung aber wird die Ehre nur dadurch zum Gut, daß sie Leben ist. Welcher Kampf hiernach vor der Vernunft bestehen kann, ist leicht zu entscheiden: der, wo man das Leben wagt, nicht, wo man es preisgiebt. Und blicken wir auf das sittliche Moment des Kampfes, auf den Muth, das Höchste einzusetzen, auf den sich die männliche Ehre im Krieg wie im Duell stützt, so bleibt ebenso wenig ungewiß, welcher Muth vor der Sittlichkeit besteht: der den Tod, nicht der das Leben verachtet. Das ist der Unterschied zwischen dem Krieger und dem Duellanten. Leider verwechselt man beides und nimmt die Lebensverachtung im Duell für eine Bürgschaft jenes Muthes, der in der Todesverachtung liegt. Auf dieser Verwechselung beruhen noch jetzt die Standesgebote des Duells."

Es ist wahr, daß Ehre nicht zugleich die mittelbare Ursache, nicht der letzte Grund jeden Duells namentlich auf Seiten des Beleidigers ist. „Zorn und Haß", aber auch die Neigung zum Raufen, die für die freieren Stände gewisser Zeiten und Völker charakteristisch ist,*) und gemeine Gesinnung als: Lustgier, Neid und Mißgunst eines bestehenden Glückes können die Ursachen der Beleidigung sein. Allein indem weder der Beleidiger noch auch der Beleidigte zum meuchlerischen Degen oder der Pistole oder zu irgend einer moralisch tödtlichen Waffe greift, sondern zu einer Beleidigung, auf welche eine Forderung — nach der bestehenden Sitte — folgen muß, wird die Ehre allein zur Zielscheibe des Handelns im Beleidiger und zum Quellpunkt des Handelns im Beleidigten. Auch dann sogar, wenn der Beleidigte es sehr wohl weiß, daß es nicht auf Verletzung seiner Ehre abgesehen war, sondern ganz andere Motive im Hintergrunde standen (Eifersucht, Neid, Mißgunst, Habsucht oder Rauflust), so will und kann er doch gegen nichts Anderes, als gegen den Angriff auf seine Ehre oder dessen, für den er eintritt, kämpfen.

---

*) Auch die Carikaturen bei Shakespeare schildern deutlich. In „Romeo und Julie" sagt Mercutio zu Benvolio:

„Du bist mir so ein Zeisig, der, sobald er die Schwelle eines Wirths= hauses betritt, mit dem Degen auf den Tisch schlägt und ausruft: Gebe Gott, daß ich dich nicht nöthig habe! und wenn ihm das zweite Glas im Kopfe spukt, so zieht er gegen den Kellner, wo er es freilich nicht nöthig hätte. . . . .

Ei, wenn es Euer zwei gäbe, so hätten wir bald gar Keinen; sie brächten sich untereinander um. Du! wahrhaftig Du zankst mit Einem, weil er ein Haar mehr oder weniger im Barte hat, wie du. Du zankst mit Einem, der Nüsse knackt, aus keinem anderen Grunde, als weil du nußbraune Augen hast. Dein Kopf ist so voll Zänkereien, wie ein Ei voll Dotter, und doch ist dir dein Kopf für dein Zanken schon dotterweich geschlagen. Du hast mit Einem angebunden, der auf der Straße hustete, weil er deinen Hund aufgeweckt, der in der Sonne schlief. Hast du nicht mit einem Schneider Händel gehabt, weil er sein neues Wamms vor Ostern trug? Mit einem Anderen, weil er neue Schuhe mit einem alten Bande zuschnürte? Und doch willst du mich über Zänkereien hofmeistern.

Benvolio: Ja, wenn ich so leicht zankte wie du, so würde Niemand eine Leibrente auf meinen Kopf nur für anderthalb Stunden kaufen wollen . . .

Um erworbene Güter oder ihre Erwerbung zu schützen, fordert man nicht und schlägt man sich nicht; indem der Beleidigte die Gesinnung des Beleidigers zwar durchschaut, indem er erkennt, daß dieser auf Anderes als auf seine Ehre abgesehen hatte, und dennoch auf die Tendenz der Beleidigung eingeht, nämlich ihr eine „Forderung" entgegen zu setzen, werden alle anderen Elemente mit einem Schlage ausgeschieden und es bleibt Nichts als ein „Ehrenhandel". Ohne diese Einmischung des Ehrgefühls, das, so wie es sich einmischt, auch das Uebergewicht erlangt, würde alles Andere eher als ein Zweikampf erfolgen; welcherlei Ge= müthsbewegungen also auch vor und hinter diesem liegen mögen, bei seinem Ursprung, an dieser bestimmten Stelle der inneren Willensgestaltung steht allein das Ehrgefühl.

Oft genug mögen die Motive des Zorns, des Treubruchs, der Lustgier und anderer Leidenschaft ganz unverdient die Ehre genießen, durch die Forderung, die sie veranlassen, ihre gemeine, friechende, häßliche Raupengestalt abzustreifen und als Schmetter= linge einer „Ehrensache" frei und offen die Schwingen zu regen;*) aber die öffentliche Meinung gesteht ihnen diese Metamorphose um deswillen zu, weil der Beleidiger das Gleiche wagt wie der Beleidigte, und zwar sein Leben.

So ist es denn immer wieder die Bereitwilligkeit, was sage ich? gilt doch das Gleiche sogar, wenn es sehr wider Willen und mit schlotternden Knieen geschieht; so ist es denn die bloße Thatsächlichkeit, daß beide Kämpfenden den gleichen und den höchsten Einsatz bieten, wodurch sie den ganzen Handel, wie trüben Ursprungs er auch sei, mit dem Schimmer der Ehre umglänzen. Das ist die oben erkannte, nivellirende, alle

*) Ich erinnere an das Duell zwischen dem Secretär und Leonhard in Hebbel's „Maria Magdalena", die uns später noch beschäftigen wird. Die kurze Entwicklung der Katastrophe ist fast in jedem Worte lehrreich.

sittlichen Unterschiede, alle Verschiedenheit der sittlichen Werthe der Handlungen und der Charaktere verhüllende Macht im Zweikampf. In einem der Edelsten z. B. dem Secretär tritt einer der Niedrigsten, Leonhard, auf den Kampfplatz; indem Jener diesen zwingt, besser gesagt, indem er ihm gestattet mit ihm zu kämpfen, „läßt er ihn eine halbe Stunde lang für seines gleichen gelten." Was auch den Streit erregt, wie verschieden die sittliche Würde der Streitenden, der Werth ihrer Kraft und Gesinnung, die zu den Waffen treibt: der Zaubermantel der Ehre hebt beide auf den gleichen Standort, weil sie den gleichseitigen Kampf bestehen. Ein täuschender und trügerischer Glanz umspielt bewußt oder unbewußt noch immer den Zweikampf, weil er thatsächlich den Gesunkenen emporhebt; eine hellere Zukunft wird einsehen, daß er zugleich den Hohen erniedrigt, eben deshalb, weil er den Niedrigen erhöht.

Noch aber scheint man auf's Duell einen positiven Werth legen zu dürfen, weil es ein erhaltendes und schärfendes Mittel für das feinere Ehrenwesen innerhalb der Gesellschaft aus= macht; man scheint es innerhalb des Officierstandes (und bei einem Volksheer innerhalb der gebildeten Kreise überhaupt) mit besonderer Rücksicht auf den Krieg, d. h. auf die Wehrhaftig= keit der Nation hochhalten zu müssen; daß man aber ihm selbst die Analogie mit dem Kriege als Schutz oder Vorzug anrechnen will, erscheint mir durchaus unzulässig. Der Krieg, wie sehr er immer als irrationell, ungerecht, als ein noth= wendiges oder wenigstens historisches Uebel angesehen werden mag, bildet von ethischem Gesichtspunkte aus doch zugleich eine Schule, eine harte und gefahrvolle, aber vorzügliche Schule der Hingebung des Einzelnen an die Gesammtheit. Selbst beim schlimmsten Ausgang kann der Krieg an den Glie= dern des eigenen Volkes ethische Erfolge erzielen, welche die

Verlufte nach außen aufwiegen. Das volle Gegentheil jener Hingebung an die Gesammtheit, jener mit dem Leben einstehenden Sorge für das Allgemeine, findet aber im Duell statt, in welchem Einer sein und seines Gegners Leben nur wie ein persönliches Sondergut betrachtet, über welches ihm die auch von der Sittlichkeit unbeschränkte Verfügung zustehe.

Der Verf. der obengedachten „philosophischen Abhandlung über den Zweikampf" meint: „Dieser immer lebendige Nationalsinn (für Tapferkeit und Unerschrockenheit) ist es nun, welcher uns Bürger unwillkürlich in das Interesse eines Zweikampfs hineinzieht und uns, oft ohne selbst des rasch entwickelten verrätherischen Ausdrucks unserer Mienen und Geberden Meister zu werden, zwingt, nach Beschaffenheit der Umstände mitleidig, spöttisch oder verächtlich Jeden zu belächeln, der einer Herausforderung keine Folge geleistet hat. Kein Gegner des Zweikampfes kann über diese Erfahrung in Ungewißheit sein, sobald u. s. w."

Ich kann die psychologische Wahrheit und die Folgen dieser Thatsache nicht bestreiten; aber bevor man den gymnastischen oder nationalpädagogischen Werth des Zweikampfs darauf gründet, muß man sich mit ernstem Bedacht den Unterschied vergegenwärtigen, ob das Duell überhaupt als Sitte nicht existirt und die Beleidigung ein solches deshalb nicht zur Folge hat, oder ob Jemand einen rite angetragenen Zweikampf ablehnt. Alle Argumente, welche, wie die meisten der gedachten Abhandlung, nur von der heutigen Ablehnung einer Herausforderung hergenommen sind, verlieren beträchtlich an Gewicht, sobald man sich vorstellt, daß der Zweikampf überhaupt abgeschafft oder nicht eingeführt wäre.

Als Deutschland politisch ohnmächtig, als der Glanz der Nation unter den Völkern erloschen war, da mochte es

eine erhabene Aufgabe dünken, mit allen Mitteln die Jüng=
linge zu Helden auszubilden, in den Männern Muth und
Entschlossenheit zu verbreiten und sich mit der Kraft der Ein=
zelnen über die Schwäche des Ganzen hinwegzutäuschen oder
hinüberzuträumen.

Heute steht die Macht des deutschen Volkes unbestritten
da, das Bewußtsein und der Stolz desselben ist unter seinen
Bürgern weit verbreitet und so reizbar, daß die allgemeine
Wehrhaftigkeit und der allgemeine Waffendienst vollkommen
ausreicht, um auch aus den Jüngern der Wissenschaft, aus den
Söhnen des Adels und vollends aus den Officieren nur alle=
zeit tapfere, muthige Streiter für das Vaterland in einer
Stunde der Gefahr erwarten zu können. Aller künstlichen,
aller historisch veralteten und ethisch zweideutigen Mittel kann
der neue Geist der Nation in ihrer neuen Lebensform getrost
entrathen; der erleuchtete Sinn und das gesunde Herz des
Volkes sind der feste Schild für die Ehre des Vaterlandes.

———————

Wir haben hier den Punkt berührt, wo die Ehre des
Individuums zugleich zur National= und Staatsehre wird,
nicht blos bei dem König und Feldherrn, sondern auch bei
jedem einzelnen Krieger. Vor dieser aber entwickelt sich schon
aus der individuellen die Familien= und Stammesehre, Gewerbs=,
Künstler= und Standesehre. In allen diesen Verhältnissen
bezieht sich das Selbstgefühl nicht auf das eigene Selbst nach
seinem individuellen Inhalt, seiner Bildung, Leistung und
Stellung, sondern es faßt sich als ein Glied einer dieser Ge=
sammtheiten auf, seine Ehre ist die der Gesammtheit und um=
gekehrt. Es liegt ein so eigenthümlicher Reiz und Genuß
in diesem Bewußtsein, zu einer Gesammtheit zu gehören, an

sie seine Persönlichkeit hinzugeben, um diese dadurch erweitert, mit einem **größeren** und namentlich **bestimmten** Inhalt erfüllt zu sehen, daß fast alle Menschen das Bewußtsein der individuellen persönlichen Selbstständigkeit dafür gern opfern oder ihr unterordnen.*) Nicht blos der Stolz des Soldaten auf seinen königlichen und des Geistlichen auf seinen kirchlichen Rock, sondern auch der Künstlerhut, die Corpsmütze und das Verbindungsband, der Sammtrock und die Kanonenstiefel und alle Gewerbsabzeichen sind die Zeugen, daß man lieber in zünftiger Allgemeinheit als in persönlicher Selbstständigkeit sich präsentirt. Selbst Bediente in Privathäusern machen selten Gebrauch von der etwaigen Erlaubniß, statt einer Livrée einen beliebigen Rock zu tragen. Daß Domestiquen überhaupt den höheren Rang, welchen ihre Herrschaft im Vergleich mit Anderen in der Gesellschaft einnimmt, zugleich als ihre eigene Ehre auf sich selbst beziehen, hat seinen zu= reichenden Grund in dem persönlichen Ehrgefühl, weil natur= gemäß der Rang des Bedienten in seiner Zunft nach dem Maße der Vornehmheit seiner Herrschaft sich richtet.

Aber auch jede besondere und vorübergehende Auszeich= nung und öffentliche Verehrung, die seinem Herrn widerfährt, wird der Diener als einen Zutrag zu seiner eigenen Ehre empfinden; er fühlt, besonders, wenn er im Hause heimisch und eingelebt ist, sich als ein Glied in der Einheit desselben, hat an allen seinen Schicksalen, besonders in Bezug auf den Ehrenpunkt, so innige Theilnahme, als kaum andere, selbst natürliche Bande ihm einflößen.**) Gewiß darf man bei

---

*) Dies ist einer der wesentlichsten national=psychologischen Gründe der ständischen Gliederung jedes Volks.

**) Ein prächtiges Beispiel hiefür aus W. Alexis „Hosen des Herrn von Bredow" hieher zu setzen, können wir uns nicht versagen:

einem treuen Bedienten es eher wagen, seine persönliche Ehre in irgend einer Weise anzugreifen, als die seiner Herrschaft. Und von jeder humanen Herrschaft kann man es fordern, daß sie wie für das Wohlsein, so auch besonders für die Ehrensachen ihrer Untergebenen Interesse und Mitgefühl haben solle.

Unter den Bauern auf dem Lande begründet es öffentlich und darum auch im Gemüthe des Einzelnen einen wahrhaften Genuß von Ehre, zu einer großen und ausgebreiteten Familie zu gehören. Aber selbst in Städten wird der Einzelnstehende, Fremde, wenn nicht mit Verachtung, so doch mit Gleichgiltig= keit angesehen, sobald nicht besondere persönliche Vorzüge ihm einen eigenen Werth beilegen. Jeder Angehörige einer Familie, wenn er sich ihrer würdig beweist, genießt der Achtung und Ehre, die Einige in ihr sich durch Geist oder Charakter, Kunst oder Reichthum erworben haben. Auch der Werth der Nationen wird an den Größen der Männer und Charaktere, welche sie hervorgebracht, gemessen, und jeder Einzelne wird geschätzt nach der Nation, welcher er angehört. Jeder also betrachtet sich und wird betrachtet, außer seiner eigenen

---

Dem Junker von Hohen=Ziatz sind vom fahrenden Krämer ein Paar glänzende Pluderhosen vorgelegt und zu Kauf geboten, die zur Zeit noch eine Seltenheit waren und nur erst von den höchsten Herrschaften des Landes getragen wurden; die Dienstmannen stehen staunend umher: „Wär's doch für ganz Hohen=Ziatz eine Ehre, so dachte der Maier, so dachte der Knecht. Und der unterste leibeigene, wendische Mann, der mit den Schweinen unter einem Dache verkehrte, der nie sich unterstehen durfte, mit seinen Bastschuhen über die Schwelle zu treten, wo die Herrschaft saß, er dachte so. Er hätte sich auch freuen müssen, und er hätte sich gefreut, wenn das hübsche Zieh= kind von Hohen=Ziatz das Leibstück gewann. Was hatte er vom Junker? der sah ihn nicht an, wenn er aufs Roß stieg. Einmal, als er nicht schnell genug bei Seite sprang, hatte er ihm mit der Gerte einen Riß gegeben, der durch die Schwielenhaut drang, und viel fehlte nicht, hätte er ihn über= geritten; aber der Junker gehörte doch zum Haus. Des Hauses Ehre war auch des armen Leibeigenen Ehre. Eigene hat er nicht."

Perſönlichkeit, nach dem Charakter und der Würde der Einheit, zu welcher er mit Anderen gehört. Der gemüthvolle Hebel erzählt faſt 50 Jahre ſpäter, wie er als Knabe am Sarge ſeiner Mutter geſtanden, und fügt hinzu: „Die Liebe vieler Menſchen, die an ihrem Grabe weinten und in der Ferne ſie ehrten, iſt mein beſtes Erbtheil geworden und ich bin wohl dabei gefahren." (Biogr. z. b. ſämmtlichen Werken S. X.) Die Ehre ſeiner An= gehörigen zu beſitzen und zu genießen, iſt Glück, das unſchul= digſte und in den Folgen fruchtbarſte Glück eines reinen Ge= müthes; aber auch, wie alles Glück, nicht ohne Gefahr und Verantwortung.

Und ſcharf und unentrinnbar wird der Stachel der verletzten oder verlorenen Ehre von jedem Gliede der Gemeinſchaft empfunden; von dem Edelſten und Ehrenhafteſten gerade am meiſten. Wer im Geſpräch oder auch nur in der eigenen Er= innerung eine Generation, eine Linie, eine Perſon in ſeiner Familie ſcheu zu übergehen Urſache hat, fühlt die unüberwindliche Gewalt des inneren Zuſammenhangs.

Wer es liebt die Fülle und Tiefe, die Feinheit und Ge= walt des menſchlichen Gemüths zu beobachten, der wird einen dankbaren Stoff in der Beobachtung der mannigfaltigen und zarten Unterſchiede finden, die ſich in der Theilnahme an und beſonders in der Sorge um die Ehre der Angehörigen offen= bart; des Mannes um ſein ganzes Haus, des Weibes um den Mann, des Bruders um die Schweſter. Wie innig iſt die Gegenſeitigkeit in der Luſt der Ehre und der Laſt der Schande für die ganze Verzweigung einer Familie; aber wie fein und zart ſind dennoch die Kräfte verſchieden, wie un= gleichartig ſind die Mächte, die in den Gemüthern wirken! Nicht blos die Abſtände der Familienglieder, nicht blos die Richtung auf= und abwärts bilden eine Verſchiedenheit des

Grades, sondern die feineren Unterschiede der Gegenseitigkeit bil=
den auch eine verschiedene Art der in der Ehre gegebenen Zu=
sammenschließung Aller. Anders ist der Vater um seine eigene,
um seiner Tochter und seines Sohnes Ehre bekümmert; ungleich
verhalten sich Schwester und Bruder zu einander u. s. w.
Und neben den Banden des Blutes, der Nothwendigkeit
stehen die der Freiheit; auch die Freundschaft, die Genossen=
schaft, die Kameradschaft kann mannigfaltige Stufen der inner=
sten Ehrengemeinschaft begründen.

Und dies ist der tiefste Zug in aller Menschennatur, daß
Jeder, zwar einerseits nach Selbstheit und Selbstständigkeit
ringend, doch andererseits nach Zusammenschließung und Ein=
heit mit Anderen dürstet, sich hier aus der Masse emporarbeitet
zur Eigenthümlichkeit und Besonderheit, um sich dort wieder
mit ihr hinzugeben an diese oder jene Gesammtheit und ge=
schlossene Einheit; der Mensch sucht in und für sich selber
Kraft und Befriedigung, aber er findet sie immer wieder nur
in einer Gemeinschaft; Jeder trennt sich von dem Boden, darauf
er gewachsen, mehr oder weniger ab, aber er kehrt wieder
zurück oder sucht einen neuen, darin er festwurzelt, welcher
weiter und breiter ist. Das weiteste und zugleich festeste Band
ist aber nach aller Erfahrung das der Nationalität, also auch
der Nationalehre.

Doch auch hier findet das Gemüth des Menschen in
seinem Ringen nach Einigung die letzte Befriedigung noch
nicht; schon Kunst und Wissenschaft machen sich frei von den
Fesseln der Nationalität und schließen die Geister in noch
größeren Kreisen zusammen, obgleich dieselben sich selten ganz
von dem Boden der Heimath lösen. Aber die Verbindung
der Menschen durch die Religion durchbricht die Schranken
der Nationen auf eine sieghafte Weise, ebenso die eines Welt=

theils, als einer einigen Civilisationsgesammtheit; so giebt es eine Ehre des Christen, Juden, Muselmans und Buddhisten, abgesehen von Stand, Land und Nation, und die Ehre eines Europäers, Amerikaners. — Die größte aber und letzte Verbindung ist die aller Menschen, und die höchste Ehre die Ehre der Menschheit. So sagt man auch von den besten und größten Thaten, daß sie zur Ehre der Menschheit vollbracht sind; man eignet sie nicht den einzelnen Nationen oder Religionen, sondern der gesammten Menschheit zu, um dieser und den Thaten zugleich die höchste Ehre zu geben. Hier ist die Beziehung allerdings nicht mehr eine factische, äußerliche Verbindung, sondern die geforderte geistige und sittliche Einheit der Menschen, die Einheit des Begriffs des Menschen oder der Menschheit überhaupt, welchem durch jede wahrhaft menschliche That, ohne Rücksicht auf alle Besonderheit der Interessen, ein Genüge geschieht, Ehre angethan wird. Und so wird denn auch im umgekehrten Falle die schlechteste und niedrigste That als eine die Ehre der Menschheit (aller Menschen) verletzende betrachtet, weil sie eben dem Begriff der Menschheit (des Menschenthums) zuwider ist. — Indem dieser Begriff: Ehre der Menschheit, ganz allgemein und jede Besonderheit aufhebend erscheint, schließt sich damit der Kreis, denn sie ist, weil für Alle in gleicher Weise und für jeden Einzelnen dieselbe, wiederum die höchste Ehre des Einzelnen, als Menschen.

Und eben dieses Ende, die Ehre des Menschen als Menschen, ist zugleich der Anfang gewesen, der Grund jedes Anfangs irgend einer Ehre überhaupt; wo sie fehlt, kann von Ehre nicht geredet werden. Dies ist die wunderbare und eben darin heilige Natur des Menschen, daß er auf der untersten Stufe seines Daseins und seiner Entwicklung schon Mensch ist und sein muß, um zur Entfaltung nur gelangen zu können, und daß er auf der höchsten wiederum nur Mensch sein kann und soll: M e n s c h z u s e i n ist das Niedrigste, was man von Jedem fordern, das Höchste, was Einer leisten kann, die geringste Ehre, die er ansprechen, die höchste, die er er= ringen kann. — Um jedes Menschen Haupt legt die Ehre ihre Krone; aber sie ist von unzähligen concentrischen Kreisen gebildet, von der Enge des einzelnen Ichs bis zur Weite der Menschheit; in des Menschen Wahl ist es gegeben, wie weit er die Ehre seines Handelns an W e r t h ausdehnen will; er kann sich allein, aber auch Familie und Stadt, Land und Stand, Nation und Religion, er kann der Menschheit zur Ehre dienen und ihre Kronen tragen.

———

In allen diesen Formen und Weisen der Ehre ist mein Selbstgefühl nicht blos subjectiv erweitert, indem Andere außer mir selbst mich denken und schätzen, sondern auch objectiv, in= dem nicht blos mein individuelles Selbst, sondern zugleich die Ge= sammtheit, zu welcher ich gehöre, in mir geschätzt und geehrt wird. Dies verdient noch etwas weiter ausgeführt zu werden.

Außer den bisher betrachteten giebt es noch eine andere, höhere Form der objectiven Erweiterung der Persönlichkeit, welche zugleich die höchste Stufe der Ehre ist. Während in allen bisherigen der Einzelne seine Persönlichkeit nur in so fern erweitert, als er die der Gesammtheit repräsentirt, ab= spiegelt, daran Theil nimmt: ist die höchste Stufe, daß er die Ehre der Gesammtheit selbst bildet, schafft, daß er den Werth derselben in sich selber wirklich trägt oder trug, und sie viel= mehr daran Theil nehmen läßt. Die Ehre des Standes, der Familie u. s. w. erbt der Einzelne oder erwirbt sie höchstens; durch sein eigenes Thun tritt er die Erbschaft, den Besitz des Charakters und der Vorzüge der Gemeinschaft an: die wahr=

haft objective Ehre aber schafft der Einzelne sich, indem er der Gesammtheit den Charakter und die Vorzüge erst selbst verleiht. Das Streben nach dieser Ehre geht dahin, nicht blos von den Anderen und durch sie, sondern in den Anderen geachtet zu sein; der Mensch will seine Gedanken und Thaten nicht blos selbst denken und vollbringen, sondern auch Andere sollen sie denken und thun, so daß zu seinem Selbstgefühl nicht blos sein eigenes Leben und Wirken, sondern auch das der Anderen gehört; nicht Abbild der Gesammtheit, sondern Vorbild will er sein. Wenn Andere, was sie thun, durch mich und nach mir thun, dann thu' ich es in ihnen und durch sie; sie sind mit diesem Thun Theile meines Selbst, meiner durch sie erweiterten Persönlichkeit.

Hierher gehören vor Allem alle Stifter von Gemeinschaften, in wie fern sie die Idee und die Richtung derselben in sich getragen und beabsichtigt haben; so will auch der Lehrer nicht blos von den Schülern, sondern in ihnen geehrt sein; sein Selbstgefühl umspannt den Kreis der von ihm belehrten Schüler, denn er denkt und fühlt sich in ihnen, in so fern sie die von ihm empfangenen Gedanken denken. So will ein König in seinem Volke (nicht blos von ihm), ein Plato, ein Brutus, ein Shakespear und Lessing in seiner Nation leben und geehrt sein, so ein Feldherr in seinem Heere.

Dies ist nichts Anderes als Ehrgefühl, beruht sicherlich mit ihm auf Einem Grunde, ist aber freilich gänzlich verschieden von jenem bloßen „sich in Anderen erkennen;" denn nicht das Urtheil und die Anerkennung des Anderen über seine Thaten, sondern dessen Nachahmung, Aneignung und Wiederholung derselben erstrebt er; seine eigene objective Persönlichkeit soll nicht blos vielfach beurtheilt (also subjectiv erweitert), sondern verdoppelt und vervielfacht werden in der nachahmenden, gleichstrebenden Persönlichkeit der Andern. Nicht der Ruf, sondern die That, nicht das Lob, sondern das Werk, nicht die Schätzung, sondern der Schatz des Gedankens soll sich mehren in Anderen durch ihn. Dies ist kaum verschieden von der objectiven Darstellung und Hineinbildung der eigenen Persönlichkeit in Kunst- und andere Werke, welche die Ehre des Meisters sind; nur daß diese selbst ihre Bedeutung erst wieder darin haben, in andern Personen Bilder, Gedanken und Thaten zu wecken, denn dies ist der eigentliche Erfolg und das Ziel ihrer Schöpfung, so daß sie im Grunde nur Mittel sind zur Erfüllung des objectiven Ehrgefühls.

Mit diesem kann natürlich und wird oft das Streben nach subjectiver Ehre, nach innerer und äußerer Anerkennung gleichzeitig und verbunden sein; am reinsten aber und erhabensten steht diejenige Persönlichkeit da, welche mit ihrer That- und Schöpfungskraft sich Anderen mittheilt, nicht um zu empfangen, sondern nur um zu geben, nicht ein günstiges Urtheil für sich, sondern nur einen günstigen Boden für die Sache zu bereiten, Anerkennung und thätige Theilnahme nicht für sich, sondern für die Idee, in deren Dienst sie schafft und strebt, zu erzielen. Nur in diesem Sinne kann auch von der „Ehre Gottes" die Rede sein.

Aus der Ehre in diesem erhabensten Sinne gehen alle großen Thaten hervor, welche die Entwicklung und den Fortschritt ganzer Nationen erzeugen, aber sie hängt mit den früheren Stufen der Ehre aufs Innigste zusammen. Denn der, wenn auch oft unbewußte, Grundgedanke der Ehre: daß ein Anderer, indem er seine eigene Persönlichkeit, sein Selbst, d. h. seinen Lebensinhalt, den Kreis seiner Vorstellungen im Bewußtsein erfaßt, mich, meine Thaten und Gedanken, mitdenken muß, — dieser Gedanke giebt dem so Geehrten den

Impuls, nicht nur für sich, sondern auch für die Anderen
zu denken und zu handeln; der Gedanke und die That, die
ich in der Seele des Anderen zu sein wünsche, soll auch sein
Eigenthum werden; was die That meiner Seele ist, soll
in des Anderen Seele sich bethätigen, was meine Kraft erzeugt hat, soll in ihm zur Kraft werden, mein Werk soll in
ihm wirken. Der Geehrte ist durch sein Selbstgefühl, das er
im Anderen hat, mit ihm Eins. Daher wirkt ein Mann von
höchstem Selbstgefühl, von hoher reiner Ehrliebe für die
Gesammtheit, denn mit und durch seine That wird er mit ihr
Eins und will es werden. Wenn er so gewirkt hat, ist er ja
eben nicht mehr dieser Eine, Einzelne, sondern er ist der Vor-,
Aus- und Abdruck (Protoplast) der Gesammtheit, ein Haupt
zu den Gliedern. Sein Bewußtsein und sein Streben ist dann
und deshalb auch nicht mehr das eines Einzelnen, sondern
das Bewußtsein und das Streben der Gesammtheit, das sich
nur in ihm erfüllt und bethätigt. So ist z. B. Lessing nicht
dieser einzelne Mann, sondern der Mann der deutschen Nation,
die deutsche Nation ist in ihm Ein Mann. Jeder Deutsche
hat in seinem Selbstbewußtsein (wenn er eines hat) den Lessing
als einen Theil seines Selbst, d. h. seines Vorstellungskreises
(in seiner Bildung, seinem Glauben, seiner Sprache 2c.), ohne
daß er sich dessen bewußt zu sein braucht, daß dieser Theil
seines Selbstbewußtseins dem Lessing angehört. — Daher ist
das Selbstgefühl eines solchen Mannes so erhaben und gewaltig, weil er weiß, daß er in seinem Selbst nicht nur sich,
d. i. sein Ich, sondern die ganze Nation fühlt und denkt, in
welcher er lebt und welche in ihm lebt, und dies eben dadurch,
daß sein Denken und Thun nicht für ihn selbst, sondern für
die Nation ist.

Da gehen jetzt Hunderte an mir vorüber, indeß ich über

eine Wahrheit nachdenke; mein Denken ist unabhängig von ihrem, aber auch ihres von dem meinigen. Aber eine Zeit wird kommen, andere Hunderte werden hier vorübergehen und der Inhalt ihres Denkens oder die Form desselben wird von dem abhängig sein, was ich jetzt denke. Also weil, was er denkt und fühlt, nicht blos von ihm selbst gedacht und gefühlt wird, sondern dann auch von der Nation gedacht und gefühlt werden wird, so ist es eben die Nation, die in i h m denkt und fühlt. Schon theoretische Meinungen, Fortschritte des Wissens, Regungen des Gefühls und Formen der Stimmung werden nicht für den Einzelnen, sondern für die Gesammtheit gefunden. Vollends nun, wenn es um Gedanken sich handelt, um Gesinnungen und Ueberzeugungen, um Acte des Wollens von solcher Art, daß sie zu einer gemeinsamen That führen sollen, um Gedanken und Willensacte also, welche weder in der Schätzung noch im Erfolge einen individuellen Charakter haben, um innere Processe, welche ihrer Natur nach g a r n i c h t f ü r d e n E i n z e l n e n, s o n d e r n n u r f ü r d a s V o l k voll- zogen werden, da können wir sagen, daß es der Gesammtgeist ist, der in dem Führer wirkt, in diesem nur seine That be- ginnt, um sie dann in den breiten Massen lebendig zu voll- enden und verwirklichen.

Jeder große Denker und Lehrer, Staatsmann oder Künstler lebt so in seiner Nation, denn seine Gedanken und Thaten werden Gedanken und Thaten der Nation und jeder Einzelne aus ihr denkt in jenen Gedanken wiederum einen Theil von ihm, dem Denker, Dichter und Staatsmann. Hier sind die That und der Lohn in Eins gegeben: wer sich in der Ge- sammtheit objectivirt, indem er für sie denkt und wirkt, den denkt die Gesammtheit und jeder Einzelne in sich, und das ist die höchste Stufe der Ehre.

Dem Fürsten ist die Stelle gegeben, in sich selber eine Nation zu sein, d. h. seine Persönlichkeit zu ihr zu erweitern, sein eigenes inneres Leben mit Werken zu erfüllen, welche das Leben der ganzen Nation umfassen, nicht blos metaphorisch ab=, sondern schöpferisch vorbildend; und jener König von Frankreich hätte Recht, wenn e r oder durch ihn der Staat das leistet, was er leisten kann, wenn er wirklich die gesammte Lebenskraft des Staates in Bewegung setzt, und wenn er — e s n i c h t s a g t. Luther ist — mindestens zu seiner Zeit — die protestantische Kirche; aber er ist es nicht mehr, wenn er es sein will, wenn er von sich aussagt, er sei es; kurz: wenn er die protestantische Kirche zu seinem Selbst rechnet und nicht viel= mehr dieses der protestantischen Kirche hingiebt. Luther kann die Kirche, aber die Kirche nicht Luther sein; so soll ein König der Staat, aber ein Staat nicht der König sein. — Von dieser Umkehrung hängt die Entscheidung ab über die tiefste sittliche Lebensfrage; hier berühren sich die weiten Extreme der in größter Hingebung vollendeten höchsten Sittlichkeit, und der raffinirten Unsittlichkeit in umfassender Selbstsucht. Hier fallen die Würfel nicht blos über königliche Charaktere, sondern über die Geschicke der Nationen. Hier ist das untrügliche Kenn= zeichen der wahren oder falschen Apostel, der patriotischen Helden und der selbstsüchtigen Eroberer, mit Einem Worte derer, welche durch sich die Nation, und derer, welche durch die Nation sich selbst erheben wollen.

———

Diese letzte und höchste Stufe der Ehre führt in unserer Betrachtung wie im Leben zum R u h m. Er ist seinem Wesen nach nichts Anderes als Ehre, d. h. in dem Sinne, wie wir sie aufgefaßt haben, als Erweiterung des eigenen Selbstgefühls in Andern. Denn von dem Benehmen und Handeln des An=

dern gegen uns, worauf bei der gewöhnlichen Ansicht von Ehre das meiste Gewicht gelegt wird, kann beim Ruhm eigentlich keine Rede sein. Gerade in Bezug auf den Ruhm fehlt deshalb alle psychologische Erklärung, wenn die der Ehre ungenügend war.

Die Ehre und der Ruhm unterscheiden sich aber zunächst durch den Umfang der Personen, bei denen man sie sucht. Letzterer will nicht blos den Kreis des Umgangs und der Bekanntschaft, sondern auch die Grenzen der Zeit durchbrechen; Ehre leitet unsere Handlungen nur v o r denen und wird verlangt nur v o n denen, die uns kennen und uns bekannt sind. Zwar nicht eine Namensbekanntschaft setzt die Wirkung des Ehrtriebs voraus, sondern nur eine derjenigen Eigenschaften, worauf sich die Nothwendigkeit des bestimmten Ehrgefühls gründet; so wird ein Officier in Uniform auch vor den unbekanntesten Personen Nichts unternehmen, was seiner militärischen Ehre zuwider ist, und jeder Mensch wird unter allen Menschen das unterlassen, was die Ehre des Menschen als solchen verbietet. Immer also bezieht sich die Ehre doch nur auf die im näheren oder entfernteren Sinne Gegenwärtigen und Bekannten, daher man passend die Auszeichnung und Würdigung eines Verstorbenen als die „letzte Ehre" bezeichnet. — Der Ruhm aber ist das Andenken und die Anerkennung auch unter denen, welche uns nicht bekannt sind, in ben weitesten oder auch ohne alle Grenzen des Raums und der Zeit. — Mit Recht ist deshalb in unserer Sprache Ehre und Geiz, aber nicht Ruhm und Geiz zu einem Begriffe verbunden; denn der Geiz bezeichnet ein kleinliches Zusammenscharren und Festhalten eines Besitzes, was wohl bei der Ehre, die mehr von einer ungefähr bestimmbaren Summe bekannter Individuen her kommt, einen Sinn hat, nicht aber beim Ruhm, welcher auf schrankenlose Größen gerichtet ist. Das wahrhaft Dämonische in der Ruhmbegierde ist unzweifelhafte Thatsache; und wenn man ihr die Nichtigkeit ihres Gegenstandes zu zeigen meint, weil die persönliche Wahrnehmung und die subjective Befriedigung desselben der eigenen Voraussetzung der unendlichen Dauer wider= spricht, so wird sie dadurch nicht vermindert. Schwerlich wird dies auf etwas Anderem beruhen, als auf der zauberischen Gewalt, mit welcher Alles in unserer Seele sich umkleidet, was als ein Unendliches gedacht wird. Ist doch der Begriff auch des Erhabenen von dem des Unendlichen untrennbar. Welcher Inhalt auch den Ruhm begründen mag, die Vorstellung seiner Dauer von Geschlecht zu Geschlecht schließt zugleich die dauernde und darum alle Schranken überschreitende Aus= breitung des eigenen Namens und seiner Bedeutung ein. Und dieser Contrast, daß das in seiner Wirklichkeit abgeschlossene Wesen eines Endlichen, gleichsam der einzelne und enge Punkt allmälig einen unendlichen Raum erfüllt, bildet den umstrickenden magischen Reiz, der so das eigene Ich in seiner Vorstellung umspielt.

Aber auch innerlich sind beide verschieden: die Ehre ver= setzt sich in das Urtheil des Anderen und will ganz die Forde= rung desselben erfüllen; der Ruhm will die Forderungen des Andern übertreffen. Darin liegt auch der Grund, daß er die Forderungen nicht blos seiner Genossen, sondern aller Mit= lebenden und selbst der Nachwelt erfüllen, ja übertreffen will. So entspricht denn die Ehre dem Edlen, der Ruhm dem Er= habenen; denn wie das Edle geht die Ehre mit ihrem Thun oft über die sittliche Verbindlichkeit hinaus, wiewohl sie in den Grenzen der Erfahrung von der menschlichen Fähigkeit und Leistung bleibt; gleich dem Erhabenen aber schreitet der Ruhm über unsere Kenntniß menschlicher Geistes= und Willens=

kraft hinaus, ohne darum immer die sittliche Verbindlichkeit einzuhalten; es kann daher Einer nach Ruhm streben und doch auf Ehre verzichten.

Ehre ist innerhalb der Genossenschaft, des Standes in Gemeinschaft mit ihr und nach ihrem Maße denkbar; der Ruhm strebt über Ort und Stand hinaus; der Ruhm isolirt den Einzelnen, ihn über Classen, Völker und Zeiten hinaushebend.

Die Ehre also will dem Urtheil und der Erfahrung genügen, der Ruhm über Urtheil und Erfahrung hinausgehen; daher verlangt die Ehre nur Anerkennung, der Ruhm aber Bewunderung und Staunen, was am meisten im Begriffe der gloria ausgedrückt ist. Indessen kann der Ruhm als die durch Zeit und Raum weiter ausgedehnte Ehre, oder Erweiterung und Erhaltung seines Selbst im Geiste Anderer, die oben näher entwickelten verschiedenen Tendenzen dieser Erweiterung verfolgen, und, um es kurz anzudeuten, entweder eine subjective oder objective erstreben; jenes, wenn die Absicht der Großthaten dahin geht, nur für sich „ein Monument aufzurichten, dauernder als Erz", nur seinen Namen auf die Nachwelt zu bringen, während das Werk selber weit entfernt ist in der Nachwelt als ein würdiges fortzuleben, so daß man sagen könnte, sein Schöpfer lebe in ihm und denen, die es anschauen und genießen, objectiv weiter. Nicht bloß Herostratus, gar viele Andere haben so ihre Namen auf die Nachwelt gebracht, daß ihr Werk nur Zerstörung, ihre That nichtig oder vernichtend war. Es ist aber natürlich, daß man eine Hungersnoth nicht sobald vergißt als ein gesegnetes Jahr, und einen Orkan weniger als einen friedlichen Sonnenschein voller Fruchtbarkeit. — Der wahre und höhere Ruhm dagegen zielt darauf, seine objective Persönlichkeit ungemessen zu erweitern, d. i.

solche Thaten und Werke und dergestalt auf die Nachwelt
zu bringen, daß sie lebend und belebend in ihr fortdauern
und fortwirken, daß ihr Erfolg ein unaufhörlicher ist, daß, so
oft diese Gedanken wieder gedacht werden, jene Persönlichkeit,
aus der sie stammen, neu auf= und weiterlebt. Schön be=
zeichnet Ennius diese seine Hoffnung mit den Worten:

„Ehre mich Niemand mit Thränen und traurigem Leichengepränge,
Weil ich die Zeiten durchflieg', lebende Geister erfüll'."

Die bei Thermopylä und bei Leipzig, bei Poitiers und
bei Belle Alliance Gefallenen haben nicht ihre Namen, aber
die Freiheit ihrer Nation der Nachwelt überliefert; und Roms
glorreicher Name ist dauernder und lebendiger in dem Rechte,
das es hinterlassen, als in vielen Schlachten, die es geliefert.
Noch leben Griechenlands Denker und Dichter durch halb
Europa, als wenn sie ungestorben wären; ihr Name nicht
blos, ihr Leben, dessen bester Theil doch ihr Denken und
Dichten war, wird täglich wiederholt und erneut.

Noch Eines Unterschiedes zwischen Ruhm und Ehre, beide
im subjectiven Sinn, müssen wir erwähnen, der in allem Vo=
rigen seine Begründung so offenbar hat, daß wir den Punkt
nicht ausdrücklich zu entwickeln brauchen; nämlich: Ehre kann
man mit vielen Anderen zugleich. erstreben und genießen, Ruhm
schließt diese Gemeinschaft aus, beruht und dringt auf Allein=
heit und Einzigkeit in seiner Zeit und Art. Ehre gründet die
Republik im Reiche des Gemüths und der Sittlichkeit, Ruhm
die Despotie. Ehre verlangt jeder tapfere Kämpfer in dem
Siege für das Vaterland, Ruhm nur der Feldherr und Führer
der Schlachten; Ehre jeder Arbeiter am Bau des Staats und
der Wissenschaft, Ruhm nur der Baumeister und Gründer;
Ehre der Jünger, Ruhm der Meister.

Daraus folgt jene unendlich größere Triebkraft des

Ruhms, oft neben geringerem sittlichen Werth, die Größe der
Kraft und des Erfolgs auch ohne Hoheit und Würde der
Gesinnung. Beides spricht sich in dem Ausruf des sonst so
liebenswürdigen Heißsporns deutlich aus:

> Bei Gott! mich dünkt, es wär' ein leichter Sprung,
> Vom blassen Mond die lichte Ehre reißen,
> Oder sich tauchen in der Tiefe Grund,
> Wo nie das Senkblei bis zum Boden reichte,
> Und die ertränkte Ehre bei den Locken
> Heraufziehn, dürft' ihr Retter ihre Würden
> Dann alle tragen, ohne Nebenbuhler.
> Doch pfui der ärmlichen Genossenschaft!

Hier klingt schon die Ruhmsucht an mit ihrem in-
humanen despotischen Charakter, welcher auf einem, wenn
gleich erhabenen, dennoch unedlen Egoismus gegründet ist,
der den Zweck und die Würde der Handlung bald ganz aus
dem Auge läßt, um sich selbst zu befriedigen. Wird doch der
als patriotischer Held gewiß unübertreffliche Percy dadurch
zum Rebellen; in weniger reinen und unschuldigen Gemüthern
aber entfaltet jener Egoismus die verheerenden und zerstörenden Kräfte, deren Schöpfungen Ruinen sind, deren Thaten
Leiden der Nationen, deren Leben Tod von Millionen. —
Das rechte Maß und die würdige Richtung der Ruhmbegierde
ist durch den oben bezeichneten objectiven Ruhm hinlänglich
bestimmt.

––––––

Wir haben nunmehr noch von der sittlichen Natur des
Ehrgefühls zu handeln, es gegen die mannigfachen Angriffe
seitens der Moral und Religion zu schützen, die Grenzen seiner
Berechtigung zu bestimmen und die damit verwandten Begriffe,
Bescheidenheit, Anmaßung, Hochmuth und Demuth, Eitelkeit
und Stolz, wenn auch nur flüchtig zu berühren.

Auch die Nachtseite der Ehre, die Schande, sollte einer

gründlichen psychologischen Erforschung unterworfen werden, statt deren hier nur einige Bemerkungen Platz finden mögen. Die Sache ist nicht so einfach, wie sie auf den ersten Blick scheinen möchte; man kann nicht bloß das Gewebe umkehren und von seiner Rückseite betrachten; aus eigenen düsteren Fäden webt sich auch in ihr ein Bild der Gesetzlichkeit. Auch die Krankheit ist nicht bloß negativ, sondern ein positiver Proceß oder eine Reihe von Processen; sie verlaufen gegen den Zweck, aber nicht ohne ein Gesetz und mannigfaltiger als die Processe der Gesundheit sind die der Krankheit. Schande ist ein Anderes, als bloße Verneinung der Ehre; der einfache Verlauf nach der sittlichen Ordnung im Leben giebt noch keine Ehre, aber jede eigenwillige Störung dieser Ordnung erzeugt Unehre, Ehrlosigkeit und Schande in mannigfachen Formen und Abstufungen. Sie sind ein Bestimmtes, Positives, Reales im Gemüth. Aber nur schwer wird sich der Abgrund beleuchten lassen, der im Gemüthe dessen sich aufthut, welcher schändlich gehandelt und nun die Schande zu tragen hat. Ob es eine gänzliche Nacht in der Seele eines Menschen giebt, eine Nacht, in der keine Sonne und kein Mond und auch nicht einmal ein Sternlein der Idealität leuchtet, um durch sein Gegentheil die Finsterniß kenntlich zu machen? Das Volk sagt von dem, der erst in schandbarem Handeln das Gesetz und dann auch das Urtheil der Menschen völlig mißachtet, daß er nicht Scham noch Schande habe, daß er „der Schande den Kopf abgebissen hat." Er wird nicht roth und er wird nicht bleich. Die Menschen, die ihm angehören, und die Anderen möchten am liebsten „Nichts von ihm wissen;" aber sie wissen von ihm und können sich dieses Wissens nicht entschlagen. Der Einzelne kann in der gesetzverachtenden und gemeinschaftvernichtenden Gewalt seines eigensüchtigen, auf sich allein gestellten Willens sich ausschließen aus der Gesellschaft; die Gesellschaft aber kann sich nicht abschließen von ihm; sie wird seiner nicht los noch ledig; die Schande, die er selber nicht fühlt, sie wird von Anderen, von den näher oder ferner stehenden Menschen, sie wird von der Gesellschaft gefühlt.

Von einer unendlichen Tiefe mag daher das Gefühl der Schande bei dem sein, welcher nur im Handeln „sich vergessen" hatte; nun muß er sich auf sich besinnen; er möchte auch am liebsten „Nichts von sich wissen;" aber er weiß von sich und auch daß und was die Anderen von ihm wissen und denken. Schande wie Ehre beruhen auf der Zusammenschließung des Geistes mit Anderen; Ehre heißt das Selbstgefühl durch Andere erweitern; Schande die Vernichtung des Selbstgefühls durch Andere. Wenn der sonst Ehrenhafte, derjenige, welcher von lebhaftem Gefühl der Zusammenschließung mit der Gesellschaft, mit engeren Kreisen derselben, mit seinen Angehörigen bewegt war und noch ist, in Schande geräth, dann mag er wohl nicht bloß seine eigene, sondern auch die aller Anderen, die sie um ihn tragen, empfinden. Sein eigen Selbst ist nicht nur in ihm, sondern auch in allen Anderen gerichtet und vernichtet; sein eigenes Ich möchte deshalb nicht nur um seiner selbst willen, sondern um der Angehörigen willen, wegen des inneren Bildes, das er in deren Seele als ein Geächteter und Geschändeter ausmacht, verschwinden, aufhören. Nichts ist hier natürlicher, als die Sehnsucht, die freilich selbst im Tod unerfüllbare Sehnsucht ins Nichts. — Ohne Zweifel ist dies der allertiefste Schmerz, den ein Mensch empfinden kann. Und vielleicht deshalb ist dem reuigen Sünder eine so hohe Stelle gewiesen. Nicht um die Größe der Kraft, deren es bedarf, sich von der Sünde wieder zu erheben; sondern weil hier vielleicht die gewaltigste Hingebung, deren ein Mensch fähig ist, vollzogen wird, wenn er nicht um seiner selbst willen, um seiner eigenen Schande willen, sondern um der Anderen, um der Schande willen, die er über sie gebracht, am meisten leidet; darum kann in dieser tiefsten Nacht der hellste Stern erglänzen.

So wollte auch Klara („Maria Magdalena" von Hebbel), trotz der Schande mit vernichtetem Selbstgefühl weiterleben und die Schande, wenn sie nur die eigene wäre, als Buße tragen; aber um des Vaters willen, dessen Schande unverdient ist, und die ihr näher geht als die eigene, will sie sich, um sie zu ver= decken, das Leben nehmen.*)

Als ein herbes Geschick erscheint die Schande, wenn sie nicht durch das eigene Handeln derer, die davon betroffen werden, sondern durch eine untrennbare Gemeinschaft, sei es der Ehe oder des Blutes, mit ihrem Urheber bewirkt ist. So ist die Schande der Kinder um ihrer Eltern, der Geschwister um einander, der Eltern um ihrer Kinder willen. Je mehr das eigene Leben des also Betroffenen fleckenlos gewesen, je strenger und schroffer es vom Ehrgefühl geleitet und beherrscht war, desto härter und herber wird die Schande empfunden. Bei der eigenen Ehrenhaftigkeit und wegen dieser und durch sie steigert sich die unentrinnbare, durch Nichts in der Welt zu lindernde und zu mildernde Qual der Schande. Der Ge= danke, durch sich selbst in Schande zu gerathen, ist so undenk= bar, also die Schande ein so Fremdes, Unmögliches, Unvorher=

---

*) „So schaue Gott mich nicht zu schrecklich an, wenn ich komme, ehe er mich gerufen hat! Wär's um mich allein — ich wollt's ja tragen, ich wollt's geduldig hinnehmen, als verdiente Strafe für, ich weiß nicht was, wenn die Welt mich in meinem Elend mit Füßen träte, statt mir beizu= stehen ...... Aber ich bin's nicht allein, und leichter fände ich am jüngsten Tage noch eine Antwort auf des Richters Frage: warum hast Du Dich selbst umgebracht? als auf die: warum hast Du Deinen Vater so weit getrieben?"

gedachtes, daß der von außen kommende Zwang, sie dennoch tragen zu müssen, unerträglich wird. Schande aber unter= scheidet sich von der verletzten Ehre dadurch, daß der Be= troffene das verwerfende Urtheil der Anderen innerlich an= zuerkennen sich gezwungen fühlt, daß er selbst das gleiche Ur= theil fällt. Darum ist auch hier von keinem Kampf, von keiner Herausforderung dessen, der das schändende Urtheil fällt, die Rede. In anderer Richtung macht der Trieb der Ver= nichtung, die Sehnsucht, die Schande auszulöschen, sich geltend; entweder das Leben, von welchem die Schande mit oder ohne Schuld ausgeht, soll vernichtet werden (Emilia Galotti) oder das eigene Leben dessen, der die Schande, die er selbst nicht erworben, auch nicht zu ertragen vermag. „Ich kann's in einer Welt nicht aushalten, wo die Leute mitleidig sein müßten, wenn sie nicht vor mir ausspucken sollen." . . . „Nein, Nein, es ist zu viel! Ich könnte mich zuweilen nach meinem Schatten umsehen, ob er nicht schwärzer geworden ist! Denn Alles, Alles kann ich ertragen und hab's bewiesen, nur nicht die Schande! Legt mir auf den N a c k e n, was ihr wollt, nur schneidet nicht den N e r v durch, der mich zusammenhält!" Als das wahrhaft tragische Geschick aber erscheint endlich die Schande da, wo nicht nur in Folge der eigenen sittlichen Strenge und Reinheit die Berechtigung derselben vollkommen anerkannt, sondern nach einer hochgespannten sittlichen For= derung der Unschuldige gleichwohl sich eine Mitschuld, weil Verantwortung für den schandbar gewordenen Angehörigen beimißt, darum die Schande als eine selbstverdiente desto un= erträglicher findet. So meint Meister Anton für seinen Sohn einstehen zu müssen: „Wie ein nichtswürdiger Banquerottirer steh' ich vor dem Angesicht der Welt; einen braven Mann, der in die Stelle dieses Invaliden treten könne, war ich ihr schul=

dig, mit einem Schelm hab' ich sie betrogen." Der entsetzliche und dennoch vergebliche innere Aufschrei der auf das Ehren=feste, auf das Reine und Würdevolle gespannten Creatur ist furchtbar; das Edelste im Menschen, die innere Einheit und Lebensgemeinschaft mit den Angehörigen einerseits und anderer=seits die Zusammenschließung der Geister mit aller Welt in der Gemeinschaft des Urtheils wird hier zur unsäglichen Pein; diese beiden Grundpfeiler der beseelten Gesellschaft, sie werden ihm die Schandpfähle, an denen er sich gefesselt fühlt. Der Geistliche will ihm das Eine: die verantwortliche Gemeinschaft mit dem Sohne, der Secretär will ihm das Andere: die Be=rechtigung, der Welt zu Gericht zu sitzen, wegdemonstriren;*) aber an diesen beiden Quellen alles Ethischen ist sein eigener Lebensbaum emporgewachsen; er begreift nicht den Versuch, sie verschütten zu wollen; „er versteht die Welt nicht mehr."

Wie es sich mit der Lösung der ethischen Frage, die sich daran knüpft, verhalten mag, das zu untersuchen, liegt uns hier fern; als psychologische Thatsache aber ist uns das Eine offenbar: daß auf dem Boden des Ehrgefühls die Lösung weder aus der Gemeinschaft mit dem Handelnden, noch aus der Gemeinschaft mit den Urtheilenden sich vollziehen läßt; die Gemeinschaft ist eine objective, innere, unüberwindliche Gewalt. Also auch auf dem Punkte des äußersten Gegen=

---

*) „Der Pfarrer, der mitleidige Mann, der mich gestern besuchte, meinte zwar, ein Mensch habe Niemanden zu vertreten, als sich selbst, und es sei ein unchristlicher Hochmuth von mir, daß ich auch noch für meinen Sohn aufkommen wolle; sonst müßte Adam es sich so gut zu Gemüthe ziehen, wie ich. Herr, ich glaub's gern, daß es den Frieden des Erzvaters im Paradiese nicht mehr stört, wenn einer seiner Ur=Ur=Enkel zu morden oder zu rauben anfängt, aber raufte er sich nicht die Haare über Kain?" Gegen den Schluß sagt der Secretär: „Er dachte an die Zungen, die hinter ihm herzischeln würden, aber nicht an die Nichtswürdigkeit der Schlangen, denen sie angehören". . .

theils der Ehre; da, wo der Genuß derselben sich in das härteste Leiden verkehrt, sehen wir den gleichen inneren Grund in ihr walten; die subjective und die objective Erweiterung des eigenen Selbst, die Zusammenschließung der Gemüther, ihre Einheit in That und Urtheil ist die psychologische Quelle ihrer Erscheinung.

Das Streben nach objectiver Ehre bedarf nach unserer Darlegung ihres Wesens kaum der Vertheidigung; nur ein blöder Rigorismus wird es bekämpfen und verwerfen wollen. Werke zu schaffen, damit sie in der Menschheit fortleben, seinen Geist zu bilden, damit er sich in Anderen fortpflanze, ist selbst nur der Ausdruck der höchsten sittlichen Aufgabe des Menschen. Weit entfernt, daß hierin irgend welcher sittliche Mangel verborgen wäre, ist es vielmehr nur die sittliche Erfüllung der menschlichen Natur: nicht nur in und für sich allein, sondern in immer größeren und weiteren Kreisen zu leben und zu wirken, immer tiefere und umfassendere Gemeinschaft der Geister zu stiften, indem man ihnen, sei es Worte oder Kunstwerke, Gesetze oder Freiheit, in Allem aber Gedanken und Ideen giebt, woran sie sich gemeinsam erheben und fortbilden.

Auch die subjective Ehre, die Erweiterung des Selbstgefühls durch innere Zusammenschließung mit Anderen, kann und soll durch eine tiefere Auffassung den Charakter eines objectiven sittlichen Werthes erlangen.

Innere Gemeinschaft ist die letzte Quelle der Ehre; die sittliche Natur der Gemeinschaft kann und soll so im Gemüthe vorherrschen, daß die persönliche egoistische Beziehung neben ihr fast verschwindet.

Am Schluß des **Simplicissimus** heißt es in der Selbstanklage unter Anderem: „Ich nahm meine Ehre in Acht nicht ihrer selbst, sondern meiner Erhöhung wegen —"

Ein tiefes Princip! auch die Ehre, dies scheinbar Aller=persönlichste, soll aus einem höheren Gesichtspunkt als aus dem des Egoismus gesehen werden. Die Zusammenschließung der Geister in Schätzung, in Urtheil und Leistung hat ihre wahre Bedeutung nicht blos in dem Reflex, den sie auf die einzelne Person wirft, sondern umgekehrt darin, daß die Person, das Ich dieser Gesammtheit hingegeben ist, in ihr lebt, in ihr den Werth ihres Daseins sucht und findet. — Meine Person, nicht im Gegensatz gegen die Gesammtheit, von welcher sie Ehre verlangt und erlangt, sondern als Glied der Gesammtheit und in der Hingebung an sie soll Träger der Ehre sein. Hier schwindet auch die Sehnsucht nach Ausschließlichkeit, die allem egoistisch Persönlichen anhaftet. Dem Josua, welcher meldet, daß Eldad und Medad als Propheten im Lager auftreten, antwortet Moses: „wer wollte, daß alles Volk des Herrn Propheten wären."

Aber auch die rein persönliche Ehre, das Streben nach Anerkennung des eigenen Werthes in Anderen, hat seine moralische Berechtigung. Wir wollen uns nicht auf die großen und oft so segensreichen Erfolge desselben berufen; in der moralischen Schätzung darf die Handlung nicht nach dem Erfolg, der aus ihr, sondern nur nach der Gesinnung, aus der sie hervorgeht, gewürdigt werden, sonst würde der niedrigste Egoismus oft dieselbe Anerkennung fordern dürfen wie die höchste Aufopferung. Aber es ist ein sittliches R e c h t dessen, der seine eigenen Vorstellungen in moralischer und anderer Beziehung richtig schätzt, der nach einer höheren Schätzung durch Erwerbung und Vollziehung höherer Gedanken und Thaten fortschreitend strebt, dessen Recht, sage ich, ist's, auch in der Vorstellungswelt des Anderen so zu leben, wie in der eigenen. Ist es auf Seiten des Einen eine Pflicht: „Ehre zu geben, wem Ehre gebührt", so ist es auch auf Seiten des Anderen ein Recht: diese Ehre zu erstreben und zu fordern. Der Genuß dieses Rechts soll allerdings nicht das Ziel, aber es darf eine Triebfeder zum Handeln sein; die sittliche Idee allein soll der Zweck, aber die Ehre ein Motiv sein. Das Ehrgefühl ist ein natürlicher Erfolg des Selbstgefühls, also eine natürliche Kraft des Menschen, die er im Dienste der Idee in Bewegung setzen soll; die Ehre ist zugleich ein Besitz wie alle anderen Güter, der aber auf sittlichem Wege erworben und für sittliche Zwecke verwendet werden soll. Zwar ein ir= disches Gut, aber ein rein geistiges ist die Ehre; sie ist einer der reinsten, edelsten Genüsse auf Erden, ein Nektar der Seele, der erfreut, belebt, beseligt und — berauscht.

Der Erwerb der Ehre ist aber nicht blos ein Recht, sondern eine Pflicht des Menschen, er darf nicht blos, er soll darnach streben; denn das Urtheil des Nebenmenschen soll ihm nicht gleichgültig sein. Wie Viele sind durch Erziehung und Um= stände so geartet, daß mit ihrer äußern Stellung auch ihr innerer Charakter sinkt, daß mit höheren Bekannten ihr höhe= res Bewußtsein, mit der Achtung von Anderen ihre Selbst= achtung verloren geht! Diese haben nicht nur das Recht, sondern auch die Pflicht, der Stellung und dem Umgang, durch die allein sie in einer gewissen Höhe erhalten und vor innerer Erniedrigung bewahrt werden, den höchsten Werth beizulegen und sie mit allen Mitteln zu vertheidigen. Predige man diesen ja nicht gegen die Ehre, denn das **point d'hon-neur** ist gar oft der letzte Nothanker der Sittlichkeit.

Aber auch der in sich selbst Ehrenhafte und Würdige

wird zwar gegen Verleumdung taub sein; wer sie vorbringt und wer darauf hört, steht zu tief unter seiner Würde, als daß er sie beachten sollte; der Unschuldige wird kraft seiner Selbstehre die Verleumdung sammt ihren Erfolgen verachten, in der Selbstehre den Panzer finden, an welchem Alles, was zur Verletzung von außen kommt, unverletzend abprallt; sein Lebensinhalt ist vollwichtig genug, daß die Wahrheit in der Wagschale der Selbstehre jede Unwahrheit in der der äußeren Ehre aufwiegt. Wenn er aber auch durch das Bewußtsein von der wahren That seines Lebens die Verbreitung von falschen Thatsachen gleichgültiger ansehen darf, so wird und soll er dennoch das Urtheil seiner Nebenmenschen, die Beurtheilung seines wahren Lebens nicht gering schätzen. Man mag die eigene Individualität schätzen und schützen, aber die Ansichten der Gesellschaft, in der man lebt, und ihr Urtheil als unberechtigte Irrthümer ansehen, bleibt immer eine Anmaßung, und heißt die Ehre der Gesammtheit und damit auch seiner selbst vernichten. Wer das Urtheil aller Menschen verachtet, ist selbst verächtlich.

Die religiöse Moral hat sich oft und stark gegen die Triebfeder und die Wirkung des Ehrgefühls gekehrt, weil es ein falsches Ziel vor Augen habe; namentlich im Christenthum hat einerseits der Grundsatz, daß sein Reich nicht von dieser Welt, den natürlichen Erfolg der Ehre, und andererseits die bittere Erfahrung, daß das Hohe so oft verachtet, das Niedrige gekrönt wird, den Werth der Ehre in Mißcredit gebracht. Aber die Ausdehnung der Antipathie und der Gleichgültigkeit von der falschen Ehre auf die Ehre überhaupt beruht auf einem Mißverstand. Nur in wie fern nach dem eiteln Beifall der Menge gestrebt, und in wie fern in ihm Lohn und Ziel des Handelns gesucht wird, ist er verwerflich — so weit ist auch die Abweichung vom Sinn des Heidenthums berechtigt —; aber die Anerkennung des Guten gehört zur Gemeinschaft der Kirche, und der letzte Gedanke des religiösen Lebens: Ehre sei Gott in der Höhe, ist die Sanction der inneren Anerkennung des Höchsten im Menschen selber. Soll nach dem Worte des Psalmisten (Pf. 15, V 4) der „Verächtliche verachtet sein," dann muß auch der Würdige geachtet werden. Wie sehr deshalb auch die Kirche das Ehrenwesen zu unterdrücken strebte, weil von ihr allein alles Heil und alle Würde ausgehen sollte, so blieb doch die Ehre, was sie von jeher war, „eine Art von eigener Religion für die germanischen Völker."

In der That erscheint die Kraft des Ehrtriebes am größten und wunderbarsten, wenn wir die Endlichkeit und Hinfälligkeit des Menschen betrachten, die doch nicht blos von der Religion, sondern eben so eindringlich von der Erfahrung gelehrt wird.

Bei dem Bewußtsein, wie in jeder Stunde das ganze Leben mit all seiner Herrlichkeit auf dem Spiele steht, daß wir alle= sammt auf der gefahrvoll schmalen Brücke der Zeit wandern, von der Alles jählings in den Abgrund der Vergessenheit, in den Staub der werthlosen Nichtigkeit gleiten kann, ist die Kraft, sage ich, wunderbar, welche den Menschen so tief empfindlich, so reizbar und verletzbar macht, irgend wie geringer zu scheinen: in der Bildung, Sittlichkeit, Anerkennung oder im Besitz, selbst durch den Schnitt seines Kleides, durch die Weise seines Lebens, durch das Maß seines Aufwandes irgend unter dem niveau seiner Genossen zu stehen.

Aber wenn auch die materialistische Betrachtung hierdurch das Wesen der Ehre erschüttert (wer hat sie? der vergangene Mittwoch starb?) so ist zu erwägen, daß der idealistische Trieb des Menschen durch eben diese Betrachtung seiner ma=

teriellen Endlichkeit genährt und einen Entgelt in der Ehre zu suchen angeleitet wird. Völlig unbewußt übt der Gedanke seine Macht aus: wenn also mein Leben, Dasein, Werth an sich gering ist und vergänglich, dann muß ich mein Selbstgefühl in Anderen erweitern, muß meiner idealen Existenz einen weitern Boden schaffen, mich mit Anderen innerlich zusammenschließen, auch wo ein wirkliches gemeinschaftliches Leben und Wirken nicht in meinem Beruf liegt.

Die Betrachtung der Endlichkeit und Werthlosigkeit des einzelnen Menschen für sich ist in Bezug auf Ehre — wie auf alles sittliche Streben — dem Wasser vergleichbar, womit die Pflanze genährt wird; das rechte Maß macht ihr Leben ge= deihlich und blühend, das Uebermaß erstickt sie.

Freilich innerhalb des religiösen Ideenkreises selbst ver= schwindet aus anderem Grund der Begriff der Ehre; sie hat oder soll keine Stelle darin haben, denn der einzige Maßstab des Wirkens und Handelns ist weder im Menschen selbst noch im Nebenmenschen, sondern in Gott, also dem Höchsten. Aber die menschliche Natur wird unendlich selten ganz und rein von der religiösen Vorstellung durchdrungen; oft und leicht geschieht es deshalb durch sie, daß beide Extreme des Ehr= begriffs: Demuth und Hochmuth, zugleich sich im Menschen erzeugen; Demuth, weil man dem höchsten Maßstab nie genügt; Hochmuth, daß man eben am höchsten Maßstab gemessen wird, ob man ihm auch nicht genüge. Sind doch die Frommen oft genug stolz, selber auf ihr Sündenbewußtsein, weil n u r s i e es haben, und es doch immer die Vorstufe des Heils ist. Fast durchgängig findet man ja bei Pietisten und Quäkern den widerlichsten Stolz, den Stolz der Demuth: demüthig gegen Gott und eben deshalb und darauf stolz gegen die Nebenmenschen. — Diese specifische Demuth hat auch dahin

geführt, den Menschen für ein Niedriges, für ein Nichts zu
achten; aber je größer diese Demuth, eben desto größer der
Stolz, der sich darin verbirgt, denn dahinter folgt denn doch
immer: „und dennoch bin ich ein Kind des Lichts, der Gnade,
Gottes", und was sonst noch gesagt oder vielmehr nur gedacht
wird, wodurch sich der Demüthigste weit über den Würdigsten
der Welt erhebt.

_____

Es sei gestattet, hier noch auf die psychologische Deutung
und sittliche Schätzung, welche der Ehre sonst gegeben worden,
schon der Vergleichung wegen hinzuweisen, und ich wähle dazu
aus den Neueren die Bemerkungen von Waitz („Psychologie
als Naturwissenschaft", Braunschweig 1849) und Aristoteles in
der Nikomachischen Ethik. Waitz nennt ebenfalls das Ehr=
gefühl „das Mittel, durch welches die Sitte hauptsächlich in
Form der öffentlichen Meinung auf die Moralität des Einzelnen
wirkt." Aber es erschöpft das Wesen Ehre nicht, deutet
nur e i n e, oben S. 140 ausdrücklich hervorgehobene Seite
derselben an, wenn Waitz auf sie, als auf eine Form oder ein
Mittel der Selbsterkenntniß hinweist. „Der innere Gehalt,"
sagt er, „den jeder Einzelne besitzt, wird ihm selbst erst völlig
objectiv dadurch, daß er sich in den Anderen anschaut. Im
Betragen Anderer gegen ihn kommt ihm von allen Seiten
sein eigenes Bild entgegen; denn das Handeln Anderer in Be=
ziehung auf ihn zeigt sich wesentlich modificirt durch das Bild,
das diese Anderen von seiner Persönlichkeit erhalten und fest=
halten, und durch jenes Handeln Anderer auf ihn entsteht daher
ihm selbst erst ein bestimmtes Bild seiner eigenen Person."
Durchaus nicht bestritten, wenn auch als unzureichend
erklärt, darf diese Klärung und Befestigung des eigenen Ur=
theils werden, von welcher Lobedanz (in der Vorrede zu

Björnstierne Björnson's Bauernnovellen) mit Nachdruck be=
merkt: „Ein Schritt ist zu dem Grunde aller Tüchtigkeit,
aller Größe bei Menschen: daß er lernt, auch sich selbst mit
fremden Augen zu sehen, und erfährt, was sein Eigenes ist,
worin die gütige Natur ihm Vorzüge schenkte, worin Andere
ihn überragen und was er thun soll, um nicht blos in der
Eitelkeit des eigenen Herzens zu gelten, die irreleitet und
keinen Werth hat, sondern auch in dem Urtheile der Menschen,
das im Großen und Ganzen doch zuletzt immer das rechte ist."
„Steht nun," fährt Waitz fort, „das Bild der eigenen Person
im offenen Widerspruch mit dem Gesetz der Sitte, das von
uns selbst anerkannt und als von Anderen allgemein anerkannt
gewußt wird, so kommt zu der eigenen Mißbilligung noch das
Bild des durchgängig verwerfenden Urtheils von Seiten An=
derer, dessen Wirksamkeit um so mehr erhöht werden muß,
je unverschleierter und vielseitiger es auf uns eindringt und
je vollständiger es durch das eigene Urtheil über uns selbst
noch bestätigt wird. Der Werth, welchen ein Mensch auf das
ehrende Urtheil Anderer legt, wächst in dem Grade, in welchem
er nach außen lebt, sich selbst nur in Anderen anschaut und
nur auf diese mittelbare Weise für sich selbst objectiv wird.
Wer dagegen für sich selbst etwas Anderes ist als ein solcher
Reflex, der ihm von Anderen zurückgeworfen wird, wird da=
durch in dem Grade, in welchem er dies ist, von den Antrieben
der Ehre frei, aber es kann diese Freiheit ebensowohl die
schamlose Menschenverachtung des Verbrechers sein als die
charaktervolle Selbstständigkeit des Weisen. Wen das Ehr=
gefühl durchgängig im Handeln bestimmt, der muß sich überall
den Ansichten und Vorurtheilen des Gesellschaftskreises fügen,
dessen Meinung über ihn selbst sein Lebenselement und die
einzige Art der Existenz ist, welche er für sich selbst als wesent=

lich betrachtet. So wichtig daher dieses Gefühl auch ist für die sittliche Bildung des Menschen und so richtig in demselben ausgesprochen liegt, daß der Einzelne nur in seiner Be= ziehung auf die Gesammtheit und durch seine Wech= selwirkung mit ihr einen Werth erhält, so kann doch gerade aus der fügsamen Nachgiebigkeit gegen die allgemeine Meinung, durch welche der Einzelne seine Selbstständigkeit einbüßt, das Unsittlichste entspringen. Wenn es daher auch anerkannt werden muß, daß durch das Ehrgefühl ein guter Grund für die sittliche Entwicklung gelegt wird, so darf diese doch nicht bei demselben allein stehen bleiben, sondern muß zur bestimmten und festen, vom Urtheile der Menge unabhängigen Ausprägung des sittlichen Gefühls an einzelnen besonderen Personenverhältnissen fortgehen. Hierher gehören vor Allem das Rechtsgefühl, die Billigkeit und die Dankbarkeit." Ich habe die betreffende Erörterung bei Waitz vollständig wieder= gegeben; es ist aber offenbar, daß er weniger den Ursprung und das Wesen als den Werth und Erfolg der Ehre ins Auge gefaßt hat. Und selbst von dem Standpunkt dieser Absicht ist es schwer begreiflich, in wie fern das Ehrgefühl als eine Art von Vorstufe — sei es in pädagogischer, in ethischer oder in psychologischer Beziehung — zu den sittlichen Gefühlen des Rechts u. s. w. sein soll. Aber ein Ausdruck dankbarster Anerkennung für den leider allzufrüh dahingeschiedenen psycho= logischen Forscher sollte es sein, wenn ich oben den Satz von der Wechselwirkung des Einzelnen und der Gesammtheit durch die Schrift hervorgehoben habe, in welchem der Kern der Sache glücklich berührt ist.

Daneben steht Manches, was wir bei Aristoteles über die Ehre angemerkt finden, weit zurück, und es unterliegt keinem Zweifel, daß (wie oben S. 177 — bereits angedeutet ist) die innere Thatsache selbst eben so sehr, wie ihre psychologische Deutung bei den Griechen noch mangelhaft entwickelt war. „Die Menschen der besseren Classe (heißt es in der Nikom. Eth. I. Buch 3. Cap.) und die zu bürgerlichen Geschäften fähig sind, setzen die Glückseligkeit in die Ehre. Aber die Ehre scheint weniger dem Menschen selbst zuzugehören, weit mehr gleichsam blos auf seiner Oberfläche zu liegen, als bei dem Gegenstande, den wir suchen, bei der Glückseligkeit sein sollte. Denn sie ist die Meinung Anderer von unseren Verdiensten. Sie liegt mehr in dem, welcher ehrt, als in dem, welcher geehrt wird. Glückseligkeit hingegen soll, wie wir voraussetzen, in dem glücklichen Menschen selbst liegen; es soll sich schwer von ihm trennen lassen. Ueberdies scheinen die Menschen die Ehre deswegen zu suchen, damit sie selbst von ihren Tugenden überzeugt werden. Deswegen wollen sie nicht blos überhaupt geehrt, — sondern sie wollen von einsichtsvollen Personen, von denen, welchen sie bekannt sind, — sie wollen endlich über solche Eigenschaften geehrt sein, die wahre. Tugenden sind. Die Tugend muß also in ihren Augen ein höheres Gut scheinen als die Ehre." Wir können mit dem Beweise, daß Ehre nicht die Glückseligkeit sei, vollkommen einverstanden sein, wir können auch den letzten Satz gelten lassen, obwohl es nicht ohne Interesse ist, beiläufig anzumerken, daß der letzte Theil aus einem falschem Schluß besteht; denn nur daß die Tugend also ein höheres Gut in ihren Augen sei, als andere Güter, über welche sie nicht geehrt sein wollen, geht daraus hervor, daß sie um jene und nicht um diese geehrt sein wollen; darüber aber, ob Tugend und Ehre, diese beide als Güter betrachtet, in den Augen der Menschen höher sei, läßt sich daraus Nichts erkennen. Die ausschließliche Betonung aber, welche auf die Bildung oder Bestätigung des eigenen Urtheils

durch die Ehre gelegt wird, steigert sich noch im 8. Buch Ca=
pitel 9. Dort heißt es: „Wenn die Menschen nach Ehre be=
gierig sind, so geschieht es nicht um ihrer selbst willen, sondern
nur um der Dinge willen, mit denen sie zufällig in Verbindung
steht. Die Einen (und das sind ohne Zweifel die Meisten)
freuen sich deshalb darüber, wenn sie von vornehmen und an=
gesehenen Personen geehrt werden, weil sie darauf die Hoff=
nung mancher Vortheile gründen. Sie glauben von Personen,
denen sie Achtung einflößen, eher dasjenige zu erhalten, wozu
sie ihrer Hülfe bedürfen; sie freuen sich also über die Ehre
als über ein Zeichen oder einen Vorboten angenehmer
Begebenheiten, die ihnen bevorstehen."*) Man sollte meinen, es
hätte Aristoteles klar sein müssen, daß dies nicht Ehre, sondern
einfach ihr Gegentheil ist; denn anstatt des Ehrgefühls, welches
unthätig oder nicht vorhanden ist, findet nur die Berechnung
und die Hoffnung der Vortheile statt; auf Seiten des Gebers
zeigen sich Ehren, aber auf Seiten des Empfängers nicht Ehre.

---

*) Wenn einmal das eigentliche Wesen der Ehre verkennend, auf die
äußerlichen Folgen derselben Gewicht gelegt werden soll, dann scheinen mir
die Bemerkungen von Sir Arthur Helps in Friends in council doch viel be=
achtenswerther. Namentlich, wenn Vol. II. S. 82, Ellesmere sagt: „Die
Menschen begehren Zeichen der Ehre für sich, nicht so wohl um Lärmen in
der Welt damit zu schlagen, oder damit die Vorübergehenden mit Fingern
auf sie weisen, als vielmehr in der Absicht, um den näheren Freunden zu zeigen,
daß sie doch nicht so dumm sind, als diese Freunde sagen, und um häusliches
Uebelwollen zu dämpfen —" und Milverton antwortet: „Es ist nicht Uebel=
wollen, Ellesmere, oder wenigstens oft nicht. Es ist häufig reine Unwissenheit.
Wenn Sie z. B. einen jüngeren Bruder hätten von großem musikalischen
Talent, so würde, was er an Ehre oder Anerkennung durch die Ausübung
desselben erlangte, Ihnen das Vorhandensein dieses Talents auf eine Art
beweisen, wie Sie es durch sich selbst niemals erkannt hätten. Ihre Achtung
für ihn würde wahrscheinlich wachsen, weil Sie fänden, daß sie ihm zuge=
standen wird von denen, welche wissen müssen, ob er etwas Tüchtiges leisten
kann. Ehren sind also, wie Sie sehen, nicht blos Belohnung für Verdienste,
sondern Beweise für ihr Dasein."

„Die Anderen", fährt Aristoteles fort, „wenn sie nach der Hochachtung einsichtsvoller und rechtschaffener Personen streben, verlangen im Grunde nur durch deren Urtheil die gute Meinung, welche sie von sich selbst hegen, zu bestätigen. Sie freuen sich also bei der Ehre nur über ihre eigenen Vorzüge, von denen sie durch den Beifall ihrer Verehrer stärker versichert werden." Hier ist nicht blos die Deutung der Thatsache ungenügend, sondern die Thatsache der Ehre selbst wird geleugnet und nur die Selbstehre anerkannt.

Uebrigens zielt die ganze Stelle auf einen Vergleich mit dem „Geliebtwerden"; und es heißt gleich darauf: „Mit dem Geliebtwerden verhält es sich anders. Dieses macht auch an sich und um seiner selbst willen Vergnügen. Um deswillen scheint es auch von größerem Werthe, als das Geehrtwerden zu sein . . . ."

Völlig ins Aeußerliche mit gänzlicher Verkennung des innern Kerns gehen die Bemerkungen des 16. Capitels a. a. O. Hier heißt es:

„Von zwei ungleichen Freunden muß jeder dem anderen etwas mehr leisten, als er von ihm empfängt. Der Höhere muß mehr Ehre, der Bedürftige muß mehr Vortheile erhalten. Die Ehre ist der natürliche Antheil der Tugend und der Wohlthätigkeit;*) das Bedürfniß hingegen kann billig auf Beistand und ihm zugewandte Vortheile Rechnung machen. Und so scheint es auch in der bürgerlichen Gesellschaft zu sein. Derjenige wird nicht geehrt, der nicht dem gemeinen Wesen Güter und Vortheile verschafft. Dem Wohlthäter des gemeinen Wesens aber wird dasjenige dafür gegeben, was am meisten in der Gewalt Aller ist, das heißt, Ehre. Unmöglich ist es,

---

*) Für sich allein klingt dieser Satz ziemlich hoch, im Zusammenhang ist der Sinn ziemlich niedrig.

zugleich sich auf Unkosten des Staates bereichern und auch von demselben geehrt werden zu wollen. Niemand erträgt es, zugleich in jeder Art den Kürzeren zu ziehen. Den, welcher in Absicht seines Vermögens um Anderer willen Verlust leidet, suchen sie dafür mit Ehre schadlos zu halten; und dem, welcher auf den Ruhm einer unbestochenen Obrigkeit Verzicht thut, geben sie dafür Geld."

Wir können uns einer ausführlichen Kritik dieser Aristotelischen Sätze enthalten.

Daß die Ehre für den modernen Menschen eine unbedingte, um ihrer selbst willen gesuchte Freude an der Anerkennung von Anderen bedeutet, ist uns nicht mehr zweifelhaft; und es kommt deshalb in der Ehre nicht auf mein eigenes Urtheil über mich an, welches in dem Urtheil der Andern Vorbild oder Bestätigung sucht, sondern gerade auf dieses Urtheil der Anderen, es mag mit dem eigenen übereinstimmen oder davon abweichen. In wie vielen Fällen würde man wünschen, daß Aristoteles Recht hätte und der Ehrgeiz nichts Anderes suchte, als die Freude in der eigenen, von Anderen nur bethätigen Anerkennung der wirklichen Vorzüge.

Erkennen wir also, daß der Pfad der Ehre auf dem rechten Lebenswege liegt, so werden wir uns doch nicht verhehlen, daß er leicht auf Abwege führt.

Aus alledem, was über das Wesen der Ehre gesagt ist, begreift sich leicht, wie es kommt, daß der Inhalt dessen, worin und wodurch die Menschen ihre Ehre suchen, so unendlich verschieden sein kann, wie die Erfahrung es alltäglich lehrt.

Alles, was unter den Menschen einen Werth begründet, einen Vorzug verleiht, Alles, worin sich die Menschen an einander messen, wird zum Gegenstand der Ehre und des Ehrgeizes.

Jede Fähigkeit und jede Fertigkeit, jede Schöpfung und jede Leistung, auch jeder Besitz, durch welche ein Mensch über Andere, insbesondere über seine Genossen hervorragt, oder durch welche er von seiner niedrigen Stufe zu einer nächsthöheren sich empor= ringt, bildet den Gegenstand der Ehre, die gesucht und gegeben wird. Nichts ist zu hoch, Nichts zu fern, aber Nichts zu niedrig, daß nicht ein Mensch seine Ehre darein setzte. Alles, was ver= gleichbar, was an einander meßbar ist, reizt den Menschen vor Anderen zu stehen: von der abstracten „Idee der Vollkommen= heit" beherrscht, begnügt sich ein Mensch, ihr allein zu dienen und sie auch allen anderen sittlichen und ästhetischen Ideen vorzuziehen.

Darum suchen die Menschen nicht blos im Guten, sondern auch im Schlimmen, nicht blos im Hohen, sondern auch im Niedrigen zu glänzen, je nach der Gesellschaft, in der sie sich bewegen, und nach den Dingen, die hier geschätzt werden. Ein Knabe von 7 Jahren sagt zu seinem älteren Bruder: „Nein, wenn der Caesar kriselt (kreiselt), dann muß man sich ordentlich schämen, so grade steht er." Die Ehre der Geschicklichkeit wird hier sogar zu einer solidarischen für die Geschwister. Mit Verachtung sieht der Räuber auf den Gauner und den kleinen Dieb. „Der eitle Mensch will nach aller Erfahrung lieber für schlimm, glücklich und kurzweilig, als für brav aber unbeholfen und einfältig gelten" (G. Keller, Leute v. Seldwyla). Im Leben so gut wie in den Romanen Smollet's schämt sich der junge Held alles Guten und Zarten in seinem Gemüth und will grade so arg scheinen, wie er sein muß, um bei seinen Genossen Ehre einzulegen. Selbst auf den Sclaven= märkten Amerika's hat man eigenthümliche aber scharf aus= geprägte Wirkungen des Ehrgefühls an jenen Personen wahr= genommen, die noch nicht als Personen, sondern als Arbeits=

kraft geschätzt und mit klingender Münze bezahlt wurden.
Besonders die jüngeren Neger pflegen nämlich, während sie
selbst zur Versteigerung an der Reihe und auf einen Tisch
gestellt sind, dem Handel, welcher um sie im Gange ist, mit
der gespanntesten Aufmerksamkeit zu folgen; bei jedem Hundert
mehr, das für sie geboten wird, werfen sie sich auch mehr in
die Brust und blicken stolzer umher, und wenn je Einer für
den durchschnittlich höchsten Preis erstanden wird, dann wirft
er sich seinem neuen Herrn mit einer gewissen Begeisterung
entgegen, welche den Dank dafür ausdrücken soll, daß er ihn
einer so hohen Summe werth geschätzt hat.

Von dem persönlichen Werthe und der persönlichen Leistung sogar abgesehen, giebt schon der Gegenstand, mit welchem
man beschäftigt ist und die Stufe, welche man innerhalb des
gleichen Betriebes einnimmt, Ehre oder Unehre bei den Genossen. Wir wollen von den Rangclassen, die sich hiernach bei
den Gelehrten, den Künstlern, den Handwerkern und Fabrikanten, den Kaufleuten bilden — (auch davon, wie diese Classen
selbst sich gegenseitig sehr verschieden als eine Stufenleiter ansehen!) nicht reden; die Erfahrungen sind täglich vor
Jedermanns Augen; aber ein glänzendes Beispiel, das wir
K. v. Holtei's „Vagabunden" entnehmen, mag auf dies Capitel
aus der Psychologie der Ehre sein grelles Licht werfen:

„Jean, der Führer eines Rhinoceros, geht mit seinem
Freunde Antoine, um den neuen Ankauf Zara's, eines anderen
thierbändigenden Freundes, zu sehen. Es war ein Seekalb.

Jean näherte sich Antoine und sagte ihm leise: Zara ist
ein braver Bursche und ich bin ihm recht gut; aber gestehen
Sie, ob ein solcher Verkehr mit einem quasi-Fische nicht die
Menschheit entwürdigt? Ich bemitleide meinen Freund. Freilich wohl, nicht alle Menschen können bei einem Rhinoceros

angestellt sein, denn es giebt zu viele Menschen, die Lebens=
unterhalt suchen und im Verhältniß viel zu wenig Rhinoceroffe;
auch müffen Unterschiede auf Erden stattfinden, ich begreife
das ... Doch dieser Unterschied ist zu groß; er stört die
Freundschaft. Ein Fisch! — es ist entsetzlich. Abdio Zara,
rief er mitleidsvoll; und gute Reise, Antoine. Dann schritt
er seines Weges — als ob er selbst ein Rhinoceros wäre."

Aber auch dann, wenn die Ehre in dem, was wirklich
edel und werthvoll und im höheren Sinn ehrenhaft ist, ge=
sucht wird, bedrohen allerlei Gefahren den Trieb sie zu er=
ringen. Der Ehrliebende, der das fremde Urtheil zur Trieb=
feder seiner Handlungen macht, geräth zunächst in die Gefahr,
durch falschen Schein zu bestechen; wer nur in der Vorstellung
des Anderen von ihm geschätzt sein will, wird es mit der
Selbstschätzung so genau nicht nehmen. Aber selbst hiervon
abgesehen, wenn Jemand wirklich achtungs= und ehrenwerth
handelt, aber nur um von Anderen geachtet und geehrt zu
werden, so hat er eben eine falsche Schätzung, er stellt den
Schein über das Sein, denn er will ja eben im Geiste des
Anderen wiederscheinen, also scheinen; sein Sein ist nur um
des Scheines willen da. Wer vollends in sich selber ehrlos
und ohne strenge Selbstschätzung nur nach Ehre von Anderen
strebt, in deren Geist er geschätzt sein will, gleicht der nicht
einem Häßlichen, der von sich ein schönes, d. h. geschmeicheltes
Porträt malen läßt? Er hat dadurch aber in Wahrheit Nichts
erreicht, denn das ist eben kein Porträt von ihm, sondern
einem Phantom; so muß Jener sich sagen, daß im Grunde
nicht Er, sondern das gemeinte und vorgespiegelte Lebensbild
geehrt und geschätzt wird.

An sich ist das Wesen des Ehrgeizes ganz unabhängig
von der Frage, ob das, wodurch man Ehre erwerben will,

ein wirkliches oder scheinbares Verdienst, ob dies mit red=
lichen oder unredlichen Mitteln (z. B. durch unentdeckte Plünde=
rung fremder Leistung) erworben ist; gerade so unabhängig wie
das Wesen des Geizes davon, ob der Besitz rechtlich oder wider=
rechtlich gewonnen wird. Es scheint zwar, als ob es dem Wesen
der Ehre, nicht des Besitzes widersprechen müßte, auf unehren=
haftem oder gar ehrlosem Wege zu ihr zu gelangen; allein es
ist in der That kein Widerspruch, oder vielmehr es ist ein lo=
gischer aber kein psychologischer Widerspruch. Ehre bedeutet noch
nicht wahrhafte Ehre, wie Besitz noch nicht r e c h t l i c h e n
Besitz bedeutet. Geiz und Verschwendung sind unabhängig von
dem Maße und der Quelle des Besitzes und so auch der Ehre.
Es giebt auch einen falschen, täuschenden und sogar selbsttäu=
schenden Ehrgeiz, und giebt auch Ehrverschwendung, indem
Einer nicht blos ererbte, durch Anderer Verdienste überkommene,
sondern sogar eigene, auf anderem Felde erworbene Ehre
durch Handlungen auf einem anderen verletzt oder entwerthet.

Diesen Gedanken sollten Erzieher so früh als möglich
dem Kinde begreiflich zu machen, mit allem Nachdruck ein=
zuprägen suchen, um die Ehrliebe von der falschen Bahn der
Ehrerschleichung abzulenken. Sollen wir nicht auch dies noch
erwähnen, daß selbst das Streben nur nach verdienter Ehre
den Menschen eben so wohl schlechter wie besser machen kann,
als er nämlich ohne jenes geworden wäre? besser, wenn er
den Hohen, über ihm Stehenden genügen will: dies ist der
ächte und rechte, der stärkende und erhebende Ehrgeiz; schlechter,
wenn er einer größeren Menge unter ihm Stehender ehren=
werth zu sein sich begnügt; dies der falsche und niedrige, er=
schlaffende und lähmende Ehrgeiz.*)

Von berufener Hand, die eine reiche Erfahrung mit der Schärfe
psychologischer Analyse zu verarbeiten wüßte, wäre eine monographische

Ehrlose Demuth und falscher Ehrgeiz aller Art bilden so die klippenreiche Scylla und Charybdis, welche nur derjenige Ehrenmann glücklich durchschifft, der das Steuer seines Lebensfahrzeugs allezeit scharf und einzig in der Richtung der Selbstehre lenkt. — Wer in irgend einer Lebens= richtung ein hohes Streben verfolgt, wird gar bald ein= sehen, daß man der großen Masse und fast allen Menschen leichter genügt, als sich selber; er wird selbst einen höheren Maßstab für sich anlegen, als er in Anderen gehandhabt findet, aus diesem Grunde die Selbstehre höher achten, als die Ehre. Kein Wunder, daß ihm diese dann desto mehr zu Theil wird und, wie die Erfahrung lehrt, die Ehre dem folgt, der sie flieht, den flieht, der sie verfolgt; denn nicht blos einen höhe= ren, auch einen festeren Maßstab legt jener an seine Hand= lungen, dieser aber geräth nothwendig in ein Schwanken des Urtheils und Handelns, das er nach dem Urtheil Anderer und deshalb je nach dem Umgange und den Verhältnissen einrichtet

Aus Hochachtung gegen die Gesellschaft, in welcher er lebt, und um seiner sittlichen Natur, welche auf in= nere Gemeinschaft der Geister zielt, zu genügen, wird demnach jeder würdige Mensch nach Ehre, d. h. nach Erweite= rung seines Selbstgefühls in Anderen und durch sie streben

---

Behandlung der Frage sehr erwünscht: in welcher Art und in welchem Maße sich die Erziehung überhaupt und die Schule insbesondere des Ehr= geizes als Mittel zu bedienen hat. Sie würde namentlich auch von der oft entbehrten Klarheit in den Ehrenzeichen zu handeln haben; von der Pflege des Geistes der Gemeinschaft, von der dadurch zu erzielenden, an die Stelle der ausschließlich und gegensätzlich persönlichen tretenden genossen= schaftlichen Ehre, die als Ehre der Classe, der Schule, des Lehrers empfunden wird, u. s. w. Die pädagogische Litteratur ist nicht arm an Beobachtungen und Reflexionen über diesen Gegenstand; aber es fehlt diesem Reichthum an Ordnung und Fruchtbarkeit, die durch eine principielle Behandlung erst noch erzeugt werden müssen.

und darin wie in dem eigenen Selbst die Kraft und den Ge=
nuß seines Lebens vermehren, eine geringere Schätzung im
Anderen gleich einer in sich selbst schmerzlich empfinden und
zu vermeiden suchen; aber keine täuschende Vorstellung wird
er in dem Anderen hervorzubringen suchen, die sein wahres
Selbst ja in Wahrheit nicht erweitert; und nicht herab=, son=
dern hinaufsteigen wird er mit seinem Selbst zu denen, die
an Würde über ihm stehen, vor Allem und zumeist mit
seinesgleichen sich zusammenschließen zu einer Einheit des Ur=
theils über sich.

Bescheidenheit und Anmaßung sind Gegensätze, die zwar
nicht ausschließlich, aber doch vorwiegend bei dem Anspruch
auf Ehre angewendet werden; sie bezeichnen das entgegenge=
setzte Maß der eigenen Schätzung in zwiefacher Hinsicht,
nämlich erstens der Größe des eigenen Verdienstes, und zwei=
tens des Werthes oder Preises desselben. Der Anmaßende
nämlich wird nicht blos das Maß und Gewicht seiner Leistung
höher annehmen, als es wirklich ist, sondern auch den Lohn
dafür wiederum größer erwarten, als er selbst bei Anerkennt=
niß seiner Messung ein Recht hätte. Beide Momente sind nur
scheinbar Eines, in der That verschieden. Jener minutiöse
Philolog, Numismatiker, Heraldiker und dergleichen überschätzt
zwar nicht die Größe seiner Leistung (im Vergleich mit Be=
rufsgenossen), aber den Werth derselben und seines Wissens
(im Vergleich mit anderen Gebieten). Wo aber eine allge=
meine Geltung und öffentliche Schätzung des Gebiets vorhan=
den ist, finden wir bei Einzelnen häufig eine übergroße Meinung
von ihren Leistungen für dasselbe, worin Dichterlinge sich ganz
besonders auszuzeichnen pflegen.

Der Anmaßung und Bescheidenheit entsprechen Hochmuth
und Demuth. Sie sind Folge von jenen, aber im Wesen den=

noch verschieden und nicht etwa bloße Verstärkung derselben. Ihr wahrer Sinn ist vielmehr dieser: Hochmuth bedeutet das Ansinnen an Andere, sich selbst in Vergleichung mit uns gering zu schätzen, Demuth dagegen die innere Gewährung, daß der Andere sich in Vergleichung mit uns höher und uns selbst niedriger schätze. Anmaßung und Bescheidenheit also drücken die Forderung des Maßes aus, wonach der Andere u n s, Hochmuth und Demuth des Maßes, wonach der Andere s i c h s e l b e r (in Vergleich mit uns) beurtheilen soll, oder wonach wir i h n zu beurtheilen geneigt sind.

Gleich der Anmaßung ist auch die E i t e l k e i t eine Ueber= schätzung des eigenen Selbst, aber nicht sowohl durch einen falschen M a ß s t a b d e r G r ö ß e als durch einen falschen P r ü f s t e i n d e s W e r t h e s der eigenen Vorzüge. Der Eitle legt sich wegen verhältnißmäßig nichtiger und werthloser Dinge einen Werth bei.*) Seltener aber gründet er darauf, wie der Anmaßende, einen ungebührlichen Anspruch an Andere, viel= mehr pflegt er selbstgefällig und genügsam in diesem vermeint= lichen Werthe auch Selbstzufriedenheit zu finden. Die Eitel= keit erhält etwas Kindliches, wenn sie bei Menschen von hoch= bedeutsamen Vorzügen auf unbedeutende, nicht einmal in ihrer Art vollkommene, dafür aber schwer erworbene Fähigkeiten sich bezieht. Eins der gefälligsten Beispiele erzählt uns Heinrich Heine von Paganini; auf die Bemerkung, wie hinreißend er heute Abend gespielt habe, hört er kaum hin; aber er möchte wissen, wie seine — (steifen!) — Verbeugungen heute gefallen haben. Wir verzeihen solche kleine Eitelkeit gerne; denn nicht

---

*) Dies erklärt vielleicht eine von den vielen richtigen Beobachtungen Berthold Auerbach's („Tausend Gedanken des Collaborators" S. 25.) „Hast Du je gehört, daß ein Mensch ernsthaft von sich bekannte: ich bin eitel? Wer sich auch sonst nicht scheut, einen Fehler einzugestehen, bekennt diesen doch nie."

nur ergötzt uns der komische Contrast des fast Nichtigen neben dem höchst Werthvollen in derselben Person, sondern die naive Eitelkeit enthüllt neben ihr selbst zugleich eine eingeschlossene, verstecke und wohlthuende Bescheidenheit.

Für die Verschiedenheit von Ehrgeiz und Eitelkeit ist noch eine andere Betrachtung wesentlich: Es besteht nämlich ein tiefgehender Unterschied, ob die Ehre unmittelbar oder mittel= bar erworben und gewährt wird. Die unmittelbare gründet sich auf die Anerkennung dessen, was man selbst von dem Ge= ehrten empfangen oder wahrgenommen hat; die mittelbare auf das Urtheil und die Anerkennung anderer. Die Menschen suchen und gewähren am meisten die mittelbare Ehre; nicht darauf also, daß man selbst aus dem Thun und Schaffen des Geehrten Belehrung, Erhebung, Anerkennung, Genuß em= pfangen, sondern darauf daß Andere den Werth desselben ver= künden, ist sie gegründet. Der Handwerker will dadurch daß er Hoflieferant und nicht dadurch daß jeder seiner Kunden be= friedigt wird, geehrt sein; Gelehrte und Künstler suchen Titel und Ehrenzeichen. Mittelbare Ehre suchen, d. h. zeigen, sehen, wissen lassen, daß man geehrt wird, ist eitel. Hierher gehört die Neigung, die Weite und Höhe der persönlichen Be= ziehungen, in denen man steht, kund zu machen, mit großen und vornehmen Namen um sich zu werfen, von den Besten als „Freunden", von den Höchsten als Vertrauten zu reden u. s. w.

Die Selbstzufriedenheit gehört auch zu den Eigenheiten des Stolzes, der dadurch leicht zu der leidigen Gemein= schaft mit der Eitelkeit gelangt. An sich aber ist der Stolz edel; er beruht auf der Erkenntniß des eigenen, wahrhaften Werthes, aus welcher ein befriedigtes Selbstbewußtsein her=

vorgeht, daß gegen die Gunst der Höheren, wie gegen
Schmeichelei der Niederen unabhängig ist.

Das Verdienst erzeugt den Stolz und der Stolz adelt
das Verdienst und befestigt es; auf dem offenen Felde
eines stolzlosen feilen Herzens sind die Saaten alles Ver=
dienstes preisgegeben, die feste Schutzmauer des Stolzes aber
wird seine schönsten Früchte zur Reife kommen lassen; denn
wer von sich selbst geehrt sein will, muß in sich selbst den
Werth erzeugen und erhalten.

Der Stolz ist so nichts Anderes, als die Selbstehre des
Mannes, welche groß genug ist, ihn auf äußere Ehre, selbst von
Höheren verzichten, die selbst genußreiche Gemeinschaft von Niedern
fliehen zu lassen; der Stolz ist der Ausdruck der innern Selbst=
ständigkeit und Unabhängigkeit.

Sogar bei äußerer Abhängigkeit behält die innere Unab=
hängigkeit, obwohl der Contrast leicht eine komische Wirkung
hervorbringt — z. B. im Bettelstolz —, immer noch etwas
Würdehaftes. Nur wer sich auch von der Gemeinschaft mit
gleichgestellten Ehrenmännern, oder von dem natürlichen, ehren=
haften Verkehr mit Untergebenen sich überhebend zurückzieht,
hat einen dummen Stolz. Der Stolz aber in den Grenzen
und nach dem Maße des Verdienstes (d. h. des eigenen und
nicht bloß der Vorfahren) ist nicht nur kein Laster, sondern
eine Tugend, er ist nur das Maß der selbstbestimmten Würde
des Mannes.

Der Humor

als psychologisches Phänomen.

Was ist Humor? Schon das Wort ist durch die Geschichte seiner Bedeutung wunderlich, denn von der ursprünglichen, nämlich humor = Flüssigkeit, bis zur jetzigen litterarischen ist der Uebergang nur durch die Geschichte der Sache begreiflich. Aber wir beabsichtigen hier keine litteraturgeschichtliche Betrachtung, nicht nur weil wir auch ohnedies die Kenntniß dessen, was man mit dem Namen Humor jetzt bezeichnet, voraussetzen dürfen, sondern auch, weil es an Büchern darüber eben nicht fehlt. Unsere Frage geht vielmehr auf das Wesen der Sache, welche wir dar= stellen und erklären wollen.

So wird unsere Betrachtung also eine ästhetische sein? Mit nichten; denn dies ist unsere erste, vielleicht unerwartete Behauptung über den Humor, daß er nicht eine besondere Kunstform sei,*) sondern eine eigene Denkweise und Gemüths= verfassung, gewissermaßen eine eigene Weltanschauung. Wir werden deshalb von der ästhetischen Seite des Humors nur dann sprechen, wenn der Betrachtung Zusammenhang und Vollständigkeit es erheischt, oder unsere nach anderen Zielen strebende Untersuchung auch für diese, die ästhetische Seite, zu neuen Resultaten führt. Es ist ja auch in der Aesthetik, dies sei hier beiläufig bemerkt, bereits so Viel und so Vortreffliches geleistet, als irgend geschehen konnte, daher man einstweilen schwerlich viel Neues und Gutes darin schaffen möchte; es

---

*) Man kann von einem humoristischen Menschen ebenso wie von einem humoristischen Werke oder Schriftsteller reden; dagegen hat es keinen Sinn von einem epischen oder dramatischen Menschen, und nur etwa einen metaphorischen von einem lyrischen zu sprechen.

konnte aber leider manches höchst Wesentliche noch gar nicht geschehen. Alle bisherige ästhetische Wissenschaft bestand und konnte ja nur bestehen in einer bloßen Bestimmung, Abgren= zung, Ausgleichung der allgemeinen Kunstbegriffe, theils nach logischen Regeln aus dem rein begrifflich aufgefaßten Princip des Schönen, theils durch eine aller und jeder wissenschaftlichen Anleitung entbehrende, ganz und gar dem empirischen Talent des Einzelnen überlassene Beobachtung. Die Wissenschaft, welche allein diese Anleitung zu einer gründlichen Beobachtung und Erfahrung geben kann, die Psychologie, ist noch zu jung, um schon als Führer dienen zu können. Was aber kann man über die Ursachen und die Nothwendigkeit der Wirkung eines ästhetischen Werkes sagen, wenn man von den Gesetzen der psychischen Wirkung überhaupt noch Nichts weiß, wenn man von dem psychischen Proceß irgend welcher geistigen Production überhaupt noch keine Kunde hat? Die logisch begrifflichen Bestimmungen, welche die bisherige Aesthetik giebt, und die allerdings an sich einen ungeschmälerten Werth haben, verhalten sich zur Darlegung der Gesetze des ästhetischen Schaffens auf der einen und des Wirkens auf der anderen Seite gerade so, wie wenn man statt der optischen Gesetze eine genaue Beschrei= bung des Lichts und der Farben giebt; und die bisherigen ästhetischen Erfahrungen verhalten sich zu wahren psychologischen Beobachtungen über das Schöne wie die Merkzeichen des Schäfers zu den Observationen des Astronomen. Ganz brutto muß nach dem jetzigen Stand der Wissenschaft ein Kritiker das ästhetische Gewicht eines Kunstwerks nach seiner eigenen Em= pfindung tariren und weiß nicht die Tara seiner subjectiven Bildung abzuziehen, um den Nettowerth zu finden. Die logische oder psychologische Bildung und die ästhetische, wenn auch ganz unwissenschaftliche Empirie ist allerdings allgemein und groß genug, um immer noch das Mittlere zu treffen; aber beweisen kann man noch Nichts, so lange die Wissenschaft der ästhetischen Gründe und Folgen noch fehlt. Daher hängt auch Alles von dem das Rechte ahnenden kritischen Talent oder Genie ab, und eben deshalb haben wir seit Lessing keinen Kritiker, wie er war. Den Sternenlauf aber kann seit Newton und Kepler jeder Mathematiker berechnen, auch wenn er Nichts weniger als ein Genie ist. Das ist eben der Unterschied zwischen der wissenschaftlichen Erkenntniß und dem genialen Griff und Tact. — Gewiß aber kommt die Zeit — desto früher, je größerer Fortschritte die Psychologie sich zu erfreuen hat — wo man die bisherige Meinung, man besitze in der Handvoll logischer Unter= scheidungen der ästhetischen Gegenstände eine W i s s e n s c h a f t, eben so belächeln wird, wie wir den Glauben der Scholastik, mit ihrer dürren Metaphysik das frische Leben der Natur, mit ihrer schalen Casuistik die Tiefe der sittlichen und religiösen Ideen erfassen zu können.*)

---

*) Anm. zur zweiten Auflage 1876. Trotz der vielfach verbreiteten Meinung, als ob die philosophischen Wissenschaften in unserer Epoche still gestanden hätten, kann man darauf hinweisen, daß nicht blos die psycho= logischen Forschungen im engeren Sinne bedeutende Fortschritte gemacht haben, sondern auch ein tief eingreifender Einfluß derselben auf die Um= gestaltung und Fortbildung anderer Disciplinen schon jetzt deutlich erkennbar ist und höchst wahrscheinlich künftigen Zeiten als die charakteristische und werthvolle Arbeit unserer Generation erscheinen wird.

Wenn in dieser Zeit große systematische Arbeiten nicht entstanden sind, wenn ein beträchtlicher Theil der geistigen Arbeit geradezu auf die Befreiung von den Fesseln einer abgeschlossenen Systematik in allen lebendigen Schulen der Philosophie verwendet worden ist, wenn ein Zurückgehen theils auf ein= fachere Anfänge, theils auf frühere Formen der Stellung der Probleme (namentlich auf Kant) dem heutigen Philosophiren charakteristisch ist, wenn endlich die lebendigen nicht blos anregenden, sondern tief in die Sache ein= dringenden Verbindungen mit der Physiologie, der Geschichte und Statistik, der vergleichenden Sprachwissenschaft, der Biologie, — der Philosophie geläufig geworden sind: so wird man aus und in alledem erkennen, daß das dritte

Es ist also hier von keiner ästhetischen Abhandlung die Rede. Das bescheidene Ziel unserer Betrachtung geht viel= mehr dahin, einige Grundlinien zur Psychologie des Humors zu ziehen oder das Wesen desselben psychologisch zu beleuchten; man kann aber den psychologischen Charakter des Humors nicht verstehen, ohne daß man ihn in Vergleichung, ja in Beziehung

---

Viertel unseres Jahrhunderts keine hochstrebenden und glänzenden, aber auch keine leichten und luftigen Gebäude der Philosophie aufgeführt, dafür aber breite und tiefe Fundamente zu legen sich bemüht hat.

Es ist ganz simple Unkenntniß der Thatsachen, wenn man von einem Stillstand der Philosophie redet. Speciell in der Aesthetik durfte man um die Mitte des Jahrhunderts noch glauben (und hat es vielfach ausgesprochen), sie sei der am vollkommensten ausgebildete, innerhalb der getrennten Schulen am wenigsten bestrittene Theil der Philosophie. Und doch kann man heute ganz unbedenklich den Satz aussprechen, daß in keiner früheren Epoche eine so gewaltige Bewegung und tiefgreifende Veränderung des ästhetischen Ge= dankenkreises sich vollzogen hat, als gerade in den letzten 25 Jahren. Fast überall in eben der Richtung sich bewegend, welche ich oben im Text an= gedeutet habe, sind die Aufgaben klarer und reicher, die Fragen bestimmter, die Probleme schärfer geworden als je vorher.

Es ist dieses Ortes nicht, auch nur der hervorragenden Erscheinungen ausführlich zu gedenken, Zeising's, Köstlin's, Zimmermann's; oder selbst Lotze's, der die Geschichte der Aesthetik bei den Deutschen so productiv kritisch erzählt, daß er zugleich ein gut Stück dieser Geschichte macht. Es genügt vielmehr zum Beweise für die ausgesprochene historische Ansicht, auf eine lehrreiche und schwerwiegende Thatsache hinzuweisen. Fr. Vischer durfte mindestens innerhalb der damals noch herrschenden Schule sein großes Werk über Aesthetik als ein „nicht absolut aber doch relativ" vollkommenes ansehen; die wissenschaftliche Aufgabe sei von ihm so weit und so tief gefaßt als sie — damals — in der Sache selbst zu liegen schien, und sie sei großartig gelöst; — solche Meinung durfte der Autor damals hegen, da der größte Theil der wissenschaftlichen Welt von der gleichen Meinung erfüllt war. Heute erklärt Vischer, weshalb er die längst nöthige 2. Auflage so lange verzögert: „Der Grund ist kein anderer, als der beständige Fluß, in welchem die Wissenschaft des Schönen seit Jahren begriffen ist. So oft ich die Arbeit begann, wurde sie durch die Nothwendigkeit neuer Vorstudien unterbrochen, weil diese stete Bewegung immer neue Gesichtspunkte brachte. Die Physik und Physiologie mit ihren Forschungen über Farben und Töne, Sehen und Hören, die Psychologie mit ihren neuen Standpunkten, Beobachtungen und Inductionen,

zu verschiedenen Weltanschauungen setzt und ihn selbst deshalb gleichsam zum Range einer eigenen Weltanschauung emporhebt.

Um nun das Eigenthümliche der humoristischen Weltanschauung zu zeigen und ein klares und deutliches Bild von ihr zu entwerfen, müssen wir sie nothwendig in ihrem Gegensatze zu möglichen anderen auffassen. Aber die Mannigfaltigkeit und der Reichthum der

---

die zwar nach meinem Dafürhalten zu einer klareren Erkenntniß des Idealisirungsactes noch nicht geführt haben, stets erneuerte Debatten über Princip und Anordnung des Systems erschweren immer aufs Neue den Abschluß des Denkens, ohne welchen ein so schweres Werk nicht auszuführen ist, — den relativen nämlich, denn einen absoluten giebt es ja ohnedies nicht. Immer deutlicher wird, wie dunkel noch so Vieles ist ... " Die fortgesetzten Bekenntnisse, welche die wesentlichsten Fragepunkte lichtvoll zusammenfassen, schließen mit den Worten: „Steht man vor dieser Welt von Dunkel, so muß man gestehen: die Aesthetik ist noch in den Anfängen." (Die auszeichnende Hervorhebung der letzten Worte stammt nicht von mir, sondern von ihrem Verfasser selbst. „Kritische Gänge" 6. Heft.)

Selten wird die Geschichte der Wissenschaften ein ähnliches Ereigniß zu verzeichnen haben; und es giebt keinen gewaltigeren Fortschritt in einer Wissenschaft und kein deutlicheres Zeugniß für denselben, als diese einfache Thatsache: Die Darstellung eines wissenschaftlichen Gebietes gilt fast allgemein als nahezu abgeschlossen, als vollkommen in allem Wesentlichen erschöpft; und kaum ein Menschenalter später erklärt der unstreitig hervorragendste Darsteller dieser Wissenschaft, daß sie „noch in den Anfängen sei."

Auch für den anregenden, ich möchte sagen herausfordernden Einfluß der Anhänger der einen Schule auf die der anderen (ich erinnere nur an Lotze und Zimmermann, an Zeising und Vischer) wird man in anderen Epochen selten so leuchtende Beispiele finden.

Trotz der drolligen Verzweiflung, mit welcher Vischer seine Kritik Zimmermanns einleitet, kann die jüngere Generation von ernstem wissenschaftlichen Streben sich Glück dazu wünschen, dem ringenden Kampfe und der offenbaren Förderung der Sache der Erkenntniß durch denselben zuzuschauen.

Wie dankbar und freudig man dergleichen aber auch psychologisch oder biographisch verzeichnet, als Beweis der wunderbar ausdauernden jugendlichen Frische und Elasticität eines früh gereiften Meisters: wichtiger als das Persönliche ist dennoch der Einblick, den diese Thatsache in die neueste Geschichte der vorliegenden Wissenschaft darbietet.

Betrachtung, welche sich uns hier darbietet, erfordert es, daß wir, alles Einzelne übergehend, nur im Allgemeinen diejenigen möglichen Welt= und Lebensanschauungen ins Auge fassen, welche sich beziehungsweise um den Humor gruppiren, und wenn wir dann die ganze Gruppe auch nur leicht skizziren, werden wir aus der Stelle, welche der Humor darin einnimmt, den Kern seines Wesens begreifen und weiter entfalten können.

Denn in breiter, ungeordneter Fülle legen sich die Vor= stellungsmassen auseinander, welche die concrete Weltanschau= ung jedes nur einigermaßen geistig belebten Menschen aus= machen; aber auch das geordnete System eines philosophischen Denkers besteht aus langen Reihen und vielfach verschlungenen Netzen von Begriffen. Eine philosophische Schule aber, eine allgemeine Richtung des Geistes, welche in der Denk= und Lebensweise sich ausprägt, kann durch Jahrhunderte und in den Denkern verschiedener Völker verbreitet sein und also viele individuelle Gedankensysteme unter sich befassen; der geistige Charakter eines Zeitalters oder eines Volkes wird in ähnlicher Weise vielfach verschiedene, massenhaft aufgethürmte und bis zum Gegensatz widerstreitende Ansichten umspannen; was dort und hier über Gott und Natur, über Welt und Mensch, über Endliches und Unendliches gedacht, was als Befriedigung erstrebt, als Gutes und Schönes erzeugt und empfunden wird: alles dies baut sich endlos vielfach geartet in gewaltiger Fülle neben einander auf. Und dennoch ist es möglich diese unendliche Fülle geistiger Erzeugnisse, welche dem inneren Leben ungezählter Individuen entstammen, in einer Uebersicht zu= sammenzufassen, wenn man aus der Masse geistiger Bewe= gungen nur ihre wesentliche Richtung hervorhebt, in den zahl= losen Erscheinungen nur ihren gleichartigen und gleichwerthigen Charakter unterscheidet. So entsteht das Bild verschiedener

Weltanschauungen, an sich freilich von bescheidenem wissen=
schaftlichen Werth, aber für das Nachdenken über jede einzelne
und für ihre Darstellung von unentbehrlichem Dienst; ver=
dichtete Gedanken, welche in einem engen und kleinen Rahmen,
gleichwohl das Spiegelbild einer weiten geistigen Welt um=
schließen.

Wir, an diesem Orte auf enge Grenzen angewiesen, wer=
den vollends diesen wichtigen Dienst von flüchtig angedeuteten
Schilderungen erwarten müssen.

Die erste und unterste Stufe der Weltanschauung ist die
sinnliche oder vielmehr empirische. Hier gilt nur das Sicht=
und Greifbare als wahr und gewiß, nur das Fühl= und Ge=
nießbare als gut und begehrenswerth. Was in der Natur
über das sinnlich Faßbare hinausliegt, ist unerkannt und gleich=
gültig, was die Sittlichkeit fordert, unerfüllt und unangestrebt,
namentlich in die engen Schranken verwiesen, welche der
Egoismus zieht, und auch dieses enge Gebiet ist von der zu=
fälligen Wirkung des Guten und Edlen abhängig. Kein Ge=
danke, kein Princip, kein Ideal herrscht hier, nur allein der
Sinn und der Genuß.

Wohl alle Völker haben ihr Leben mit dieser Anschauung
begonnen, gewiß aber keines ist ohne gleichzeitige Ahnung,
Vorgefühl und Sehnsucht des Idealen gewesen, welche der
Keim zur Entwicklung höheren geistigen Lebens wurden; und
gewiß auch nie ist diese Lebensanschauung in irgend einem
Volke eine bewußte, systematische gewesen; nur vor allem
Selbstbewußtsein, und ehe ihm die Würde der Menschheit auf=
gegangen, ist sie möglich. Erst als Bildung und Verfeine=
rung weit höhere Stufen der Entwicklung erreicht und durch=
lebt hatten, und mit ihren Vorzügen auch ihre Mängel den
Nationen zum Bewußtsein gekommen waren, da konnte dieser

ihr unterster Boden wieder als das Höchste, dieses princip-, gedanken- und zwecklose Leben zum Princip und Zweck gemacht, kurz der Materialismus als Dogma aufgefaßt werden. Nunmehr ist das Ideale und Hohe nicht unerfaßt, sondern geleugnet, das Sittliche nicht verschlossen, sondern verachtet, das Schöne nicht ungekannt, sondern ungefühlt, die Natur nicht ungeadelt, sondern entadelt. Diese traurige Entartung ist bei uns niemals so recht, wie zuweilen bei unsern westlichen Nachbaren, heimisch geworden; und ob auch Tausende selbst bei uns keine höhere Lebensauffassung als erkannten Grund und Trieb und Gesetz ihres Lebens haben, ob auch näher be- trachtet kein höheres Princip in ihrem Bewußtsein Macht und Herrschaft hat, als das Sinnliche; alles Edlere, Sittliche und Geistige vielmehr nur flüchtig, zufällig und halb und kalt auf- gefaßt wird: so ist doch diese materialistische Gesinnung ihnen ebenfalls unerkannt und nicht deutlich bewußt; und ist dies selbst der Fall, wie bei Aerzten und Physikern nicht selten, so werden doch immer noch religiöse, sittliche und ästhetische Neigungen und Erinnerungen Einfluß auf ihr Leben haben. Der Ma- terialist, zumal der unbewußte, ist zwar darum noch kein schlechter, aber ein niedrig stehender Mensch; auch der be- wußte muß nicht etwa ein schlechter Mensch sein, aber er kann es am leichtesten werden.

Von dem metaphysischen Systeme des Materialismus reden wir nicht, eben so wenig von den wissenschaftlichen Vertretern desselben; jenes kann eine Deutung der idealen Forderungen des Gemüthes ebenfalls einschließen oder auf den ganz aus- schließlichen Werth der Wahrheit des Daseienden sich zurück- ziehen; diese können sich zu ihren Principien durch eine ver- meintliche nothwendige Consequenz eben so veranlaßt finden, wie die starren Anhänger jeder anderen extremen Richtung.

Insbesondere finden wir in neuerer Zeit einige hervorragende Wortführer desselben durch anderweitige glückliche Leistungen auf dem Gebiete einer Wissenschaft, welche mit den letzten Fragen nach dem Materialismus und seinen Gegentheilen wenig zu schaffen hat, verleitet, sich auch über die Principien eine Entscheidung anzumaßen, welche doch mindestens Unter= suchungen ganz anderer Art erheischen. Die meisten Anhänger des modernen Materialismus aber, sowohl die jüngere Gene= ration der Studenten, als die ältere der Aerzte, welche natur= gemäß über denselben sich nicht erheben können, da sie keinerlei Anstrengung dazu machen, weil man sie gelehrt hat, daß alles andere Wissen antiquirt ist, sie erdreisten sich nicht blos ihre leicht erworbene Weisheit als absolute Wahrheit zu procla= miren, sondern folgerecht über alle anderen Richtungen und Principien der Weltanschauung abzuurtheilen, ohne daß sie jemals eine irgend genauere Kenntniß derselben erlangt, irgend ein philosophisches System studirt, ihre inneren Be= weggründe auch nur im Entferntesten kennen gelernt haben. -- Leute, die nie ein philosophisches Buch durchgelesen, geschweige durchgearbeitet haben, die niemals von den Problemen, welche die anerkanntesten Denker bewegt, von der Gedankenarbeit, welche sie vollbracht haben, auch nur eine Ahnung gewonnen, sie reden kühn von den letzten Dingen und den größten Men= schen, und setzen mit ochlokratischer Souverainetät Vogt über Kant und Fichte, Moleschott über Herbart und Hegel. Grade als ob Einer über den Werth und die Vollkommenheit des Mechanismus in verschiedenen Uhren urtheilen wollte, der nur ihre Zifferblätter gesehen hat. Zwar ist es weder ungewöhn= lich noch unbekannt, daß jede Lehre, welche neu ist oder er= scheint, als größte Anzahl ihrer Anhänger eine Schaar von Unwissenden hat, welche je blinder desto eifriger, je unwissen=

der desto kühner sind; der blinde Muth ist allezeit der kühnste und der blinde Glaube der eifervollste. Aber der Materialismus erfreut sich kraft seines Inhaltes noch besonders zweier Hebel, welche den dummdreisten Hochmuth seiner unwissenschaftlichen Anhänger kräftig emporheben. Wir meinen nicht den Parisapfel einer laxen Moral, welcher als Belohnung winkt, denn der lockt nur Leute, von denen wir nicht reden, sondern erstens die Hinweisung und Begründung alles Wissens auf die sinnliche Gewißheit, so daß Jeder sich als einen gebornen und fertigen Meister der Wissenschaft dünken kann, und zweitens die Verwerfung aller ewigen Ideen und deren Herabsetzung einerseits unter den augenblicklichen Sinneneindruck, und andererseits unter das subjective, augenblickliche Belieben des Individuums. Dadurch wird, wie eine häufige Erfahrung lehrt, das logische Gewissen abgestumpft, und es kostet einem solchen Jünger Nichts, das Widersprechendste nach einander zu behaupten. Immer war unter der Hülle der Sophistik ein gewisser versteckter Materialismus vorhanden, aber oft auch entlehnt der Materialismus, um sich zu halten, seine Waffen aus der Sophistik, vornehmlich aber den Grundsatz, daß Wahrheit nur subjectiv und individuell ist, und daß sie von dem Belieben regiert werden darf. Viel Gewandtheit und wenig Zucht des Geistes (in aller Weise) ist daher ein häufiges Merkmal unserer unwissenschaftlichen Anhänger des Materialismus.

Eine andere, höhere und aus jener entwickelte Lebensauffassung kann man als die v e r s t ä n d i g e bezeichnen. Verstand nehmen wir hier aber nicht in dem Sinne eines besonderen geistigen Vermögens, sondern in dem Sinne eines bestimmten Verhaltens des menschlichen Vorstellungskreises. Und zwar besteht das verständige Verhalten der Vorstellungen in einer der Wirklichkeit und dem Objectiven mehr und mehr entsprechenden Vollständigkeit und Ordnung derselben, dergestalt, daß sich für die Erkenntniß allgemeine Begriffe und Kategorien, für das Handeln aber Regeln und Gesetze entfalten; beide aber unmittelbar und ganz noch mit ihren Gegenständen verknüpft, so daß, wie die Gesetzmäßigkeit in dem Naturleben selbst angeschaut wird, eben so auch die moralischen Regeln des Lebens mit diesem in seiner ganzen Ausdehnung innig verwebt und verbunden gedacht werden, daher sie sich zwischen Nützlichkeit und Sittlichkeit durchaus unbefangen hin und her bewegen. Unzureichend aber, wie die erfahrungsmäßigen Vorstellungskreise zur Begründung einer natürlichen oder moralischen Nothwendigkeit sind, werden die allgemeinen Begriffe beider als waltende, persönliche Mächte oder Gottheiten aufgefaßt, welche sich aber selbst innerhalb des Natur- und Menschenkreises bewegen, hie und da darüber hinaus- ragend ins Unendliche, ihrem Wesen nach aber dennoch in demselben befangen, Endliches im Endlichen.

Vollständigkeit und Ordnung sind demnach die Grund- züge dieser Weltanschauung; Ordnung aber unter Verschiede- nem ist Harmonie; diese ist der Grundgedanke des Schönen, und Ordnung aus freier Kraft stiften, ist Kunst im weitesten Sinne des Wortes, d. h. die gestaltende, belebende und schöpfe- rische Macht des Geistes, sie mag nun eigentlich künstlerische Gebilde erzeugen, oder als Staatskunst in den öffentlichen Angelegenheiten wachen und walten, oder irgend einer Lebens- richtung als Lebenskunst Form und Festigkeit verleihen. Wir sehen diese Weltanschauung bei den meisten Nationen der alten Welt in ihrer Blüthezeit herrschend, aber die schönste und reichste Entfaltung nach allen Seiten fand sie in der grie- chischen Nation. Heben wir nur Eines, die Kunst hervor, so

sehen wir hier selbst das höchste Werk derselben, die Tragö=
die, in reichster Entfaltung und Ausbildung; aber auch die
vielleicht vollkommenste, die „Antigone", steht noch ganz und
gar auf dem Boden dieser Weltanschauung, wenn auch auf
dem höchsten Punkte derselben, indem sie die Harmonie der
göttlich=natürlichen mit menschlich=freier Ordnung herzustellen
sucht. Diese Weltanschauung beherrscht noch jetzt, wenn auch
fast nirgends mehr die Bildung, Wissenschaft und Religion,
so doch fast allenthalben das Leben, sowohl das Privat= als
das Staatsleben. —

Ungleich höher als diese steht die Weltanschauung, welche
man die vernünftige oder philosophische nennen kann: Ver=
nunft und Philosophie in dem Sinne genommen, daß der
Mensch im Kreise seiner Vorstellungen und Gedanken Ordnung
und Vollständigkeit d a d u r c h herstellt, daß er die allgemeinen
Gedanken nicht blos als vorhanden, sondern als leitend und
schöpferisch in Natur und Leben auffaßt, daß sie diesen beiden
und ihren einzelnen endlichen und verschwindenden Erschei=
nungen gegenüber das Feste, Ewige, Unendliche sind, daß sie
als Ideen die Gesetze der Natur nicht blos in ihr, sondern
über ihr sind, sie durch ihre Thätigkeit erst zur Natur, zum
Geordneten machen. Hier werden Gedanken und Ideen des=
halb auch nicht um ihrer Erscheinung in der sinnlichen Wirk=
lichkeit willen, und nach dieser, sondern um ihrer selbst willen,
aus ihnen selbst, wie sie dem Geiste zum Bewußtsein kommen,
aufgesucht und betrachtet. Ebenso sind sie nicht blos Regel
und Gesetz, sondern Zweck und Ziel des Lebens und Handelns;
ihrem Wesen nach sind sie das allein Ewige, Seiende, während
die Materie wechselnd und vergänglich; das allein Thätige
und Zeugende, während die Materie das Leidende, Empfangende
ist; ihrem Werthe nach sind sie das allein Würdige und Hohe

und Begehrenswerthe, absoluter Zweck, während das Endliche
im Menschen, Dasein und Genuß, nur Mittel und Abhängiges
ist. Sollen wir auch hier etwas Historisches hinzufügen, so ist,
um nur im bekannten Kreise des Occidents zu bleiben, diese
Weltanschauung, von Sokrates ausgehend, von Plato aus=
gebildet, bei den Griechen nur im kleinsten Kreise von Denkern
und nur kurze Zeit auf ihrer Höhe geblieben, und auch bis
jetzt nur Eigenthum der, im wahren Sinne des Wortes, höheren
Bildung geworden; sie fordert andauernde Erhebung über die
natürlichen Triebe und Züge des Menschen.

Bedenkt man, daß alle vernünftige Weltanschauung oder
Ideenlehre schließlich in der Idee des Einen, Unendlichen, alle
Ideen und Wesen Umfassenden, kurz in der Idee Gottes münden
muß, was auf philosophischem Wege allerdings nur selten mit
vollendeter Klarheit und Reinheit geschehen ist, so werden wir
als ihr parallel die religiöse Weltanschauung betrachten dürfen;
sie ist eigentlich nur die tiefste Ergreifung und Ausprägung
derselben, aber unmittelbar die höchste Spitze erfassend, ohne
systematische Entwicklung; mit dem Blick der Sehnsucht dringt
das natürliche Auge in den Himmel des Geistes, sucht
und findet seinen Stern, der oft auch dem bewaffneten
Auge des Philosophen noch von den Wolken des Zweifels
verhüllt ist.

Religion im engeren Sinne des Wortes ist offenbarte
Religion: offenbarte, weil, wie verschieden man auch die Weise
und den Weg auffassen mag, durch sie die Idee des Unend=
lichen, der Gottesgedanke zuerst und am vollendetsten und
reinsten offenbar geworden. Hier erscheint die Welt und die
Natur als Creatur Gottes, des geistigen, schöpferischen, ideen=,
form= und wesenbildenden Princips, welches die Welt und, was
darin ist, trägt, erhält, leitet und liebt.

16*

Zu der sinnlichen, verständigen, vernünftigen und religiösen Weltanschauung tritt noch eine andere, die wir wegen der Beziehung auf den Humor hier erwähnen müssen, nämlich die des sogenannten s u b j e c t i v e n J d e a l i s m u s. Ausgehend von der einfachen Betrachtung, daß der Mensch, sobald er als denkendes und wissendes Wesen sich verhält, in diesem seinem Denken und Wissen Nichts weiter habe und besitze als Gedanken, Ideen, Vorstellungen, Begriffe; daß, wie man die Sache auch wenden und kehren möge, in unserem Innern nichts weiter angetroffen wird als Inneres, Bilder, Ideales; kommt er zu dem Schlusse: es gebe überhaupt auch außer dem Geiste nichts Anderes als Ideales, Geistiges; für den Denkenden und seinen Gedanken gebe es eben Nichts als Gedachtes, und dieses sei nur Gedachtes. Also nicht blos wie in der vernünftigen Weltanschauung erscheinen die Natur und alles Seiende als G e d a n k e n m ä ß i g e s, sondern als G e d a n k e n - a r t i g e s. Wie der Materialismus, indem er ausgeht vom Sinnlichen und daran haften und hängen bleibt, das Ideale, Geistige leugnet, so leugnet der Idealismus umgekehrt alles Materielle. Hier gelangt das Ich, der Geist zu seiner höchsten, aber auch übertriebenen, sich überhebenden Bedeutung; die Ichheit d e n k t nicht blos, sie i s t die Welt. Diese Anschauung ist nicht blos von unserem Fichte, sondern zum Theil schon von den Engländern Berkeley und Collier aufgestellt worden.

Diese vier Weltanschauungen sind gleichsam die vier Elemente des geistigen Lebens, und alle Geschichte der menschlichen Entwicklung kann vielleicht keine anderen Producte aufweisen, als die aus ihnen und ihrer Vermischung hervorgehen. Nur Eines ist noch zu beachten, das Gefühl. Wir haben bisher gezeigt, wie die Menschen die Welt und die Natur und sich selbst verschieden d e n k e n, sie können jedoch auch verschieden f ü h l e n, und darnach wird sich ihr inneres Verhalten dazu und mittelbar auch ihr Denken anders und anders gestalten; ihre Weltanschauung wird durch die Seite des Gefühls eine andere sein.

Der Humor und die Romantik sind nun von den bisher betrachteten verschiedene Weltanschauungen, und zwar durch Vermittelung des Gefühls. Humor und Romantik sind relative Gegensätze. Die Romantik ist eine solche Weltanschauung, die von dem Sinnlichen ausgehend und mit dem G e d a n k e n im Endlichen haftend, durch das G e f ü h l das Unendliche und Ideale theils zu erfassen, theils zu erzeugen sucht. Ihr entgegengesetzt ist der Humor. Mit seinen Gedanken schließt er sich unmittelbar an die vernünftige Weltanschauung an (in seiner höchsten Entwicklung sogar an den subjectiven Idealismus, wie auch historisch Jean Paul unendlich oft an und mit Fichte anknüpft); mit Bewußtsein und philosophischer Klarheit betrachtet er die Idee als das Wesentliche, den Gedanken als das Realste, den Geist als den Meister und Schöpfer im Menschen, wie in der Welt; aber — das ist seine Eigenthümlichkeit, seine Größe und seine Unterscheidung von der bloßen Philosophie — er umfaßt und hält und hegt zugleich das Endliche und Sinnliche mit jener frischen und vollen Unmittelbarkeit der sinnlichen Weltanschauung, und zwar durch das G e f ü h l.

Während die Romantik von dem sinnlichen Boden, auf dem sie steht, auf Schwingen des Gefühls und der aufgeregten Phantasie sich zur Höhe des Idealen und Ewigen emporhebt, dieses aber nie ganz erreicht, besonders nie klar und rein anschaut, läßt sich der Humor von seiner lichten Höhe der idealen Anschauung herab auf den Flügeln des Gefühls und der

Theilnahme und des natürlichen Zugs zu dem Boden des Sinnlichen.

Beide sind über die gewöhnliche verständige Auffassung der Welt und des Lebens hinaus, aber die Romantik schwelgt im subjectiven Gefühle, daher sie besonders in der Natur= ansicht am wesentlichsten vom classischen Geiste abweicht; denn die Natur ist passiv und man kann dabei empfinden, was man mag und vermag, wie man mittelst der Phantasie in den Wolkenmassen die wundersamsten Bildungen entdecken kann. Der Humor dagegen schwelgt in subjectiven Gedanken, er hat nicht die Dinge, sondern ihre Ideen vor Augen. Trägt die Romantik zur Natur etwas hinzu, so ist er mit seinen Idealen über die Natur und Wirklichkeit hinaus. Der Roman= tiker blickt am liebsten in die Vergangenheit, wo sich Gefühl und Phantasie am leichtesten geltend machen; der Humorist sieht in die Zukunft, auf den bereiteten Boden des Ideals; er blickt auch gern in eine andere Welt. Die Romantik ist demgemäß eine Weltanschauung, welche zuweilen allgemein, d. h. Gemeingut eines ganzen Volkes oder Jahrhunderts werden kann; der Humor dagegen gehört immer nur einzelnen, auf der höchsten Stufe der Bildung Stehenden an. — Es hat eine Zeit in Deutschland gegeben, und sie ist stellenweise noch nicht vorüber, wo die Romantik auch in der Bedienten= stube und auf dem Kutscherbock Platz gefunden, und der silber= flimmernde Mond vorne auf dem Balkon nicht anders an= geseufzt wurde, als hinten am Küchenfenster. Gegen die Sonne des Humors aber können allezeit nur die Adler des Geistes fliegen. Hieraus aber folgt, daß der Humor nicht in dem Sinne eine Weltanschauung genannt werden kann, daß er je= mals den Inhalt eines Nationalgeistes, das bewegende Princip eines Volkslebens auszumachen im Stande sei. Vielmehr ist

er einerseits immer nur die Weltanschauung der Einzelnen
(ὀλίγων) und andererseits bildet er auch in diesen keinen Zug
zur öffentlichen Wirksamkeit, kein Streben nach objectiver
Weltgestaltung, nach Einfluß und Thatkraft für die Gesammtheit und deren praktisches Dasein. Wir werden weiterhin
anderen Zügen im psychologischen Bilde des Humors begegnen, mit denen es zusammenhängt, daß er zwar Sinn und
Gesinnung für die sittlichen Ideen, ja sogar für die realen
Verhältnisse des Weltlebens, für die sittliche Gestaltung des
factischen Daseins hat, nur aber keine Energie sich an derselben zu betheiligen. Eben deshalb werden wir auch die
Weltanschauung des Humors, ob sie gleich nur den bevor-
zugtesten Geistern eigen sein kann, dennoch keineswegs als die
höchste hinstellen; sicherlich wird dies der Humorist selber
nicht einmal.

Ich glaube alle großen Humoristen würden mit einfacher
Folgerichtigkeit aus ihrer eigenen humoristischen Lebensanschauung zugestehen (Weiße bei Lotze a. a. O. S. 380): „Die Erzeugung der allein vollkommenen und des Namens würdigen
Schönheit sei noch zu suchen, die als Ideal oder ideale Welt-
ansicht nur durch die weltgeschichtliche Thätigkeit des menschlichen Geschlechtes, nicht durch den Einzelnen möglich sei.“

Schlimmer noch steht es um die sittliche Signatur der
Romantik: alle Erhebung über den Boden der Sinnlichkeit,
in welchem sie ihre stärksten Wurzeln hat, ist lediglich durch das
Gefühl vermittelt, und alles sittliche Streben reducirt sich auf ein
ästhetisirendes Schönleben; sie zersprengt die Grundsäule der
Gemeinschaft großer Geister in die tausend Splitter gefühls-
trunkener Individuen; sie kennt keine großen politischen und
socialen Ideen, als nur von der Seite ihrer imposanten
Schönheit; die Schönheit aber ist man nicht zu schaffen ver-

pflichtct, sondern nur zu genießen berechtigt; sie kennt keine ethische Begeisterung für den Fortschritt, sondern nur das Wonnegefühl beim Rückblick; kurz sie kennt nicht die Schätzung des einzig Guten, nicht das direct und einzig und allein auf das Sittliche oder auf das Allgemeine gerichtete Wollen, son= dern nur das individuelle höher oder niedriger genußsuchende Begehren.

Dem Humor fehlt nur die praktische Energie, der Ro= mantik die ethische Gesinnung zum Guten.

Wir müssen noch Einiges zur weiteren Charakteristik hin= zufügen. Die Romantik, indem sie das sinnliche Leben mit dem Gefühle durchdringt und mit Hülfe der Phantasie die Sphäre desselben erweitert und in höhere Regionen versetzt, wie dies namentlich in der Vergötterung des Weibes und der Verhimmelung der Liebe stattfindet, ist gleichsam die Religion der Sinnlichkeit, sie bildet eine Art von geistig religiösem Cultus der Sinne aus. Die höchste Gestalt der romantischen Weltanschauung haben einige ihrer philosophischen Vertreter in dem Begriff der „Ironie" ausprägen wollen; diese soll der „über Allem schwebende, Alles vernichtende Blick" sein, womit die Welt angeschaut wird. Aber nicht wie im Idealismus und Humor soll die Welt des Endlichen vernichtet, gegenüber der ewigen Idee als nichtig erscheinen, sondern ihr, der Idee selbst, wird die Vergänglichkeit und Nichtigkeit in ihrer irdi= schen Erscheinung zugeschrieben. Für den Humor also hat die Idee ewiges und objectives Dasein, unendlichen Inhalt und Werth und zeitlose Bedeutung, nur besessen und erfaßt kann sie allein auf subjective Weise werden, als Ideal, das sich nicht realisirt; für die Romantik aber hat die Idee gar kein objectives Dasein, sie entsteht und vergeht im Endlichen, und eben deshalb ist sie ein Product lediglich der sub=

jectiven Auffassung. — Es ist aber offenbar, daß hierbei gar keine gedankenmäßige Auffassung der Idee stattfindet,
daß das Unendliche, nicht für sich, sondern nur in den endlichen Begriffen gedacht, überhaupt nicht sowohl als Unendliches gedacht, als vielmehr dunkel geahnt, gefühlt, empfunden
wird. In Bezug auf die Kunst ist nun diese „Ironie", die
reine Subjectivität der Ideen sammt ihrer Entstehung im Endlichen als das Hineinbilden derselben ins Endliche aufzufassen
und für ein berechtigtes Princip zu halten, welches Hettner
mit Recht als das „Gesetz der freien Form" bezeichnet. So
wie wir aber unseren Blick aus dem engeren Kreise des Aesthetischen hinauswenden, auf die theoretische Intelligenz einerseits und auf das sittliche und praktische Leben andererseits
reflectiren, so enthüllen sich alle Blößen der Romantik, alle
künstliche und selbst künstlerische Erhebung, alle mystische Vertiefung wird in ihrem moralischen Unwerth demaskirt. Daher
auch bei den Romantikern jene Schwankungen in der Schätzung
der verschiedenen Lebensfactoren, jenes Suchen und Haschen
nach alten und neuen Lebensformen, deren ästhetischer Duft
nicht von dem Stachel der Gewissensbisse begleitet wäre. Aber
immer vergeblich bleibt alles Ringen und Trachten nach Befriedigung, wenn nicht die sittlichen Ideen an sich, das sittliche
Streben um seiner selbst willen, Anfang und Ende der Lebensanschauung ist. Wo die Romantik sich daher mit der bestehenden Religion in Verbindung setzt, vertritt sie die Sinnlichkeit
und die Phantasie in der Religion, weshalb ihr die plastische
Kunst und die Malerei der höchste Ausdruck der letzteren ist.

Der Humor aber ist die Religion des Geistes. Während
der Geist in seiner höheren und reineren Thätigkeit niemals
die Form der Religion ist und enthält, diese vielmehr, wie
selbst der philosophische Theologe Schleiermacher es richtig

bezeichnet, nur „Sinn und Geschmack fürs Unendliche ist", stellt einzig der Humor dasjenige höhere Geistesleben dar, welches die beiden Grundelemente aller Religion in sich ent= hält. Dies geschieht, indem der Geist im Humor sich zur Idee und Wirklichkeit gerade so verhält, wie das ganze Ge= müth des Menschen in der Religion zu Gott und Welt. Jene beiden Grundelemente der Religion sind eben diese, daß der Mensch einerseits sich und alle Welt seinem Gotte gegenüber tief gebeugt und gedemüthigt, weil endlich und sündlich, hin= fällig und nichtig findet, daß er sich aber andererseits über alles Weltliche erhaben und seinem Gotte, der seinem wenn auch sündigen Herzen nahe ist, hingegeben fühlt und selber im Gotteslichte zu wandeln oder geführt zu werden gewiß ist. Gleicherweise sieht der Geist des Humors einerseits sich und sein wirkliches Leben fern von der Idee, kraftlos i h r e Ziele und s e i n Wollen zu erreichen, und darum gebändigt und in seinem Stolze gebrochen und oft bis zum verzweifelten Hohn= gelächter der Selbstverachtung verdammt, und andererseits dennoch gehoben und geläutert durch das Bewußtsein, trotz alledem die Idee und das Unendliche zu besitzen und inne zu haben und in seinen auch noch so unvollendeten Werken dar= zustellen und herauszuleben und mit ihr selber im Innersten Eins zu sein, wäre es auch nur in der aus ihr geschöpften Erkenntniß und dem Schmerze über die eigene Unvollendung. — Das ist Religion, und um so sicherer Religion, als die Gedanken hier z u g l e i c h mit der Macht des tiefsten Gefühls durchdrungen werden. Religion des Geistes aber ist es, weil er nicht in dunkeln Ahnungen und Gefühlen, sich von außen her das Gesetz und Maß seines Lebens entgegen stellt, sondern die dem Geiste eigene Idee.

Sowohl ein humanistisches Streben als religiöse Frei=

sinnigkeit, die mit dem bezeichneten Charakter des Humors aufs Innigste zusammenhängen, zeichnet alle großen Humoristen aus; oft sind sie ihrer Nation darin um Jahrhunderte voraus. Ich erinnere nur an Fischart und Cervantes, an Sterne (und den dankbaren Brief eines Schwarzen an denselben wegen seines Kampfes gegen die Sclaverei,) an Tillier und Jean Paul.

Wendet aber der Humor sich der Religion im gewöhnlichen Sinne des Wortes zu, steigt er noch von der erhabenen Idee der Menschheit zur Gottesidee selber empor, dann entfaltet er das herrlichste psychologische Schauspiel, wie das Gedanken= schiff bald von den schwellenden Wogen des Gefühls auf dem weiten Meere der Empfindung dahingerissen, bald wieder von dem scharfzielenden Auge des Piloten Vernunft und durch das feste Steuerruder Verstand sicher geleitet wird zu den seligen Inseln gelöster Zweifel. Mit dem dialektischen Aufzug und dem empfindungsvollen Einschlag entfaltet sich das herrliche Weben und Wirken des ganzen innern Menschen, Gedanke und Ge= fühl feiern ein seliges Bündniß, und es offenbart sich jene rührende Tiefe der Sehnsucht nach Wahrheit, die unser Herz mit seligen Schauern erfüllt. Die Tiefe des Philosophen fordert von uns, was sie ohnehin reichlich giebt, Kälte des Gemüths; die Tiefe des Mystikers, der den Gedanken nicht blos mit dem Gefühl, sondern mit einer düstern Phantasie verbindet, welche über die Schöpfungsgeschichte brütend den Himmel mit Geistern zu bevölkern strebt, daß sie die Schöpfungs= eimer halten und heben sollen, — diese Tiefe kann das mensch= liche Wesen nicht berühren, nicht erleuchten. Die Tiefe des Humors aber ist die Tiefe des ganzen Menschen.*) Man sehe

*) Es ist sehr bemerkenswerth, daß ein so strenger und besonnener Forscher wie Robert Zimmermann in der Charakteristik des Humors mit besonderer Beziehung auf die Religion des Christenthums bis zur folgenden

Jean Paul. Die Vision, der Traum über Gott, die Rede des tobten Christus vom All, die Leichenrede Flamin's, die er sich selber hält,*) das Orgelspiel Lothar's, als er in der Kirche vom Scheintod erwachte,**) die Erinnerungen aus den schönsten Stunden für die letzten u. s. w. — hier haben wir Gedanken und Menschen, von denen wir nicht wissen, ob der Geist der Philosophie oder der Religion, ob die Wissenschaft oder die Dichtkunst sie erzeugt und belebt; es ist eben Alles zusammen, es ist der — Humor.

Und gleichwohl müssen wir zur Steuer der Wahrheit und dürfen, ohne dieser Schätzung des Humors untreu zu werden, behaupten: nicht die Werke, welche der Humor hervorgebracht hat, nehmen im Vergleich mit anderen Schöpfungen des Geistes objectiv einen so hohen Rang ein, sondern der psychische Zu-

Darstellung fortschreitet; der §. 830 des II. systematischen Theiles seiner Aesthetik lautet:

„So entsteht das Bild eines Gemüths, welches zugleich gefühlvoll, mitfühlend, anstandsvoll, dessen Laune Humor, d. h. trotz allem Anschein des Gegentheils unversiegbares Mitgefühl, und das in jeder seiner Aeußerung mit diesen seinen Vorbildern einstimmig, d. h. ästhetisches Gemüth, schöne Seele sei, das Bild des socialen schönen Fühlens, des humanen Gemüths, wie vorher (§. 773) das Bild der schönen Socialphantasie, des socialen Schöngeistes. Der absolute Geist selbst, der Gott der Liebe und des Erbarmens, entspricht diesem Bilde, indem er nicht nur, um mit dem Menschengeschlecht zu fühlen und zu leiden, selbst Menschengestalt annimmt, sondern um seine göttliche Milde in desto hellerem Glanze strahlen zu machen, den Schein des Gegentheils, des unerbittlichen Richters nicht verschmäht, um als Heiland der Menschheit durch einen blutigen Opfertod ihr desto gewisser Versöhnung zu erwerben. Nur bleibt es bei ihm, dem Absoluten, dessen Vorstellungen Wissen, dessen praktisches Wissen, d. i. ästhetisches Urtheilen zugleich schon heiliges Wollen ist, nicht beim bloßen Mitfühlen, sondern dies geht sofort in Wollen, d. h. in werkthätige Liebe, in Helfen über: er bemitleidet nicht blos, er erbarmt sich der Leidenden als werkthätiger Erlöser des Menschengeschlechts.“

*) Im „Hesperus.“
**) „Die unsichtbare Loge.“

stand, die Gemüthsverfassung, die subjective Form des inneren
Lebens, aus der sie hervorgehen und welche sie in Anderen er=
zeugen. Nicht als schöpferische Kraft, als erzeugende, bildende
Fähigkeit hat der Humor die Größe und den Vorzug seiner
Eigenart, sondern vielmehr als geschaffene innere Lebensform,
als Zustand und innere Bewegung des Gemüths.

Bei allen Kunstwerken haben wir, um sie vollständig zu
erkennen, den Zustand des schaffenden Geistes, die innere Lebens=
form, aus der sie hervorgehen, dann die geistige Bedeutung, die
objective geistige Daseinsform des Werkes selbst, und endlich die
innere geistige Bewegung, welche im empfangenden Beschauer
(Leser, Zuhörer) durch dasselbe hervorgebracht wird, zu unter=
scheiden. Die verschiedenen Arten und Formen aller Kunst zeigen
in der Charakteristik sowohl einer jeden der drei Weisen geistiger
Existenz, die auf jedes Kunstwerk sich beziehen, als auch der
Verhältnisse derselben zu einander eine große Mannigfaltigkeit,
durch welche die wesentlichen Eigenthümlichkeiten derselben zur
Erkenntniß kommen. Wir werden eine auch nur relativ voll=
kommene Psychologie der Aesthetik dann erst erhalten, wenn die=
selbe gleichmäßig und gleichzeitig an jeder Kunstart die drei
Formen geistiger Existenz und ihre causalen Beziehungen zu
einander erforschen wird.

Als wesentlicher Zug in der Charakteristik des Humors
wird sich dann zeigen, daß in ihm die Verschiedenheit und
der Abstand aller drei geistigen Formen sehr gering und wahr=
scheinlich geringer ist, als bei irgend einer anderen künstlerischen
Schöpfung. — —

Wir müssen nun darauf bedacht sein, eine Frage zu
beantworten, die wohl den meisten Lesern längst in der Seele
steht, und die etwa so lauten wird: „Und dies, dieser große,
gewaltigste und allertiefste Ernst soll dasselbe sein, was sonst

als Humor bezeichnet wird? und die Falstaff, die Narren Shakespear's, Onkel Tobias Shandy,*) Gulliver,**) Maria Wuz, Schoppe und Leibgeber***) und das ganze Heer der lachenerregenden Figuren sollen Repräsentanten oder das Gefolge d i e s e r Weltanschauung sein?"

Allerdings ist es so, und um solches darzuthun, haben wir zunächst nachzuweisen, was für die Erkenntniß und Würdigung des Humors am allerwesentlichsten ist, daß der Humor nicht blos eine besondere Weise des Komischen ist, so daß das Komische der allgemeine Gattungs= und der Humor ein untergeordneter Art= begriff wäre, daß er vielmehr eine e i g e n e d r i t t e G a t t u n g ist, neben denen des Erhabenen und des Komischen, nämlich die Vereinigung beider.

Das Erhabene besteht bekanntlich darin, daß Personen, Charaktere, Handlungen oder Sachen und Verhältnisse dargestellt werden, welche an Größe und Werth über das gewöhnliche und allgemein der wirklichen Welt entsprechende Maß weit hinausgehn. Im geraden Gegensatze dazu steht das Komische: es beruht auf der Darstellung eines Ungereimten, Unver= nünftigen, Unvollkommenen, welches eben so an Größe und Werth u n t e r dem gewöhnlichen und allgemein als vernünftig anerkannten Maß zurückbleibt, wie das Erhabene es überragt (nur mit der für unsere Betrachtung beiläufigen Neben= bedingung, daß dieses Ungereimte ꝛc. bewußt oder unbewußt sich für das Vernünftige hält, weil es sonst nur Mitleid erregen würde). In beiden Gattungen also beruht sowohl die Dar= stellung als die Wirkung auf dem Gegensatz des dargestellten Gegenstandes gegen die gewöhnliche Ansicht und Erwartung.

---

*) „Leben und Meinungen Tristram Shandy's" von L. Sterne.
**) „Gulliver's Reisen" von Swift.
***)˙ Im „Titan und Siebenkäs" bei Jean Paul.

Der Humor geht ebenfalls auf die Darstellung des Gegen=
satzes, aber nicht blos des Kleinen, Mangelhaften, Ungereimten,
sondern eben so des Großen, Idealen, Hohen und Vernünftigen,
und zwar beider nicht gegen die gewöhnliche Anschauung, son=
dern gegen einander. Das Maß für das Kleine, Lächerliche
ist ihm nicht das gewöhnliche Ernste, sondern das Erhabene,
und dieses wird in seiner Größe wiederum an dem Unvoll=
kommensten und Kleinsten gemessen. Es ist offenbar, daß da=
durch ebensowohl das Erhabene des Humors noch größer und
erhabener, wie das Lächerliche noch kleiner und lächerlicher
wird, weil jenes mit einem kleineren, dieses mit einem größeren
Maßstabe gemessen wird, als in der classischen Darstellung beider.

Dieser sehr wesentliche Unterschied in der Größe des
Maßstabes manifestirt sich oder entspringt vielmehr aus dem
anderen Unterschiede, wie der Maßstab genommen wird, welcher
eine wesentliche Verschiedenheit wiederum auch in der Dar=
stellung begründet. Während nämlich das Erhabene und das
Komische im gewöhnlichen Sinne nur seinen, erhabenen oder
komischen, Gegenstand darstellt, den Gegensatz aber aus der
im Beschauer selbst vorhandenen, gewöhnlichen und durch=
schnittlich vernünftigen Ansicht entspringen läßt, stellt der
Humor diesen Gegensatz selber dar, d. h. beides Entgegenge=
setzte, dergestalt, daß das, was an sich komisch oder erhaben
sein würde, entweder in einem und demselben Gegenstande
vereint ist oder sie als zwei nahe beisammen sind, und so
wird das Große wie das Kleine, das Vernünftige wie das
Ungereimte, das Unendliche und Ideale, wie das Endliche und
Materielle, nicht komisch oder erhaben, sondern beides zusam=
men, nämlich humoristisch. Deshalb ist hier der tragische
Schmerz über das Ideenlose, der Idee Widerstrebende und
sie Besiegende tiefer und reißender, die Freude am Ideal selbst

und seinem Sieg ist stärker als im classischen Erhabenen und
Komischen; gewaltiger ergreift der Ernst das Herz und mäch=
tiger erschüttert der Spaß das Zwerchfell.

Nicht blos im subjectiven Humor, d. h. wo eine selbst=
bewußte humoristische Person auftritt, die absichtlich als solche
handelt, wobei es sich von selbst versteht, sondern auch im
objectiven Humor, d. h. wo nur der Leser und Zuschauer die
Absicht und Wirkung des Humors empfindet, muß der Gegen=
satz des Höchsten und Niedrigsten dargestellt, ausgespro=
chen werden. So weckt selbst Falstaff, der objective Humorist,
alle hohen Ideen, deren Widerpart er in Leben und Gesinnung
ist, durch sein Reden und Thun. Er spricht von Ehre, Muth 2c.,
er stellt den König dar, wie er Heinrich straft 2c.; in Allem ist
er ein Gebildeter, die Ansprüche der Idee Kennender und
Zeigender. Wir lachen über ihn, obgleich er das Hohe ernie=
drigt (z. B. in seiner Definition der Ehre), wir lachen, weil
er selbst die wahre Idee in uns weckt und diese desto sicherer
siegt, je angelegentlicher er dagegen kämpft. Nicht so z. B.
bei Heine an den meisten Stellen, wo er humoristisch erscheinen
will. Heine ist vielleicht die beredteste und glatteste Zunge
deutscher Mundart; sein Styl ist durchaus einzig, klar und
scharf, treffend und schwungvoll, sinnlich und sinnig zugleich;
nicht die natürlichen, sondern die zauberischen Reize der Poesie
sucht und findet er, um unser Herz — nicht zu erfreuen, zu
erwärmen — sondern mit magischen Fesseln zu umstricken und
in einen bittersüßen Taumel zu stürzen. Von Haus aus
ein Sänger, unstät und flüchtig, der bald im hohen Königs=
saale die Kraft und den Sieg des Helden singt, bald in der
Kirche zu glaubensseliger Andacht stimmt, bald in der ge=
meinen Schenke oder an noch schlimmeren Orten rohe Lüste
weckt, ist seine Poesie in ihrer Vollendung eine Leier, deren

Töne zart und innig, und wonnig und verführerisch), welcher
nur die süßesten Lieder, nur die reizendsten Melodien ent=
schweben, die aber kein Lied und keine Melodie vollendet, ohne
daß, wie durch ein Verhängniß, die Saiten springen und mit
schreienden Dissonanzen auseinander schwirren. Seine Satire
erregt kein Lachen bei dem Sittlichen, denn es ist selten die Satire
des Hohen und Wahren gegen das Gemeine und Falsche, sondern
meist umgekehrt. So stellt er denn auch nicht beides zusammen,
wie der Humor muß, sondern gewöhnlich stellt er erst das Er=
habene oder Ernste dar und schließt dann mit dem Gemeinen
und der darin liegenden Zumuthung, das ganze Erhabene dem=
gemäß als ein Gemeines zu nehmen. Darauf geht kein sittliches
Wesen ein; es entsteht nicht einmal ein Schein von einem Kampfe
und kein Lachen als Siegeszeichen. Desto ergreifender freilich ist
dann die Wirkung Heine's auf seine vertrauten Leser, wenn einmal
die Mischung eine andere, eine höhere und freiere und im Gleich=
gewicht bewegte ist, wie etwa in den Sabbathmelodien („Roman=
zero“) und vollends dann, wenn das Verhältniß sich umkehrt,
wie z. B. in dem Gedicht „Jetzt wohin“, das, nach einem Um=
blick voll satirischen Spottes auf sich selbst und auf Deutschland,
auf Rußland, England, Amerika, damit schließt:

> Traurig schau ich in die Höh',
> Wo viel tausend Sterne nicken —
> Aber meinen eignen Stern
> Kann ich nirgends dort erblicken.

> Hat im güldnen Labyrinth
> Sich vielleicht verirrt am Himmel,
> Wie ich selber mich verirrt
> In dem irdischen Getümmel. —

Falstaff dagegen macht keine Satire auf das Hohe, er
vertheidigt nur sich und seine Gemeinheit gegen dasselbe, und
wo er ja einmal ausfällt, lachen wir gern über ihn, als über

einen drolligen Pudel, der den Mond anbellt. Falstaff steht
im Gemeinen und leiht sich die Form des Edlen, auf dessen
Seite wir stehen, um über den Schein und Mangel desselben
zu lachen. Heine stellt sich auf die Seite des Erhabenen und
Edlen mit uns und weckt hohe Ideen; plötzlich enthüllt er
nicht der Idee, sondern seine eigene Schwäche, sie festzuhalten;
wir sehen den Pferdefuß und haben kein Lachen, und keine
Thräne.

„Das Maßverhältniß des Humors," heißt es bei Benecke
'Psychologische Skizzen' S. 290 ff.; . . möchte sich am An=
gemessensten vielleicht dadurch bezeichnen lassen, daß zu seiner
Erzeugung tiefer eingreifende Gefühle in eben das Verschmel=
zungsverhältniß treten müssen, welches im Allgemeinen als das
Maßverhältniß des Lächerlichen angegeben worden ist. Jean
Paul beginnt seine meisterhafte humoristische Idylle 'Leben des
vergnügten Schulmeisterlein Wuz' mit einer innig gefühlten
Elegie; wendet aber plötzlich um, indem er die Stühle um den
Ofen zu rücken befiehlt, und allerhand Anweisungen giebt, um
den Zustand seiner Zuhörer behaglich zu machen. Hier hat das
erste Gefühl so tief eingegriffen, daß dasselbe, bei dem Eintreten
des zweiten, leichteren, nicht schnell genug verwischt werden kann.
Und da dasselbe nun zugleich die ganze bewußte Seele ein=
genommen, so wird das leichtere nicht n e b e n, sondern a u f
ihm gebildet werden; und also bei ihrem, wenn auch
nur unvollkommenen Ineinanderschmelzen jenes oben be=
schriebene Hinüber= und Herüberschwanken des Bewußtseins
entstehen.

Hätte der Dichter das tiefere Gefühl auf das leichtere
folgen lassen, so würde kein humoristischer Eindruck entstanden
sein. Dagegen er am Schlusse der Idylle, nachdem er für
die Liebesgeschichte seines Helden, durch seine theilnehmende

Erzählung, ein inniges Interesse der Leser gewonnen: trotz dem, daß die meisten Bilder derselben der niederländischen Schule angehören, des humoristischen Eindrucks gewiß sein kann, wenn er nun, bei der Hochzeit abbrechend, uns vor das Sterbebett seines Helden führt. — In der Todtengräberscene im 'Hamlet' giebt schon unmittelbar die Scenerie das humoristisch wirkende Gegengefühl zu den Späßen der Todtengräber: welches dann durch Hamlet's sentimentale Glossen nur noch mehr hervorgehoben wird.“

Wichtig ist nun, daß es sich bei Heine nicht nur um den Unterschied tiefer und leichter Gefühle handelt, sondern darum, daß hohe und reine oder wenigstens starke und innige Gefühle angeregt werden und dann eine Verneinung oder Zerstörung derselben folgt.

Diese Bemerkungen rufen am lebhaftesten die Erinnerung an Byron wach und lassen den Wunsch hervortreten, daß Jemand die eigenartige Bildungsform seines Humors und dessen Verschiedenheit in den verschiedenen Werken zum Gegenstande einer psychologischen Forschung machte.

Die ausdauernde Anziehungskraft, die er auf den freigesinnten Leser auch da ausübt, wo er ihn abstoßen zu wollen scheint und jeden Pedanten wirklich abstößt; die reizvollen Fesseln, die er dem Gemüth anlegt, während er es wie spielend in Bewegung setzt, aber auch mit ihm gleichsam spielt; die souveräne Herrschaft und scheinbar ganz absolutistische Willkür, mit welcher er den Stoff und den Leser behandelt und dennoch überall dem Gesetz der Anmuth folgt; der süße Zauber und der bittere Hohn, der seine Weltverstand und die herbe Weltverachtung, das von innigster Hingebung zeugende, tiefeindringende Ergründen und schöpfungsfrohe Enthüllen alles dessen, was das Menschenherz beseligt, und daneben das Ver-

17 •

nichten aller Seligkeit durch Zweifel und Verzweiflung — alles dies bietet ein unvergleichliches psychologisches Schau= spiel, das auch die schärfste Analyse reichlich belohnen würde.

Ein treffendes Bild nicht nur, sondern auch ein Beispiel für das Verhältniß des Humors zur classischen Kunst, wie er das Tragödische und Komödische dieser in Eines zusammen= faßt und damit beide vertieft, ist der Narr, verglichen mit dem griechischen Chor. Wie der Narr zumal bei Shakespear er= scheint, ist er allemal der Klügste und Weiseste im Stück, wie die Greise des Chors, oder hat Mitgefühl, wie die Jungfrauen desselben. Gleich dem Chor reflectirt er, ohne thätig einzu= greifen, über Alles, er spiegelt die personificirte Vernunft ab, welche über den streitenden Mächten steht; aber — und das ist sein Unterschied — die Vernunft personificirt sich in ihrem Gegensatze als Narrheit, als ein Ding ohne Anerkennung, ohne Einfluß, und dies ist das t r a g i s c h e Symbol ihrer realen Unmacht, die Welt zu beherrschen; ideell aber ist sie eben die höchste Macht auch in dieser niedrigsten spaßtreiben= den reellen Stellung. Die Schellenkappe übertrifft die Diplo= maten an List, sie beherrscht das Scepter und belehrt und straft den Priesterrock — durch o f f e n e W a h r h e i t. Die Narrheit siegt durch eine Idee, durch O f f e n h e i t u n d G e= r a d h e i t, sie besiegt den lügenden Hofmann, den trügenden Pfaffen, das falschgelenkte Scepter nur, weil sie r e d e n darf weil sie ehrlich sein d a r f. Daher ist der Narr, z. B. im „Lear", auch ungleich und unzweifelhaft kühner, kräftiger und freier als der Chor in der „Antigone." Während dieser für uns etwas Augendienerisches und Zweischulteriges gegen beide strei= tende Mächte hat, weiß der Narr über beide zu lachen, die siegende rechtlose mit Haß verspottend, die unterliegende be= rechtigte mit Liebe belehrend. Daß aber die gerade offene

Wahrheit sich als Hanswurst verkleiden, daß sie das bunt-scheckige Gewand des Witzes tragen und selbst hinter Thorheit sich verstecken muß — das ist eben der Humor.

Schon nach diesen wenigen Charakterzügen der humoristischen Kunst und Darstellung kann uns ihr Zusammenhang mit der oben gezeichneten Weltanschauung nicht entgehen. Der Humor verbindet das Hohe mit dem Niedrigen, das Edle mit dem Ungereimten, das Ideale mit dem Realen, Stoff und Form wechselsweise aus beiden entnehmend, aber unbeschadet beider; er läßt nicht nur, er steigert dem Hohen seine Hoheit durch den größeren Gegensatz, und umgekehrt beim Niederen. Dies aber kann nur geschehen, indem der Humor von dem Werthe, der Wahrheit und Wesenheit des Idealen ausgeht und sie allezeit festhält. Zugleich aber brandmarkt er nicht das Reale und Niedere als ein Nichtiges und durchaus Sinn- und Wesenloses, sondern er hält es fest und giebt ihm Werth durch die Theil-nahme des Gefühls und der süßen Gewohnheit des Daseins, und eben diese Eigenschaft des Realen und Sinnlichen, daß es das Gefühl allezeit weckt und fesselt, macht es dem Humo-risten lieb und werth, es erhält selber eine ideale Geltung, und alle seine Schwächen und Störungen kann er darum nicht verachten, sondern nur belachen. Während in der Wissenschaft Idealismus und Realismus auseinander treten und dergestalt geschieden sind, daß fast nie ein Denker beide vereinigt, be-stehen sie im Humor neben einander; ohne den Kampf zu endigen, wohnen sie streitend in der Brust des Humoristen. Gott und Welt, Licht und Finsterniß, Ormuz und Ahriman sind Wandnachbarn in den Herz- und Gehirnkammern des Humors. Bald strebt das Herz zu verbinden, was der Kopf geschieden — Gott und die Welt, Großes und Kleines — bald der Kopf zu vereinigen, was im Herzen getrennt ist — Haß und Liebe, Gutes und Böses. Das ist eben die Weltanschauung, in der sich das Reale mit dem Idealen um Rang und Stelle streiten, indem jenes hinauf=, dieses herabsteigt auf der Leiter der Gefühle. Aber unangemessen, wie sie einander sind, erregt dieses Streben nach Verbindung entweder schmerzliches oder heiteres Lachen, oder die Verbindung von beiden den humoristischen Spott oder Spaß. Eine Seite dieses Gedankens hat Börne, wenn auch einseitig, doch fein durchgefühlt, wenn er sagt: „Der Humorist löst die Binde von den Füßen des Saturns, setzt dem Sclaven den Hut des Herrn auf und verkündigt das saturnalische Fest, wo der Geist das Herz bedient, und das Herz den Geist ver= spottet."

Eben nur durch das Herz, durch das Gefühl zu Gunsten des Endlichen, Sinnlichen, Gewöhnlichen, unterscheidet sich die humoristische von der idealen Weltanschauung. Es folgt hieraus aber noch ein anderer vielbemerkter Zug des Humors, nämlich daß er nicht blos Liebe, sondern Vorliebe für alles Kleine und Enge hat. Weil das Gefühl des Humoristen für das Wirkliche und Vorhandene nicht blos das natürliche, einfache, sondern das durch den Gegensatz zum Idealen geschärfte, vertiefte ist, sucht es auch einen gleichen, d. h. unendlichen, universellen Umfang zu gewinnen, und dies spricht sich in der Neigung aus, auch das Kleinste zu hegen und zu heben. Der Humor ist selbst nicht naiv, denn dazu fehlt ihm die wesentlichste Be= dingung, das natürliche, unreflectirte, selbstunbewußte Wesen, da er vielmehr das reflectirteste Selbstbewußtsein ist. Leicht und oft wird er vielmehr sentimental, indem alle Dissonanzen im Gefühl nach ihrer Harmonie streben. Aber seine Freude, eine sentimentale Freude, hat er am Naiven. Jedes unschul= dige menschliche Herz, das einmal gerührt, erfreut, erhoben und entzückt wurde, jedes Auge, das einmal geweint

hat, Freuden- oder Schmerzensthränen, jede Brust, die einmal
Liebe geathmet, welchem Stande sie auch angehören, auf welcher
Stufe geistigen Lebens sie auch stehen möge, er zieht sie an
seine Brust und läßt sie gleichsam den Herzschlag fühlen, der
ihre Thränen und Freuden und Rührungen und Alles liebend
begleitet. Weil der Humor den g a n z e n Menschen und alles
Menschliche, wie nur die Idee es zeigt, umfassen will, hegt
und liebt er das Einfache, Natürliche, Kleine, das in den
Wogen entwickelter Bildung zu Grunde geht; er liebt die
Kinder an Jahren und an Geist, er fühlt mit dem Armen an
Gütern und an Bildung, er schätzt das Niedere, Gewöhnliche,
so lange es rein, natürlich und nicht unedel ist. So kommt
es, daß Keiner leichter und lieber, als Jean Paul Kinder und
Dörflinge, Handwerker und Mägde beachtet und beschrieben
hat, aber nicht in Dorfgeschichten und Proletariatsromanen,
sondern im Zusammenhang mit dem erhabensten Stoffe, weil
aus dem erhabensten Gesichtspunkte, nämlich dem des ganzen,
in seiner mannigfaltigsten Gestaltung dennoch einigen Menschenthums.

Diese Seite des Humors übt ihre wohlthätige Wirkung
weit über die Grenzen des ästhetischen und litterarischen Genusses hinaus, sie ist v o n b e d e u t s a m e m E i n f l u ß a u f
d i e G r u n d f a s s u n g d e r E t h i k.

Die Ethik der Alten und vielfach auch die der Neueren ist
theils durch vorausgesetzte Forderungen an die Intelligenz, theils
durch die Werthbestimmungen der Lebensführung und der zu
erzeugenden sittlichen Güter als a r i s t o k r a t i s c h e zu bezeichnen; vielmehr auch diejenigen, welche weder im Wissen noch
im Wirken hervorragen oder auch nur hervorstreben können, —
also auch die Geringen und die Schwachen, die Mühseligen und
Beladenen soll man zu vertiefen und zu erheben suchen, und

zwar allein durch die Innigkeit des Gemüths, mit welcher sie das Leben erfassen. Diese Aufgabe bedeutet eine so viel höhere Stufe der ethischen Lebensanschauung besonders auch deshalb, weil sie nicht blos zugleich die breiten unteren Massen von dem Glanze der Idealität beleuchten läßt, sondern weil sie allein den Begriff eines wahrhaften ethischen Gesammtgeistes, einer sitt= lichen Lebenseinheit des ganzen Volkes zur Geltung bringt. Ist doch dies ganz zweifellos ein Grundfehler in den meisten ethischen Systemen, daß sie eine Lehre für die Weisen, die Schöpferischen und Führenden, die innerlich reichen Menschen aufstellen, indeß die größte Zahl der wirklich Lebenden wie eine gleichgültige Masse außer Betrach= tung bleibt. Wohl soll die Wissenschaft die höchsten Ideale des Lebens zeichnen und fordern; aber nicht blos die Ver= edlung des Hauptes, sondern auch der Glieder, noch besser: Haupt und Glieder eines ganzen Volkes als Eine lebendige Gestalt, als beseelte Einheit soll sie zum Gegenstand ihrer idealen Forschung und Vorschrift machen. Nicht wie die Guten im Volke die Besten, sondern wie das Volk ein Ganzes, und als ganzes Volk ein **gutes** werde, hat die Wissenschaft, die Ethik zu lehren.

Die Kritik hat oft nur ihre eigene Unzulänglichkeit bewiesen, indem sie mit dem Tadel der Kleinlichkeit sich an dem Humor versündigte. Man hat es vergessen, daß nicht nur für die Mathe= matik und Philosophie das unendlich Kleine eben so räthselhaft und wunderbar ist wie das unendlich Große, sondern auch im Leben, und darum in der Poesie. Der Werth einer ganzen Nation ruht in der Würde der Einzelnen und ein ganzes Leben ist aus einzelnen Thaten zusammengesetzt, wie das Jahr=

hundert nicht blos aus Jahren und Monden, sondern aus Minuten besteht. Aber freilich, der Werth des Einzelnen ruht wiederum in seinem Zusammenhang mit dem Ganzen, und darin eben hat man den Humor verkannt, daß man ihm ob der Schilderung des Kleinlebens Kleinlichkeit vorgeworfen; man hat den Gesichtspunkt und Standort nicht erkannt, von dem der Humor auf das Kleine sieht, und der ist eben: das Ganze und Große des Menschenthums, die Idee der Menschheit. Oder hat etwa Schlegel Recht, wenn er von Jean Paul sagt: „seine Madonna ist eine empfindsame Küstersfrau und Christus ein aufgeklärter Candidat?" Ja wohl, aber nur umgekehrt. Die Frau eines Küsters im kleinsten Dorfe, wenn sie mit der ganzen Fülle weiblicher Empfindung die Mutterliebe in ihrem Herzen trägt, mit Mutterliebe ihren Säugling nährt und hütet, mit Mutterliebe in sein Auge schaut und den keimen= den Geist in seinen Strahlen begrüßt, wie die wachsende Milde und Freude in seinem Lächeln, dann gleicht sie der Madonna, sie verwirklicht, wie diese, die Idee der Mutterliebe. Wie für Raphael ein Bauerweib (vielleicht eine Küstersfrau) das Urbild zur sinnlichen Madonna war, so kann auch geistig und inner= lich jegliche Mutter zur Madonna werden; die Idee jeder Schönheit und Hoheit sucht die Stätte ihres Daseins im Leben nicht nach der Rangordnung der Convenienz. In den „Freuden eines schwedischen Pfarrers" aber sehen wir einen aufgeklärten Candidaten, auf welchem ein göttlicher Geist ruht, wie er nur in den erhabensten Stellen der Evangelien waltet. Aber freilich nur Wenigen ist es gegeben, den Gott, dessen Allmacht sie nur in Wettern und Blitzen, in Orkanen und Erdbeben erkennen, auch in dem Grashalm und dem Wassertropfen zu erschauen; und nicht anders ist es in der Erkenntniß des Menschen.

Rudolf Gottschall, dem wir eine eben so tiefe und treffende

wie unparteiische Charakteristik Jean Paul's verdanken, sagt in Bezug auf den eben besprochenen Punkt.*)

„Ihn beseelte eine unbegrenzte Liebe für die Armen, für die Zurückgesetzten; gerade hier in den kleinsten Zügen zeigte sich die Größe seiner Humanität. In das beschränkteste Leben versenkte er sich mit unendlichem Gefühle; in dieser Klein= malerei ist er unübertrefflich. Jean Paul ist unser größter Idyllendichter. Wenn Goethe in 'Hermann und Doro= thea' die Idylle durch eine große weltgeschichtliche Perspective hob, so hebt sie Jean Paul überall durch die reichsten Per= spectiven der Empfindung, indem er im kleinsten Thautropfen das Weltbild abspiegelt. Dadurch wird zwar der objective Charakter der „Idylle" beeinträchtigt, aber die humoristische Idylle erst geschaffen. Damit wird indeß nicht behauptet, daß Jean Paul's Idyllen der Schilderung und Darstellung ent= behren. Im Gegentheil, sie enthalten einen so glänzenden Reichthum an Zügen, die dem Leben abgelauscht sind, so er= schöpfende Detailschilderungen, eine so große Kraft der Dar= stellung, das Kleinste und Unbedeutendste unter ein geistiges Licht zu rücken, daß wir in der Litteratur aller Zeiten ver= gebens nach einem Nebenbuhler suchen. Das Landpfarrer= und Dorfschullehrerleben giebt der Idylle den besten Stoff, da es wenigstens geistig über sie hinausweist. Man hat uns zwar neuerdings Dorfgeschichten aufgedrängt, in denen nur die praktische Tüchtigkeit des Bauernlebens, das Treiben in den Dorfschenken, in den Ställen, auf dem Felde, ohne Wei= teres als Tenier'sche Genrebild hingestellt wird. Das ist aber für die Poesie ein sehr dürftiger Inhalt. (Gottschall

---

*) „Die deutsche Nationallitteratur des 19. Jahrh's." 3. Aufl. Breslau 1872, 1. Bd. S. 151 ff.)

scheint hier eine besondere Art aus der Gattung der Dorfgeschichten im Auge zu haben.) Schon Voß hat in seiner
„Luise" einen Landpfarrer, der wenigstens geistige Bedürfnisse
hat, zum Helden der Dichtung gemacht. Vergleicht man indeß
diese 'Luise' mit ihren Schilderungen des Kaffeemahlens, des
Schlafrocklebens, für welches das Ankommen einer Zeitung
und das Krähen des Hahns ein Ereigniß ist, mit Jean
Paul's 'Schulmeisterlein Wuz', Fibels Leben, mit 'Quintus
Fixlein', mit der Landpfarre des Caplan Eymann im 'Hesperus', so sieht man recht, wie arm die Phantasie des wackeren
Voß war, wie sie nur aufnahm, was recht breit auf der
Oberfläche lag, wie sie nur mit groben, dicken Strichen
zeichnete, während Jean Paul seiner kleinen Welt einen wahrhaft mikroskopischen Reichthum von geistigen Flügeln und
Fühlfäden zu geben wußte." — Ungemein treffend finde ich
die Bemerkung, die sich hieran reiht, und mit welcher ich diese
Anführung schließen will: „Voß blieb bei der Anschauung stehen, und für diese hat das Kleine nur
kleinen Werth. Jean Paul versenkte sich in die
Empfindung, die dem Kleinsten unendlichen Werth
zu geben vermag."

Nur dieser Vorwurf, wenn es einer ist, trifft den Humor,
daß er fast immer nur den einzelnen Menschen im Auge hat
und von seinem Leben in der Geschichte sich abwendet. Vergessen wir aber nicht, was schon oben angedeutet worden, daß
die Geschichte, das Staats- und fast alles praktische Leben
noch auf dem Standpunkt der blos verständigen Weltanschauung
steht und die Ideale kaum in der Erkenntniß, geschweige
in der Wirklichkeit erreicht sind. Daher wird bis jetzt auf
dem Felde der Menschengeschichte allemal entweder der eisige
Gedanke eines unerbittlichen, blindwaltenden Schicksals, das

erbarmungslos seinen Fuß auf den Nacken der Nationen setzt, jedes erhebende Gefühl erstarren, oder der herzerwärmende Hinblick auf eine weise waltende Vorsehung, deren Wege unerkennbar sind, wird die suchende und forschende Unruhe des Geistes besänftigen und die Lösung der Räthsel auf ein anderes Leben verweisen. Darum schließt Jean Paul, da er über ein Schlachtfeld fährt, jedes Fenster seines Wagens, um schweigend und ohne Blick, aber mit blutendem Herzen über den blutgedüngten Acker zu kommen. — Im Leben des Einzelnen herrscht neben dem Schatten auch Licht, und neben den Fesseln ist Freiheit im Gefühl wie im Gedanken. Es fehlt dem ächten Humoristen keineswegs die Theilnahme für den Staat und die Nation, aber sie kann nicht den Inhalt des Humors ausmachen. Dieser fordert vor Allem Anerkennung der selbstbewußten Idee, welche bis jetzt kaum irgend theoretisch möglich war, da sich die Idee durchaus noch macht- und kraftlos gezeigt hat, eine politische Gesammtheit vollständig zu durchdringen. Eine rein sittliche Idee ist bis jetzt fast noch nirgends mit Bewußtsein in einem Staate dergestalt herrschend gewesen, daß die Bürger desselben gleichmäßig und rückhaltlos in ihr die treibende Kraft anerkannt hätten. Es ist aber ein wesentlicher Hintergrund im Wesen des Humoristen, daß aus dem Bewußtsein, wenigstens in den lichtesten Momenten des Lebens die Idee ganz zu ergreifen und ihr zu entsprechen, die Kraft und die Kühnheit stammt, über sein und Anderer sonstiges Leben zu lachen. Wer aber die Geschichte eines Volks — und keine ist ja bis heute ohne Blut — humoristisch oder komisch, wie eine Biographie darstellen wollte, wäre ein Narr oder verrückt, gewiß aber herzlos. Nur die Culturgeschichte kann Gegenstand des Humors sein und ist's schon gewesen; man sehe Swift's Märchen von der Tonne.

Jean Paul hat es unter dem Einfluß der historischen
Zustände, unter denen er gelebt, unter denen er namentlich die
Jünglings= und die ersten Mannesjahre verlebt hat, wohl
kaum begriffen und noch weniger darzustellen vermocht, daß
auch die „hohen Menschen" im praktischen realistischen Staate,
in der werkthätigen Gesellschaft ihre Stellung haben müssen,
wie die Metaphysik im Reiche der Wissenschaften; daß sie,
wenn hervor= und hinausragende, dennoch Theile, Glieder
des Ganzen im Volke, und als solche mit ihren Ideen, ihrem
Gemüthe einflußreich sein müssen.

Von der Fülle der idealen Lebensformen des öffentlichen
Geistes trotz aller Härten ihrer realistischen Bedingungen, von
der idealisirenden Kraft, die derselbe auch auf das Gemüth und
das Leben der Einzelnen da ausübt, wo der nationale Sinn
zur Blüthe und zum Bewußtsein gelangt ist, hat Jean Paul
keine historische Vorstellung, weil keinerlei unmittelbare An=
schauung gehabt.

Ein ächter Humorist in einer Zeit großer historischer Be=
wegung, in der energischen Fülle und lebendigen Frische natio=
naler Thätigkeit erwachsen, würde immer Stoff und Anlaß
genug für seine Darstellungen mitten im Gesammtleben finden.
Die schöpferische, leitende, gestaltende Kraft der sittlichen Ideen
findet ja immer an der Individualität der Einzelnen, an der
Winzigkeit und Unzulänglichkeit ihrer Leistung, an den reali=
stischen Störungen der Endlichkeit und des Zufalls selbst in
den großen und guten Menschen Contraste genug, welche er=
greifend und komisch zugleich sein können. Wo der Sieg des
Guten, der Freiheit, des Fortschritts zur Veredelung gesichert
wäre, würde der heiterste, wo er bedroht und zweifelhaft wäre,
würde der zürnende, mahnende Humor seine Stimme vernehmen
lassen.

Die Entstehung humoristischer Werke von politischem Stoff wird freilich auch dann noch und überhaupt dadurch gehemmt, daß das Bewußtsein des Einzelnen (des Humoristen) sich selten und schwer so zum Gesammtgeist oder gar über denselben erhebt, daß mit den Contrasten desselben poetisch zu spielen nicht als Vermessenheit oder Frivolität erschiene.

Nur dann, wenn durch die Gesammtheit ein Zug so tiefen und gewaltigen Gemeingeistes geht, daß Schöpfer und Leser sich unfehlbar von der gleichen Gesinnung, welche zugleich die allgemeine und die ideale ist, erfüllt wissen, nur dann, sage ich, wird auch die Geschichte im Spiegelbilde nicht blos der Poesie, sondern auch des Humors erscheinen, und dieser wird Werke hervorbringen, welche — wir eben von der Zukunft er= warten wollen.

Die ausgezeichnete Schrift von Planck „Jean Paul's Dichtung im Lichte unserer nationalen Entwicklung. Ein Stück deutscher Culturgeschichte. Berlin 1867“, auf welche ich den Leser nur mit der innigsten und freudigsten Anerkennung verweisen kann,*) welche nicht blos eine tief eindringende Charakteristik, sondern auch eine Erforschung der historischen Bedingungen der Jean Paul'schen Schöpfungen enthält und

---

*) Wem es nicht gegeben ist, von dem vorzüglichen Inhalt dieser Schrift trotz der etwas abstracten Darstellung dauernd gefesselt zu werden, den kann ich wenigstens auf die eben so liebevolle wie unparteiische Würdigung der= selben bei Fr. Vischer „Kritische Gänge“ VI. Heft hinweisen. Ein Gegen= stand dankbarer Forschung wird es sein, wenn Jemand unternähme in Vergleichung mit Planck's Nachweisen der Entstehung der humoristischen Schöpfungen Jean Paul's unter oder gar aus den historischen Zuständen seiner Zeit, auch den Humor etwa des Cervantes, Shakespear's, Sterne's und Dickens' einer historischen Analyse zu unterwerfen. Auch das Wesen des Humors selbst würde, aus dieser Vielheit individueller und histo= rischer Differenzen gelöst, zu einer reicheren und tieferen Erkenntniß ge= langen.

wohl zum erſten Male zugleich eine Geſchichte der inneren auf=
ſteigenden Entwicklung derſelben bietet, — zeigt uns, wie Jean
Paul die eben ausgeſprochene Forderung immer mehr erkennt
und zu befriedigen ſucht, und wie dies Streben an den Zu=
ſtänden des öffentlichen Geiſtes ſeine Schranke findet.

Zwar ſtellt er in der „Levana“ überall die Forderung auf,
den Charakter und die Thatkraft auszubilden; aber weder hier
noch in den vielen Schilderungen von Lehrern, Erziehern und
Erziehungsromanen gewinnt die Lehre eine deutliche Geſtalt,
noch auch kommt ſie in ſeinen Helden zur Erſcheinung.

Um vorzüglich Geleiſtetes nicht zu wiederholen und von der
vorliegenden Aufgabe nicht zu weit abzulenken, darf und muß
ich auf Gottſchall und noch mehr auf Planck wegen der Aus=
führung des hier angedeuteten Gedankens verweiſen.

Hinzufügen aber will ich nur das Eine, daß ſich im Geiſte
Jean Paul's, wie bei Rouſſeau und allen den ſtrebſamen und
reformatoriſchen Pädagogen des vorigen Jahrhunderts (und
faſt bis auf unſere Zeit) derſelbe Hauptfehler in der päda=
gogiſchen Anſchauung findet, der in den damaligen hiſtoriſchen
Verhältniſſen begründet iſt. Man meint nämlich den Menſchen
und ein Volk durch bloße Erziehung der Einzelnen erheben
zu können, und überſieht, daß das Heil und die Möglichkeit
eines Fortſchritts nur in der Nationalpädagogik, in der Er=
ziehung der Geſammtheit zu begründen iſt. Leſſing und Schiller
freilich (in der „Erziehung des Menſchengeſchlechts“ und „Briefe
über die äſthetiſche Erziehung des Menſchengeſchlechts“) denken
ſchon an die Erwachſenen; wie ſie beide fruchtbarſte Anregung
für eine tiefere Faſſung des ganzen Begriffs der Erziehung
geben, wie dieſer ſich aber dennoch faſt ins blos Metaphoriſche
verflüchtigt, wie auch hier die Wirkſamkeit und der Einfluß der
menſchlichen G e ſ e l l ſ ch a f t als ſolcher noch unbeachtet iſt,

alles dies kann hier kaum angedeutet und als wesentliche Forderung aus dem Geiste unserer Zeit nur dies hervorgehoben werden: Erziehung soll nicht ohne Beziehung auf die Gesellschaft und auf die Geschichte gedacht, der gegenseitige Einfluß derselben muß erörtert werden. Das Menschengeschlecht oder ein Volk wird nicht durch die Erziehung (der Kinder) im engeren Sinne, sondern durch die geschichtlichen Ereignisse und inneren Erlebnisse, durch Gesetz und Institution als gegebener Lebensform, durch die fortschreitende Entwicklung objectiver Wahrheit und subjectiver Forderung erzogen; aber die nachfolgende Generation muß für die historische Lebensform und ihre Culturbewegung erzogen werden, jedoch unter dem wesentlichen Gesichtspunkt, daß die Gesammtheit des Volkes und ihre gegliederte und abgestufte Einheit Gegenstand der pädagogischen Sorge des Staates ist. (Vgl. oben S. 5 Anm.)

Wenden wir uns aber zurück zum Humor.

Schon in der Darstellung des Einzellebens ist das Lachen des Humors selten schmerzlos; denn das scharfe Auge seines Witzes sieht allezeit die Schwächen und Leiden; diese Schärfe wird noch gesteigert durch die Tiefe und Reinheit des Gefühlslebens, welches, im Erhabenen heimisch, für den Druck des unendlich Kleinen im höchsten Grade empfindlich wird. Der Humor hat, bei aller Liebe zum Kleinen, doch die geistige Organisation, zu fühlen, was es heißen will, in der Ausführung der reinsten Zwecke gehindert, in den schönsten Augenblicken gestört zu sein durch Husten, Schnäuzen, Spucken, Niesen und Hinken. Er ist darin so empfindlich wie nacktes Fleisch in einer Wunde. Daher klagt auch Börne: „Einst war eine schönere Zeit, wo man den Humor nicht kannte, weil man nicht die Trauer und nicht die Sehnsucht kannte. Das Leben war ein olympisches Spiel." — Die schöne Zeit der

Kindheit ist so glücklich, weil sie nur das Heute kennt und un=
bekümmert um das Morgen ist, wie sie das Gestern leicht ver=
gißt; aber die Frage nach dem Unendlichen und seiner Offen=
barung von ehedem, und nach dem Unendlichen und seiner Er=
scheinung in der Zukunft dieser oder gar einer anderen Welt
giebt dem Leben des Mannes zwar seine Sorgen, aber auch
erst seinen Werth und seine Würde.

Aber dieser Ernst und dieser Schmerz, dieser schwächen=
enthüllende Witz, diese bittere Ironie und Satire sind allesammt
nur Theile und Mittel des Humors, welcher Alles zusammen
und darum tiefer faßt.*) Wo der bloße kalte Witz seine nach
augenblicklichem Leuchten verpuffenden Raketen emporschnellt,
die bloße Satire ihre zerstörenden Pechkränze schleudert, da
führt der Humor seine glänzende Sonne herauf und ihr gegen=·
über den zuckenden Blitz und zwischen beiden, über der trüben
Wolke des irdischen Lebens, erscheint der farbige Regenbogen
voll himmlischen Friedens.

Doch es ist Zeit, daß wir uns zur psychologischen Er=
klärung wenden. — Bei jedem, auch äußern Gegenstande, der
uns begegnet, stellen wir die Frage: wie wird er gemacht? auf
welche Weise entsteht er? Und hier haben wir einen geistigen
Gegenstand, der in der Reihe der Seelenerzeugnisse eine der
höchsten Stellen einnimmt und das allgemeinste Interesse, die

---

*) „Der Grund,“ sagt Hecker (Die Physiol. und Psychol. des Lachens.
Berlin, Dümmler 1873), „weshalb dem Humor unter allen Formen des
Witzes die Ironie gerade bei Weitem am meisten zusagt, ist leicht einzusehen.
Die Neigung des Humors, das ihm entgegentretende Alltägliche, Kleine,
Niedrige, Gemeine mit den höchsten sittlichen und religiösen Ideen in Gegensatz
zu bringen, findet eben am leichtesten in der Form der Ironie Ausdruck, da
diese ja gerade in der Vereinigung der größt=denkbaren Gegensätze d. h. der
Gegentheile besteht. — Deshalb aber, weil der Humor die Ironie so vor=
wiegend in seinen Dienst nimmt, darf man beide nicht mit einander verwechseln.“

Auffassung der Welt und des Menschen, auf eine eigenthümliche Weise vertritt; werden wir nicht zu wissen wünschen, auf welchem Wege, durch welche Thätigkeit, durch welche Processe und unter welchen Bedingungen dieses hohe Product des geistigen Lebens erzeugt wird? Aber nicht nur wer unsere Ansicht über den Humor theilt, wer mit oder vor uns so oder ähnlich über das Wesen des Humors gedacht hat, auch wer ihn für eine bloß wunderliche oder gar unnatürliche Richtung des Gemüths, wer ihn als den Sonderling im Reiche des Geistes ansieht, wird den Wunsch sicherlich theilen, diese seltene oder seltsame, wunderbare oder wunderliche Schöpfung der Seele in ihrem Entstehen kennen zu lernen.

Die psychologische Erklärung ist freilich eben so schwer als nothwendig, daß sie aber möglich, will das Folgende zu beweisen versuchen.

———

Fassen wir den Kern beider bisher betrachteten Punkte, nämlich der humoristischen Weltanschauung und der humoristischen Darstellungsweise zusammen, so ergiebt sich als das Wesen des Humors ein Contrast. Und zwar ist er, wie wir bereits angedeutet und weiter darzulegen haben, nicht ein specieller, wie der komische, sondern ein universeller. Nicht das Gewohnte, Reale und Vernünftige gegen ein individuelles Ungereimtes bildet hier den Gegensatz, sondern alles Vorhandene, mit dem Anspruch der Vernünftigkeit bestehende Reale, alles Daseiende und Wirkliche bildet den einen großen durchgehenden Contrast gegen das von ihm unterschiedene Ideale, in der höchsten Reinheit Gedachte und nicht ausgeführte Vernünftige; kurz, die Welt des Daseins und der Wirklichkeit im Contrast gegen die Welt der Ideen und des Gedankens.

Weiter und größer aber noch ist der Unterschied dieses Contrastes vom blos komischen darin, daß dieser so zu sagen ein einfacher, jener aber ein gedoppelter ist. Einfach ist der komische Contrast, weil dem einen Ungereimten und Lächerlichen das andere Vernünftige gegenübersteht, dieses aber als das absolut Gewisse, Feste und Berechtigte. Im humoristischen Contraste aber ist keines seiner beiden Glieder als das feste und siegesgewisse zu betrachten; denn wenn es auf der einen Seite auch scheint, daß die Idee als das Wahre, Rechte und Vernünftige der alleinige und unfehlbare Maßstab des Wirklichen sei und sein müsse, weil eben nur die Wirklichkeit unvollkommen, mangelhaft und verkehrt sein könne, während die Idee stets in reiner, ungetrübter Vollkommenheit ist, so bleibt andererseits doch zweierlei zu beachten: erstens, daß die Wirklichkeit eben den Vorzug hat, real zu sein, und d a d u r c h eine von der Forderung der Idee unbehinderte, ja ihr trotzende Selbstständigkeit im Ge= müthe des Menschen besitzt; zweitens, daß auch der Werth der Ideen selbst nach dem Grade und Maße ihrer Kraft, die Wirk= lichkeit zu gestalten, bestimmbar ist, und die Ideen demnach, in wie weit sie noch reine Ideen, also unverwirklicht sind, einen Mangel an sich tragen.

Nur aus der Auffassung und dem Festhalten dieses Con= trastes, und zwar in diesem doppelseitigen Antagonismus, entspringt der Seelenzustand und die Geistesrichtung, welche wir Humor nennen. Schon hier können wir es andeuten, wie in diesem zwiefachen Contraste die Elemente liegen, welche den Humor in dreifacher Gestalt erscheinen lassen, nämlich als tragischen Humor, wo die Idee in jener Ohnmacht gegen das Reale; als specifisch komischen Humor, wo die Idee sieghaft gegen dieses, und endlich als, so zu sagen, absoluten Humor, wo auf beiden Seiten weder Sieg noch Niederlage, sondern ein herrlicher und gerechter Friedensschluß, ein tausendjähriges Himmelreich auf Erden erscheint, wo das Licht der Idee die dunkeln Thalgründe der Sinnlichkeit zwar nicht ganz erhellen aber doch zu fruchtbarem Wachsthum erwärmen, die formgebende Kraft des Gedankens die sinnlichen Dinge nicht immer künstlerisch gestalten, aber doch in irgend eine ideale Fassung bringen kann.

Nicht blos also, wer auf dem Standpunkte des Materialismus steht, sondern auch wer in der Welt die Wirklichkeit und die Idee, Denken und Sein als identisch oder allenthalben vermittelt auffaßt und damit den Contrast beider gänzlich aufhebt, befindet sich in dem der humoristischen Auffassung gerade entgegengesetzten Seelenzustand und wird für die Darstellungen des Humors keinen Sinn haben. Deshalb hat auch Hegel Jean Paul nicht ertragen, ja nicht begreifen können. Wer ferner den Contrast in seiner Weltanschauung zwar hat, aber einseitig auffaßt, und entweder vom Standpunkt der klaren und wahren Idee die Wirklichkeit als verworren und verkehrt ansieht, oder von dem soliden und sicheren Boden seiner Wirklichkeit die Ideen als luftige, unwirksame Phantome belächelt, wird nimmer zur Tiefe des Humors gelangen. So konnte Sokrates die Zustände der Athenienser, ihr Leben und ihr Wissen durch die innere feste Kraft des Contrastes seiner Ideale ironisch und komisch darstellen, und Aristophanes wiederum den Sokrates in den Wolken seiner Ideen schwebend auf die Bühne bringen und im Contraste gegen das nüchterne, reale, sinnliche Leben der Zuschauer lächerlich machen; aber beiden fehlt der Humor, dessen Bild wir da in der Person des Sokrates erblicken, wo er in der Comödie sich von dem Sitze erhebt und mit lächelnder Ruhe und Behaglichkeit seinem Zerrbild in der Scene gegenüber stellt.

Behufs dieser psychologischen Erklärung des Humors ist nun vor Allem der psychische Unterschied der herrschenden Vorstellungen von den untergeordneten und abhängigen aufzufassen. Jeder wird diesen Unterschied an sich innerlich erfahren haben: wie gewisse Vorstellungen von höherem Einfluß auf unser Urtheil, von vorwiegender Bedeutung für unsere Gesinnung, von größerem oder alleinigem Gewicht für unsere Entschließungen, maßgebend und erwecklich für unsere Empfindung sind, so scheiden sich die verschiedenen Charaktere besonders dadurch, daß verschiedene Vorstellungsmassen in ihnen vorherrschend und lebendig sind, dergestalt, daß alle anderen diesen unterworfen und allezeit darauf bezogen werden. Im religiösen Menschen ist der Gedanke Gottes und des menschlichen Verhältnisses zu ihm, im sittlichen der Begriff der Pflicht, im Geizigen der Besitz, im Lüstling die Bilder seines Genusses die herrschende Vorstellungsmasse, worauf all ihr Sinnen, Denken und Wollen unwillkürlich sich bezieht, unwillkürlich, weil eben alle anderen Vorstellungen von dieser regiert, unterdrückt, angezogen und gemessen werden. Sogar Stand und Beruf bilden in der Seele dessen, der ihnen angehört, gewisse Vorstellungen zu herrschenden aus; die der Ehre oder der Eitelkeit — je nach dem Werthe der Zeiten oder Individuen — gehören dem Einen, die des Besitzerwerbs dem Anderen, noch Anderen die Ruhe und Behaglichkeit des natürlichen Daseins an. Hier sind es logische, dort ästhetische, bald sogenannte praktische, bald moralische Kategorien, nach denen über jedes Ding, jedes Verhältniß geurtheilt wird.

Diese herrschenden Begriffe bilden gleichsam für die Seele eine Atmosphäre, welche alle Eindrücke und Vorstellungen der Außenwelt nur nach dem Gesetze der Refraction in sie gelangen läßt. Der Gründe, wodurch Vorstellungen herrschende werden, giebt es sehr mannigfaltige, deren wir nur einige hervorheben wollen. Es ist erstens die längere Dauer und damit gegebene häufigere Wiederholung derselben, weshalb die in der Kindheit gewonnenen erfahrungsmäßig die festesten sind; sodann sind es in der empfänglichen Jugendzeit die Aussprüche großer und verehrter oder geliebter Menschen in entscheidenden und zur Spannung aufregenden Momenten; ferner die durch Deut= lichkeit, Klarheit und Bestimmtheit ausgezeichneten Gedanken, auf denen unsere Ueberzeugung beruht, als den individuellen Pfeilern oder Kriterien der Wahrheit. Diese Momente be= dingen zugleich das Uebergewicht der dem speciellen Stand und Beruf angehörigen Vorstellungen; sie sind oft die ältesten, immer die wiederholtesten, zumeist in der Blüthe der Ent= wicklungsthätigkeit empfangenen, die festesten, sichersten.*) Dazu kommen endlich diejenigen Begriffe, die das natürliche Bedürfniß der Ordnung und des Zusammenhangs unseres Vorstellungskreises am besten befriedigen, den Widerstreit der Gedanken, die durch Zufall oder Nothwendigkeit entstandenen Widersprüche im Denken lösen, wonach der Denker sich dem einen oder anderen der sich ihm anbietenden Systeme anschließt. Wie aus diesen Gründen, weil sie bei Allen dieselbigen, in Verschiedenen verschiedene Vorstellungen herrschend werden, ist offenbar. Zeigen die erstgenannten Punkte, weil sie auf das Zufällige und Subjective wirken, den Menschen in seiner histo= rischen Gebundenheit und psychologischen Abhängigkeit, so leuchtet in den letzten, wo die Herrschaft sich auf eine objective psychische Gewalt der Gedanken stützt, die Freiheit des Geistes hervor. Freilich setzt der Seelenzustand, in welchem dieser letzte Grund zur Geltung und Wirksamkeit gelangt, schon höhere

---

*) Von einer anderen Art herrschender Vorstellungen ist bereits oben in der Abhandlung über Bildung und Wissenschaft die Rede gewesen.

Bildung voraus, und er ist das, was man philosophischen
Geist nennt, welcher allein da nicht stehen bleibt, wo der Zu=
fall nicht blos der Geburt und des Standes, sondern auch der
Erziehung und des Berufs ihn hingeworfen.

Hieraus folgt nun, daß, wenn zwei Gedanken= oder Vor=
stellungsreihen in der Seele auftauchen und beide einander
widersprechen, allemal diejenige, welche mit den herrschenden
Vorstellungsmassen identisch oder in Harmonie ist, ein Ueber=
gewicht über die anderen erhalten wird. Sie wird stärker,
lebhafter und gewichtiger, demnach als das Richtigere, Bessere
und Schönere erscheinen, die andere wird unterdrückt und ab=
geschwächt, denn es ist der Natur des Menschen zuwider,
widersprechende Gedanken zu hegen, mit gleicher Kraft, Ent=
schiedenheit und Bedeutung festzuhalten. Aber, das ist wohl
zu merken, der Kampf der Vorstellungen ist kein Vernichtungs=
kampf, der unterdrückte Gedanke verschwindet nicht aus der
Seele; nur im Bewußtsein ist er dem anderen untergeordnet
oder von ihm daraus verdrängt. Auf diesem psychischen Ver=
hältniß der Unterordnung beruht alle Unterscheidung und
Erkenntniß der Wahrheit, denn der falsche Gedanke, den
ich als falsch erkannt habe, verschwindet ja nicht aus der
Seele, ich denke auch ihn, aber er ist von dem wahren gleich=
sam beherrscht, machtlos für mein Bewußtsein überhaupt.

Mit diesem kleinen und einfachen Apparat kann man den
Versuch wagen, die Weltanschauungen auch psychologisch zu
erklären. Wir müssen darauf verzichten, diesen Versuch hier
vollständig auszuführen, uns vielmehr auf die Erklärung des
Humors beschränken.

Nur als ein in die Betrachtung einführendes Beispiel er=
wähne ich dieses: Der Materialismus entsteht auf dem einfachsten
Wege, beruht auf den einfachsten psychologischen Processen. Die

erften und ftärkften Vorftellungen, welche die Seele bildet, find die des finnlichen Daseins, zugleich auch find fie dauernd, unabläffig und allezeit unvermeidlich; wo nun Erziehung und Beschäftigung, Wiffenschaft und Lebensberuf oder Lebensweise diese erfte Auffaffung der Welt als rein finnliches Dasein be= günftigen und erhalten, da wird eben diese Vorftellung herr= schend und jede entgegengesetzte spirituelle zwar in die Seele aufgenommen, aber weder tiefer erfaßt, noch wirkfam werden können. So wird der Physiker von Profession und der Arzt auf theoretischem Wege, weil er täglich in dem Gedanken von der Wahrheit und Gewißheit des finnlichen Daseins geftärkt, von dem Wachsthum seiner Erkenntniß und Einsicht durch finnliche Wahrnehmung überzeugt ist, leicht ein Materialist; die finnliche Gewißheit wird immer und absolut sein Kriterum der Wahrheit; eben so ergeht es dem Mann des Lebens= genuffes auf praktischem Wege. Von dem Idealen und Geifti= gen haben fie zwar eine Vorftellung, aber fie wird unterdrückt, der Sinnlichkeit unterworfen, accomodirt, so daß fie gewiffer= maßen eben keine Vorftellung davon haben. Der eine fieht die Idee und den Geift, wie Alles, was man nicht sehen und greifen kann, für eine Hypothese, der andere für ein Vorurtheil an. Wäre diese psychologische Uebermacht der herrschenden Vorftellungen nicht, wie könnte es einem Menschen einfallen, den Geift leugnen und seine offenbare Erscheinung auf die Sinnlichkeit zurückführen zu wollen? Wie könnte er die Pro= ducte des Geiftes, eine „Antigone“ von Sophokles, ein „Sym= posion“ von Plato aus Nervenreizen ableiten, und damit unseren tragischen Ernft und Schmerz, wenn wir jenes Drama schauen, mit Zahnschmerzen, und unsere freudige Erhebung, wenn wir das „Gaftmahl“ lefen, mit dem Gaumenkitzel einer Paftete in

Eine Klasse stellen, beide als Zwillings= oder nur als Milch=
schwestern betrachten? *)

An dieser Andeutung mag es genügen; wir haben dadurch
ohne Zweifel klar gemacht, wie auch die anderen Weltanschau=
ungen unter verschiedenen Bedingungen nach gleichen Gesetzen
sich entwickeln müssen. Nur des Idealismus wollen wir im
Allgemeinen noch erwähnen. Eine fortgesetzte Betrachtung der
äußeren Welt zeigt als das Wesentliche derselben die Form,
Gestalt und Beschaffenheit, dasjenige, wodurch jedes Ding
eben dieses bestimmte ist; die Form wechselt aber nach be=
stimmten Gesetzen, so sind denn diese Gesetze das Wesentlichste,
Schöpferische; kommt dazu noch die auf das eigene Innere
gerichtete Beobachtung, wo sich eine von aller Aeußerlichkeit
fremde und durchweg verschiedene Bewegung und Nothwendig=
keit zeigt, die sittlichen Regungen, die ästhetischen Urtheile, die
logischen Gesetze, welche oft mit unleugbarer, nicht zu ver=
tilgender Macht gegen das sicherste Zeugniß der Sinne sprechen,
wie bei der Bewegung der Sonne, dann bildet sich eine feste
Ueberzeugung von einem inneren Reiche des Geistes und dessen
Unabhängigkeit und Macht über die sinnliche stoffliche Natur.
Es erhalten eben diese Vorstellungen ein Uebergewicht und es
entsteht der Idealismus. Ob nun die Zahl, die den Pytha=
goräern bei allen äußeren und inneren Vorgängen das Be=
stimmende ist, oder die Form, oder der Zweck, oder die Idee
als das schöpferische Princip angesehen wird: immer herrscht
dieser Gedanke über alle sinnlichen Vorstellungen und modelt
sie, freilich ohne sie leugnen und vertilgen zu können. Denn

---

*) Es ist aber gewiß nicht zufällig, daß von den Medicinern diejenigen,
welche vorzugsweise Ophtalmologen sind, sich gegen den landläufigen Mate=
rialismus ausgesprochen haben; neuerdings z. B. v. Graefe in einem öffent=
lichen Vortrage und Ruethe in seiner Schrift „die Existenz der Seele."

weder kann die „Leuchte des Idealismus" jemals ganz und
gar durchsichtig und ohne ein bleiernes Gestelle des Realismus
sein, noch auch kann selbst die camera obscura des Materia=
lismus ohne einen hellen Grund und wenigstens Einen nach
oben dem Lichte (des Geistes) geöffneten Punkt bestehen. —
Das ist eben die objective Macht, welche der subjectiven psycho=
logischen Nothwendigkeit eine Grenze setzt; der Geist der Wahr=
heit überwindet die Geister da noch, wo er sie nicht mehr
zu leiten und zu erleuchten vermag; er beherrscht auch die=
jenigen, welche seiner Gewalt sich noch nicht oder nicht mehr
bewußt werden.

Daß der Humor dem Inhalt nach die Stufe des Idealis=
mus erreicht haben müsse, versteht sich nach dem Obigen von
selbst; es fragt sich nur, aus welchen psychologischen Gründen
es ihm möglich wird, sich, wie wir gesehen haben, zugleich
von ihm zu unterscheiden, auch das Sinnliche und Endliche
als solches festzuhalten und es in jenem doppelten Contraste
mit dem Idealen und Unendlichen spielen zu lassen.

Die erste Erscheinungsweise dieses zwiefachen Contrastes
ist, daß jeder besonders und mit dem anderen abwechselnd auf=
tritt und je die eine oder die andere Seite den Vorstellungs=
kreis beherrscht. So zeigt uns unser Humorist, Jean Paul,
für die Kunst glücklich zu werden, drei Wege an; „der erste",
sagt er, „der in die Höhe geht, ist: so weit über das Ge=
wölke des Lebens hinauszubringen, daß man die ganze äußere
Welt mit ihren Wolfsgruben, Beinhäusern und Gewitterableitern
von weitem unter seinen Füßen nur wie ein eingeschrumpftes
Kindergärtchen liegen sieht. Der zweite ist: gerade herabzu=
fallen ins Gärtchen und da sich so einheimisch in eine Furche
einzunisten, daß, wenn man aus seinem warmen Lerchennest
heraussieht, man ebenfalls keine Wolfsgruben, Beinhäuser und

Stangen, sondern nur Aehren erblickt, deren jede für den Nestvogel ein Baum und ein Sonnen= und Regenschirm ist. Der dritte endlich, den ich für den schwersten und klügsten halte, ist der, mit beiden anderen zu wechseln." Allerdings der schwerste! aus nunmehr offenbaren psychologischen Gründen. Indessen haben wir früher die Möglichkeit dieses Wechsels bereits angedeutet, er wird nämlich dadurch begreiflich, daß jene Erhebung über das Leben und die Wirklichkeit zur Ideen= welt besonders durch das Urtheil oder den Geist vollbracht wird, dieses Hinabsteigen von dem Idealen in das Sinnliche und Wirkliche aber durch das Gefühl oder das Herz. Diesem ist die innige Theilnahme an der Welt und seiner sinnlichen Existenz eben so natürlich und eigen, wie dem Geist, daß er aus den Banden dieser disharmonischen Wirklichkeit sich ent= fesselt und in das Reich der ewigen Harmonie reiner Ideen flüchtet.

Diese Trennung von Geist und Herz, Urtheil und Gefühl, Vernunft und Empfindung hat nun aber, wie sie gewöhnlich gefaßt wird, selber keine Wahrheit, ist selbst so wenig begriffen und erklärt, daß sie Anderes zu erklären unfähig ist, sie ent= hält selbst zu deutlich einen Widerspruch, um einen anderen lösen zu können. Wir müssen deshalb eben diese Trennung erst auf ihr wahres psychologisches Verhältniß zurückführen, ehe wir sie als eine Erklärung jener ersten Erscheinung des Humors gelten lassen. Allein auch dieser bleibt dabei nicht stehen, erhebt sich vielmehr zu einem höheren Standpunkte, worauf wir sogleich unsere Betrachtung um so eher richten dürfen, als durch die sich hier ergebende Aufklärung auch auf das Frühere ein gehöriges Licht fallen wird.

In seiner entwickeltsten Form ist nämlich der Humor nicht blos Dasein, sondern Zusammenfassen zweier Con=

trafte, ihre gleichzeitige Wirkung auf das Gemüth, das Herüber- und Hinüberschweben der Gedanken und Gefühle, das Denken der Widersprüche und ihre Auflösung in Einem Momente. Diese seine höchste Spitze ist treffend von Jean Paul in einem einzigen Begriffe erfaßt, welcher sich als Motto zu seinen sämmtlichen Werken findet und so gleichsam die Devise des Humors ist; es heißt: „Der Mensch ist der große Gedankenstrich im Buche der Natur." — Der Mensch, das Ebenbild der Gottheit und des Affen, der Sohn des himmlischen Lichts und des irdischen Staubes, der Mensch in seinem allgemeinen Begriffe, der den Einzelnen (und die Gesammtheit umfaßt, das Leben und die Geschichte aller Völker und aller Zeiten — der Mensch ein Gedankenstrich! Seiner Entstehung und Wirkung nach ist der Gedankenstrich das Zeichen des zum Denken aufgeregten Geistes, der aber in seiner Thätigkeit nicht zur Ruhe und deshalb auch nicht zum Ausdrucke kommen kann; er ist das Kreisen des Gedankens, aber ohne Geburt, ein Denken und auch keines; er kann das Unendliche bedeuten und doch auch gar Nichts; er soll eine Lücke ausfüllen, wie der Mensch zwischen Natur und Gottheit, und ist doch selber eine; der Gedankenstrich ist ein Druck, der alle Fontänen geistiger Thätigkeit zugleich auf einmal springen läßt, Sinnen und Denken, Fühlen und Urtheilen; er ist deshalb das Symbol des ächten Humors. — Diesen Seelenzustand wollten wir erklären aus dem Wesen und Verhältniß von Fühlen und Denken. Vor Allem müssen wir das Vorurtheil aufgeben, nach welchem wir hier zwei verschiedene Kräfte oder Vermögen der Seele vor uns hätten, die verschieden und unabhängig von einander wirken; als ob man irgend welche Vorstellung blos im Gefühl oder blos im Denken auffassen, gleichsam auch mit dem Gefühle denken könnte (nur anders als mit der Denkkraft), wobei die „Gefühlsmenschen" und die „Gefühllosen" angeführt werden. Es ist schwer, diese irrige Ansicht, wie sie gäng und gäbe ist, mit Bestimmtheit zu fixiren, deren Widerlegung wir hier übergehen, um gleich die wahre Ansicht aufzustellen.

Jedes Gefühl bezieht sich auf irgend eine oder eine Reihe von Vorstellungen, ist mit denselben innig verbunden und davon abhängig; es giebt keine bloßen Gefühle, die für sich allein in der Seele wären; und wiederum ist jede Vorstellung von einem Gefühle begleitet. Ihrem Wesen nach sind aber beide von einander verschieden, und zwar so: Vorstellen (und Denken) ist die Thätigkeit der Seele, Gefühl der Zustand derselben während dieser Thätigkeit und durch sie, beide sind der Zeit und dem Geschehen nach durchaus ungetrennt, aber ihrer Art nach wohl zu unterscheiden. Am besten und klarsten können wir uns dieses Verhältniß vorstellen, wenn wir an das ähnliche in der Thätigkeit der körperlichen Organe denken. Wenn man irgend ein Organ in active Bewegung setzt, so wird durch diese Bewegung oder Thätigkeit zugleich auch der innere Zustand desselben verändert und ein neuer erzeugt. Strecken wir z. B. den Arm aus, um nach Etwas zu greifen, so erfolgt damit eine Thätigkeit, zugleich aber ändert sich der Zustand des Arms, welchen wir je nach der Stärke wohlthuend oder schmerzhaft wahrnehmen, und das nennen wir eben ein Gefühl. Das Gefühl, das wir im Arm haben, wird von dessen Thätigkeit hervorgerufen, ist damit verbunden, und dennoch ist jenes etwas von dieser Verschiedenes. — Die näheren Bestimmungen dieses Verhältnisses hier zu erörtern, ist unnöthig,*) wir bemerken nur noch,

---

*) Die wissenschaftliche Deutung oder Erklärung dieses Zustandes, der uns unmittelbar in der Erfahrung gegeben ist, und den wir sowohl bei einer sinnlichen Empfindung als beim Denken eines Complexes von Vor-

daß das Gefühl oft eine von der Thätigkeit unabhängige Dauer hat, worauf aller Nachschmerz und alle Ermattung beruht.

Eben so nun nehmen wir den Zustand der Seele während ihrer Thätigkeit, während des Vorstellens wahr, und dies ist das Gefühl. Die Thätigkeit und in Folge dessen auch der Zustand der Seele kann mehr oder minder stark, lebhaft und eigenthümlich sein und demnach als starkes, lebhaftes und

---

stellungen im Unterschied von dem Inhalt, der empfunden oder gedacht wird, als Gefühl wahrnehmen, das in uns erregt ist, wird durch diese Bezeichnung nicht präjudicirt.

Andere Abhandlungen werden Gelegenheit geben, diese Frage zu er= örtern, hier will ich nur darauf hinweisen, daß schon die erste Auflage in den oben folgenden, unveränderten Sätzen neben den Gefühlen, welche durch die Form des Geschehens im Ablauf d. Vorstst. erzeugt werden, auch die= jenigen, welche aus dem Inhalt selbst stammen, betont hat und damit der Kritik entgeht, welche Wundt gegen der Theorie Herbart's und seiner Schule geführt hat. (Vgl. Wundt „Physiol., Psychol." S. 428.) Welcher reelle Gewinn der Psychologie aus Brentano's neuerlicher Zusammenfassung von Gefühl und Begehren als „Phänomen der Liebe und des Hasses" oder als „Interesse der Seele" zuwachsen soll, das möchte ich nicht beurtheilen, bevor mir der zweite Band seiner „Psychologie" zu Gesichte gekommen. Die Be= merkung aber mag ich nicht zurückhalten, daß es meinen Zuhörern aus dem Anfang der 60er Jahre eben so wie mir eine angenehme Ueberraschung sein wird, sich durch Brentano's an meine ausführlich dargelegte psychologische Theorie erinnert zu sehen, welche in wesentlicher Uebereinstimmung mit Lotze's Gedankengang neben jeder theorischen Wahrnehmung und Auffassung in der Seele ein Interesse derselben an ihrem Inhalte erkennt; ein Interesse, welches auf eine reale Beziehung des auffassenden Subjects (als Leib oder Seele) zu seinem Object, oder auf die Natur des Subjects selbst oder endlich auf den Proceß der Auffassung oder Vorstellungen sich gründet, im weiteren Verlauf des Lebens als ursprüngliches oder abgeleitetes, als anziehendes oder abstoßendes, als positives oder negatives Interesse an den ganzen Lauf aller Begebenheit sich unausweichlich anschließt. Durch eine vollständige Tafel der ursprünglichen und abgeleiteten Interessen habe ich eine erklärende Ueber= sicht alles Dessen versucht, was als Gefühl oder Begehren, als Gemüths= zustand oder Willensenergie, als praktische Nützlichkeit, als niederer und höherer Genuß und als Idealität in ihren mannigfachen Formen das Leben erfüllt und seinen Werth bestimmt.

eigenthümliches Gefühl uns mehr oder minder deutlich zum Bewußtsein kommen. Daher können ganze Reihen von Vor= stellungen in der Seele, wie von Bewegungen im Körper ver= laufen, ohne daß eine solche Veränderung in ihrem Zustande er= folgt, die sich als Gefühl bemerkbar macht,*) woraus, beiläufig gesagt, der alte Irrthum über das Gefühl erklärlich wird.

Die Eigenthümlichkeit der Gefühle, ihr Maß und Grad hängt theils von dem Inhalt, theils von der psychologischen Be= schaffenheit der Vorstellungen ab, durch welche sie erzeugt werden. So haben wir freudige und schmerzliche Gefühle, je nachdem der Inhalt einer Vorstellung die Seele, dadurch daß sie ihn denkt, in den einen oder anderen Zustand versetzt. Aber der Einfluß der psychologischen Beschaffenheit einer Vorstellung auf das sie begleitende Gefühl zeigt sich unter Anderem in der wichtigen und allgemeinen Erfahrung, daß, je dunkler und unbestimmter irgend eine Vorstellung ist, desto stärker das durch sie erzeugte Gefühl. Natürlich! denn die Seele wird in eine unbestimmte Bewegung und Thätigkeit versetzt, aufgeregt und dieser entspricht ihr Zustand. Wer Gelegenheit und Neigung hat, die religiöse Andacht der verschiedenen Culte genau zu beobachten, wird

---

*) Hierzu ist Benecke „Psychol. Skizzen" I. S. 32 ff. zu vergleichen, der zugleich auf die Fehler des wechselnden Sprachgebrauchs hinweist, der sich daraus ergiebt, daß an sich richtige Erfolge der Beobachtung aus der be= schränkten Sphäre ihrer Geltung auf allgemeinere übertragen werden. Auch Waitz a. a. O. §. 31 bemerkt: „Ein nicht unerheblicher Einwand gegen diese Ansicht ließe sich daher nehmen, daß unser Vorstellungsverlauf keineswegs fortwährend sich von so vielen Gefühlen begleitet zeigt, als jener Erklärung zufolge zu erwarten sein würde, da alsdann jeder Vorstellungs= wechsel die Entstehung eines Gefühls bedingen müßte. Die Folgerung ist richtig, aber die Einwendung, zu welcher sie benutzt wird, verliert schon dadurch ihre Kraft, daß gerade die Gefühle, welche unser Vorstellen fort= während begleiten und uns nie verlassen, für die Selbstbeobachtung ganz unbemerkbar werden müssen, so lange sie nicht aus dem Kreise des Ge= wöhnlichen heraustreten."

finden, daß die intensivsten Erscheinungen derselben an den=
jenigen Stellen auftreten, in welchen am wenigsten bestimmte
und concrete Vorstellungen, klar gedachte Ideen den Geist er=
füllen. Ceremonien mit dunkler symbolischer Bedeutung, mit
und ohne lebhafte Sinnenreize, erhöhen und bewegen die
Stimmung am gewaltigsten, nicht obgleich, sondern gerade weil
die begleitenden Vorstellungen die dunkelsten sind. Bei den
Andachtsübungen der mystischen Sekten werden die meisten
Thränen vergossen. Interessant ist ein Beispiel, welches Anton
Reiser*) aus seiner Jugend mittheilt, da er noch als Current=
schüler fungirte. Keines von allen Liedern, sagt er, klang
ihm rührender und erhabener, als wenn der Präfectus anhob
zu singen:

> Hylo schöne Sonne
> Deiner Strahlen Wonne
> In den tiefen Flor ꝛc.

Das „Hylo“ allein schon versetzte ihn in höhere Regionen und
gab seiner Einbildungskraft allemal einen außerordentlichen
Schwung, weil er es für einen orientalischen Ausdruck hielt,
den er nicht verstand, womit er deshalb einen so erhabenen
Sinn als nur immer möglich verbinden konnte; das „Hylo“
war aber nur das vom Präfect thüringisch ausgesprochene
„Hüll’, o schöne Sonne.“

Eben so bekannt ist die allgemeine Thatsache, daß, je ab=
stracter, allgemeiner, von der concreten Wirklichkeit entfernter
eine Vorstellung ist, desto schwächer das Gefühl, das sie be=
gleitet; die Thätigkeit des Verstandes verändert den Zustand
der Seele wenig, von den Begriffen wird sie nicht ergriffen.
Denke man sich, daß Jemand den Satz ausspricht: „das

---

*) Anton Reiser, „Ein psychologischer Roman von P. A. Moritz.“

menschliche Leben ist doch allezeit vielen Gefahren seiner Vernichtung ausgesetzt und Niemand kann über die nächste Stunde
gebieten," so werden wir zwar der Wahrheit desselben zu-
stimmen, aber ohne irgend eine Bewegung der Seele den Gedanken mitdenken; er erzählt uns aber: „heute Mittag ist
mein Freund *** frisch und gesund aus seinem Comtoir nach
seinem Hause gegangen; unterwegs wird er von der Deichsel
eines Wagens, dessen Pferde durchgegangen sind, erfaßt und
so verletzt, daß er kurz darauf sein Leben aufgab", dann wird
unser Gemüth (auch ohne persönliche Bekanntschaft mit dem
also plötzlich Hingerafften, also auch ohne wesentliche Mitwirkung des Mitleids) von dem concreten Bilde menschlicher Hinfälligkeit und des jähen Ueberganges vom Leben zum Tode
tief erschüttert.

Dagegen können die Zustände der Seele, oder die Gefühle,
wenn sie von hervorragender Stärke sind, einen Einfluß auf
die Thätigkeit, also auf die Gedanken ausüben. Die Niedergeschlagenheit wird die freie Bewegung der Vorstellungen hemmen,
die Aufgeregtheit wird sie verwirren und dergleichen mehr.
Ist Ersteres die Ursache, wodurch die Philosophie Gemüths-
kälte erzeugt, so ist das Zweite der gerechte Grund, weshalb
sie dieselbe fordert.

Um die Theorie des Gefühls wenigstens in ihren Grund-
zügen vollständig anzudeuten, bemerke ich nur noch, daß zwischen
jenen Extremen des zu sehr überwiegenden und des mangeln-
den Gefühls noch zwei andere mittlere Arten von Vorstellungen
liegen, mit denen es ebenmäßig und harmonischer verbunden
ist. Verschieden nämlich von den dunkeln und unbestimmten
Vorstellungen sind die concreten, der Wirklichkeit entsprechenden
und entstammenden, zumal der Sittlichkeit und Aesthetik angehörigen, welche allezeit und sicher mit einem bestimmten, gleich-

sam dem Werthe der Vorstellung angemessenen Gefühl begleitet sind. Hier liegen alle Erscheinungen des sogenannten richtigen und wahren Gefühlslebens. Aber auch die abstracten und allgemeinen Begriffe bewegen sich zuweilen in demselben, wenn sie nämlich aus einer solchen Summe einzelner, concreter Vorstellungen hervorgehen, deren jede das Gefühl anregt; so z. B. wird der allgemeine Begriff Musik oder Religion und dergleichen einen Dichter mehr begeistern, als ein einzelnes Musikstück, eine specielle Glaubenswahrheit, die er besingen wollte, und zwar aus dem sehr natürlichen Grunde, weil dort, bei dem allgemeinen Begriffe, hunderte von Erinnerungen an musikalische Erhebung und Belebung des Gemüths auftauchen, zwar in das Bewußtsein streben, aber nicht gelangen werden; da die Zahl der Vorstellungen, welche zu gleicher Zeit deutlich in der Seele sein können, eine verhältnißmäßig sehr geringe ist, so werden andere und andere einander verdrängen, mit einander wechseln, jede einen Eindruck, eine Anregung zurücklassen und jenen Zustand der Seele erzeugen, in welchen die Gährungen und Gebärungen des poetischen Genies fallen können.

Aus diesen Grundgedanken über das Gefühl haben wir nunmehr nur Eine Folge zu ziehen, welche für unsere specielle Frage über den Humor die wichtigste ist. Erinnern wir uns des oben gewonnenen Unterschiedes zwischen herrschenden Vorstellungen und beherrschten, zwischen über- und untergeordneten, so ist jetzt zu bemerken: von dieser Herrschaft und Macht eines Gedankens über die anderen ist das Gefühl, welches ihn begleitet, zuweilen unabhängig; es kann nämlich der beherrschte Gedanke von einem stärkeren Gefühle begleitet sein, als der herrschende. In solchem Falle wird zwar der Gedanke immer untergeordnet bleiben, das Gefühl aber, der innere Zustand der Seele wird sich dem schwächeren Gefühle der anderen herrschenden gegenüber behaupten. Dies folgt nicht blos aus der eben entwickelten Natur des Gefühls mit Nothwendigkeit, sondern auch die Erfahrung bietet dafür unzählige Belege. Wenn z. B. ein Mensch in irgend welchen religiösen Vorstellungen erzogen ist, die ihrer Art nach das Gefühl auf eine bestimmte Weise mächtig anregen, so wird eine etwaige Aufklärung darüber zwar leicht andere Vorstellungen herrschend werden lassen, aber die Richtung seiner religiösen Gefühle wird sich nur dann verändern, wenn auch sie von anderen stärkeren verdrängt werden. Darauf allein gründet sich der dauernde und oft über alle Erwartung tiefgehende Einfluß der Erziehung, der sich oft auch bei einer unvergleichlich fortschreitenden intensiven geistigen Arbeit noch geltend macht. Physikalische Untersuchungen, mathematische Forschungen, philosophische Speculationen können eine religiöse Stimmung, die aus dem Vorstellungsleben der Kinderjahre erwachsen ist, neben sich dulden, ja sie können von derselben durchdrungen sein. So konnte auch in einem Spinoza — dies löst den Widerspruch, den man stets zwischen seinem Charakter und seinem System bemerkt hat — das Gemüth bleiben, was es war, ein heller, warmer Sommertag, während sein Geist eine helle, kalte Witternacht geworden war; denn er fühlte den Gott seiner Väter, während er den Gott seines Systems dachte. — Von Ludwig dem Bayer sagt H. v. Sybel ganz in diesem Sinne: „Sein Verstand begriff das Heraufsteigen einer neuen Zeit, sein Herz war noch erfüllt von den Affecten des alten Zustandes." Näher noch liegt die Erfahrung, daß der Trost, den man Jemand über ein tiefgefühltes Unglück giebt, leicht seine Vorstellung von demselben, schwerer aber das Gefühl mildern kann, und dergleichen mehr.

19*

Je häufiger der Humor, wie wir sehen werden, zum Wahnsinn eine intime Beziehung hat, desto mehr mag es gestattet sein, aus dem Gebiete des letzteren eine Thatsache, welche die eben besprochene Lehre zu beleuchten vermag, wenigstens flüchtig anzuführen.

Es ist eine, namentlich seit Griesinger, bekannte Thatsache, daß die Störungen des Seelenlebens in ihrem Beginn gar nicht in irrigen Anschauungen, in Wahnvorstellungen, sondern in einer Verstimmung des Gefühls ihren Sitz haben. Mit Niedergeschlagenheit und später nachfolgender Erregung neben ungestörter Thätigkeit des Verstandes beginnen die Formen der Melancholie und der Manie, in denen oft sehr allmälig die Functionen auch des Denkens ihre krankhafte Veränderung annehmen.

Und eben so charakteristisch ist es, daß in späteren Stadien der Krankheit, wenn die krankhaften Gebilde des Geistes, die Wahnvorstellungen herrschend geworden sind, dieselben den Proceß des Seelenlebens erfüllen ohne ein Anzeichen, daß sie von entsprechenden Gefühlen begleitet seien.

Blicken wir nun auf den Humor und seinen doppelten Contrast zurück, so werden wir die Mischung der Elemente und ihre Harmonie psychologisch begreifen. Auf der einen Seite der Kreis der Ideen, unendlich an Inhalt, vielleicht auch vollkommen an Form, harmonisch geordnet durch die eigene Thatkraft des Geistes; auf der anderen die Vorstellungsmassen, welche das wirkliche Leben und die Welt der Erscheinungen umfassen, endliches Stückwerk und formlos durcheinander gewirrt, wie der Zufall des Lebens sie erzeugt hat. Darum herrschen jene über diese, die Ideen beherrschen das Bewußtsein, sie sind das Höhere und Gültige für den Geist, im Denken. Aber die Idee ist allgemeiner, abstracter Gedanke, ihr fehlt die Realität, die concrete Wirklichkeit, welche zunächst und zumeist das Gefühl anregt, darum bleibt das Gefühl leer, und aus der Leere des Gefühls erzeugt sich ein Gefühl der Leere. Dies hat gewiß schon Jeder an sich erfahren, der tage= lang mit philosophischen Problemen, mathematischen Formeln oder sonst abstracten oder rein idealen Gedankenprocessen be= schäftigt war. Anders ist es in der Seele des Humoristen. Auch er steht zwar auf jener Höhe des Idealisten, auf jenen Bergspitzen des irdischen Geistes, wo das Licht und die Luft rein ist, aber Nichts gestaltet und erzeugt wird, als — Eis; aber tief in seiner Brust birgt er ein umgekehrtes prome= theisches Feuer, das aus der Tiefe des Menschenlebens in die Höhe des göttlich strebenden Gedankens empordringt; jener Leere gegenüber steht in ihm die ganze Gluth und Fülle des Gefühls, wie sie mit den Vorstellungen der wirklichen Welt innig verbunden ist, und der gediegene Reichthum desselben siegt über jene Leere. Aber noch mehr; indem die Seele des Humo= risten in diesem Zustande sich befindet, also das G e f ü h l der R e a l i t ä t eben so herrschend ist, wie der G e d a n k e des I d e a l e n, entspringt durch die Gleichzeitigkeit eine noth= wendige Verschmelzung beider, vermöge deren das Ideale den psychologischen Werth und Reiz des Realen erhält, so daß im Humor nicht blos die Wirklichkeit und die sinnliche Welt, sondern auch die Idee selbst anders, nämlich tiefer, kräftiger und lebensvoller aufgefaßt wird als im abstracten Idealismus; dieser verliert, wie an Fichte und Berkeley aufs Deutlichste nachweisbar, das Gefühl der Realität auch für die sinnliche Welt, jener gewinnt es umgekehrt auch für die ideale. Aber je höher das Ideale im Werthe sich hebt, desto tiefer sinkt das Reale; so ist denn auch die ganze Erde dem Humoristen „das Sackgäßchen in der großen Stadt Gottes, die dunkle Kammer

voll umgekehrter und zusammengezogener Bilder aus einer
schöneren Welt, ein dunstvoller Hof um eine bessere Sonne,
der Zähler zu einem unsichtbaren Nenner." Aber auch die
Idee selbst ist nicht blos der abstracte metaphysische Begriff
des Unbedingten, Ewigen, sondern eben eine schönere Welt,
eine Schöpfung Gottes, eine bessere Sonne. Hiemit tritt die
Idee in das unmittelbarste Leben des Menschen, den Zustand
der Seele bestimmend, hinein, während sie dem Philosophen
nur gleichsam vor oder über dem Geiste schwebt; sie wird von
dem g a n z e n Menschen in seinem Centrum erfaßt; und auf
eine ähnliche Weise empfängt hier, wie in der Religion, das
sonst nur vom sinnlichen Leben erregte Gefühl seine wahre
Weihe, nämlich die wirkliche Welt mit der Idee zu vermitteln.
Denn auch von jener wird es, wie von der Idee, fort und fort
noch angeregt und bleibt ihr, gleichsam eingedenk seines Ur=
sprungs, immer noch zugewandt. Hierin unterscheidet es sich
von dem nur himmelwärts gekehrten Gefühl der religiösen
Schwärmerei. — Nur einen flüchtigen Blick wollen wir noch
auf die psychologische Entstehungsweise der Romantik werfen·
Während die sittlichen und alle Ideen der feste Inhalt und
Grund des Humors sind, mit welchem sich die mannigfachen
Weisen des Gefühls verbinden, besteht die Romantik vorwiegend
durch sinnliche Vorstellungen und Anschauungen, welche nur
mit anderen Gefühlen und Empfindungen, als im gewöhnlichen
Menschen verbunden und dadurch veredelt werden sollen;
daher die Tendenz und die Hoffnung anstatt des sittlich oder
politisch heroischen, gewaltigen und in aller Art idealen
Lebens, das ganz gewöhnliche, kleine Leben mit dem gleichen
Reize zu schmücken, zu dem gleichen Werthe zu erheben, be=
sonders mit demselben Genuß zu erfüllen. — Die psychologische
Entstehung der Romantik ist demnach nicht schwer zu erkennen.

Von den einzelnen sinnlichen Vorstellungen kann der Mensch, der seiner Natur gemäß sich nach dem Höheren und Ewigen sehnt, einerseits sich erheben zu dem Allgemeinen, zu den Begriffen, Gesetzen und Ideen; von der einfachen Befolgung der gewohnten und ererbten Sitte kann er sich erheben zur Erkenntniß der sittlichen Ideen, zum klaren Bewußtsein eines sittlichen Zweckes und seines eigenen sittlichen Strebens; dies ist der wahrhafte Fortschritt vom Endlichen zum Unendlichen, vom Zeitlichen zum Ewigen; es ist der subjective Fortschritt, der psychologische, um so einfacher, als er durch einen objectiven Fortschritt des Inhalts bedingt ist. Sogar alles Endliche selbst wird, von der Idee der Vollkommenheit erfaßt, sei es als Gegenstand der vollständigen und erschöpfenden Erkenntniß, sei es als Aufgabe schöpferischer Gestaltung zu einem Unendlichen, weil jede erreichte Stufe der Vollkommenheit Ursache oder Anlaß, Antrieb oder Vorbildung für eine folgende wird. Darum ist auch, wie Goethe sagt, „Alles, worein der Mensch sich ernstlich einläßt, ein Unendliches.‟ Andererseits kann der Mensch in Bezug auf den Inhalt und Gehalt bei den einzelnen sinnlichen Anschauungen und Vorstellungen stehen bleiben, sich und seine Anschauungsweise aber darin vertiefen, die Gefühle, welche damit verbunden sind, steigern, kurz, er kann die subjective Form der Auffassung gänzlich verändern, ohne einen anderen, als den ursprünglichen Inhalt zu gewinnen, nur daß im reflectirenden Bewußtsein diese subjective Zuthat mit zum Inhalt geschlagen wird.

Vielleicht kommen wir der vorliegenden Reihe von Thatsachen noch näher, wenn wir dies ins Auge fassen: jedes endliche, auch denkende Wesen ist ein Centrum von Kraft mit ursprünglich geringer Spannweite seines Wirkens. Wie die aufsteigende Stufenreihe der Wesen im Werthe und in der fortgebildeten

Entwicklung ihres Wirkens auf einer fortschreitenden Erweiterung
dieser Spannweite und in Harmonie mit ihr auf einer Steigerung
der Intensität ihres Wirkens beruht, soll hier nicht ausgeführt
werden. Hier interessirt uns nur das Eine, daß das Bewußtsein
je nach den Gegenständen, welche es in sich aufnimmt, sich erweitert und vertieft, und indem es ein Unendliches erfaßt, macht
sich die darin liegende Expansion des eigenen Wesens eben so
im G e f ü h l des Subjects geltend wie sie im Object seiner
Thätigkeit gegeben ist. Aber die A n a l o g i e des G e f ü h l s
in jeder J n t e n s i t ä t (sowohl des S e l b s t b e w u ß t s e i n s
als der Erfassung, An-sich-schließung eines Objectes) läßt auch
den subjectiven Genuß des endlichen Wesens zu einem unendlichen werden; beides wird sofort deutlich, wenn wir an
die Religion und an die Liebe erinnern. Daher auch
die Verwandtschaft und in vielen Beziehungen innige Zusammengehörigkeit von Religion und Liebe und der Selbst-
täuschungen beider.

Bekanntlich kann ein Mensch an die gewöhnlichsten Vorstellungen anknüpfend, rein durch das abstracte Streben sich
zu erregen und zu vertiefen, sich in einen höheren und edleren
Zustand zu versetzen, in ein Sinnen und Brüten, Schwärmen
und Phantasiren verfallen, welches ihn subjectiv in der That
dem gewöhnlichen Denk- und Lebenskreise entrückt, ohne daß
doch sein Denkinhalt ein höherer oder tieferer geworden ist.
Sogar durch rein sinnliche, absichtliche Aufregung, durch ge-
waltsame Körperbewegungen sehen wir bei einigen religiösen
Secten eine Art von Ecstase entstehen, zu welcher sich sogar
Visionen gesellen, die oft poetisch genug sein mögen. Mit
diesen Zuständen ist alle Mystik verwandt, und Solger hat
einen tiefen Blick gethan, als er die romantische Ironie eine
Tochter der Mystik nannte; „die Mystik ist, wenn sie nach der

Wirklichkeit hinschaut, die Mutter der Ironie." — Begreiflich ist es nun wohl, weshalb die Mystik so viele edle Blüthen treiben konnte; in diesen Zuständen der, wenn auch einseitig subjectiven Erhöhung der Lebensthätigkeit gelangt der Mensch leichter auch zu einer objectiven Erhöhung, d. h. zur Erfassung und Schöpfung des an sich Höheren und Reinen, des Ewigen und Idealen.

Der psychologische Zustand des Romantischen entsteht demnach durch eine solche Art von willkürlicher Vertiefung und Versenkung in einen Gegenstand, in einer absichtlichen Spannung des Gefühls und des Interesses auf irgend einzelne Dinge und dem damit verbundenen Ausbilden, Ausmalen und Auskosten derselben; der Inhalt ist fast gleichgültig, so daß der hierin gefundene Genuß meist lediglich ein S e l b s t g e n u ß ist. Im Mittelalter finden wir diesen Zustand ungemein häufig und zuweilen bis zu seinem Extrem, der fixen Idee, ausgebildet; der litterarischen Romantik der neueren Zeit aber war es leicht gemacht, durch die vorangegangene endlose Anhäufung von historischen Bildungs = und Lebenselementen, von wissenschaftlichen und praktischen Verhältnissen, von natürlichen und künstlerischen Formen, von allerlei Glauben und Aberglauben; und dazu hat sie im Hintergrunde von dem Allem immer noch das ganze Reich der Sinnlichkeit mit seinen mannigfachen Genüssen und Reizen. — Hiemit ist auch zugleich die Vorliebe der Romantik für das Wunderbare erklärt. Zunächst nämlich ist der Begriff alles Wunderbaren dunkel, unklar, es ist eben unbegriffen und unbegreiflich; dunkle Vorstellungen aber erregen nach der oben gegebenen Entwicklung stärkere Gefühle. Sodann aber geschieht bei der Anschauung des Wunderbaren, d. h. des eigentlichen Wunders, welches nicht in der Größe und Erhabenheit, sondern blos in der Unerklärlichkeit der oft winzigen und gleichgültigen

Erscheinung besteht, bei der Anschauung derselben, sage ich, ge=
schieht psychologisch dasselbe natürlich und nothwendig, was bei
dem Romantischen künstlich und absichtlich geschieht: wenn wir
nämlich ein Wunder (in der Wirklichkeit oder Phantasie) an=
schauen, so bleibt unsere Vorstellung nothwendig bei der Er=
scheinung stehen, wir können nicht, wie wir sonst thun, zu der
Ursache derselben fortschreiten; wir können diese Erscheinung nicht
einreihen in die unendliche Reihe von Ursachen und Wirkungen,
woraus unser sonstiger Vorstellungskreis besteht, wir können die
endliche Erscheinung nicht auf andere endliche zurückführen, darum
bleibt unser Geist bei ihr haften und stehen; diese Unmöglichkeit
in den Vorstellungen fortzuschreiten, dieser plötzliche und un=
gewohnte Einschnitt in unseren Denkact versetzt die Seele in
einen Zustand, den wir mit dem Gefühl des Staunens und der
Verwunderung bezeichnen; in diesem Zustand nehmen wir die
endliche Erscheinung, weil sie sich in die unendliche Causalreihe
nicht einfügen läßt, entweder selbst für ein Unendliches oder wir
setzen als ihre Ursache unmittelbar das Unendliche. Hieraus er=
klärt sich psychologisch hinlänglich, weshalb das Wunder des
Glaubens liebstes Kind ist; der Glaube ist Sehnsucht nach dem
Unendlichen, und hier drängt sich die Vorstellung des Unend=
lichen unmittelbar bei der Erscheinung eines Endlichen auf. Dies
ist die Bedeutung des Wunders und ohne sie wären die Wir=
kungen des Wunders selbst wunderbar.

Dem Gefühle der Verwunderung steht der Affect des
Schauers sehr nahe, der sich mit dem Wunder so leicht ver=
bindet und bekanntlich ein sehr beliebtes Element der Ro=
mantik ist.*)

---

*) Zur Erklärung des Schauers ist Steinthal („Abriß der Sprach=
wissenschaft" 1. Theil, S. 347) zu vergleichen; sie ist der meinigen des
Wunders sehr nahe, nur daß es sich um verschiedene Bildungsstufen handelt

In der nothwendigen Isolirung der Betrachtung liegt die psychologische Ursache für die Anschauung des Wunders als solchen, daher aber kann jede einzelne Naturerscheinung wie ein Wunder auf den Beschauer wirken, wenn er die Betrachtung absichtlich isolirt. Wenn wir ein Blatt, eine Muschel ansehen, und uns anstatt nach den Ursachen der Entstehung zu fragen in seine Bildung vertiefen, erscheint es uns bald als „wunder= bar;" das ärmlichste Ding scheint einen unermeßlichen Reichthum zu besitzen, das endlichste Geschöpf einen unendlichen Schöpfer vorauszusetzen. Sobald wir aber dasselbe Ding in seinem realen Zusammenhang mit anderen sehen, verschwindet das Gefühl des Wunderbaren. Die wissenschaftliche Betrachtung kennt kein Wunder, weil sie die Erscheinungen niemals isolirt, stets nach den Ursachen sucht und auch die nicht sogleich ge= fundenen stets mit Gewißheit in anderen endlichen Erschei= nungen voraussetzt. Verliert etwa, wie man gefürchtet hat, die Wissenschaft den Begriff des Unendlichen? mit nichten; wohl mag mancher Detailforscher in den verschiedenen Ge= bieten im engen Kreis seiner endlichen Thatsachen hängen und dem Begriff des Unendlichen fern bleiben; alle wahre Wissen= schaft aber findet ihn; sie findet ihn nur auf einem längeren Wege, gelangt aber desto sicherer zum Ziele; sie findet ihn erst durch die unendliche Reihe des Endlichen, und das Gefühl, welches sich ihr zum Begriffe des Unendlichen fügt, ist nicht Verwunderung, sondern Bewunderung, nicht stupides Anstaunen,

---

und hier die Causalität, dort der Inhalt der Vorstellung selbst das Neue und früher Nicht=Vorhandene ist.

In Bezug auf die Darstellung der Romantik überhaupt verweise ich gern auf Brandes, „Hauptströmungen der Litteratur des 19. Jahrhunderts (deutsch von Strodtmann 1873)," wo, gewiß aus ganz anderen Voraussetzungen, eine nahe verwandte psychologische Charakteristik derselben gegeben ist.

sondern reines Anbeten; die Wissenschaft ist niemals romantisch, und unsere Romantiker wurden, wie sehr sie es wollten, niemals wissenschaftlich. — Von schneidender Wahrheit sind die Bemerkungen Lotze's („Geschichte der Aesthetik"):

„Der modernen Zeit soll ihr neues Ideal kunstmäßig durch eine Phantasie entstehen, die fast überall im Streit mit der herrschenden Meinung ist, die nicht ausdrückt, was an ästhetischen Elementen sich von selbst lebendig regt, die vielmehr durch freie Erfindung des Neuen, Interessanten und Unerhörten das empfangende Gemüth überrascht und außer sich setzt. Es ist nicht zu hoffen, daß ein so gewitterhaftes Verfahren eine harmonische Bildung zurücklassen werde, und die romantische Schule, die zu dieser Theorie die Ausübung war, bestätigt diese Befürchtung . . . . . Grillenhaft kehrte sie sich vom Wirklichen, Gesunden und Realen ab zu jeder krankhaften Abenteuerlichkeit des Empfindens, von dem, was in der Welt des Wachens gilt, zu Allem, was nur im Halbdunkel zweifelhaft besteht, von dem Nahen, Gegenwärtigen und Verständlichen zu Sitten, Stimmungen und Gewohnheiten von Völkern und Zeiten, die weit von uns abliegen, und deren Leben niemals als Ganzes von uns nachgenossen werden kann. — — Man hielt fest an der Vollberechtigung der zügellos subjectiven Phantasie. Nur daß sich zeigte, wie wenig Kraft und Fülle dieser selbst möglich ist, wenn sie ohne Treu und Glauben für irgend einen Lebensinhalt sich spielend über allem Stoffe halten will."

Ist so die psychologische Möglichkeit und Erscheinung der Weltanschauung des Humors erklärt, so besitzen wir auch den Schlüssel, um das Verständniß seiner Darstellungen und deren Wirkung auf das Gemüth des Lesers und Zuschauers

leicht zu eröffnen. Wie sein Wesen, enthält auch seine Dar=
stellung ohne Ausnahme immer einen Contrast.

Der Contrast nun ist ein solcher Gegensatz, bei welchem
die Glieder desselben zugleich einen Punkt oder eine Seite der
Vereinigung haben; auf diesen beiden Eigenschaften der Vor=
stellungen beruht seine Wirkung, und je größer demnach die
Entgegensetzung bei gleicher Verwandtschaft, oder umgekehrt,
desto größer ist auch die Wirkung des Contrastes, welcher
also dann am größten ist, wenn die größtmögliche Verschieden=
heit und Gleichheit beisammen sind. Ein passendes Beispiel
für diese Stufen des Contrastes sind die Wortspiele und aller
Witz. Je ähnlicher die Worte an Klang und Bedeutung und
je verschiedener ihr Sinn in dieser bestimmten Verbindung,
desto größer die komische Wirkung. Wir lachen schon, wenn
die Berlinerin bei Ueberreichung ihres Bildes an den Geliebten
schreibt: „Hier hast du mich Gans;" aber entzückt sind wir
über Börne's Ochsen, welche zittern, wenn eine neue Wahrheit
entdeckt wird; weil Pythagoras, als er seinen Lehrsatz entdeckt
hatte, den Göttern eine Hekatombe geopfert hat.

Mit besonderer Beziehung auf diejenigen Contraste, deren
sich der Humor vorzugsweise zu bedienen pflegt, ist die in=
teressante psychologische Thatsache hervorzuheben, daß zwei
Vorstellungen oder eine mit zwei Bedeutungen nicht blos durch
den Inhalt, sondern auch durch das Interesse, welches sie
der Seele bieten, gleich oder verschieden sein können. Je
größer die Gleichheit des Inhalts und die Verschiedenheit des
Interesses, desto stärker der Contrast und umgekehrt. Travestie
und Parodie beruhen beide in ihren Darstellungen fast aus=
schließlich auf Contrasten des Interesses; dort wird ein be=
kanntes Hohes in der Form des Gemeinen und Nichtigen, hier

ein Gemeines in der bekannten Form des Edlen und Hohen
vorgetragen.

Erklären kann man diese Wirkung des Contrastes aufs
Allerdeutlichste, wenn man die andere Seite seiner Beschaffen=
heit (d. h. die subjective, die sich rein auf die Weise, wie er
im Subject gedacht wird, bezieht) in Erwägung nimmt; näm=
lich die Unmöglichkeit der Verwechslung beider Vorstellungen,
je entgegengesetzter, und die größere Möglichkeit der Verwechs=
lung, je verwandter sie sind. Denn das Gleiche in verschie=
denen Vorstellungen verschmilzt zu einem einzigen Denk=
acte; von den Dingen, die sich ganz gleich sind, haben wir
eben nur Eine Vorstellung. Ist nun ein Contrast vorhanden,
und zwar ein größter nach beiden Seiten hin, so verschmelzen
die Vorstellungen ganz und gar und sind doch auch ganz und
gar geschieden, die Möglichkeit und die Unmöglichkeit der
Verschmelzung tritt zu gleicher Zeit ein; daraus entsteht ein
Widerstreit nicht blos in den Vorstellungen, sondern auch im
Zustande der Seele, der auch physiologisch begleitet ist, und
diesen nennen wir einen Affect. —

Wir scheiden hier die drei möglichen verschiedenen Seiten
des Contrastes, die wir in der Einleitung angedeutet: den
tragischen, den komischen und den specifisch humoristischen.
Der tragische erscheint, wo das Einzelne, Endliche, Kleine und
Niedrige sich sieghaft gegen das Ideale und Allgemeine auf=
lehnt. Aber wesentlich verschieden vom classischen Tragischen
ist das des Humors; geistig und innerlich muß bei ihm der
Kampf vor sich gehen, er muß sich als psychischer Contrast
gestalten; äußere Natur und Schicksal, die beiden Elemente
der classisch = tragischen Katastrophe, sind ausgeschlossen. Der
Humor steht auf dem Standpunkt des Idealismus, der in der
Freiheit und Selbstständigkeit des Menschen den springenden

Punkt alles höheren Lebens sieht, und eben so dem antiken Fatum wie der spinozistischen natura den Krieg erklärt. Die tragischen Effecte des Humors fließen aus den Affecten, aus dem Contraste der Freiheit und Selbstständigkeit und der Gebundenheit des Menschen an Natur- und Geistesgesetz, und sie bestehen daher im Geiste selbst, sie sind Wahnsinn, Tiefsinn und moralischer Verfall. Selbst im „Lear" ist der Wahnsinn der eigentliche Erfolg, der Tod aber nur dessen Folge und das rein äußerliche Ende des Stücks. Für die Idee des Ganzen wäre es unzweifelhaft durchaus gleich- gültig, wenn er jenen entscheidenden Moment, den Tod Cor- deliens, noch lange überlebte, denn nur daß er im und am Wahnsinn stirbt, hat Bedeutung. In aller Schicksalstragödie, und selbst in der „Antigone", spielt das Moment der Zeit, das Aeußerlichste am Menschen, die Hauptrolle; eine kleine Zögerung würde die ganze Katastrophe verhindert haben, und wir müssen die innere Nothwendigkeit durch Reflexion erst hinein- tragen. Im Wahnsinn aber ist innere Nothwendigkeit. Im „Hamlet" erscheint nicht blos ein Lieblingsthema des zwischen Idealismus und Realismus schwebenden Humors in der Todtengräberscene, im Monolog über Sein und Nichtsein, nicht blos jene immer weiter gehende Verwandlung der Wirk- lichkeit in bloße Gedanken und Schein im Schauspiel, sondern der zwischen erheucheltem und wirklichem Wahnsinn hin und her getriebene Hamlet selbst ist weit mehr ein Kind des Humors, als sich Shakespear vielleicht bewußt war. Auch Ophelia stürzt sich nicht etwa in einem unnatürlichen Anfall von roman- tischer Sentimentalität, sondern im natürlich erzeugten Wahn- sinn ins Wasser.

Aber auch nur für den Humor ist der Wahnsinn das Tragische; in der classischen Tragödie hätte er keine Stelle;

nur der bewußte Kampf mit dem Schicksale, oder der unbe=
wußte in der Leidenschaft und im Wahn, aber nicht im
Wahnsinn ist im classischen Sinne tragisch. Der Wahnsinn
ist schon an sich unschön; als das Regel= und Gesetzlose paßt
er nicht in die classische Form. Die maßlose Medea ist noch ein
Gegenstand der hellenischen Tragödie, der rasende Timon wäre
es nicht. Der Wahnsinn des Aias ist bei Sophokles nicht
der Erfolg seines Handelns, sondern nur die göttliche Abwehr
desselben; daher bildet er auch nicht die Katastrophe, nicht
einmal die Peripetie des Dramas, sondern seinen Ausgangs=
punkt. Humoristisch hat der Wahnsinn auch eine komische
Seite; über die Gedankensprünge des Wahnsinnigen lachen wir.
Die unüberwindliche Gewalt des Komischen offenbart sich viel=
leicht nirgends stärker als darin, daß selbst alte, gewiegte
Irrenärzte bei der Mittheilung der komischen Gedankenzüge
eines Leidenden das Lachen oder Lächeln kaum unterdrücken
können; ja daß selbst die Angehörigen des Kranken mitten in
der tiefsten Bekümmerniß das Lachen nicht unterdrücken können,
wenn sie von den komischen Gedankenläufen berichten.

Der Contrast zwischen dem, was ist und was sein soll, oder
was es sein will, ist das Komische überhaupt; die Schwäche,
die sich Kraft, die Feigheit, die sich Muth dünkt u. s. w. Wir
bezeichnen diese Zustände im gewöhnlichen Leben als Narrheit,
aber die Narrheit im specifischen, medicinischen Sinne, der
Wahnsinn, der auch das Vernünftige sein und haben will, ist
eben die höchste Spitze der Narrheit und schlägt um aus dem
Komischen ins Tragische. Auch die bloße Narrheit ist an sich
betrachtet ein Unglück, und doch lachen wir darüber; das
Wahnsinnige wird, an sich betrachtet, lächerlich, obwohl
der Wahnsinn ein Unglück ist. Beide sind die Extreme des
Humors, nur daß wir an der einen Seite über dem Lächer-

lichen das eigentlich Schlimme ganz vergessen und herzlich lachen, an der anderen Seite über dem Unglück das Lächerliche kaum fühlen und herzlich weinen.

Der Widerstreit oder vielmehr der Contrast von Schein und Sein tritt nun besonders auf Seiten des eigentlich Komischen im Humor noch deutlicher hervor. Bei Shakespear bewegen sich die besten Stücke oft um diesen Contrast, so im Heinz, Richard III., in den Veronesern und sonst. Soll ich noch an den alten Shandy erinnern, der die Pädagogik studirt und aufs Umfassendste und Gründlichste ausarbeitet, um seinen einzigen Sohn bestens zu erziehen, aber — immer um ein Jahr zurück ist, was die Anwendung betrifft? d. h. er weiß nun ganz genau, was der Knabe im vierten Jahr thun und lernen muß, aber der Bursche ist schon fünf alt u. s. w. Wachsfiguren, Scherzlügen und Scheintod sind Lieblingsgegenstände des Humors, da sie die Contraste unmittelbar darstellen. Was wir aber auch als Beispiel herausgreifen möchten, allenthalben wird man die Allgemeinheit des Contrastes erkennen, der sich auf die menschliche Natur überhaupt bezieht, und das gerade ist eine eigenthümliche Vollkommenheit am Humor, daß er, auch hierin den Contrast bildend, das Allerindividuellste darstellt, um das Allerallgemeinste darin und daran zu zeigen.

Zu den beiden contrastirenden Gefühlen, die sich in der Schwebe erhalten, tritt dann, indem sie als solche wahrgenommen werden, das Gefühl des Contrastes oder kürzer gesagt: dem Contrast der Gefühle folgt das Gefühl des Contrastes. Daher bemerkt schon Benecke a. a. O. mit Recht:

Der Humor ist also ein Witz in höherer Potenz: indem er nicht einzelne Vorstellungen, sondern g a n z e S e e l e n s t i m m u n g e n von entgegengesetzter Beschaffenheit mit einander verschmilzt, wobei sich natürlich die entgegengesetzten

Stimmungen in diesem Gegensatze erhalten müssen, nicht (wie etwa bei der Sympathie mit dem Glücke eines durch Leiden abgejagten Romanhelden) eine an die Stelle der anderen treten, oder beide zu Einem Gefühle werden dürfen. Je vielseitiger, je umfassender und von einem je höheren Standpunkte aus diese Seelenstimmungen gebildet sind: um desto mannigfaltiger, inniger und geistiger fühlen wir uns von der humoristischen Darstellung ergriffen; und man hat daher richtig bemerkt: der ergreifendste Humor sei derjenige, welcher die gesammte Endlichkeit auf diese Weise gegen die Idee des Unendlichen messe. Jean Paul sagt im „Wuz": es gebe zweierlei Spiele der Jugend, indem dieselben entweder die hinaufwärts liegenden Beschäftigungen der Erwachsenen, oder die hinunterwärts liegende thierische Welt nachahmen. Nachdem er dann von seinem Helden erzählt, derselbe sei beim Spiele nie etwas Anderes, als ein Hase, eine Turteltaube, oder das Junge derselben, ein Bär, ein Pferd, oder gar der Wagen daran, gewesen; fügt er sehr erhaben humoristisch hinzu: „Glaubt nur, ein Seraph findet auch in unseren Collegien und Hörsälen keine Geschäfte, sondern nur Spiele; und wenn er's hoch treibt — jene zweierlei Spiele."

So erhebt sich der ernstere Humor über die Endlichkeit hinaus, während er doch in demselben Bewußtseinsacte durch die innige Theilnahme und das herzliche Vergnügen, womit er sich in die kleinlichen Freuden und Bestrebungen der Menschen hineinversetzt, sich selber augenscheinlich genug, als Erdenbürger kundgiebt.

Alles Kleine wird so der Grund, das Große zu denken und von ihm besiegt zu werden im Geiste; namentlich alles Kleingeistige vernichtet sich in unserer Seele auf diese Weise von selbst. Dagegen das wahrhaft Geistige, und wäre es noch so klein, behauptet eben deshalb seine Macht über das weite sinnliche Gebiet. Nicht unterlassen kann ich auf dieser Seite des Humors, wo das Geistige über das Materielle sieghaft erscheint, ein ernstes Beispiel aus Sterne anzuführen. — Der unglückliche blessirte Lefevre kehrt aus dem Kriege zurück und ist im Dorfe, wo Onkel Toby wohnt, zum Tode erkrankt: der Wirth läßt diesen rufen, er geht zu Lefevre, als einem bekannten, unglücklichen Kameraden, der auch einen Sohn von zwölf Jahren bei sich hat, und bietet beiden jede Unterstützung an, deren sie bedürften. „Alles dieses," erzählt Tristram, „that mein Onkel mit einer solchen Freimüthigkeit, welche nicht die Wirkung, sondern die Ursache der Vertraulichkeit ist, daß ihr auf einmal seine ganze Seele erkennen und die Gut= artigkeit seines Gemüths entdecken konntet; über dem war in seiner Stimme, in seinen Mienen und in seinem Betragen etwas, das dem Unglücklichen zuwinkte, zu kommen und bei ihm Schutz zu suchen. Mein Onkel hatte daher seine freund= lichen Anerbieten, die er dem Vater machte, erst halb geendigt, als er den Sohn unvermerkt dicht an seine Kniee gedrückt, ihn beim Rock gefaßt und an sich gezogen hatte. — Das Blut und die Lebensgeister des Lefevre, welche kalt, langsam in ihm zusammengelaufen waren und sich nach ihrer letzten Cita= delle, dem Herz retirirt hatten, belebten ihn noch einmal; das Fell zog sich auf einen Augenblick von seinem Auge weg; er sah hoffnungsvoll meinem Onkel in das Gesicht; dann warf er einen Blick auf den Knaben, und dieses Band, so fein es war, wurde niemals zerrissen." Onkel Toby machte den jungen Lefevre zu seinem Sohn und Erben. — Es ist wohl nicht nöthig, diesen unendlichen Sieg des Geistes über die Materie mit erklärenden Worten zu feiern.

Das ächte Kernfeuer des Humors leuchtet und glüht aber

20*

erſt da, wo nicht, wie im Bisherigen, die eine oder andere Seite
des Contraſtes überwiegt, ſondern beide vereint ſich in der Seele
des Leſers erzeugen. Nehmen wir auch hier ein Beiſpiel. Der
Corporal Trim, der Diener des Onkel Toby, ſoll Scherzes
halber, weil ihm wenig Bildung zugetraut wird, examinirt
werden. Ein Doctor der Theologie fragt ihn, wie das vierte
Gebot lautet, er kann es aber nicht anders herſagen, als indem
er, wie Kinder und gemeine Leute immer, beim erſten anfängt.
Er hat das ſchwere Stück glücklich vollbracht und nun fragt ſein
Herr: „Trim, was heißt das: du ſollſt Vater und Mutter
ehren?" — „Das heißt," ſagte er mit einer Verbeugung, „wenn
der Corporal Trim jede Woche vierzehn Groſchen Lohn erhält,
ſo ſoll er ſeinem alten Vater ſieben davon geben." Welch ein
unendlicher Reichthum knüpft ſich an dieſe kleine Hiſtorie und
entſteht nothwendig in der Seele des Leſers! Wie groß iſt hier
der Contraſt des größten Mangels an Bildung und doch der
vollendetſten Erfüllung ihres ſittlichen Gehaltes! Und wiederum,
wie individuell iſt das Factum, wie allgemein die Lehre, die Be=
ziehung, ohne daß man es zu ſagen braucht! Wie klar leuchtet
die ſittliche Macht und Allgemeinheit jenes Gebotes eben daraus
hervor, daß Trim es ſo ganz und gar individuell, ohne allen
Zweifel und Ueberlegung, auf ſich ſelber bezieht! Wie l ä ch e r l i ch
iſt es, wenn Einer das vierte Gebot nicht als einen ſelbſtſtändigen
Satz auswendig kennt! wie e r h a b e n, wenn Einer es ſo ſtrict,
ſo reich und voll erfüllt! wie h u m o r i ſt i ſch, wenn wir beides
zugleich und von Einem erfahren!

Das, wodurch Onkel Bräſig*) ſo ſchnell berühmt geworden

und vorzugsweise den Meister, der ihn geschaffen, berühmt
gemacht hat, ist in erster Linie freilich die vollendete Plastik,
vermöge deren er jedem Leser eine deutliche und unvergeß=
liche Gestalt wird. Das aber, was die in vollendeter Be=
stimmtheit erscheinende und darum unverlierbare Gestalt so
anmuthend und so wohlthuend, was sie zu einem wohligen
und behaglichen Typus für das deutsche Gemüth macht, ist:
die Verbindung einer durchweg edlen Gesinnung mit der komischen
Erscheinungsform. Sobald er in der Ueberschrift eines neuen
Capitels uns angekündigt wird, wissen wir im Voraus, er
werde durch eine sonderbare Mimik, durch den „Beinsatz" oder
irgend eine Bewegung seiner „fort verstiperten" Gestalt, durch
eine seiner gewohnten Redensarten oder durch eine neue Mischung
von Hoch= und Nieder= und Eigen=Deutsch, durch eine arge
Mißhandlung eines lateinischen oder französischen Wortes oder
durch eine derbe Verkennung eines aus dem Kreise höherer
Bildung stammenden Gedankens unsere Lachlust erregen; aber
wir wissen auch und finden allezeit bestätigt, daß er unser
Gemüth befriedigen oder erheben, die Forderungen eines

---

aber wird er auf die deutsche Nationallitteratur beschränkt bleiben, weil der
unübertragbare Reiz des Mißing'schen in seiner Redeweise einen wesentlichen
Zug in der Komik derselben ausmacht. Wie vorzüglich dieser auch auf uns
wirkt, es ist dennoch zu bedauern, daß er die nationale Schranke zur Folge
hat; um so mehr, als Bräsig vor vielen komischen und humoristischen Helden
die strenge Realistik und vor allen anderen den beträchtlichen Vorzug voraus
hat, daß seine komische Lebenskraft bis zum letzten Athemzuge, namentlich bis
zum Sterben selbst aushält. Daß der Name Bräsig's aus der „Franzosentid"
in den späteren Ausgaben verschwunden, ist eben so lobenswerth, wie das
Stehenbleiben desselben bei der „Reise nach Berlin" bedauerlich ist. Hier
fehlt, was ich oben als charakteristisch bezeichnet habe, um in ihm eine
Schöpfung des Humors zu sehen und nicht der bloßen Komik. Manche Leute
lieben diese freilich noch mehr als jenen; man kann ja auch die Birnen sehr
gern und noch lieber haben als die Feigen; jedenfalls aber können Birnen
und Feigen nicht auf Einem Baume wachsen.   .

schlichten aber festen Rechtsgefühls vertreten, eine gründliche Liebe zu den Guten, eine naturwüchsige, schlagfertige, zuweilen sogar bewaffnete Verachtung für die Bösen, eine zarte, innige und werkthätige Hingebung für seine Freunde bekunden und auf alle Weise die Gebote einer reinen Humanität verkünden oder erfüllen wird.

Der psychologische Proceß und der Erfolg des Humors liegt in diesen Beispielen ganz offen vor Augen: es treten verschiedene contrastirende Vorstellungen auf, das Bild des Idealen und Vollendeten wird nothwendig erzeugt, zugleich das des Unvollendeten, Realen; der Contrast der Vorstellungen bringt auch einen Widerstreit in dem Zustand der Seele hervor, die Gefühle streiten mit einander, und dies ist der Affect.

Der Affect hat nun aber gewöhnlich auch eine physiologische Aeußerung; welches ist denn nun diese Aeußerung des humoristischen Affects? Als man an eine psychologische Erklärung des Humors noch nicht denken konnte, hat man sogar eine Definition desselben nach dieser physiologischen Aeußerung gegeben: man hat gesagt, der Humor ist eine Gestalt, welche mit einem Auge lacht, mit einem weint. Also Lachen und Weinen. Darauf ist jener herrliche Mythus gedichtet: Die Freude und der Schmerz trafen in dunkler Nacht in einem Walde zusammen und liebten einander, da sie sich nicht kannten, und sie zeugten einen Sohn, den Humor. Wie aber kommen beide, Lachen und Weinen zusammen? Vor der Beantwortung dieser Frage muß ich, um Mißverständniß in derselben und in einem weiteren Gebiete zu verhüten, eine allgemeine Bemerkung voranschicken.

Von aller speciellen psychologischen Beobachtung abgesehen, scheint der Begriff des Komischen einer neuen und gründlichen Revision zu bedürfen, deren Ausführung jedoch nicht dieses Ortes ist. Nur eines einzigen Gesichtspunktes will ich hier gedenken, aus welchem sie zu geschehen hat. Immer noch wird das Wesen des Komischen in der engsten, wenn nicht in der ausschließlichen Beziehung zum physiologischen Effect des Lachens gesucht und dargestellt. Eine sehr beträchtliche Fülle des Inhalts verschiedener Begriffe bleibt in der Entwicklung verkümmert, weil diese unter den allgemeinen Begriff des Komischen befaßt, und mit ihm an den ä u ß e r l i ch e n Erfolg des Lachens gefesselt wird. Diese Beziehung zum Lachen ist für das Komische eine thatsächliche, wenn auch durchaus nicht durchgehende und allgemeine; sie ist eine historisch überlieferte und auch in der Folge nicht zu umgehende, aber die logische und psychologische Zusammenfassung alles dessen, was Lachen erregt, und die Beschränkung des Komischen auf dasselbe hat von seiner wahren Erkenntniß abgeführt: was würde, so frage man sich), aus einer beträchtlichen Anzahl ästhetischer Begriffe geworden sein, wenn in früher Zeit, analog dem Begriff des L ä ch e r l i ch e n, für alles, was ernst und ergreifend ist, ein Begriff des W e i n e r = l i ch e n aufgestellt und an den Affect des Weinens angeknüpft wäre? Wie würden auch die Begriffe des Erhabenen, des Tragischen, des Rührenden verkümmert sein, wären sie in das Joch dieser Gemeinschaft gespannt worden!

Die historischen und psychologischen Gründe aufzudecken, weshalb das Mißgeschick dieses Erbübels das Reich des Komischen betroffen hat, wird im höchsten Grade interessant sein, obwohl der hervorspringende Punkt der sonderbaren und specifisch menschlichen Berührung von Leib und Seele im Lachen seine natürliche Anziehungskraft geübt haben und die ebenso natürliche Trägheit an derselben vorzugsweise festgehalten haben wird. Erscheint doch auch wohl allen Menschen das Weinen gleichsam natürlicher, das Lachen aber seltsamer, unerklärbarer und, wie man's zu nennen pflegt, wunderbarer; aus gutem psychologischen Grund, denn obgleich man eine ursächliche Verbindung so wenig des Weinens mit dem Schmerze, wie des Lachens (hier liegt es schon!!) mit dem Lächerlichen erkennt, so ist doch dort beim Weinen etwas vollkommen Bestimmtes und deutlich Wahrgenommenes — etwa ein Schmerz — was ihm vorangeht und dem es regelmäßig folgt; hier aber beim Lachen: ja warum lacht man denn? „über das Lächerliche" — dies allein weiß das populäre Bewußtsein, d. h. also, die Ursache ist völlig unerkannt. Wie sollte sie nicht! da ja auch die Wissenschaft kaum in der Lage war, sich eines Besseren mit Zuversicht zu rühmen. —

Daß der Inhalt des Komischen nicht vollkommen in den gegebenen Definitionen getroffen wird, macht sich meist schon dadurch kenntlich, daß sie die einfachsten komischen Verhältnisse, meist die lachenerregende Anekdote als ausschließliches Beispiel ins Auge zu fassen pflegen; von Kant, der ganz darin befangen blieb, bis auf Hecker, über dessen physiologische Lehren mir kein Urtheil zusteht, dessen psychologische Analyse aber im beschränkten Kreise fleißig und, tüchtig ist. Mit den allermeisten Erklärungen des Komischen theilt auch seine den Mangel, daß zwar von verschiedenen Arten des Komischen die Rede ist, aber dennoch unbegreiflich bleibt, wie von einem komischen Helden, einem komischen Kunstwerk, einem komischen Drama als Ganzes, welche doch alle nur an einzelnen Stellen Lachen erregen, die Rede sein könne.

Die dialektische Schule unserer Philosophie hat freilich das Verdienst, die universale Bedeutung auch des Komischen hervorgehoben, ihm seine Stelle in der ästhetischen Weltanschauung und in der Selbstbewegung der ästhetischen Idee angewiesen zu haben. Wie viel oder vielmehr wie wenig indessen

mit dieser hochgehenden speculativen, metaphysischen Anord=
nung eines Erscheinungsgebiets für die psychologische Erkennt=
niß desselben gethan ist, davon noch zu reden, ist heutzutage
unnöthig.

Diese, die psychologische Erkenntniß wird sich nach meiner
Erwartung aus einer einfachen Prüfung der Thatsachen dann
ergeben, wenn man einerseits die überfliegend speculative Deu=
tung des Komischen und seine Stellung in der metaphysischen
Aesthetik, andererseits seinen physiologischen Erfolg des Lachens,
als begleitende Thatsache, einstweilen zur Seite lassen wird.
Indem ich mich alles Weiteren über eine künftige Darstel=
lung billig enthalte, will ich doch auf einige Bemerkungen
Lotze's als auf einen Grundstein hinweisen, auf welchem man
sicher fortbauen kann.

„Die Hervorhebung des in sich selbst gegliederten und
harmonischen Grundes aller Dinge beginnt schon der einzelne
Witz, der ein komisches Gebahren verlacht; seine Wirkung be=
ruht gar nicht auf der immer allein hervorgehobenen vernich=
tenden Kraft, die er ausübt, sondern eben darauf, daß das
Vernichtete nun nicht in die bodenlose Leere des Nichts fällt,
daß vielmehr die Bestrebung, die i h r Ziel verfehlt, von dem
allgemeinen Zusammenhang der Dinge ergriffen wird und
deshalb gar nicht verfehlen kann, auf geradem Wege ein a n =
d e r e s Ziel zu erreichen, das mit dem ihrigen in Widerspruch
steht." (Eben dahin waren alle gelegentlichen Aeußerungen
über das Komische meinerseits auch in der ersten Auflage
dieser Abhandlung und namentlich in einem öffentlichen, zu
Berlin gehaltenen Vortrag „über die Wirkung des „Komischen"
bereits gerichtet.)

„Aber weit mehr", fährt Lotze fort, „tritt dies in der höhe=
ren Komik hervor, die nicht mehr einzelne Gegenstände verlacht,

sondern mit allen spielt. Schon ihre einfachste Form, der Wortwitz, erfreut durch die Wahrnehmung, daß Worte und Begriffe ihrer gewöhnlichen Bedeutung entfremdet und willkürlich verknüpft, immer wieder ein zusammenpassendes, im Denken ausführbares Ganze bilden, daß Formen des Großen auf das Kleine, Eigenheiten des Kleinen auf das Große angewandt, ganz unvermuthet wohlzusammenstimmende Verhältnisse geben, daß endlich überhaupt die Elemente der Wirklichkeit, auseinandergerissen, zerstampft und durcheinandergeschüttelt, mit unverwüstlicher Kraft sich immer wieder kaleidoskopisch in anmuthigen und bei aller Willkür tausendfach an das Wahre erinnernden Gestalten zusammenthun. Nur in dieser heiteren Betrachtung der Unzerstörbarkeit des allgemeinen Füreinanderseins der Dinge kann ich den Reiz jener absoluten Komik finden, welche sich die ganze Welt zum Object wählt; keinesweges in der Freiheit der subjectiven Phantasie, oder in der bloßen Negation aller bestimmten Gestaltung. Wohl mag man sie ein Spiel nennen; aber es ist eben ein Irrthum, daß der Reiz eines Spieles in der bloßen zwecklosen Ausübung der eigenen Kraft bestehe .... Meine bisherige Betrachtung würde darauf führen, daß die Komik nicht die objective Welt von der Idee entleert, um nur die subjective Phantasie als ihren Sitz gelten zu lassen, daß sie vielmehr eben über die Unverjagbarkeit der Idee aus dem Wirklichen unsere Freude erregt."

Nun können wir, vor Mißverständniß gesichert, mit einigen flüchtigen Bemerkungen, deren weitere Ausführung einem anderen Zusammenhange vorbehalten bleibt, auf die Frage zurückgreifen: wie kommen beide, Lachen und Weinen zusammen? Auch ohne die Beziehung auf den Humor hat diese Frage viel Interesse, denn beide erscheinen öfter in näherer Verbindung, als man nach der Verschiedenheit der psychischen Zustände, denen sie folgen, erwarten sollte. Nicht nur giebt es reine Freudenthränen, giebt es ein Weinen unter Lachen und Lachen unter Weinen, und nicht nur „weint das Auge, wenn man herzlich lacht", sondern es werden auch die meisten Menschen bei Nachrichten von unglücklichen Ereignissen zum Lachen innerlich aufgeregt, dem sie nur mit Mühe wider= stehen; endlich bricht auch der höchste Schmerz, z. B. Hamlet's nach der Schauspielscene, wo die Gewißheit der Ermordung seines Vaters durch den König aufs Höchste gestiegen, in ein gellendes, sarkastisches, d. h. zerfleischendes Lachen aus.

Auf diese und viele andere scheinbar unerklärliche That= sachen fällt ein genügendes Licht durch den oben angedeuteten Gedanken, daß alle Affecte der Seele, die als solche von einer specifischen Erregung des Leibes begleitet sind, ihren psychischen Grund in einem Contraste mehrerer Vorstellungen haben. Lachen und Weinen nun beruhen beide auf demselben Contrast, nämlich des Realen und des Mangels. Den komi= schen Contrast haben wir bereits öfters berührt: er entsteht, wenn wir das Mangelhafte sehen, wo wir das Vollkommene erwarten; jeder Schmerz — als Affect — bezieht sich meist auf einen Verlust und beruht auf einem Widerstreit im Gemüth, nämlich der positiven ehemaligen Vorstellung und der jetzt negativen von demselben Gegenstande, wie denn jeder Mensch im größten Schmerze diesen Widerstreit ausdrückt, wenn er z. B. beim Verlust eines Geliebten durch den Tod sagt: „Ich kann mir's noch gar nicht denken." Wenn eine von den beiden contrastirenden Vorstellungen matter wird, dann verschwindet auch der Contrast und seine Wirkung; wird jene wiederbelebt, so tritt diese wieder hervor. Bei Leid= tragenden sind allmälig die Thränen versiegt; aber jeder neue Besuch, der die positive Vorstellung seiner Beziehung zum Verstorbenen wachruft, erneuert auch den Affect des Schmerzes; und noch viel später, wenn die negative Vorstellung längst die herrschende geworden, so daß der den Affect aufregende Contrast geschwunden und Ruhe des Gemüths auch bei der Erinnerung an den Todten eingetreten ist, wird irgend eine hervorragend positive, weil handgreifliche Vorstellung den Schmerz und die Thränen erneuern; vielleicht täglich hat die Mutter an ihr verstorbenes Kind gedacht, sie hat gelernt selbst das Bildchen desselben, das sie immer vor Augen hat, trockenen Auges anzusehen; aber ein Kleidchen, ein Spielzeug, das sie zufällig im Schranke findet, reißt die geschlossene Wunde wieder auf und macht die Thränen fließen.

So ruft auch jeder Fernstehende sich unwillkürlich bei der Nachricht vom Ableben eines Bekannten eine bestimmte, positive Vorstellung ins Bewußtsein, um den ganzen Contrast zu fassen, um sich den Verlust am Gegensatz deutlich zu machen.

Im „Tristram Shandy" gelangt die Nachricht von dem Tode des in der Ferne verstorbenen Robert in die Küche, und „Er lebte noch in dem letzten Pfingstfest" sagt der Kutscher; offenbar weil R. da zum letzten Mal in den Ferien zu Hause war und er, der Kutscher, diese positive Vorstellung als letzte von ihm hat. In jedem Trauerhause kann man die unfehlbare Wirkung dieses psychologischen Gesetzes beobachten; Jeder führt unmittelbar — und unwillkülich — als ob es ein Factum von Bedeutung wäre, an, wann er den Verstorbenen zuletzt gesehen, gesprochen oder Nachricht über ihn empfangen. Auch die Angehörigen selbst erzählen alle kleinsten letzten Begebnisse, eben weil es das letzte Positive ist, mit einer peinlichen Genauigkeit, als ob es ein Factum von Bedeutung wäre; dort wie hier ist es sachlich meist ohne alle Bedeutung, aber persönlich, subjectiv hat es die volle Bedeutung das energische Glied im Contrast zu sein.

Nach Wundt („Grundzüge der physiologischen Psychologie" S. 430) beruht sogar das Gefühl überhaupt „durchaus auf dem Wechsel von Gegensätzen. Es giebt kein Gefühl, dem nicht ein contrastirendes gegenüberstände. Jedes Gefühl wird daher durch sein Gegengefühl in seiner eigenen Stärke gehoben und sinkt gegen den Indifferenzpunkt herab, wenn das Bewußtsein des contrastirenden Zustandes undeutlicher wird. Daher das so viel frischere Lustgefühl, das der Reconvalescent durch seine normalen Gemeinempfindungen erhält, im Vergleich mit dem dauernd Gesunden, welchem erst allerlei kleine Schmerzen die Lust des Daseins ins Gedächtniß rufen müssen. Daher das eminente Lustgefühl, das an die verschiedensten Formen des Spiels, vom einfachsten Hazardspiel der Würfel bis hinauf zur dramatischen Kunstform gebunden ist. Denn in dem Spiel wechseln am schnellsten Hoffnung und Freude, Schmerz und Befriedigung."

Gilt dies nun schon von den einfachen Gefühlen um wie viel mehr von denen, die durch einen erscheinenden Contrast erzeugt werden, und der Contrast wird deshalb durch sich selbst gesteigert, indem jede Seite die andere verstärkt.*) Durch den Schmerz um den Verlust einer theueren Person wird das Gefühl der ehemaligen Freude an ihrem Besitz noch

---

*) Scholastisch geredet könnte man, und dies wäre eine Widerlegung der Theorie, — erwarten, daß also die gegenseitige Steigerung der Gefühle ins Unendliche gehen müsse. Allein einmal ist dieser Steigerung sowohl durch die objective Bedeutung der Dinge, wie durch das Maß der subjectiven Erregungsfähigkeit eine Grenze gesetzt; sodann aber treffen wir auf diesem Wege einer fortgehenden Steigerung thatsächlich einen Schein von Unendlichkeit; denn in den Fällen, wo sie stattfindet, wird sie zur Ursache, daß die Menschen ihren Schmerz oder ihre Liebe als „ganz unendlich" bezeichnen.

erhöht und dadurch wiederum der Schmerz des Verlustes verschärft; daher erscheint dieselbe Person nach ihrem Hinscheiden uns noch als viel lieber, edler denn vorher, und die Schmeichelei der Trauerhäuser und der Grabsteine ist kein bloßer Erfolg der bewußten Uebertreibung, sondern auch der Poesie des natürlichen Gefühls nach seiner psychologischen Gesetzmäßigkeit. — Ist nun die gegebene Vorstellung eine negative gegen eine in uns vorhandene positive, wie im letzten Beispiel, so daß jene über diese siegt, dann entsteht der Affect des Weinens; ist aber die gegebene, wie im Komischen, ein Negatives, worüber das in uns vorhandene Positive, Vernünftige, Ideale siegt, so entsteht Lachen. — Tritt uns eine Trauernachricht entgegen, die nicht bestimmte Vorstellungen in uns berührt, so wird nur der ganz allgemeine Contrast zwischen Wohl und Uebel gedacht, und in dieser Allgemeinheit wirkt er unbestimmt und es entsteht weder Lachen noch Weinen. Ist endlich der individuelle Schmerz oder der Contrast, worauf er ruht, so groß und gewaltig, daß er im Menschen einerseits sein ganzes Inneres aufwühlt, andererseits und eben deshalb zum allgemeinen Menschen- und Weltschmerz wird, wie wenn er die Bosheit betrifft, so entsteht jenes bittere Lachen Hamlet's, um so sicherer, wenn die Idee des Allgemeinen die eine Seite des Contrastes und an sich stark ist, daher wir solches Lachen im Schmerze auch nur bei höher gebildeten Menschen finden.

Noch mehr: Wir weinen nicht nur beim Schmerz und über Verlust. Das Rührende liegt viel öfter auf der Lichtseite des Lebens als auf seiner Schattenseite. Jede hohe Vollkommenheit, die überraschende und ergreifende Wahrheit entlocken uns Thränen.

Glaube man ja nicht, daß wir dann über sonstige Unvollkommenheit weinen, als ob auch hier ein versteckter Schmerz
in unserer Seele wäre, der uns die Thränen erpreßt; das wäre
scholastisch gedacht unter der Voraussetzung, daß Thränen
Schmerzen ausdrücken. Vielmehr ist der Contrast gegen sonstige
Unvollkommenheit und das Ueberraschende aller hohen Vollkommenheit allerdings die Ursache des Weinens, welche eben
so wenig einen eigentlichen Schmerz einschließt, wie die der
Freudenthränen. Auch diese entströmen nur dem positiv wahr-
genommenen Contrast eines erreichten glücklichen Zustandes
gegen irgend einen minder befriedigenden, in welchem wir oder
Andere uns vorher befunden haben; aber sie enthalten den
deutlichen Beweis, daß nicht der Schmerz allein, sondern der
Contrast Ursache auch derjenigen Erschütterung ist, die sich in
Thränen auflöst.

Aber eben so verhält es sich mit dem Lachen; die oben
überall festgehaltene Theorie betrifft das Lächerliche im engeren
Sinne, das irgend eine Unvollkommenheit darstellt. Aber nicht
nur steht den Freudenthränen das schmerzliche und schmerzhafte
Lachen gegenüber, sondern auch das Vollkommene wird unser
Lachen dann erregen, wenn es die Vorstellung des Unvollkommenen als Contrast mit psychologischer Nothwendigkeit herbeiführt. Nicht blos über das Vernichtete, sondern über das Vernichtende im Witz, nicht über die Schwäche, sondern über
die Kraft lachen wir; unser Lachen bedeutet nicht blos Hohn
dem Besiegten, sondern zujauchzender Beifall dem Sieger.

Was also allein festgehalten werden darf, ist dies: daß es
ein im Einzelnen genauer zu erforschender Contrast ist, der die
beiden physiologischen Erfolge herbeiführt.

Wie demnach im Humor, wenn und weil er den gedoppelten
Contrast darstellt, die ganze Stufenleiter des verschiedenen Lachens

und Weinens, je nach den überwiegenden Momenten durchlaufen wird, geht hieraus zur Genüge hervor. An dem einen End= punkte desselben, und zwar an dem naiven, wie in Wuz, Fixlein, Toby und Trim, obwohl sie recht eigentlich lächerlich sind, ver= drängt aus demselben Grunde oft die Rührung das Lachen, wie an dem anderen, dem sarkastischen, in Schoppe, Lothar und Lord Peter, obwohl sie schmerzerregend, das Lachen den Schmerz ver= drängt. Auf seiner Höhe aber bildet er eine Gleichheit und Einheit des Affects und selbst eines physiologischen Zustandes, für welche wir keinen anderen Namen haben, als eben den des humoristischen. Grundverschieden ist deshalb das Lachen des Humoristen und das, welches er erregt, von dem des Satirikers, und wir schließen mit der Bemerkung: Der Satiriker macht sich lustig, wenn und weil er sich ärgert, der Humorist belustigt Andere, wo er sich härmt. Die Satire grollt, indem sie lacht, der Humor weint; die Satire vergießt Galle, wenn sie das Zwerchfell erschüttert, der Humor Thränen; „dem Humor ist die harmlose Ironie vorzüglich eigen“ (Stiebenroth); man könnte fast sagen: die Satire flucht und der Humor betet.

Ueber das Verhältniß des Einzelnen zur Gesammtheit.*)

*) Ein (weiter ausgeführter) Vortrag, gehalten am 11. Januar 1861 im Groß=Rathssaal zu Bern.

Lazarus, Leben der Seele. 3. Aufl. I. Bd.   21

In der Wirklichkeit des Lebens sucht Jeder in seinen Grenzen das Begrenzte, erzielt jeder Einzelne das Einzelne; die Wissenschaft aber trachtet nach der Erkenntniß der Gesammtheit und des Ganzen. Dieses Ganze ist keine Erfindung der Wissenschaft, kein blos willkürliches Zusammenfassen des Mannigfaltigen in der Einheit eines Gesammtbildes, sondern eine Einsicht in die wirklich und thatsächlich bestehende Verkettung des Besonderen zu einem Allgemeinen. Auch da, wo die Thätigkeit der Wissenschaft eine analytische ist, wo sie ein gegebenes Ganze in seine Theile zerlegt, sucht sie eben die Elemente der Dinge, welche auch in anderen gleichfalls als Elemente enthalten sind, und gewinnt also auf solchem Wege wiederum aus der Vereinigung des Besonderen das Allgemeine.

Die Wissenschaft hat deshalb von je her ihren Standort, die Dinge zu betrachten, auf der Höhe genommen, und was sie an Schärfe des Blickes für das Einzelne eingebüßt, das hat sie reichlich durch Weite desselben für das Gesammte gewonnen.

Wo die Verbindung des Einzelnen zum Ganzen im Leben noch nicht besteht, weist zuweilen die Wissenschaft eine Möglichkeit oder Nothwendigkeit derselben nach und wird dadurch zum Führer und Lehrer des Lebens. Unter anderen Bedingungen aber und öfter schreitet das Leben voran, und die

21*

Wissenschaft folgt nach. Dies gilt nicht blos von den vergangenen Zeiten ihrer Entstehung, sondern auch von den gegenwärtigen ihrer Blüthe; denn mehr· als frühere Jahrhunderte es geahnt, und als die Wissenschaften es verwerthet haben, findet gerade gegenwärtig in natürlichen und geistigen Dingen eine durchgreifende Verknüpfung statt; das Entfernteste ist an das Nächste gekettet und wirkt als Ursache und leidet seinen Einfluß. Wer heute ein mercantilisches Gewerbe betreibt oder betrachtet, wird, wenn es von irgend welcher Bedeutung ist, weder in der Theorie noch in der Praxis ein Genüge finden dürfen an der Erkenntniß der Maximen desjenigen Verkehrs, mit dem er wirklich beschäftigt ist; vielmehr muß er wissen, wie auch hier „ein Tritt tausend Verbindungen schlägt;" heitere Mienen auf dem Kornmarkt zu Chicago machen das Brot theurer, welches wir essen, aber angemessene Temperaturgrade auf den Reisfeldern in Arakan und Carolina machen es wiederum billiger. — Wird der Aberglaube der Moslemen, welcher den blauen Steinen Heilkraft zuschreibt, durch europäische Aufklärung geschwächt, dann wird der reale Werth des Schmuckes in unserem Kasten verringert; und von dem größern oder geringern Glück des Fischfangs an der Bank von Neufundland hängt es ab, ob der arme Mann im glaubensreichen Spanien während der Fasten die Fleischspeise durch Stockfisch ersetzen kann oder nicht.

Daß die ökonomischen Verhältnisse des Einzelnen, des Grundbesitzers, des Fabrikanten, des Kaufmanns und des Arbeiters nicht aus der engen Sphäre eines Jeden nach ihrer wahren Bedeutung zu erkennen sind, kann heutzutage als eine allgemein zugestandene Sache gelten. Vielmehr erscheint die Gesammtheit aller menschlichen Arbeit und der Naturprocesse, welche sie anregt und in Dienst nimmt, einschließlich aller

geistigen Thätigkeit, welche jene lenkt und leitet, in jedem Lande
als ein Ganzes, das nach der Ordnung im Innern und nach den
Beziehungen zu äußeren Staaten Förderung oder Verfall erleidet
und auf Arbeit und Löhnung jedes Einzelnen spornend oder
hemmend zurückwirkt. Die Nationalökonomie, ein Jahrhundert
etwa alt, ist eine blühende und fruchttragende Wissenschaft ge=
worden. Wie sehr der Einzelne auch nach der Enge seines
Gesichtskreises sich bornirt und blind und wandellos den eng
umschriebenen Kreis seiner Tretmühle tritt, die Wissenschaft hat
ein Auge für ihn und sein Schaffen und Wirken; jeder Pflug,
der seine Furche zieht, jeder Fluß, der die Mühlen oder Kahn
und Floß zwischen seinen Ufern treibt, jedes Rad, das eine
Spindel dreht, der Karrengaul und das Dampfroß, sie treten
als Glieder in die Kette der nationalen Arbeit ein und die
Wissenschaft verbreitet Licht über ihren Ort und ihren Werth.
Und jedes Licht verbreitet Segen.

Auch die Zeiten ferner sind vorbei, wo die Transactionen
zwischen den beiden mächtigen Staaten Zürich und Straßburg
wegen eines Schutz= und Trutzbündnisses beinahe deshalb ge=
scheitert wären, weil die räumliche Entfernung beider von ein=
ander den Zweck eines Bündnisses illusorisch zu machen schien,
und nur die bekannte Reise eines warmen Hirsebreis den
augenscheinlichen Beweis dagegen führte. Hier bedarf es
wahrlich keiner Beispiele, um bemerkbar zu machen, daß es
jetzt nicht mehr, wie in älteren Zeiten eine wunderbare Aus=
nahme ist, wenn das Schicksal östlicher Staaten im fernen
Westen entschieden, wenn das tragische Geschick nordischer
Provinzen weit im Süden besiegelt wird. Es geht ein Zug
der Gemeinsamkeit, der Gegenseitigkeit und der Wechselwirkung
durch das Leben und die Wissenschaft, der nur dadurch das
Wunderbare in unserem Auge verliert, daß er den Gang und

Zug der Geschichte selber bezeichnet, und daß ihm unausgesetzt Erfindungen und Entdeckungen zur Seite gehen, welche seine Verwirklichung möglich machen und eben darum natürlich erscheinen lassen.*)

Wenden wir nun unsern Blick von dem, was der Mensch nach außen hin wirkt und schafft, nach innen, nach der Werkstätte, in welcher Sinn und Plan für all das geschmiedet wird. Blicken wir, sag' ich, auf den menschlichen Geist selbst, wie verhält es sich mit der Wissenschaft von demselben? Werden wir nicht zu fordern und zu erwarten berechtigt sein, daß sie uns auch die Einheit des Mannigfaltigen, die Gesammtheit des Einzelnen zeige und darüber belehre? Die Wissenschaft, welche sich mit der Natur des menschlichen Geistes beschäftigt, welche die Gesetze seiner Wirksamkeit und Entwicklung zu erforschen sucht, ist die Psychologie; bis auf die neueste Zeit aber hat sie nur von dem einzelnen Geist gehandelt; um seine Zusammenschließung, um den Geist der Gesellschaft oder des Volkes hat sie sich wenig gekümmert. Zwar von dem Volksgeist ist sonst nicht selten die Rede, aber eine wissenschaftliche Untersuchung desselben ist eine Aufgabe, die erst seit wenigen Jahren gestellt ist. Eine Erkenntniß des Volksgeistes zu erstreben, wie die bisherige Psychologie eine des individuellen Geistes bereitet, oder diejenigen Gesetze zu entdecken,

---

*) Diese Verbindung schließt Kampf und Streit nicht aus. Kampf und Streit findet auch in den engsten Kreisen der Gemeinde und der Familie statt; die Zusammenschließung ist eben eine in Haß wie in Liebe, und an dem von höherem Gesichtspunkte betrachteten Verkehrsleben bewährt sich um so mehr das Wort des tiefen und weisen Dichters (Rückert):

Auch der Haß ist Liebe,
Nur schöpfend mit dem Siebe
Statt der Schaale im Born.

welche zur Anwendung kommen, wo immer Viele als eine Einheit zusammen leben und wirken, das ist die Aufgabe einer Wissenschaft, welche unter dem Namen der Völkerpsychologie in der jüngsten Zeit sich zu gestalten beginnt.

Diese Thatsache wird dem nicht wunderbar scheinen, welcher aus der Geschichte aller Wissenschaft weiß, daß auf jeder Stufe der Erkenntniß der Mensch immer der letzte Gegenstand der Betrachtung ist, daß es immer den Abschluß einer früheren und damit den Beginn einer neuen Epoche des menschlichen Wissens bezeichnet, wenn die Forschung von der äußeren Natur und der eigenen sachlichen Schöpfung sich auf den Menschen selber zurückwendet. Nach einer weisen Einrichtung in dem Getriebe menschlichen Strebens richtet sich sein Geist auf jeder historischen Stufe so lange wissend und schaffend nach außen, bis daß er in seiner Schöpfung ein Bild seiner schaffenden Kraft sieht und nun erst diese selbst zum Gegenstande seiner Betrachtung macht, ganz analog wie das Kind langehin sein Bewußtsein erst in der äußeren Umgebung orientirt, bevor es sich selbst in demselben erfaßt.

Ich habe an einer anderen Stelle nachgewiesen, wie auch in der Religion der Mensch das Bild des Göttlichen früher in den Reichen der Natur zu finden meint und erst zuletzt in sich selber ergreift. Aus der Geschichte der Wissenschaft erinnere ich nur flüchtig an Sokrates, Cartesius und Kant; und nachdem mit unvergleichlicher Triebkraft der deutsche Geist speculative Gedankenmassen, System auf System, erzeugt und vernichtet oder verklärt hat, ist jetzt der Zweig psycho= logischer Forschung der lebensvolle Sproß am Baum der Er= kenntniß.

Der Gegenstand, der uns hier beschäftigt, die Frage nach dem Verhältniß des Einzelnen zur Gesammtheit ist vieldeutig und muß je nach der Bestimmtheit des Inhalts, welchen wir ihr beilegen, von verschiedenen Wissenschaften beantwortet werden. Denn die Beziehungen des Einzelnen sind mannigfach und verschieden zum Staate, zur Gemeinde, zur Stadt, zur Kirche; die Einzelnen machen zusammen ein politisches, ein religiöses, ein ökonomisches Ganzes aus ꝛc., und es ist offenbar, daß jede dieser Beziehungen einem verschiedenen wissenschaftlichen Gebiete zufällt. In allen diesen Beziehungen aber ist eines gemeinsam, nämlich die geistige Thätigkeit des Menschen und die Bildung einer geistigen Gesammtheit und Einheit. In diesem Sinne nun, d. h. mit Rücksicht auf die geistige Thätigkeit des Menschen und in dem Streben, das Gesetz und die Entwicklung derselben zu erforschen, fragen wir nach dem Verhältniß des Einzelnen zur Gesammtheit, und die Völkerpsychologie ist es, von welcher wir eine Beantwortung dieser Frage heischen. Wir werden uns von der Beantwortung dieser Frage nicht entfernen, vielmehr ihr geradezu nähern, wenn wir uns zuvor eine andere Frage vorlegen, nämlich die, so zu sagen, nach dem Rechtstitel der Völkerpsychologie als einer eigenen Wissenschaft. Giebt es eine solche? kann und muß es eine geben?

Es hat nämlich an dem Zweifel daran bei dieser wie bei jeder anderen Wissenschaft in der ersten Zeit ihrer Entstehung nicht gefehlt. Der Grund dieses Zweifels liegt nicht fern. Da der Volksgeist, sagt man sich, und jede geistige Gesammtheit in der That ja nur aus den einzelnen Geistern besteht, welche zu ihr gehören, so kann ja die wissenschaftliche Betrachtung sich ebenfalls nur auf die einzelnen Geister beziehen; und wenn die Psychologie diese Betrachtung ausführt, so bleibt für eine Völkerpsychologie kein besonderer Gegenstand. Diese Thatsache, meint man, sei durchaus einfach, auf den ersten

Blick klar. Gewiß! aber das Einfache und auf den ersten Blick Klare ist nicht immer, sogar selten, vielleicht niemals — das Wahre. Mindestens wird man diesem Einwurf gegen= über vermuthen dürfen, derjenige, welcher zuerst von Völker= psychologie geredet hat, werde diese Thatsache, da sie so klar und einfach ist, auch gekannt haben; es müssen also doch Gründe dagegen sprechen. Von diesen Gründen, das ist offen= bar, hängt die Existenz nicht blos dieser Wissenschaft, sondern des Volksgeistes selber ab; denn es handelt sich darum, ob ein Volksgeist ein bloßer willkürlicher Begriff, sachleerer Name, ob er Etwas sei, das einer besonderen wissenschaftlichen Be= trachtung gar nicht werth und zugänglich), d. h. ob er eine bloße Redensart sei? Schon wenn ich noch einmal an die Nationalökonomie erinnere, muß bemerklich werden, daß auch ihr Gegenstand schlechterdings nur in dem ökonomi= schen Betrieb aller Einzelnen besteht. Nichts desto weniger haben die Gesetze der Nationalökonomie einen ganz anderen Inhalt, als die ökonomischen Betriebsregeln, welche der Vater seinem Sohne, oder der Meister seinem Lehrling giebt. Viel= leicht aber können wir uns die Sache an einem anderen, gar nicht der Sphäre des Menschen angehörigen Bilde noch klarer machen. Jedes Ding und Ereigniß gehört nach der Mannig= faltigkeit seiner Erscheinung mehreren und verschiedenen Wis= senschaften an, vorzugsweise aber eignet es derjenigen Wissen= schaft, welche das Eigenthümliche und Unterscheidende an ihm zum Gegenstand der Betrachtung macht. Der Baum z. B. ist ein Complex von Körpern, welche bestimmte chemische Eigen= schaften und physikalische Kräfte besitzen; so kann er ein Gegen= stand sein für Physik und Chemie. Was ihn aber vor blos physikalischen und chemischen Körpern auszeichnet, ist, daß diese in ihm ein organisches Gebilde ausmachen, daß sie als eine

Pflanze existiren und wirken. Die Wissenschaft, welcher er vorzugsweise angehört, ist also die Pflanzenphysiologie. Jeder Baum und alle Bäume, das ist gewiß, gehören dieser Wissenschaft an. Der Mensch als geistiges Wesen ist Gegenstand der Psychologie, also auch jeder Mensch und alle Menschen.

Die Vielheit, so scheint es, ändert Nichts an der Sache. Und doch ist es nicht so. Wie ein Baum, auch hundert Bäume sind Gegenstand der Pflanzenphysiologie; aber 50,000 Bäume etwa auf einer Quadratmeile stehend, sind ein Wald. Der Wald als solcher, als Ganzes, ist Gegenstand einer anderen, nämlich der Forstwissenschaft. Sie wird sich vielfach auf die Botanik und Physiologie beziehen und stützen, aber sie ist nach Zweck und Mitteln der Betrachtung eine andere Wissenschaft. Man kann und man muß sagen, der Volksgeist besteht nur aus lauter einzelnen Geistern, wenn man aber meint, daß deshalb der Volksgeist ebenso wie jeder andere Geist der Psychologie angehört und keiner besonderen Wissenschaft bedarf, dann, im strengen Sinne des Wortes, nach diesem Bilde, dann sieht man den Wald vor lauter Bäumen nicht.

Gewiß wird sich die Völkerpsychologie in wesentlichen Stücken auf die individuelle beziehen, denn der einzelne Mensch folgt seiner Natur und dem ihm einwohnenden Gesetz, auch indem er zur Gesammtheit gehört, es ist aber offenbar, daß die Gesammtheit nicht eine blos addirte Summe von Einzelnen, sondern eine geschlossene Einheit ausmacht, deren Art und Natur wir eben zu erforschen haben; eine Einheit, in deren Gestaltung und Entfaltung Processe und Gesetze zur Sprache kommen, welche den Einzelnen als solchen gar nicht betreffen, sondern nur in wie fern er etwas Anderes ist, als ein Einzelner, nämlich Theil und Glied eines Ganzen.

Gleichwohl wird sich über diejenigen, welche die Entbehrlichkeit oder Unmöglichkeit einer Völkerpsychologie behaupten, Niemand wundern, der da weiß, wie schwer es alle Zeit gehalten hat, einen neuen Begriff, mochte die Wissenschaft seine Nothwendigkeit noch so klar und dringend bewiesen haben, zur Geltung zu bringen. Wie klein ist immer noch mitten in den Nationen, welche die Gebildeten sind und heißen, das Häuflein derer, welche wissen, daß das Feuer nicht ein Element, sondern ein Proceß ist; wie unendlich viel kleiner noch die Anzahl derer, welche begreifen, wie groß die Verschiedenheit der Naturanschauung überhaupt ist, welche in dieser Verschiedenheit der Auffassung einer und derselben Erscheinung sich ausdrückt! Auch in der Republik der wissenschaftlichen Begriffe ist es schwer, einem neuen Begriff das Naturalisationspatent zu verschaffen.

Wir wollen davon nicht reden, daß derselbe Frager in der nächsten Viertelstunde dennoch vom Volksgeiste reden, in gefahrvollen Zeitläuften dies oder das von seiner Erhebung erwarten, ihn loben und tadeln wird, denn wir wollen aus dem Munde dieses Fragers keinen Beweis für das Dasein und Wirken des Volkgeistes haben.

Erinnern aber wollen wir daran, wie Goethe einmal flüchtig die Bemerkung hinwirft, daß so wie von der Kindheit als einer eigenthümlichen Natur ohne Rücksicht auf einzelne Kinder geredet werde, es auch nothwendig sei, von der Volkheit zu reden und sie wissenschaftlich zu betrachten. Auch Wilh. v. Humboldt (Ges. W. IV. S. 427) erkannte schon den Grundgedanken. „Die Gesetze," sagt er, „nach welchen das geistige Streben im Einzelnen erwacht und zur Reife gedeiht, könnte man die Physiologie des Geistes nennen. Aehnliche Gesetze muß es auch für eine ganze Nation geben. Die Nation ist ein Wesen sowohl, als der Einzelne."

Und Carl Ritter, anknüpfend an die Geographie sagt, er mache es sich zur Aufgabe: „alle wesentlichen Naturverhältnisse darzulegen, in welche die Völker auf diesem Erdenrunde gestellt sind, und es sollen aus diesen alle Hauptrichtungen ihrer entwickelten Zustände, welche die Natur bedingt, hervorgehen. Wäre dieses Ziel dann wirklich erreicht, so würde eine Seite der Historie im Allgemeinen einen Fortschritt gewonnen haben, indem das erregende Wesen der Antriebe der äußeren Naturverhältnisse auf den Entwicklungsgang der Menschheit dadurch zu größerer Klarheit gekommen sein müßte. Es bliebe ein anderes Gebiet, das der inneren Antriebe der von dem Aeußeren unabhängigen rein geistigen Natur in der Entwicklung des Menschen, der Völker und der Staaten zur vergleichenden Untersuchung übrig, als würdiger Gegenstand einer leicht noch glücklicheren Betrachtung und nicht minder lohnenden Forschung.“ „Das Volk in der Masse,“ sagt Bogumil Goltz, „in der Jury, im Aufstande, im Volksfeste, ist nicht blos so und so viel simpler und unwissender Individuen, sondern es entbindet sich ein Geist aus der Masse, der im Einzelnen nur als negative Kraft vorhanden war.“ Die Thatsache ist unbestreitbar, allein sie enthält noch nicht, sondern erfordert eine genauere Bestimmung und Erklärung, wie in den Vielen als Gesammtheit das zur Erscheinung kommt, was in den Einzelnen nicht vorhanden war; statt des mystischen Ausdrucks einer negativen Kraft müssen wir ein klares und deutliches Verhältniß zu erkennen suchen. Die Psychologie lehrt, daß der Mensch durchaus und seinem Wesen nach gesellschaftlich ist; d. h. daß er zum gesellschaftlichen Leben bestimmt ist, weil er nur im Zusammenhange mit seinesgleichen das werden und das leisten kann, was er soll; so sein und wirken kann, wie er zu sein und zu wirken durch sein eigenstes Wesen bestimmt ist. Auch ist thatsächlich kein Mensch das, was er ist, rein aus sich geworden, sondern nur unter dem bestimmenden Einflusse der Gesellschaft, in der er lebt. Jene unglücklichen Beispiele von Menschen, welche in der Einsamkeit des Waldes wild aufgewachsen waren, hatten vom Menschen Nichts als den Leib, dessen sie sich nicht einmal menschlich bedienten; sie schrien wie das Thier und gingen weniger, als sie kletterten und krochen. So lehrt traurige Erfahrung selbst, daß wahrhaft menschliches Leben der Menschen, geistige Thätigkeit nur möglich ist durch das Zusammen- und Ineinanderwirken derselben. Der Geist ist das gemeinschaftliche Erzeugniß der menschlichen Gesellschaft. Hervorbringung des Geistes aber ist das wahre Leben und die Bestimmung des Menschen; also ist dieser zum gemeinsamen Leben bestimmt, und der Einzelne ist Mensch nur in der Gemeinschaft, durch die Theilnahme am Leben der Gattung.

Die Grundlage für das, über das thierische Dasein sich erhebende Sein und Wirken des Menschen ist demnach zuerst die Gemeinsamkeit mit gleichzeitigen Nebenmenschen. Doch diese giebt nur erst den ungebildeten Menschen, den Wilden, durch welchen der Geist nur erst hindurchschimmert, ohne leuchtend und wärmend aus ihm hervorzustrahlen. Das Bewußtsein des gebildeten Menschen beruht auch noch auf einer durch viele Geschlechter hindurch fortgepflanzten und angewachsenen Ueberlieferung. So ist der Einzelne, welcher an der gemeinsamen Geistesbildung Theil nimmt, nicht nur durch seine Zeitgenossen, sondern noch mehr durch verflossene Jahrhunderte und Jahrtausende bestimmt und von ihnen abhängig im Denken und Fühlen und Wollen.

Er lebt aber nicht mit allen seinen Zeitgenossen und allen Zeiten seiner Vergangenheit in gleich innigem Zusammenhange.

Es bilden sich innerhalb des großen Kreises der Gesellschaft kleinere Kreise und immer engere bis hinab zur Familie. Diese Kreise nun stehen nicht neben einander, sondern durchschneiden und berühren sich mannigfach. So entsteht innerhalb der Gesellschaft ein höchst vielfach in sich verschlungenes Verhältniß von Verbindung und Absonderung. Demgemäß ist auch die Theilnahme des Einzelnen am Gesammtgeiste eine höchst verschiedene nach Richtung und Innigkeit und gestattet die unermeßbare Mannigfaltigkeit persönlicher Individualitäten. Aber wie scharf begrenzt, und welcher Art, wie reich, wie werthund kraftvoll die Persönlichkeit sein mag; sie ist immer in ihrer Entwicklung durch die räumlichen Verhältnisse eines bestimmten Ortes, durch die zeitlichen eines bestimmten Zeitpunktes, durch einen besonderen Volks-, Familien- und Standesgeist, sowohl nach dem Grade ihrer möglichen Bildung, wie auch nach Inhalt und Form des Geistes bedingt. Nicht nur sein Wissen, sondern auch sein Gewissen, sein Fühlen und sein Wollen, sein Thun und sein Genießen, sein Empfangen und darum auch sein Schaffen, ist mit seiner Geburt an diesem Punkte der geistigen Gesammtentwicklung im Voraus bestimmt.

Folglich — und das ist schon anerkannt und ausgesprochen — „bleibt die Psychologie immer einseitig, so lange sie den Menschen als alleinstehend betrachtet" (Herbart, „Lehrb. z. Psych." 2. Ausg. §. 240).

Die Sache ist nun aber damit nicht abgethan, daß man diese Einseitigkeit hinterher durch gewisse Zusätze, durch eine gewisse Rücksicht auf die Verhältnisse des Menschen in der Gesellschaft, zu ergänzen sucht; sondern diese Ergänzung ist überhaupt erst dann möglich, wenn zuvor der Mensch als gesellschaftliches Wesen, d. h. wenn die menschliche Gesellschaft, also ein ganz anderer Gegenstand als der einzelne Mensch), zum Gegenstande einer besonderen Untersuchung gemacht ist. Denn innerhalb des Menschenvereins treten ganz eigenthümliche psychologische Verhältnisse, Ereignisse und Schöpfungen hervor, welche gar nicht den Menschen als Einzelnen betreffen, nicht von ihm als solchem ausgehen. Es sind nicht mehr sowohl Verhältnisse im Menschen, als zwischen Menschen; es sind Schicksale, denen er nicht unmittelbar unterliegt, sondern nur mittelbar, weil er zu einem Ganzen gehört, welches dieselben er= fährt. Kurz es handelt sich um den Geist einer Gesammtheit, der noch verschieden ist von allen zu derselben gehörenden einzelnen Geistern, und der sie alle beherrscht.

Es verbleibe also der Mensch als seelisches Individuum Gegenstand der individuellen Psychologie, wie eine solche die bisherige Psychologie war; es stelle sich aber als Fortsetzung neben sie die Psychologie des gesellschaftlichen Menschen oder der menschlichen Gesellschaft, die wir Völkerpsychologie nennen, weil — um hier nur kurz auszusprechen, was die Wissenschaft selbst zu beweisen hat — für jeden Einzelnen diejenige Gemeinschaft, welche eben ein Volk bildet, sowohl die jederzeit historisch gegebene als auch im Unterschied von allen freien Culturgesellschaften, die absolut nothwendige und im Vergleich mit ihnen die allerwesentlichste ist. Einerseits nämlich gehört der Mensch niemals blos dem Menschen= geschlechte als der allgemeinen Art an, und andererseits ist alle sonstige Gemeinschaft, in der er etwa noch steht, durch die des Volkes gegeben. Die Form des Zusammenlebens der Menschheit ist eben ihre Trennung in Völker, und die Ent= wicklung des Menschengeschlechts ist an die Verschiedenheit der Völker gebunden. Was wir aber hier als anerkannten Sachverhalt voraussetzen, hat die Völkerpsychologie als noth=

wendig zu erweisen, und zwar sowohl in causaler, als in teleo=
logischer Hinsicht; d. h. sie hat sowohl die Ursachen darzulegen,
aus denen die Vertheilung des Menschengeschlechts in verschiedene
Völker erfolgt, als auch zu zeigen, wie dieser Umstand der Ent=
wicklung des menschlichen Geistes förderlich ist.

Wenn im Laufe der Geschichte hie und da gesellige Ele=
mente die Schranken der Volkseinheit durchbrechen, wenn Re=
ligionen, Staaten, wissenschaftliche Richtungen und Kunstepochen
Einheiten oder Kreise bilden, welche aus Segmenten ver=
schiedener Nationen zusammengesetzt sind, so wird die Völker=
psychologie solche Erscheinungen natürlich nicht minder zum
Gegenstande wissenschaftlicher Betrachtung zu machen haben. Es
liegt im Begriff der Völkerpsychologie, ob sie ihren Grund=
gedanken auch zunächst auf das natürlichste und allzeitige Band
der menschlichen Gesellung richtet, durchaus nicht, irgend eine
Form menschlicher Gesellschaft von der psychologischen Er=
forschung auszuschließen. Wo große, allgemeine Ideen ihre Kraft
über mehrere Völker ausbreiten, wo e in Gedanke den Genius
mehrerer Nationen ergreift und beherrscht und ihn unterdrückt
oder belebt, da wird die psychologische Untersuchung nicht bloß
auf das Verhalten des Volksgeistes, sondern auf die Natur
und das Gesetz jener Gemeinschaften gerichtet sein, welche über
diesen hinausgehen. Ob sich aber nicht auch hier der Volks=
geist, sowohl in causaler wie in teleologischer Beziehung, als
der wesentlichste Ausgangs= und Zielpunkt erweisen wird, ist
eine Frage, welche die Wissenschaft erst zu lösen hat. Wenigstens
in dem großen Beispiele der Geschichte des Mittelalters, wo
politische und religiöse Ideen die Bestimmtheit der Volks=
geister zu überspringen und ihre Bedeutung zu verwischen
scheinen, möchte vielleicht gerade die Ausnahme die Regel be=
stätigen; um so viel mehr, als am Ende desselben, in der

Zeit der Reformation, sowohl in politischer wie in religiöser und aller Culturbeziehung, gerade die ursprüngliche Bestimmtheit des germanischen Volksgeistes einen so ungeheuren, wesentlichen und günstigen Rückschlag ausübt, daß man bekanntlich lange genug das ganze Mittelalter für eine bloße Nacht chaotischer Gährung ansehen konnte, aus welcher die moderne Welt des national-gesonderten Geisteslebens wie ein junger Tag sich leuchtend emporhebt. — Andererseits ist auch beim Hinblick auf die Einheit der Volksgeister im Mittelalter nicht zu vergessen, daß dieselbe auf der Einheit der germanischen Stämme beruht. Alle schaffenden Culturkräfte des europäischen Mittelalters sind germanisch, nicht celtisch, nicht iberisch. Das Hervortreten der gesonderten eigenthümlichen Nationalitäten um das 16te Jahrh. dagegen ist verbunden · mit dem Untergange der germanischen Elemente in den romanischen Ländern und dem Aufschwunge des germanischen Geistes in den rein deutschen Völkern.

So hat unsere Wissenschaft sich selbst zu begründen — neben der Wissenschaft von der individuellen Seele — als Wissenschaft vom Volksgeiste, d. h. als Lehre von den Elementen und Gesetzen des geistigen Völkerlebens. Es gilt: das Wesen des Volksgeistes und sein Thun psychologisch zu erkennen; die Gesetze zu entdecken, nach denen die innere, geistige oder ideale Thätigkeit eines Volkes — in Leben, Kunst und Wissenschaft — vor sich geht, sich ausbreitet und erweitert oder verengt, erhöht und vertieft oder verflacht, sich verschärft und belebt oder ermattet und abstumpft; es gilt, die Gründe, Ursachen und Veranlassungen, sowohl der Entstehung als der Entwicklung und letztlich des Unterganges der Eigenthümlichkeiten eines Volkes zu enthüllen. Soll der Begriff des Volks- oder Nationalgeistes nicht eine bloße Phrase, ein sachleerer

Name, soll er nicht ein blos unbestimmtes, willkürliches Zu=
sammenfassen oder ein phantastisches Bild der inneren Eigen=
thümlichkeit eines Volkes sein, sondern (wie der „Geist" des
Individuums) den Quell, das Subject aller inneren und höhe=
ren Thätigkeit ausdrücken: dann muß die Auffassung desselben
nicht diese und jene einzelnen und zufälligen Richtungen und
Thatsachen seiner Erscheinung, sondern die Totalität derselben
umfassen und die Gesetze seiner Bewegung und Fortbildung
offenbaren. Der Geist, im höheren und wahren Sinne des
Wortes, ist ja eben: die gesetzmäßige Bewegung und
Entwicklung der inneren Thätigkeit. Ein ganz auf=
fälliges Beispiel, wie die Gesammtheit von dem Einzelnen
verschieden sei, meinte Fr. Perthes in dem ganzen Dasein
eines bestimmten Volkes, nämlich der Spanier zu erkennen;
„dieselben Spanier", sagt er, „sind als Einzelne kindlich gut,
wie wir sie unter Romana kennen lernten, sind edel, ja erhaben,
wie sie sich in dem Kampfe gegen Napoleon darstellen, aber
als Nation sind sie ohne Gefühl für Gerechtigkeit und von
tigerhafter Natur. Als Nation verwüsteten und entvölkerten
sie Amerika und die Niederlande, als Nation wütheten sie in
ihren eigenen Eingeweiden, früher aus religiösen, jetzt aus
politischen Meinungen. In Pizarro und Alba verkörperte sich
die Nationalität. Eine Nationalität ist eben noch etwas ganz
Anderes als der Inbegriff ihrer einzelnen Glieder." Wenn man
nun dies Factum und noch vielmehr den Schlußsatz gern an=
erkennt, so läßt sich doch nicht verkennen, wie sehr die Begriffe
hier noch im Dunkeln schweben. Sollte man wohl die Spa=
nier unter Romana und im Kampfe gegen Napoleon als Ein=
zelne betrachten dürfen? Der Widerspruch wird dadurch frei=
lich noch größer und seine Erklärung muß anderswo gesucht
werden; wir wollen uns indeß hier weder mit der Lösung

des Widerspruchs noch überhaupt mit dem concreten Fall be=
schäftigen; aber es wird an ihm und seiner Auffassung bei
Perthes klar geworden sein, daß es vor Allem nothwendig ist,
festere Begriffe über das Verhältniß der Gesammtheit zu den
Einzelnen zu gewinnen.

Hiermit also wären wir wieder bei unserer Frage an=
gekommen und werden sie zunächst so zu fassen haben: bildet
die Gesammtheit ein Ganzes und welcher Art ist das Ganze?
d. h. in welchem Sinne sind die Einzelnen Theile des Ganzen?
wie und worin verbinden sich die Vielen zu einer Einheit?
Um diese Frage zu beantworten, werden wir unsere Be=
trachtung zunächst auf den Begriff der Einheit richten müssen,
um zu sehen, in welchem Sinne er auf eine menschliche Gesell=
schaft angewendet werden kann. Denn der Begriff ist bei
weitem so einfach nicht, als es auf den ersten Blick scheint. So
meint man z. B., daß, da jede Gesellschaft eine Vielheit bildet,
jedes Glied derselben unbedenklich und ohne weitere Erläuterung
als eine Einheit angesehen werden darf. Aber ist denn der
einzelne Mensch eine so völlige und absolute Einheit? Wir
wollen die Einheit einer jeden Persönlichkeit gewiß nicht leugnen,
werden sie vielmehr schließlich als Fundament ansehen für die
Betrachtung jeder anderen geistigen Einheit. Aber ist jene
Einheit etwa so unmittelbar gewiß und selbstverständlich? Von
dem Körper, den wir auch als einen und ganzen fassen, wird
die Physiologie nicht blos behaupten, sondern beweisen, daß er
aus einer Vielheit besteht, welche nur in gewissen Weisen der
Thätigkeit zusammenstimmt, nur in diesem Processe ein harmo=
nisches Ganze bildet. Und im Geiste, haben wir da nicht eine
Vielheit von Gedanken, Gefühlen, Wünschen und Entschlüssen?
und nicht einmal harmonisch vereint ist diese Vielheit immer!

22 *

haben wir heute dieselben Ideen wie gestern? sind unsere Ueber=
zeugungen dieselben wie im vorigen Jahre? sind wir sicher, daß
wir morgen die Entschlüsse von heute festhalten und ausführen
werden? Jedes einfache Bewußtsein freilich weiß und faßt sich
unmittelbar als eine Einheit und hat dazu guten Grund; wir
mögen die Einheit in der einfachen Seele oder in der Einheit
des Selbstbewußtseins oder im Ich erblicken. Wenn ihm aber
die Vielheit und Mannigfaltigkeit wie ein sophistisches Spiel
erscheint, so ist das nur die Schuld des einfachen Bewußtseins.
Bei einiger Besinnung auf sich selbst kann man die Vielheit
nicht leugnen, welche neben oder richtiger in der Einheit des
Selbstbewußtseins stattfindet; ja sogar die Vielheit geht der
Einheit zeitlich und genetisch voran, denn bevor das Kind sich
als Persönlichkeit erfaßt, bevor es als „ich" von sich spricht,
und damit es dazu gelange, hat es in sich eine Mannigfaltigkeit
des Bewußtseins von seinem eigenen und anderen Wesen und
deren Thun.

Die Einheit also ist hier durchaus weder so ursprünglich
noch so einfach, wie man gewöhnlich voraussetzt, sondern schon
ein bestimmter Erfolg der Zusammenfassung und des Zusammen=
halts einer Vielheit. Aber so wie jedes Individuum schon
innerhalb seiner selbst nicht unbedingt, sondern in einem wissen=
schaftlich erst zu erläuternden Sinne eine Einheit ist, so noch
viel weniger, wenn wir nach irgend einer Seite auf die Ge=
sammtheit achten, in welcher es steht. Von dem Einzelnen
schlechthin als einem für sich alleinstehenden Wesen zu reden, ist
nur eine wissenschaftliche Fiction, welche erst durch den Zweck
irgend einer Betrachtung gerechtfertigt werden muß. Denn that=
sächlich erscheint der Einzelne in jeder Ausbildung und Dar=
stellung seines inneren Lebens durch die Gesammtheit bedingt
und von ihr abhängig.

Von jener wissenschaftlichen Fiction aber machen wir im gewöhnlichen Leben und Denken einen sehr ausgedehnten und oft gedankenlosen Gebrauch. Uns scheint nämlich die absolute Trennung in Einzelindividuen als absolut nothwendig, weil sie absolut geläufig ist. Aber schon wenn wir nur unsere eigenen Institutionen ansehen, finden wir, daß der Staat gar nicht blos den Einzelnen und die ganze Gesammtheit einfach einander gegenüber stellt, so daß ihm diese nur in Persönlichkeiten zerfiele, welche als physisch-psychische Individuen existiren.

In Bezug auf das Eigenthum z. B. bildet zwar jeder Einzelne eine rechtliche Person. Der Einzelne aber ist immer nicht der absolute, sondern nur der relative Träger eines (selbst beweglichen) Besitzthums; er ist zunächst nicht der a l l e i n i g e Rechtsinhaber seines Eigenthums, sondern zugleich mit ihm ist es die Familie, deren Glied er ist. Daher ist denn auch die Verfügung darüber einmal nicht u n b e d i n g t, sondern von gewissen persönlichen Eigenschaften, als Geschlecht, Alter, Gesundheit u. s. w. abhängig; sodann ist sie nicht u n b e s c h r ä n k t, sondern auf ein gewisses, beziehungsweises Maß begrenzt. Deshalb findet auch bei dem sonst verfügungsfähigen Verschwender, sogar blos wegen übermäßigen Wohlwollens, wegen Schenkungen über einen gewissen Bruchtheil seiner Habe, Bevormundung statt, d. h. an die Stelle dessen, der das Vermögen vielleicht erworben, jedenfalls besessen hat, tritt die Familie als Eigenthümer; vollends wenn die eine Person stirbt, treten die anderen aus der Familie als Erben ein. Dies ist nun für uns wiederum selbstverständlich, weil geläufig; aber es liegt darin, was man selten betrachtet, daß dem Staate gegenüber in Bezug auf das Eigenthum die Fäden der rechtstragenden Persönlichkeit keineswegs mit dem geistig-leiblichen Individuum abreißen, sondern im Zusammenhang mit der

Familie durch Ascendenz, Descendenz und Conscendenz im Gewebe der Gesammtheit verlaufen.*)

Es hat deshalb auch nicht gefehlt, daß man von sehr verschiedenen Seiten gegen diese Erweiterung der Person protestirt hat, um eine absolute zur Gesammtheit darauf zu gründen. Plato tritt ziemlich unbefangen mit dem Gedanken auf, daß alles Eigenthum im Kriegerstande seines Staates gemeinsam sein müsse; auch die Kinder und Weiber; Alles, was wir als Bedingung und Erfolg eines individuellen Lebens auffassen und uns unmittelbar und nothwendig mit dem Wesen der Einzelpersönlichkeit verbunden denken, wird hier der Gemeinsamkeit geopfert.

Neuerdings hat es, namentlich in Frankreich, auch nicht an Vorschlägen gefehlt, theils das Eigenthum aufzuheben, besonders aber, was uns hier am meisten interessirt, die besitztragende Person nicht in der erbtragenden Familie zu erweitern, sondern nur den Staat Erben werden zu lassen. Das mag wunderlich genug ausgedacht sein, aber es zeigt, daß der Begriff des Individuums in unserem Rechtsleben keineswegs ein so absoluter und isolirter ist, als wir uns gewöhnlich einbilden, daß diese weitverbreitete Einbildung aber nicht blos eine theoretische Täuschung ist, sondern Grund zu praktischen Tendenzen werden kann, welche tief in das Mark unserer ganzen gesellschaftlichen Verfassung einschneiden müßten.

Und wie ist es mit einer Zunft,**) welche doch aus einer

---

*) Auf niedrigeren Stufen der Rechtscultur bildet auch in Bezug auf Criminalrecht die ganze Familie des Inculpaten die rechtsleidende Person, was in Bezug auf politische Vergehen — durch Confiscationen und Exilirungen — auch in wohl policirten Staaten noch heute stattfindet.

**) Die sogenannten Zünfte in Bern sind nicht mit unseren Gewerkzünften zu verwechseln, ob sie gleich auch dort theilweise daraus hervor-

Vielheit von Individuen besteht? ist da nicht die Gesammtheit — ob sie gleich zu j e d e r Zeit sich auf die gerade lebenden Angehörigen so zu sagen stützt — ist nicht die Einheit und das Ganze das Wesentliche, während die einzelnen Individuen gleichgültig sind? Bildet nicht die Zunft — und anderswo die Gemeinde — d. h. das Allgemeine an ihr, die mit Rechten und Pflichten begabte, Eigenthum besitzende und vertheilende, erwerbende und verzehrende, das Wesentliche, gleichgiltig gegen den Wechsel der Generationen, ob jetzt diese und später andere Glieder zu ihr gehören? Ist eine Gemeinde nicht eine moralische wie rechtliche Person, und erfüllen sie nicht alle menschlichen, moralischen und politischen Interessen wie ein Individuum und alles in der Art, daß die gerade jetzt Zugehörigen gleich=gültig sind?

Woher kommt es denn nun aber wirklich, um diesen Punkt beiläufig zu berühren, daß wir weder im menschlichen Indi=viduum allein die gesellschaftliche Persönlichkeit erfassen, noch auch die Gesammtheit des Staats zu ihrer Ergänzung und Vertretung berechtigen, sondern sie in der Familie, wie recht=lich so auch in vieler Beziehung moralisch und social ver=einigt erkennen? Ob dies recht ist, oder Platonische oder socialistisch = communistische Ansprüche geltend zu machen sind, darüber hat die Ethik und Politik zu entscheiden, d. h. eine andere Betrachtungsweise als wir hier unmittelbar zu führen

---

gegangen sind. Den Unterschied erkennt man sogleich daran, daß es z. B. auch eine Adelszunft giebt, daß ferner in jeder alle Stände und Gewerbe vertreten sind. Ursprünglich meist für sociale Zwecke gestiftet, haben sie sich zu wohlthätigen, ökonomischen, beziehungsweise auch politischen Gemeinden innerhalb der Gesammtgemeinde ausgebildet. Gemeinsamer Besitz ist das metallene Band, welches eine Vielheit von Familien zum Genuß desselben in mannigfachen Formen unter statutarischen Bedingungen zusammenhält.

haben. Nur das psychologische Factum haben wir zu betrachten.

Die socialistischen Ansichten gehen aus jenem Standpunkt
hervor, welcher das Historische aufheben und von Grund aus
neu bauen will; man will tabula rasa machen und hat sie
theilweise gemacht; zur Natur zurückzukehren und mit der ratio
zu beginnen, ist die Aufgabe. Aber nicht blos der schwärme-
rische St. Simon, der phantastische Fourrier und der stürmische
Babeuf, auch der geist- und kenntnißreiche Rousseau, sie
Alle erfinden sich eine Natur und gründen auf diese poetische
oder vielmehr eben so unpoetische wie unpraktische Fiction eine
neue ratio. Nun soll zwar auch dann der Mensch in Gesellschaft und als solche leben; die Construction derselben aber
geht von der abstracten Gegeneinandersetzung der Einzelnen
und der Gesammtheit aus; indem so das Mittelglied der Familie aufgehoben wird, verkennt man einfach den natürlichen
Sachverhalt. Gewiß ist der jetzige Stand der Gesellschaft kein
Product einer frei und bewußt schaffenden Vernunft; aber eben
so gewiß ist er nicht das Product willkürlicher Anordnung.
Es ist wohl außer allem Zweifel, die Menschheit folgte in
diesem Punkte und wir folgen noch jetzt dem historischen Verlauf
ethischer Entwicklung. Der Erfolg derselben, das Zusammenleben in der Familie und demgemäß Gliederung des Staats-
lebens im Familienleben, ist ein so unmittelbarer, daß er
selbst wie eine natürliche Ordnung erscheint; von ihr abzu-
weichen, wäre nur im Dienste der Idee eine berechtigte Forderung. Ich will deshalb auch nicht in das Mysterium des
physischen und vielleicht auch des psychischen Zusammenhangs
der Kinder mit den Eltern eintreten; ein Blick in die eigene
Brust aber genügt, das unverletzliche Heiligthum der Elternliebe wenigstens als eine psychologische Thatsache außer allen

Zweifel zu setzen. Bemerkenswerth ist es, daß die Elternliebe zu den wesentlichsten charakteristischen Merkmalen der menschlichen Gattung gehört; für die Liebe zu den Kindern, für die Sorge um dieselben finden wir bei den Thieren zahlreiche Beispiele; die Liebe zu den Eltern aber und die Sorge für sie gehört dem Menschen allein. Es ist aber ein sonderbares Argument gegen diese Thatsache, wenn man behauptet, sie werde sich ja verlieren, wenn erst die Kinder dem Staate rechtzeitig übergeben und aller Kenntniß der Eltern entzogen würden.

Psychologisch hängt der Mensch anders mit der Familie als mit dem Ganzen zusammen. Selbst in denjenigen Gebieten ist dies erweislich, in denen die allergrößte Einheit und Gleichheit Aller stattfindet, in der Sprache und den Sitten; mit der Ueberlieferung des Allgemeinen durch die Familie findet zugleich eine Individualisirung statt, welche der Keim aller lebendigen, concreten Auffassung wird. Vollends nun in all dem, was unsere Sprache als Sache des Gemüths zusammenfaßt; statt der bloßen, wenn auch weise geleiteten, Politik Plato's oder des bloßen Wohlbefindens in den P h a l a n - s t e r i e n , verlangt der innere Mensch und seine Cultur Mannigfaltigkeit und Stufenfolge der Beziehungen des Gemüths. Von Allem, was die Gesinnungen der Menschen adelt und ein ideales Band um ihre Gemeinschaften schlingt, wird man die letzte Ursache unzweideutig im Familienleben — im Großen und Ganzen genommen — entdecken; dächte man sich dies aus der menschlichen Gesellschaft — wenn sie dann noch so zu heißen verdient — hinaus: dann erscheint sie, zwar völlig rationalisirt, aber atomistisch und uniform, kalt und leer, und der Egoismus ist der einzige Hebel, von welchem eine Bewegung zu erwarten ist. Man kann gewiß noch unzählig viele andere Gründe zu Gunsten einer natürlichen Gliederung der Menschheit anführen, alle aber werden aus dem einen fließen oder in ihn einmünden. In praktischer Hinsicht läßt sich nicht blos die Zweckmäßigkeit, sondern auch die Nothwendigkeit einer Abstufung seiner Gemüthsbeziehungen aus der psychischen Natur des Menschen selbst nachweisen.

Die Vorstellungen aller Objecte bilden Kreise von gleichsam längeren und kürzeren Radien um das Centrum der Seele; denn es herrscht im natürlichen Menschen das einfache Gesetz, daß die Stärke der Gemüthseindrücke im umgekehrten Verhältniß steht zu der räumlichen und zeitlichen Entfernung der Ereignisse, von denen sie erzeugt werden. Nicht blos wenn Zeit in unserem Bewußtsein darüber hingegangen, wird der Eindruck allmälig schwächer, sondern auch die bloße Vorstellung von der objectiv verstrichenen Zeit ändert den Eindruck; erzählt man uns von demselben Menschen, den wir gekannt, er sei gestern oder er sei vor Jahren plötzlich gestorben, ist der Eindruck ein verschiedener; kommt nicht eine persönliche Kenntniß des Betroffenen dazwischen, so wird jedes Glück oder Unglück, das Menschen betrifft, je größer die Entfernung, desto geringer empfunden; die Größe des Ereignisses muß wachsen, um die Entfernung wieder auszugleichen. Zeit und Raum aber finden Analogieen in anderen Arten der Nähe und Ferne von Ereignissen. Erst die höhere Stufe entwickelter Ideen faßt dann die Grenzen weiter und freier, und sittliche Motive geben neue Maßstäbe für die Länge der Radien. —

Es folgt daraus, daß also auch jede Art von Kameradschaft, jedes Phalansterium u. dergl. immer wieder seine Differenzen und Abstufungen erzeugen würde, nur daß dann allerlei Zufall sie bildete, statt der Natur und des natürlichen Schicksals. Wohl bleibt ein weiser Mann nicht stehen, wo der

Zufall der Geburt ihn hingeworfen," aber ein Ehrenmann verläßt auch die Fahne niemals, der zu folgen die Bande heiliger Pflichten ihn verbinden.

Wir dürfen aus dem Gesagten wohl das Eine als Resultat festhalten: daß der landläufige Satz: die Gesellschaft bestehe schließlich nur aus Individuen, unbestreitbar wie er ist, dennoch weit entfernt ist, eine klare und deutliche Erkenntniß einzuschließen. Schon der Begriff des Individuums an und für sich, d. h. in seiner Einzelheit betrachtet, vollends aber der in der Gesellschaft befindlichen und zu ihr gehörigen ist keinesweges ein unmittelbar klarer und feststehender; ja es wird sich leicht zeigen lassen, daß das Wesen und der Begriff der Individualität, die wir in unserer Gesellschaft als eine fließende erkannt haben, in verschiedenen Zeiten und je nach den verschiedenen Völkern und Gesellschaften eine völlig verschiedene Gestaltung annimmt; die Art, der Grad und der Inhalt der Individualität sind und werden ganz andere, je nachdem eben die Individuen sich verschieden zur Gesammtheit verhalten; und umgekehrt verhalten sie sich anders zur Gesammtheit, bilden eine andere Art von Gemeinschaft, je nachdem Begriff und Wesen der Individualität in den Einzelnen ent= wickelt ist.

Diesem Punkte — wohl einer der wichtigsten für die psychologische Analyse der Entwicklungsgeschichte des Geistes so= wohl in der gesammten Menschheit, wie in jedem einzelnen Volke — muß an einer anderen Stelle einmal eine ausführ= lichere Untersuchung gewidmet werden. Hier will ich nur darauf hinweisen, daß Steinthal mit Bezug auf die Griechen eine geschichtspsychologische Darstellung einer hervorragenden Epoche*)

---

*) „Der Durchbruch der subjectiven Persönlichkeit bei den Griechen." Zeitschrift f. Völkerpsychol. u. Sprachwissensch. „Bd. II. S. 279 ff."

bereits versucht hat, und aus der einleitenden Erörterung der Aufgabe hebe ich folgende Sätze hervor:

„Der Mensch ist allemal, weil unmittelbar, ein Indi= viduum; aber er hat darum nicht auch sogleich schon Indi= vidualität: d. h. er ist immer die Verwirklichung des all= gemeinen begrifflichen Inhalts seiner Art in Form der Einzel= heit und ist eine durch den Artbegriff bestimmte und durch die Gesetze des wirklichen Lebens bedingte untheilbare Tota= lität; aber erst wenn er das Allgemeine in einer Besonderheit verwirklicht, welche, an sich werthvoll, den Werth des Allge= meinen erhöht, erst dann hat er eine Individualität. Diese ist also erst das Erzeugniß geschichtlicher Entwicklung.

Wir nennen den Menschen ein Individuum, insofern er überhaupt Gegenstand unserer Betrachtung ist; und wir schrei= ben ihm Individualität zu, insofern wir an ihm, als einem Objecte, eine werthvolle Besonderheit entdecken: insofern wir ihn aber darauf hin ansehen, daß er sich selbst als Indivi= duum fühlt und weiß (denn jeder Mensch hat Selbstgefühl und ein bis auf einen gewissen Punkt entwickeltes Bewußtsein von sich), ist er eine Person; und je nach der Besonderheit, in welcher er sich interessirt, in welcher er sein Selbst genießt und zur Geltung zu bringen sucht, ist er eine individuelle Persön= lichkeit.

Jeder Mensch ist eine Person; aber seine Persönlichkeit braucht eben nicht auch Individualität zu haben. Umgekehrt aber wird mit der sich immer schärfer begrenzenden und sich immer mehr mit geistigem Inhalt bereichernden Individualität auch die Persönlichkeit immer mächtiger und bedeutsamer werden. Obwohl nun Persönlichkeit auf dem subjectiven Verhalten des Individuums beruht, d. h. auf der Weise, wie dieses in sei= nem Fühlen, Wissen und Handeln, kurz in seinem Verhältnisse

zum Gegenstande die Befriedigung seines Selbst sucht und er=
langt, so ist sie doch nicht Subjectivität. Diese ist die
(immer erst spät erworbene) Fähigkeit, sich als Subject, d. h.
so zu verhalten, daß der Geist sich selbst als den Betrachtenden
von dem betrachteten Gegenstande absondert und letzterem sich
frei, mit Bewußtsein gegenüberstellt. Dies kann der Geist nur,
wenn er sein Bewußtsein vom Object wiederum sich als Object
hinsetzt. Subjectivität ist also Freiheit des Geistes gegenüber
dem Object und ist eigentlicheres Selbstbewußtsein."

Mit eben so vorzüglichem wie charakteristischem historischen
Tiefblick hat dies Jacob Burckhardt mit Bezug auf die Italiener
erkannt und dargestellt.*)

„Im Mittelalter," heißt es S. 131, „lagen die beiden Seiten
des Bewußtseins — nach der Welt hin und nach dem Innern
des Menschen selbst — wie unter einem gemeinsamen Schleier
träumend oder halbwach. Der Schleier war gewoben aus
Glauben, Kindesbefangenheit und Wahn; durch ihn hindurch=
gesehen erschienen Welt und Geschichte wundersam gefärbt,
der Mensch aber erkannte sich nur als Race, Volk, Partei,
Corporation, Familie oder sonst in irgend einer Form des
Allgemeinen. In Italien zuerst verweht dieser Schleier in die
Lüfte; es erwacht eine objective Betrachtung und Behandlung
des Staates und der sämmtlichen Dinge dieser Welt überhaupt;
daneben aber erhebt sich mit voller Macht das Subjective;
der Mensch wird geistiges Individuum**) und erkennt sich
als solches. So hatte sich einst erhoben der Grieche gegenüber
den Barbaren, der individuelle Araber gegenüber den andern
Asiaten als Racenmenschen. Es wird nicht schwer, nachzuweisen,

---

*) „Cultur der Renaissance" 2. Abschnitt: Entwicklung des Individuums.
**) Vgl. oben S. 6.

daß die politischen Verhältnisse hieran den stärksten Antheil gehabt haben.

Schon in viel früheren Zeiten giebt sich stellenweise eine Entwicklung der auf sich selbst gestellten Persönlichkeit zu erkennen, wie sie gleichzeitig im Norden nicht so vorkommt oder sich nicht so enthüllt. Der Kreis kräftiger Frevler des 10. Jahrhunderts, welchen Luitprand schildert, einige Zeitgenossen Gregor's VII. (man lese Benzo von Alba), einige Gegner der ersten Hohenstaufen zeigen Physiognomieen dieser Art. Mit Ausgang des 13. Jahrhunderts aber beginnt Italien plötzlich von Persönlichkeiten zu wimmeln; der Bann, welcher auf dem Individualismus gelegen, ist hier völlig gebrochen; schrankenlos specialisiren sich tausend einzelne Gesichter. Dante's große Dichtung wäre in jedem anderen Lande schon deshalb unmöglich gewesen, weil das übrige Europa noch unter jenem Banne der Race lag; für Italien ist der hehre Dichter schon durch die Fülle des Individuellen der nationalste Herold seiner Zeit geworden. Doch die Darstellung des Menschenreichthums in Litteratur und Kunst, die vielartig schildernde Charakteristik wird in besonderen Abschnitten zu behandeln sein; hier handelt es sich nur um die psychologische Thatsache selbst. Mit voller Ganzheit und Entschiedenheit tritt sie in die Geschichte ein. . . . ."

Wir werden also nicht mehr das Dasein der Individuen und das Bestehen der Gesellschaft aus ihnen als den festen Punkt ansehen dürfen, von welchem allein wir ausgehen können, um von diesem aus ihr Verhältniß zur Gesammtheit zu erkennen; vielmehr müssen wir zugleich das Wesen eben der Gesammtheit selbst ins Auge fassen und uns fragen: wie und in welcher Art die Individuen in ihr zur Einheit werden.

Der Begriff der Einheit, scheinbar so völlig einfach, schließt dennoch mannigfaltige Bedeutungen ein; scharf und rein mit logischer Strenge wird er nur in den engen Grenzen der Meta=physik gedacht. Draußen im Reiche des Concreten bedeutet die Einheit niemals Einfachheit; das Eine schließt immer ein Vieles ein, selbst vom Atom, insofern es Gegenstand der Naturforschung ist, wird nicht behauptet, daß es wirklich ein=fach ist; wenn man es in seiner Form und in seiner Wirkung als einfachen Körper betrachtet, so heißt es nichts Anderes, als daß es durch seine individuelle Gestaltung wie eine Einheit wirksam wird.

Die Arten der Einheit nun, welche die menschliche Gesell=schaft ausmacht, sind ebenfalls mannigfaltige; versuchen wir also uns beispielsweise einige derselben zu vergegenwärtigen und zwar an der Hand der Vergleichung mit Naturdingen, deren Begriffe sowohl geläufig als fest sind.

Schon auf der untersten Stufe der Natur, im Reiche des Anorganischen, erkennen wir, wie sich Vieles als Eins darstellt in seiner Thätigkeit. Selbst der bloße Haufe von Sandkör=nern, deren jedes in seiner physikalischen Beschaffenheit ohne Hinweis auf das andere für sich selbst existirt, wird zu einer Einheit durch die Gleichmäßigkeit eben dieser Beschaffenheit; wenn der Sand in dem Stundenglase rinnt und ein Maß der Zeit wird durch seine Bewegung nach den Fallgesetzen, so ge=schieht es nur, indem die Vielen als Einheit wirken und als solche beobachtet werden. Vollends wenn der Stein als Masse gleichmäßig erglänzt, wenn er als Druck und Schwere wirkt, so werden wir ihn mit Recht als eine Einheit bezeichnen, ob=gleich er in Atome zerlegbar ist, deren jedes die gleiche Natur für sich allein repräsentirt. Gerade durch die Gleichheit der

Wirkung ergiebt sich aus der Vielheit der Subjecte eine Einheit derselben, deren Wirkung als Ganzes verschieden ist von der Wirkung des Einzelnen.

Auch in der Vielheit der Geister, welche die Einheit des Volksgeistes constituiren, giebt es solche Elemente durchgängiger Gleichheit. Ein solches ist z. B. die Sprache. Im Reiche der Natur und vollends in dem der anorganischen werden wir nicht leicht ein vollkommen deckendes Gleichniß für die Beziehungen des geistigen Lebens finden. Aber wenn wir hier auch von den specifischen Verhältnissen absehen, die zu dem Begriff einer noch viel innigeren Einheit hindrängen, wenn wir absichtlich außer Acht lassen, daß die Sprache nur im gegenseitigen Verständniß ihre wahrhafte Existenz hat, ferner daß sie von einer Generation auf die folgende sich vererbt, so finden wir dennoch schon eine aus der bloßen Gleichheit der Rede sich ergebende Einheit des Volksgeistes. Das Volk, die Sprachgenossenschaft, besitzt die Sprache; der Volksgeist ist das eigentliche Subject derselben, obgleich sie nur in den Einzelnen zur wirklichen Erscheinung kommt. Die eigenthümlichen psychischen Processe, die bestimmte Anwendung psychologischer Gesetze, wodurch eine Sprache sich von jeder anderen unterscheidet, eignen nicht dem Individuum, sondern der Gesammtheit, obwohl sie in den Individuen zur Vollziehung kommen. Jede Sprache drückt allem geistigen Inhalt, der in ihr ausgesprochen wird, den Stempel der Eigenthümlichkeit auf, sie ist charakteristisch für die Intelligenz nicht blos, sondern sogar für die sittliche und ästhetische Fassung der Begriffe, aber all dieses Charakteristische, welches jedem sprechenden Individuum anhaftet, um es von allen in anderen Zungen Redenden zu unterscheiden, ist doch kein Kennzeichen für dies Individuum als solches, sondern nur für seine Gattung;

der Einzelne ist ein bloßes Exemplar aus der Masse, Atom von einem Ganzen.

Um also von der Sprache auf angemessene und wissen= schaftliche Weise zu reden, würde man als das Subject der= selben nicht die Individuen, sondern ihre Einheit, den Volks= geist, betrachten müssen, welchem der bestimmte Sprachgenius eignet.

Selbst wenn wir bei der Sprache stehen bleiben, aber eine höher entwickelte, zur Litteratur ausgestaltete ins Auge fassen, wird sogleich offenbar, daß die Einheit, von welcher eben die Rede war, die Einheit der Masse, des Conglomerats, der Cohäsion, bei weitem nicht hinreicht, die des Volksgeistes auszudrücken. Eine gebildete Sprache ist nicht mit ihrem ganzen Schatze, weder mit der Masse ihres Stoffs, noch mit der Kunst ihrer Formen in allen Individuen gleichmäßig vor= handen; nicht jedes Individuum kann die ganze Sprache re= präsentiren, und doch hat sie ihre wirkliche Existenz nur in der Summe der Individuen, und Jeder hat Theil an ihr oder ist Theil des Volksgeistes, in wie fern er als Ganzes und Ein= heit das Subject der Sprache ausmacht. Diese Einheit muß anderer Art sein, wie und weil das Verhalten der Individuen zum Ganzen von anderer Art ist.

Volksschriften, d. h. solche, die, wie die Bibel für uns und Homer für die Griechen, für Hoch und niedrig gemeinsam sind, haben deshalb eine so hohe Bedeutung, weil sie einen gemein= samen Schatz von Gedanken enthalten, welcher das ganze Volk durchdringt, weil sie einen gemeinschaftlichen Inhalt des Volksgeistes ausmachen. Zwar die Sprache selbst ist auch Allen gemeinsam, und der Reichthum an Wörtern repräsentirt einen Schatz von Vorstellungen, welche für Jeden bereit liegen, wie sein Eigenthum. Allein die Sprache muß angeeignet werden, und dies geschieht von Jedem in einem verschiedenen Maße; wir haben (oben S. 7 u. Bd. II, S. 116) gezeigt, wie für die meisten Sprachgenossen ein beträchtlicher Theil brach liegt; wir haben aber ferner gezeigt, wie die Aneignung der Sprache gerade so viel als Schöpfung der Sprache bedeutet (a. a. O. S. 123 ff.). Kurz: für die Aufnahme der Volksschriften liegt in Jedem das geeignete Mittel, nämlich die Kenntniß der Sprache, und man darf die Verschiedenheit, welche dennoch in Bezug auf die Auf= fassung auch von ächten und wahren Volksschriften stattfindet, wie irrelevante Bruchtheile behandeln, die der Techniker und Physiker wegläßt, wenn er materielle Kräfte für den Dienst berechnet. Für die Aufnahme der Sprache aber giebt es ein so einfaches und gleichmäßig durchgehendes Mittel nicht, sie setzt eine, wenn auch nur ganz oberflächliche Kenntniß aller der Gegenstände voraus, über welche sich die specifisch ver= schiedene Gestalt der Sprache verbreitet, und in gleichem Maße eine Vielseitigkeit des psychischen Processes. Es ist schön zu sehen, wie die Volksbücher selbst der fortschreitenden Aneig= nung der Sprache dienen, wie die hierin liegende petitio prin- cipii quellendes, zeugendes Leben im Geiste des Kindes und des Volkes gewinnt, indem es durch das Bekannte auch das Unbekannte zu Bekanntem macht. (Ich muß, um hier nicht zu weitläufig und doch verständlich zu werden, bitten, das dritte Capitel der eben citirten Abhandlung vollends nachzu= lesen.) Dies aber ist wiederum nur dadurch und nur in so weit möglich, als in der Volksschrift ein Allen gemeinsamer, an das Gemüthsleben eines Jeden leicht anknüpfbarer Ge= dankeninhalt niedergelegt ist. Davon bleiben also noch alle Gebiete der Sprache unberührt, die sich auf eine specifische Anschauung — wie die Gewerke oder Künste — oder auf eine schärfere Analyse oder zusammenhängende Systematik — wie die Wissenschaften — beziehen.

Die Sprache ist für den Geist, was die Bodenfläche für den Leib des Volkes ist; gewiß ist der Boden die Quelle der Ernährung des Volkes, der sicherste Besitz, das eigentliche, unentreißbare Erb= und Eigenthum; so auch die Sprache für den Geist; aber so wie der Boden für das Volk werthlos ist, wenn es ihn nicht als nahrungsprossenden Acker verwerthet, so ist auch die Sprache erst dadurch Etwas, daß ein Inhalt durch sie gedacht, d. h. daß sie angeeignete, lebendige, ge= sprochene Sprache ist. Man kann den geistigen Reichthum eines Volkes nicht nach seiner Sprache allein, wie den mate= riellen nicht nach der bloßen Ausdehnung seines Grund und Bodens messen, sondern allein nach dem Maße als jene benutzt, und dieser urbar gemacht wird. Und wenn auch die Sprache vom Boden, wie alles Geistige vom Leiblichen, dadurch sich unterscheidet, daß jene Allen zugleich eignen, während dieser nur getheilt ihnen zugehören kann, so findet doch die Aehnlichkeit statt, daß auch von der Sprache der Eine ein größeres Ge= biet beherrscht als der Andere, und daß es von Wichtigkeit ist, ob auch dieser Besitz im Volke ein mehr gleichmäßiger oder ein sehr verschiedener ist. Gute Volksschriften ebnen die geistigen Ungleichheiten aus, und die Bibel ist eine geistige Sonne, welche in die Hütte wie in den Palast ihre Strahlen wirft und hier wie dort erleuchtet und erwärmt. Es heißt aber die einfachsten Grundsätze der Nationalökonomie des Geistes verleugnen, wenn man offene oder geheime, unmittel= bare oder mittelbare Vorkehrungen trifft, um einen beträcht= lichen Theil des Volkes von der Kenntniß seiner classischen Schriften auszuschließen, während diese auf dem besten Wege sind, Volksschriften zu werden. Die Culturpolizei mag vor giftigen Farben warnen, sie mag den Verkauf von entschieden giftigen Substanzen sogar verbieten; Luxusgesetze aber sollten auf geistigem Gebiete aus Rücksicht für den geistigen National= reichthum nicht zu einer Zeit auftreten, da sie auf materiellem Gebiet aus Rücksicht für den materiellen Nationalreichthum längst in Jedermanns Augen als veraltet gelten. Und wenn man nicht blos volkswirthschaftliche, sondern zugleich ethische und politische Gründe anführen sollte, welche die Luxusgesetze — wohl für immer — verbannt haben, so gelten eben dieselben gewiß in gleichem Maße in Bezug auf den Haushalt des geistigen Lebens.

Will man nun den Passus der jetzt glücklicherweise anti= quirten Preußischen Schulregulative, welcher sich auf die „so= genannten" Classiker bezog, lieber als ein modernes Luxus= gesetz, oder will man ihn als einen Paragraphen einer Gift= verordnung ansehen? — Dafür, daß sich immer wieder eine geistige Aristokratie bildet, braucht man wahrlich keine ausdrück= liche Sorge zu tragen; alle Vorkehrungen haben sich nur dahin zu wenden, daß der Abstand zwischen ihr und den Massen nicht zu groß werde. Die beziehungsweise kenntnißreichere und gebildetere Volksmasse wird den geistig Bevorzugten immer eine größere Ehrfurcht und Folgsamkeit bezeigen, als die kenntniß= losere und ungebildetere. — Die Collisionen der geistigen Aristokratie mit allen anderen Arten derselben gewinnen durch eine größere Ausehnung des Volksgeistes allerdings eine andere Gestalt. —

Also schon an der Sprache würden wir bei einer Ver= gleichung vieler Sprachen oder der verschiedenen Epochen in der Entwicklung einer Sprache eine verschiedene Gestaltung der Volkseinheit nachweisen können. Vollends wenn wir, um diese Verschiedenheit leichter anschaulich zu machen, zu anderen Be=

ziehungen im Leben des Volksgeistes übergehen. Beruhte die aufgezeigte Einheit auf einer Gleichheit des Stoffes nicht blos, sondern auch der Form und Wirkung in den Theilen, so sehen wir dagegen in einem zusammengesetzten Mechanismus, er mag nun aus einem oder mehreren Stoffen gebildet sein, eine Ein= heit, welche wesentlich auf der verschiedenen Form und Lage der Theile beruht, deren Wirkung von einander abhängt und in einander eingreift; eine Einheit, die in einer Verkettung von Einzelwirkungen der Theile besteht, dergestalt, daß entweder eine bestimmte Richtung oder eine Anhäufung von mechanischer Kraft erzielt wird; in diesem Ziel oder Zweck ist die Einheit, in der ursachlichen Wirksamkeit von Theil zu Theil die Bindeweise der= selben gegeben. Einem solchen Mechanismus wäre z. B. der ökonomische Bestand und Betrieb eines Volkes zu vergleichen. Ein Nationalökonom würde uns leicht zeigen, wie bei einem Volke, welches etwa zugleich Ackerbau, Viehzucht, Handel und Industrie treibt, alle ökonomischen Leistungen und Erfolge in einander greifen und von einander abhängen, wie bei aller wesentlichen Gleichheit der treibenden Kräfte — Arbeit und Genuß, Erwerb und Verzehr — eine Mannigfaltigkeit der Strebungen und Strömungen vorhanden ist, und wiederum bei aller Besonderung der Thätigkeit eine Einheit und innere Gemeinsamkeit derselben stattfindet; er würde uns zeigen, daß die Theile in ihrer nothwendigen Abhängigkeit von einander mehr oder minder günstig, Kräfte sparend oder vergeudend, ihre Leistungen gegenseitig hemmend oder unterstützend gebildet und vereinigt sein können. Auch hier nun würde sich bei ver= schiedenen Völkern eine Mannigfaltigkeit und in der Geschichte eines Volkes, ein Wandel der Bedeutung der Einheit und des Verhaltens der Theile in ihr darstellen.

Ein vorwiegendes Gebiet der Anwendung hat der Begriff

des Ganzen und der Einheit im Reiche des Organischen. Von den einfachsten Moosen bis hinauf zu den Fruchtbäumen (um bei der Pflanze stehen zu bleiben) sehen wir Einheiten, deren jede aus einem Vielen besteht, das aber zusammengefaßt und als Ganzes betrachtet werden muß, um sie in ihrer wahren und werthvollen Bedeutung zu begreifen. Hier beruht die Einheit ebenfalls nicht auf der Gleichheit der Eigenschaft oder Gleichmäßigkeit der Wirkung aller Theile, sondern im Gegentheil sie besteht neben, und was nicht minder gewiß ist, durch die Verschiedenheit der Theile. Die Zelle besteht aus Atomen, und schon in diesen ist durchschnittlich die drei= fache Qualität als Hülle, Flüssigkeit und Kern zu sein und zu wirken vorhanden. Der Baum besteht aus unzählbaren Zellen, aber indem sie Wurzeln, Stamm, Zweige, Blatt, Blüthe und Frucht bilden, sind sie eben von vielfach verschiedener Art und Natur. Die Einheit aber besteht in der Zusammenwir= kung dort der Atome, hier der Zellen oder der organischen Individuen. Man mag als Ursache dieser Zusammenwirkung noch ein besonderes „Princip," eine Lebenskraft oder wie es sonst heiße, annehmen oder nicht: die Vielheit und Mannig= faltigkeit der Theile tritt als Einheit in die Erscheinung und wird von der Erkenntniß als solche aufgefaßt durch die Ge= sammtwirkung Aller. Das Subject also dieser Gesammtwir= kung ist das Ganze; die Thätigkeit geschieht in allen Theilen und durch sie, dies aber nicht, indem sie als einzelne Indi= viduen oder als Atome, sondern indem sie als Theile des Ganzen, als Glieder der Gesammtheit, indem sie zusammen= gefaßt und ineinandergreifend als — Einheit wirken. Die Analogie des politischen und alles höheren Culturlebens mit dem organischen liegt auf der Hand. Die vielfältige und ver= schiedenartige Thätigkeit der Einzelnen verbindet sich zu einer

Gesammtwirkung; aber d i e s e Thätigkeit der Einzelnen wäre
gar nicht vorhanden, ist schlechthin undenkbar, ohne diese Ver=
bindung. Für den Einzelnen als solchen giebt es keine politische
Wirksamkeit. Also ist auch hier die Einheit, das Ganze, der
Gesammtgeist das eigentliche Subject alles dessen, was durch
seine Theile, die Individuen, geschieht. Innerhalb des Staates
übt Jeder, in Krieg und Frieden, eine an Inhalt verschiedene
und nach Graden abgestufte Wirksamkeit aus; allein der Ort
und die Art derselben ergiebt sich lediglich aus der Gesammt=
wirksamkeit des Ganzen.*) Der Einzelne kann nur nach seinen

---

*) Wie eine Probe auf die Rechnung muthet es an, wenn Virchow
neuerdings (in einem öffentlichen Vortrag „über das Fieber") erklärt: „man
muß den Leib auffassen als einen vielgliedrigen, durch und durch belebten
Organismus, dessen einzelne Theile allerdings mechanisch arbeiten, aber von
denen doch jeder einzelne zugleich den Grund seiner Thätigkeit, das Leben in
sich selbst hat. Viele Leben sind hier zu einem Gesammtleben vereinigt, viele
Sonderexistirungen mit unabhängiger Lebens= und Wirkungsfähigkeit sind in
eine gemeinsame Abhängigkeit zu einander gesetzt, und in dieser Abhängigkeit
werden die einen von den anderen beeinflußt, jeder nach seiner Art und der
Art des anderen. Manche sind höher ausgestattet und darum edler und
wichtiger in dem großen Gemeinwesen, andere sind schwächer, klein, arm und
vereinzelt, von geringer Bedeutung scheinbar, und doch in Fällen der Noth
schwer entbehrlich.

So ist der Leib des Menschen, und eben so der des Thieres und der
Pflanze, überhaupt nur zu vergleichen mit organischen Einrichtungen, wo
lebendige, mit eigener Selbstbestimmung begabte Einzelwesen mit einander in
Beziehung treten, also nur mit der Familie, dem Staate, der Gesellschaft.
Auch hier stehen die Kleinen und Unmächtigen neben den Großen und Ge=
waltigen, der gemeine Mann neben dem Magnaten und Potentaten, alle
als lebendige Glieder eines größeren Ganzen, jedes mit einem eigenen Leben
und Wesen, das seinen besonderen individuellen Ausdruck hat."

Wenn Virchow die Bemerkung anschließt, „daß man auch in dem Leben
der Staaten und der Gesellschaft von den Fiebern und deren Krisen um so
häufiger spricht, je mehr die natürlichen regulatorischen Kräfte gefesselt sind;"
so möchte auch der folgende Vergleichungspunkt noch Beachtung verdienen.
Das Charakteristische des Organismus ist es, daß alle Theile von allen,
also vom Ganzen, und das Ganze von den Theilen abhängig ist.

individuellen Kräften, d. h. nach dem psychologischen Gesetz seiner Individualität wirken, und er bleibt insofern ganz von der Gesetzmäßigkeit des individuellen psychischen Processes ab= hängig, sowie jeder Soldat von den physiologischen Gesetzen in Bezug auf seine leibliche Kraftaufwendung abhängig bleibt. Allein nichtsdestoweniger wird Ziel und Richtung, und (was das Aller= wesentlichste ist) der Inhalt der Thätigkeit eines jeden Einzelnen nicht sowohl aus seiner Einzelnatur, als aus der Natur und nach dem Gesetz der Gesammtheit, deren Glied er ist, bestimmt. Aus der Natur der Einzelnen als solcher fließt weder Aufgabe noch Richtschnur irgend einer politischen Thätigkeit; diese ent= springt einzig und allein aus dem Wesen der Gesammtheit, aus der Einheit des Nationalgeistes; gerade so, wie auch die Be= wegung und Action jedes Soldaten, vom Feldherrn selbst bis herab zum Trainknecht, nicht aus seiner individuellen psychischen

---

Aber im gesunden Zustand wirkt jeder Theil so für sich, als ob die anderen gar nicht da wären, kein Theil merkt die Thätigkeit des anderen, weiß von ihm. Ist der Magen gesund, so weiß das Gehirn nicht, daß der Leib auch einen Magen hat, und noch weniger weiß der Magen vom Gehirn. So weiß der Adelige, der Bauer in Ruh= und Friedenszeiten nicht, daß es Proletarier, daß es Fabrikarbeiter giebt; er kauft in der Stadt sein Seidenzeug, seine Wollen= und Baumwollentücher, seine Sensen und Messer, aber daß diese gemacht werden müssen, daß es Fabrikbezirke giebt, daß weiß er nicht, daran denkt er nicht. Umgekehrt kauft der Arbeiter sein Brot vom Bäcker; die Bauern, das Säen und Ernten, Dreschen und Mahlen sind Dinge, an die er nicht denkt. Aber es komme Theuerung auf der einen, Krieg auf der anderen Seite! nun berichten Schrift und Wort von der Er= hebung der Arbeiter, von den Klagen der Bauern u. s. w. Auch das Central= organ, immer verwaltend und vorsorgend für das Ganze — dazu in dem vollkommensten telegraphischen Verkehr mit allen Stationen der Peripherie — weiß gleichwohl Nichts von den peripherischen Organen, will Nichts wissen, thut, als ob es nicht wüßte. Aufmerksamkeit, Führung einer Conduitenliste über das Herz, oder den Darmcanal u. s. w. ist schon Zeichen von Krankheit. Ja übermäßige Aufmerksamkeit des Centralorganes aus freien Stücken kann selbst zur Krankheit führen. Selbst im Gemeinwesen des Körpers führt Miß= trauen zur Verderbniß!

und physischen Natur, wie sehr er immer an dieselbe gebunden
bleibt, sondern aus dem allgemeinen Wesen der Kriegführung und
der Einheit des Kriegsheeres entspringt. Die individuelle Natur
ist oft genug eine Schranke, aber niemals der positive Grund
der Wirksamkeit für das Allgemeine. Eine der dankbarsten Auf=
gaben der Völkerpsychologie wird es sein, zu untersuchen, wie
die mannigfache Gliederung der Gesammtheiten, welche Geschichte
und Ethnographie darbieten, und ihr Einfluß auf die Aus=
bildung der Einzelnen und die Zusammenwirkung des Ganzen
sich gestalten.

Was wir bei fast allen Völkern der Erde ausgebildet
finden, ist nur die auf dem Grunde natürlicher Abhängigkeit
errichtete Gliederung in Familien. Es sind dies nur Verhältnisse
von Einzelnen zu Einzelnen, die als organische betrachtet, sich
wie Schlingpflanzen in Raum und Zeit immer wiederholen und
fortsetzen. Von hier bis zu jenem Ideal einer durchgängig ge=
gliederten Gesammtheit, in welcher es möglich wird, daß von
allen Punkten des Ganzen zu einem hin und von einem zu allen
Wirksamkeit stattfindet, wird eine lange und mannigfach geartete
Scala zu durchlaufen sein.

In dem Maße wie Stämme und Völker an Cultur ge=
winnen, in demselben Maße sehen wir ihre Gliederung reicher,
die Ausbildung und Auszeichnung der Individuen größer, die
Ueber= und Unterordnung gewichtiger sich gestalten.

Ziel und Zweck des Lebens und damit auch Mittel und
Fähigkeit der Wirksamkeit muß einen Inhalt gewinnen, der
über den bloßen Zusammenhalt der Familie und die Be=
friedigung ihrer Bedürfnisse hinausgeht. Und aus der Ver=
bindung zur Gemeinsamkeit, die vorübergehenden Zwecken dient,
muß sich dauernder Gemeinsinn und Erwachen gemeinsamer
Ziele ergeben.

Weshalb ist der Stamm der Lappen unterjocht, immer mehr herabgewürdigt, von den besseren Wohnsitzen immer weiter in die Unwirthbarkeit vertrieben? Worin liegt das Uebergewicht jener normanischen Fischhändler über den Hirten= stamm? stehen jene Männer „von reinem Blute" nicht auch meist auf der gleich niederen Stufe menschlicher Bildung und Gesittung wie diese? Warum wehren sie sich nicht? Es fehlt ihnen keineswegs an Muth oder Tapferkeit; sie kämpfen un= verzagt gegen die wildesten Thiere, gegen die wildeste Natur; sie scheuen keine Gefahr und sind in der Handhabung der Feuerwaffen so geschickt, daß ihre Schützenkunst berühmt ist. Allein ihre todesmuthige Tapferkeit kehrt sich nur gegen die Naturmächte, die sie wunderbar bewältigen, und nicht gegen den schwachen, ja minder als sie selbst tapfern Culturmenschen, dem sie unterliegen.

Was ihnen fehlt, ist die Gemeinsamkeit; sie haben vollauf Gleichheit und in diesem Sinne Einheit; aber sie entbehren des Gemeinsinns. Sie haben keine Unterordnung, keine Gliederung, keinen gemeinsamen Zweck.

Jeder Einzelne ist dem Normann und noch mehr dem Finnen ebenbürtig; der bessere dem besseren, der schlechtere dem schlechteren Mann; jeder ist, als Einzelner, ein tüchtiger Mensch, mit Freiheitssinn und Tapferkeit begabt. Aber sie schließen sich nicht zusammen. Sie verfolgen keinen Cultur= zweck. Der Normann ist Fischer und Walfischfänger, er führt Stockfisch und Thran nach Bergen für halb Europa. Der Lappe wohnte früher an der Küste; aber er baut kein Schiff, fängt keinen Fisch als für den Tag. Es fehlt weder Geschick= lichkeit noch Tapferkeit zu Schiffbau und Wasserfahrt, aber Bau und Bemannung fordern Unterordnung, und diese fehlt. Den Gebrauch der Schußwaffe haben sie erlernt und sind darin

Meister geworden; den Bau der Schiffe haben sie nicht lernen wollen. Jäger kann Jeder allein sein.

Sie haben gleiches, sympathisches Bewußtsein; der Lappe liebt nur den Lappen, alle hassen den Finnen und den Normann; alle sind treu und ehrlich gegeneinander (während doch ein Normann den anderen haßt und betrügt, je nach Trieb und Verletzung seines Egoismus). Aber in der Bekämpfung der Lappen stehen die Normannen zusammen, die Lappen zerstieben. Jeder ist Hirt und Jäger für sich allein.

Weil sie keine Gemeinsamkeit haben, können sie keinen Culturzweck verfolgen; weil sie keinen Culturzweck verfolgen können, müssen sie von Jagd und Heerden leben; aber eben deshalb haben sie auch keine festen Wohnungen, denn sie müssen mit dem Rennthier wandern. Das Rennthier, der gepriesene Reichthum des Lappen, übt nämlich auf seinen Herrn einen tyrannischen, culturvernichtenden Einfluß; denn sobald der Frühling kommt, verlangt das Geschöpf, um vor Hitze und Stechfliegen geschützt zu sein, nach der kühlen Seeküste und läuft davon, wenn sein Wille nicht befolgt wird. Gleich starke Sehnsucht aber treibt es beim Nahen des Winters vom Meere in die eisigen Alpen zurück, wohin es entflieht, sollte sein Gebieter zu lange verweilen.*)

---

*) Man vergleiche dagegen, um das Bedeutende aus einem Geringfügigen zu erkennen, etwa den Gemeinsinn der Schweizer und als Beispiel desselben die Senngemeinden. Alle Sennen eines Berges, wiewohl sie meist abhängige und jedenfalls arme Leute sind, bilden eine Senngemeinde; äußerst selten haben sie irgend ein materielles Interesse zu berathen, aber die Züge zu Berg und zu Thal, deren Ordnung und Schmuck u. dergl. m. sind ihnen Ursache genug, an bestimmten Tagen Versammlung, Gemeinde zu halten, einen Ammann zu wählen u. s. w. Den Festzügen, wie den Gemeinden, schließen sich Wettspiele an: Springen — nach Höhe und Länge des Sprungs gemessen, — Steinstoßen und Schwingen (so viel wie Ringen, aber von bestimmter Art).

Aus denselben Gründen also, aus welchen wir den Be=
griff der Einheit auf die mannigfach zusammengesetzten Dinge
der Natur anwenden, werden wir ihn auch auf die Einheit im
Volksgeist anwenden müssen, und in wie weit aus denselben
Gründen, in so weit auch in demselben Sinne. Für die Klar=
heit und Festigkeit dieser Anschauung haben wir uns aber
immer besonders folgenden, bereits angedeuteten Gedanken zu
vergegenwärtigen. Bei der Betrachtung des geistigen Lebens
überhaupt gehen wir immer von den Einzelnen aus, in denen
wir das Dasein des Gesammtgeistes uns vorstellen, aus denen
wir uns dieses so zu sagen zusammensetzen wollen. Diese Ein=
zelnen aber denken wir uns, so wie die Erfahrung sie zeigt,
mit all den Eigenschaften und all dem Inhalt des geistigen
Lebens ausgestattet; wir betrachten sie mit ihrer Bildung und
Gesinnung, mit ihrem Wissen und Wollen, mit ihren Bestre=
bungen und Leistungen als individuelle Persönlichkeiten, als
ausgebildete Einzelne, und nun erst, hinterher, suchen wir den
Begriff und das Wesen der Gesammtheit, zu welcher sie sich
zusammenfügen. Bei allem Schein, nur die Thatsache auszu=
drücken, schließt diese Betrachtungsweise dennoch einen gewal=
tigen Irrthum ein. Jene Eigenschaften und Beziehungen des
geistigen Lebens, jener Inhalt ihres inneren Daseins kommt
in Wahrheit den Einzelnen gar nicht zu, wenn sie eben als Ein=
zelne betrachtet werden. Nur innerhalb der Gesellschaft, nur
im Zusammenleben, in der Zusammengehörigkeit zu einem Ge=
sammtgeist erwerben und besitzen die Einzelnen den geistigen In=
halt auch ihres Einzellebens. Sich die Menschen hinauszudenken
aus der Gesellung, sie schlechthin als Einzelne vorzustellen und
ihnen dennoch jene Ausbildung eines inneren geistigen Lebens
beizulegen, wäre, wie gesagt, eine bloße, allen Thatsachen
widersprechende Fiction; aber eben deshalb beruht es auf einer

solchen unberechtigten Fiction, wenn wir ihnen jene Ausbildung auch innerhalb der Gesellschaft insofern schon beilegen, als sie Einzelne sind. Gar nicht als Einzelne für sich betrachtet, sondern nur als Glieder der Gesellschaft, als Theile des Ganzen, als Theilhaber und Vertreter eines Gesammtgeistes besitzen sie jenes geistige Leben, vermöge dessen sie eben als individuelle Personen da sind und erscheinen. Die Gesellschaft ist die Bedingung und der nothwendige Durchgangspunkt, damit die Einzelnen das werden, was sie sind, geistig begabte, auf irgend welche Höhe des geistigen Daseins gestellte Persönlichkeiten. Also, wir können dies nicht nachdrücklich genug hervorheben, nicht aus den Ein= zelnen als solchen besteht die Gesellschaft, sondern in der Gesell= schaft und aus ihr bestehen die Einzelnen. Abstract metaphysisch betrachtet, oder auf den realen Ursprung zurückgreifend, werden wir beide Glieder des Verhältnisses, das Ganze und seine Theile, schlechthin gleichzeitig und zugleich wirkend uns denken müssen; fassen wir aber irgend einen historischen Moment ins Auge, dann werden wir sogar behaupten müssen, daß logisch, zeitlich und psychologisch die Gesammtheit den Einzelnen voran= geht. In der Gesammtheit e n t w i c k e l t und f i n d e t sich der Einzelne. Das Verhältniß ist hier gewissermaßen ein umgekehrtes gegen das eines freien Bundes, z. B. der Ehe. Bei dieser entspringt aus der Freiheit eine Nothwendigkeit, dort aus der Nothwendigkeit die Freiheit, die erst durch die Macht sittlicher Motive wieder zur inneren Noth= wendigkeit wird.

Dies nun führt uns zu einem zweiten Hauptpunkt unserer Betrachtung. Haben wir bisher die Thatsachen des vorliegenden Verhältnisses nur von der objectiven Seite aufzufassen ver= sucht, so müssen wir jetzt auch die subjective Seite desselben ins Auge fassen. Das Specifische in der geistigen Natur des

Menschen ist das Selbstbewußtsein, fragen wir also: wie gestaltet sich das Verhältniß der Einzelnen und der Gesammtheit, welche sie ausmachen, in dem Bewußtsein ihrer selbst.

Zunächst kann man wieder sagen, das Selbstbewußtsein der Gesammtheit lebt in den Gemüthern aller Einzelnen. Gleichwohl ist der Inhalt desselben ein ganz anderer und von ganz anderem Werth und Erfolg, als wenn Alle nur als Einzelne betrachtet würden, oder sich selbst betrachteten. In Wahrheit kann man in dem Selbstbewußtsein jedes Einzelnen, wenn es nicht als bloße Erfassung der eigenen und Unterscheidung von anderen Personen aufgefaßt wird, sondern als die Erkenntniß, innere Wahrnehmung und weiterhin Schätzung alles dessen, was das eigene Dasein und seinen Werth ausmacht, zwei wesentlich ver= schiedene, obwohl oft in einander greifende Elemente unterscheiden. Denn das Selbstbewußtsein eines Jeden gründet sich theils auf seine individuelle Beschaffenheit, seine Fähigkeiten und Neigungen, seine Wünsche und Gesinnungen, auf seinen inneren und äußeren Besitz; theils aber auf seine Beziehungen zum Allgemeinen, nach dem Maße und in der Art, wie er an dem Allgemeinen, zu dem er gehört, äußeren und inneren Antheil nimmt. Für die Glieder civilisirter Völker würde eine genaue psychologische Analyse ihres Selbstbewußtseins ergeben, daß es überwiegend auf diese Beziehungen zur Gesammtheit sich gründet, auf das, was sie sind und wollen, was sie haben und können, nicht für sich als Einzelne, sondern in der Gesammtheit, als Theile der= selben und für sie.

Man muß das individuelle Bewußtsein der Einzelnen von ihrem Antheil an dem Gesammtbewußtsein wohl unterscheiden, selbst wenn jenes eine allgemeine, national = charakteristische Eigenschaft eines Volkes ausmacht. So hat man z. B. beob= achtet, daß Form und Haltung des Selbstbewußtseins über=

haupt bei den verschiedenen Nationen verschieden sind; man sagt, das Bewußtsein des Spaniers sei stolz, das der meisten Slaven servil; Anderen hat man andere Schattirungen des Selbstgefühls zugeschrieben. Allein hiebei handelt es sich wesent= lich nur um das, wenn auch bei vielen oder allen In= dividuen einer Nation vorkommende Einzelbewußtsein der Per= sonen in ihrem Verhalten gegen andere Personen als Ein= zelne, wovon der Antheil Aller am Gesammtbewußtsein des Volkes gänzlich verschieden ist. Obwohl jenes mittelbar auf dieses wirken oder von diesem umgestaltet werden kann. Die Art und Form auch des individuellen Selbstbewußtseins ist charakteristisch für den Volksgeist, aber sie bildet keinen Theil oder Bestimmungsgrund für die Art des gesammten Selbst= bewußtseins des Volkes als Ganzes, denn jenes beruht allein auf dem Gegensatz des Individuums gegen andere Indi= viduen — des gleichen oder fremden Volkes —, auf dem Gegensatz des eigenen Volkes gegen andere Völker aber beruht das Gesammtselbstbewußtsein eines Volkes in allen seinen Gliedern.

Für dieses nun bildet zunächst und ganz allgemein schon die bloße Angehörigkeit zu dieser oder jener Gesammtheit den Hintergrund des Selbstbewußtseins; Jeder weiß sich als Eng= länder oder Franzose, als Schweizer oder Deutscher, von dem Soldaten, der für sein Volk gegen ein anderes kämpft, dem Diplomaten, der im Frieden Verbindungen mit ihm unterhält, bis zu dem einsamen Bewohner einer Bergeshöhe oder eines Thaleinschnitts, wo er nie einen fremden Laut vernimmt und gegen ein fremdes Interesse anprallt — lebt in allen Gliedern einer Nation das Bewußtsein, daß sie zu ihr gehören. Charak= teristisch ist der Name eines tamulischen Stammes, der sich „Wir" nennt; das Pronomen also, womit man sonst nur ein augenblicklich bestimmtes Zusammen von Personen ausdrückt, dient hier, die allgemeine Verbindung der Stammesangehörigen stehend zu bezeichnen. Auf dem Selbstbewußtsein aller Ein= zelnen also, aber nicht in wie fern sie als Einzelne sind und sich fühlen, sondern in wie fern die Angehörigkeit zu einer Nation von Jedem als zu dem Inhalt seines Daseins und zu dem wesentlichen Bestand seines Selbst gehörig im Be= wußtsein (mehr oder minder deutlich) aufgefaßt wird, beruht das gesammte Selbstbewußtsein einer ganzen Nation. Die Wucht und der Werth desselben ist aber bedingt schon von dem Werthe, den alle Einzelnen auf diese Angehörigkeit legen. Einer der prägnantesten Fälle der neueren Geschichte ist in den Stimmungen und Ereignissen gegeben, die in Spanien auftauchten, als Napoleon seinen Bruder der Krone entheben und das Land zu einem französischen Departement machen wollte.

Es unterliegt wohl keinem Zweifel, daß in den materiellen Verhältnissen kaum eine Aenderung eingetreten wäre, ob der Bruder Napoleon's auf dem spanischen Thron saß, oder der Kaiser der Franzosen selbst über Spanien herrschte; ob dieser Hülfstruppen für seine Zwecke aus dem brüderlich = bundes= genössischen oder dem eigenen Lande ausheben ließ u. dgl. m.; ja man hätte, materiell betrachtet, dem Anschluß an das mäch= tige Reich wohl gar den Vorzug geben können; gewiß aber ist, daß man über den materiellen Erfolg, über den politischen Unterschied im spanischen Volke eben nicht politisirte. Graf Azanza, der spanische Minister, machte Talleyrand bemerklich: „Es ist nicht ein und dasselbe, die Dynastie in Spanien ändern und es unternehmen, dieses Volk mit dem französischen zu vermischen. Die Empörung hat nicht zum Zwecke gehabt, die Bourbonen wieder auf den Thron zu setzen, sondern die

eigene Erhaltung und die Selbstständigkeit des Reichs. Die
baskischen Landschaften sind ein einleuchtender Beweis für diese
Wahrheit. Sie blieben friedlich, so lange sie einen Theil der
spanischen Monarchie ausmachten, und in demselben Augenblick
als der General Thouvenot von ihnen im Namen des Kaisers
Besitz nahm, setzen sie sich in vollen Aufstand. Alsbald, wenn
der Befehl der Vereinigung Spaniens mit Frankreich bekannt
gemacht wird, werden sich die Geister von Neuem erbittern, sich
die ruhigen Provinzen erheben, und der zahlreiche Anhang des
Königs Joseph mit den Insurgenten gemeine Sache machen: Die
Folgen werden furchtbar sein.".... „Talleyrand lachte über alles
dieses"....

Fast noch einleuchtender, möchte ich hinzufügen, als der
Aufstand der Basken, spricht zu uns die Stimmung des Grafen
Azanza selbst für die Tiefe jenes Unterschiedes. Bei einem
Diplomaten, einem treuen Minister des durch den Eroberer
eingesetzten Königs ist es eben so belehrend als ergreifend, jene
tief schmerzliche Bewegung zu sehen, die aus jedem Wort, wie
eine gewaltsam zurückgedrängte Thräne unwillkürlich hervorbringt,
sobald er auf den Uebergang zu sprechen kommt von der Unter=
jochung des Reiches zu einer Einverleibung desselben.

Die Beziehungen des öffentlichen wie des privaten Selbst=
bewußtseins sind in der That von einer räthselhaften Tiefe und
Stärke. Würde nicht auch ein Einzelner es als herbe Tyrannei
empfinden, wenn man ihn, ohne irgend eine Veränderung seiner
materiellen Verhältnisse, ohne irgend eine Beschränkung seiner
Freiheit, z w i n g e n wollte, seinen Namen abzulegen und einen
neuen anzunehmen?

Die hohe Bedeutung des Selbstbewußtseins für den Volks=
geist leuchtet dann am meisten ein, wenn man Ursprung, Energie

und Erfolg desselben prüfend, erkennt, daß das W e s e n d e s
V o l k e s selbst, also in der Wissenschaft auch die Definition
desselben darauf beruht.

An anderer Stelle („Einleitende Gedanken über Völkerpsychologie", Zeitschrift Bd. 1., S. 30 ff.) haben wir zu zeigen
versucht, weßhalb weder Abstammung noch Sprache, weder
gemeinsamer Wohnsitz noch getheilte Geschichte für sich allein
oder zusammen einen deckenden Begriff für das Wesen des
Volkes ergeben, und ich hebe hier nur einiges Wesentliche
hervor.

Man kann eine Classification des Menschengeschlechts nach
der Abstammung geben. Allein in der Reihe der so entstehenden,
vom ganzen Geschlechte abwärts immer geringer an Umfang
werdenden Classen, auf dieser Stufenleiter der Aehnlichkeiten
liegt der Punkt, die Classe Volk nirgends, weil er überhaupt
nicht auf diesen natürlichen Verhältnissen allein beruht, weil auch
thatsächlich bei jedem Volke andere genealogische Verhältnisse
obwalten, weil also der Begriff Volk gar nicht blos vom leiblichen zoologischen Gesichtspunkt aus gebildet ist, sondern von
einem geistigen.

In die natürliche Vertheilung des Menschengeschlechts
nämlich nach Racen, größeren und kleineren Stammgruppen,
Stämmen, Familienvereinen, Familien, greift der Geist, die
Freiheit, die Geschichte ein und trennt natürlich Zusammen-
gehöriges, vermischt natürlich Verschiedenes oder ähnlich dasselbe einander an. Die geistige Verwandtschaft und Verschiedenheit ist also unabhängig von der genealogischen. Auf
diesem Eingriff nun der geistigen, geschichtlichen Verhältnisse
in die natürlich gegebenen Unterschiede beruht der Begriff
Volk; und das, was ein Volk zu eben diesem macht, liegt
wesentlich nicht sowohl in gewissen objectiven Verhältnissen

wie Abstammung, Sprache u. s. w. an sich als solchen, als
vielmehr blos in der subjectiven Ansicht der Glieder des Volks,
welche sich alle zusammen als ein Volk ansehen. Der Begriff Volk beruht auf der subjectiven Ansicht der Glieder des
Volks selbst von sich selbst, von ihrer Gleichheit und Zusammengehörigkeit. Handelt es sich um Pflanzen und Thiere, so ist es
der Naturforscher, der sie nach objectiven Merkmalen in ihre
Arten versetzt; Menschen aber fragen wir, zu welchem Volke sie
sich zählen. Race und Stamm bestimmt auch dem Menschen
der Forscher objectiv; das Volk bestimmt sich der Mensch selbst
subjectiv, er rechnet sich zu ihm.

So scheint uns nun die einzig mögliche Definition etwa
folgende: ein Volk ist eine Menge von Menschen, welche sich
für ein Volk ansehen, zu einem Volke rechnen. Mit dieser
Definition ist dann — schon um den logischen Fehler, den sie
enthält, zu corrigiren — die Aufgabe gestellt, zu zeigen, was
diese subjective Ansicht der Glieder eines Volkes enthält, welche
Gleichheit unter einander sie meint, nach der sich die Einzelnen
zusammenrechnen; worauf sie beruht und wie sie sich bildet.
Nicht wir also haben aus uns, d. h. aus der Prüfung objectiver Verhältnisse eine Definition von Volk zu geben, als von
einem festen, objectiven Begriffe, der einem festen Objecte ent-
spräche; sondern wir haben die vorhandenen subjectiven, von
den Völkern stillschweigend (implicite) gegebenen Definitionen
von sich selbst zu erläutern. Denn es leuchtet auch ein, daß
nicht jedes Volk dieselbe Definition oder denselben Begriff
Volk zu haben braucht, wie auch jedes auf besonderem Grunde
ruht. Nach anderen Merkmalen rechnet der Franzose Jemanden
zum französischen Volke, nach anderen sieht der Deutsche den
Deutschen als solchen an, und nach wieder anderen nennt der
freie Nordamerikaner Jemanden seinen Mitbürger: wiewohl

es diesen Definitionen nicht so sehr an gemeinsamen Elementen fehlt, daß sich nicht auch sollte allgemein sagen lassen, was die Völker unter Volk verstehen.

Man wundere sich nicht über die subjective Natur, die wir dem Begriffe Volk zuerkennen. Das Volk ist ein rein geistiges Wesen ohne irgend Etwas, was man anders als blos nach Analogie, ganz eigentlich seinen Leib nennen könnte, wenn es auch nicht unabhängig ist von materiellen Verhältnissen. Volk ist ein geistiges Erzeugniß der Einzelnen, welche zu ihm gehören; sie sind nicht ein Volk, sie schaffen es nur unaufhörlich. Genauer ausgedrückt ist Volk das erste Erzeugniß des Volksgeistes; denn eben nicht als Einzelne schaffen die Einzelnen das Volk, sondern insofern sie ihre Vereinzelung aufheben. Das Bewußtsein von dieser Selbstaufhebung und von dem Aufgehen in einem allgemeinen Volksgeiste spricht sich aus in der Vorstellung Volk. Der Volksgeist schafft die Vorstellung und damit auch die Sache Volk, und hat in dieser Vorstellung sein Selbstbewußtsein, in dem Grade etwa wie der Mensch, der sich als besonderen Menschen weiß, also wie das Kind, welches sich mit seinem Namen bezeichnet, oder auch schon wie die große Masse der Menschen ein impirisches Ich hat. Wie jedes Individuum, also hat auch jedes Volk sein eigenthümliches Selbstbewußtsein, wodurch es erst zu einem besonderen Volke wird, wie jenes zu einer besonderen Person; und wie jedes Einzelnen, so beruht auch des Volkes Selbstbewußtsein auf einem bestimmten objectiven Inhalt; das Selbstbewußtsein geht aus dem Bewußtsein hervor, seine Kraft und seine Würde richtet sich nach letzterem; so wird auch das Selbstbewußtsein des Volkes sich immer auch auf solche objective Verhältnisse wie Abstammung, Sprache u. s. w. stützen; der springende Punkt in ihm aber, oder das Licht, womit er sich beleuchtet, ist jener subjective, freie Act der Selbsterfassung als ein Ganzes und als e i n Volk. Diese Eigenthümlichkeit jedes Selbstbewußtseins hindert aber nicht, das Selbstbewußtsein auch an sich als allgemeines Erzeugniß des Bewußtseins im Einzelgeiste und im Volksgeiste nach Inhalt und Form in Betracht zu ziehen.

Die Ansicht, welche jedes Volk von sich hat, und nach welcher es die Einzelnen Alle zu sich zählt, gewinnt eben da= durch, obwohl sie an sich etwas Subjectives ist, eine objective, schöpferische Macht und kann also niemals irren. Ob z. B. der Ungar ein Indoeuropäer ist, ob er zur kaukasischen Race gehört, das weiß er als Ungar nicht, das muß er sich von der Ethno= logie sagen lassen, und diese kann irren; aber, daß er Ungar ist, das weiß er unmittelbar als solcher und unfehlbar, weil er sich unaufhörlich dazu macht. Hier ist der Fall, wo eine Erkenntniß ihren Gegenstand schafft, also mit ihm zugleich ist. Es rechnet Jeder den Anderen in einem Volke mit sich zusammen; es findet also Wechselseitigkeit statt. Dies muß eine gewisse Gleichheit zur Ursache haben, wird aber auch selbst wieder Ursache dieser Gleichheit. Der Inhalt dieses Gleichen ist der V o l k s g e i s t.

Der mittelalterliche und der absolute Staat hat in Europa eine starke physiologische und psychologische Mischung der Völker herbeigeführt und zugleich das natürliche Selbst= bewußtsein derselben wesentlich herabgedrückt. Wie viel und wodurch die Cultur des vorigen Jahrhunderts dazu beigetragen, die Energie des Begriffs der Nationalität herabzusetzen, dies zu erörtern ist hier der Ort nicht. Bemerkenswerth aber ist es, daß der im Anfang dieses Jahrhunderts gemachte Ver= such, den absoluten Staat zu einem Universalstaat zu vollenden, den Erfolg gehabt hat, dem Begriff der Nationalität neue

Lebenskraft zu verleihen und das Selbstbewußtsein der Völker wiederum auf die objectiven Elemente desselben zu begründen. Das Selbstbewußtsein also, oder das Bewußtsein der Zusammengehörigkeit bildet den Kern jedes Volksgeistes; aber nicht blos dem Maße, sondern auch der Art nach ist es verschieden; hier ist es der Stolz auf die Großthaten, dort die Befriedigung an dem Geistesleben oder die Gemüthsfülle, die sich damit verbindet; bei den einen stützt sie sich auf die Macht, bei anderen auf die Freiheit der Institutionen u. s. w. Das Lebenselement dieses S e l b s t b e w u ß t s e i n s ist also keineswegs eine a b s t r a c t e V o r s t e l l u n g; so wenig irgend ein Mensch in seinem individuellen Selbstbewußtsein blos die starre und leere Selbstunterscheidung von Anderen zum Inhalt hat, eben so wenig denkt Jemand als theilnehmender Träger des Gesammtselbstbewußtseins blos die abstracte Vorstellung, daß er diesem oder jenem Volke angehört; nicht blos daß er ein Franzose, ein Deutscher ist, denkt er, sondern auch: was er ist, indem er es ist. (Vgl. oben S. 132.) Die Aufgabe und die Leistung, die Stellung und Bedeutung, kurz, die Idee und die Kraft, die Gesinnung und das Ziel des Volkes schweben ihm vor. Unendlich mannigfaltig sind natürlich die Abstufungen in Bezug auf den Reichthum, die Klarheit und die Energie dessen, was darunter gedacht wird innerhalb einer jeden Nation; ist es doch mit dem individuellen Selbstbewußtsein nicht anders, jeder unterscheidet wohl sein Selbst von anderen, aber wie viel er bei diesem Selbst von seinem wirklichen äußeren und inneren Leben gerade denkt, das ist bei den Personen (und bei derselben Person in verschiedenen Zeiten) sehr verschieden. Und doch ist wiederum eine gewisse Einheit und Gleichmäßigkeit insofern wahrzunehmen, als in den verschiedenen Nationen ein verschiedenes

Maß dieser Abstufung erkennbar ist. Ein Hellene zu sein, war für jeden Griechen geistiger Inhalt genug, um sein Bewußtsein über das aller anderen Menschen zu erheben. Wie tief übrigens diese bloße, Allen gemeine Vorstellung von der Zugehörigkeit zum bestimmten Ganzen in dem Bewußtsein jedes Einzelnen wurzelt und wie trieb= und keimkräftig sie sich durch das ganze innere Leben desselben verbreitet, mag man aus der einfachen Thatsache erkennen, daß bei einem Aufruf zu nationalen Thaten kein Anruf erweckender und schlagender wirkt, als das Volk bei seinem Namen zu nennen. Es wäre ein feines psychologisches Capitel und gewiß nicht ohne historischen Ertrag, wenn man die Anreden bei verschiedenen Völkern unter verschiedenen bedeutenden Anlässen vergleichen wollte!

Vermöge der bloßen Angehörigkeit also ist die ganze Nation stolz auf jeden bedeutenden Bürger — er mag in aus= gesprochen nationaler oder in jeder anderen Beziehung be= deutend sein — und jeder Bürger auf seine Nation; auch trägt die Nation die Schmach der Verworfenheit hervorragen= der Individuen oder größerer Massen; der tiefste, tragische Schmerz für den Einzelnen aber ist es: die Schmach seiner Nation zu sehen.

Aber nicht die bloße Angehörigkeit überhaupt gestaltet das Selbstbewußtsein des Einzelnen zum Gliede des Ganzen, son= dern die bestimmte Weise derselben, der Stand und die Stellung, welche Jeder in der Nation einnimmt; also das Selbst= bewußtsein, welches sich eben auf die bestimmte Beziehung zum Ganzen gründet. So erscheint denn als Grund und Maß für die mannigfaltige Abstufung in dem zusammen= gesetzten nationalen Selbstbewußtsein die Fähigkeit und Gelegen= heit, welche dem Einzelnen gegeben ist, für seine Nation und in derselben etwas zu bedeuten. Aber man muß sich vor der

Täuschung hüten, als ob in der Summe oder der musivischen Zusammensetzung jener abgestuften Maße des Bewußtseins der Einzelnen je nach ihrer wirklichen Leistung und Bedeutung ein deckendes Bild für das vorhandene Leben des Gesammtbewußtseins enthalten wäre; vielmehr hat sich uns hier noch eine Quelle innerer Lebendigkeit zu offenbaren, welche allein aus der Natur der Gesammtheit als solcher entspringt. Wir können dies vielleicht am besten an der Thatsache einer anderen geschlossenen geistigen Einheit uns vergegenwärtigen.

In einem Heer hat jeder Mann von dem Gemeinen bis zum Kriegsoberhaupt seine bestimmte Stellung, je nach dem Geschäft und der Befugniß, welche ihm ertheilt ist; jeder ist sich dieser seiner Stellung bewußt, ihr Werth und ihre Schranke tritt ihm in jedem Moment, in jedem Dienst und bis auf die Kleidung tritt sie ihm deutlich entgegen. Also aus dem Selbst=bewußtsein aller Einzelnen setzt sich die wohlgegliederte und festgeschlossene Einheit des Selbstbewußtseins des ganzen Heeres zusammen. Gleichwohl gestaltet sich das wirkliche innere Bild dieses gesammten Selbstbewußtseins eines Heeres oder einer Truppe durchaus nicht blos nach dem abstracten Schema der Rangliste und des Dienstreglements, nach der Anzahl der Litzen, Knöpfe, Epaulettes und Sterne, noch ist es eine Summe, welche sich danach vorausberechnen läßt. Abgesehen nämlich von der tiefgreifenden Verschiedenheit, welche trotz aller Festig=keit der Bestimmung stattfinden kann, einerseits durch die ver=schiedene Art der Leistung und andererseits durch die verschiedene Klarheit und Innigkeit des Bewußtseins jedes Einzelnen, zeigt sich noch ein anderer Grund, der dem Inhalt des Be=wußtseins Aller eine ganz andere Fülle und Richtung verleiht. Es hat und trägt nämlich jeder Einzelne das Bewußtsein nicht blos von seiner eigenen Pflicht und Leistung, sondern zugleich von der der Anderen; die Gemeinen einer Compagnie tragen den Werth (oder Unwerth) ihres Führers im Bewußt= sein, das Bewußtsein des Officiers stützt sich auf die Tüchtig= keit seiner Soldaten; die Compagnieführer zusammen tragen das Bewußtsein des Regiments auf dessen Führer über, und dieser sieht seinen eigenen Werth in dem specifischen Werth seiner Untergebenen, und dem Bewußtsein von ihm, das sie ihm entgegenbringen. Wie sich dies von Stufe zu Stufe ver= kettet, wie sich Wirkung und Gegenwirkung wiederholt und steigert, wie von jedem Punkte der breiten Basis bis zur Spitze des Thurmes eine gerade Linie führt, wie von dem Feldherrn bis zur Masse der Gemeinen — darin Eins, daß menschliches Bewußtsein die Triebkraft all ihrer Leistung ist — eine gegenseitige Hebung und Erfüllung des eigenen Bewußt= seins durch die Würde und Werthung des anderen stattfindet, dies sich zu vergegenwärtigen sei jeder Phantasie überlassen. So viel ist ersichtlich: was man den bestimmten Geist einer bestimmten Truppe zu einer bestimmten Zeit nennt (wovon sie an ihrem Selbstbewußtsein das vollendete Spiegelbild hat), das ist ein aus unendlich vielen und unendlich feinen Fäden des Bewußtseins gesponnenes Netz, das aber dennoch in der Gesammtwirkung sich als eine bedeutende, vielleicht als die stärkste Macht erweist. Es sind das gleichsam lauter unsicht= bare, unwägbare Kräfte, aber Gedeihen und Zerrüttung sind durch sie bedingt. In der Geschichte werden allerdings nur die glänzenden Beispiele eines solchen Gemeingeistes bemerkbar; allein die Beobachtung eines jeden Wachsthums mag man füglich an den vollkommensten Exemplaren machen, wirksam aber sind seine Gesetze in allen Exemplaren einer Gattung, auch in den verkrüppelten, nur unter hemmenden Bedingungen.

Das Wesentlichste also, was wir in Bezug auf das Ge=

sammtbewußtsein einer Gesammtheit von sich zu betrachten haben, ist dies: daß das Selbstbewußtsein jedes Einzelnen als Glied in der Gesellschaft sich über den Inhalt und den Werth seiner Einzelheit weit erhebt, indem er das Bewußtsein der Anderen, und beziehungsweise das der Gesammtheit in sein Selbst auf= nimmt. Jeder also, der an irgend einer Gesammtheit thätigen Antheil nimmt, hat eine energische und concrete Vorstellung von dem Inhalt und Zweck der Gemeinschaft, und sein eigenes Selbstbewußtsein, indem es seine Theilnahme an derselben ent= hält, schließt das Bewußtsein der Gesammtheit in sich ein. Das Selbstbewußtsein des Ganzen setzt sich also, um es mathematisch auszudrücken, nicht als Summe der Einzelnen zusammen, sondern als ihre Potenz. Dies nun, meine ich, ist jener Geist, der sich in der Masse entbindet, ohne am Einzelnen vorhanden oder erkennbar zu sein, jene Erhöhung und Erhebung, wo immer Viele zusammenwirken, man mag an die Gemeinde oder die Jury, an das Volksfest oder den Aufstand, an das Parlament oder das Bataillon denken.*) In einem Staate oder einer Nation ist natürlich von einer so festen Rangordnung wie in einem Heer nicht die Rede; das aber ist unzweifelhaft, daß auch hier das Selbstbewußtsein sich ebenfalls aus dem aller Einzelnen zusammensetzt, und daß auch hier, wie wenig greifbar es sich der Beobachtung darstellen mag, eine innere Gliederung stattfindet, in einem Verhältniß, das aus mehreren Factoren, wie wir gesehen haben, sich gestaltet, deren wesentlichster immer die Theilnahme ist, welche die Einzelnen für das Ganze an den Tag zu legen berechtigt oder geneigt sind. Abgesehen also von jeder politischen Frage des Rechts ist rein als Erfolg der psycho=

---

*) Daß aus diesem Grunde das mit Selbstbewußtsein so innig ver= bundene Ehrgefühl so gesteigert erscheint, wo Viele zu einer besonderen Ge= sellung zusammengeschlossen sind, darüber vergl. oben S. 144 ff.

logischen Betrachtung festzustellen, daß das Selbstbewußtsein einer
Nation und ihr Werth — (denn der Werth einer Nation ist
niemals größer als ihr Bewußtsein) bedingt ist von der Theilnahme, welche sie ihren Bürgern zugesteht, von dem Maße, in
welchem das Ganze jedem Einzelnen diese Theilnahme schenkt
und von ihm fordert. Nur muß man auch hier bedenken, daß
ein Heer aus lauter Generalen und Lieutenants ein schlechtes
Heer sein würde. Auf einer mannigfachen Gliederung, auf dem
Gegensatz von Anzahl und Würde beruht einerseits der beste
Halt und andererseits der höchste Werth jener Erweiterung des
Selbstbewußtseins in die Höhe und in die Breite.

Daher sind es auch vorwiegend Kriegsthaten, welche das
erhöhte Selbstbewußtsein der Nationen erzeugen und selbst bei
despotischer Regierungsform es erhalten und fördern; Kriegsthaten, welche, wie wir eben gesehen haben, nach der geistigen
Seite ihres Ursprungs und ihres Erfolges durch eine Vielheit
vollzogen werden, in der jeder Einzelne seine bestimmte, bewußte
Stelle hat. Wo immer die Söhne des Landes kämpften, ob
ausgehoben oder freiwillig eingetreten oder geworben, als heim-
kehrende Sieger haben sie dem Selbstbewußtsein des Volkes neue
Elemente wirklich nationalen Lebens und gemeinsamer That
zugeführt; nur in jener Zeit der organisirten Kriegsbanden, wo
diese als Kriegsnomaden umherzogen und jedem Herrn und
jedem Lande dienten, da mußte auch der Sieg ohne unmittelbaren inneren Erfolg für das Nationalbewußtsein bleiben, und
dies eben hatte dem modernen absoluten Staat den Boden
bereitet.*)

---

*) Die Erhebung des Selbstbewußtseins im Volke Friedrich's des
Großen — wenn man sie gegen die obige Behauptung anführen wollte, —
hatte und gewann keinen anderen Inhalt als seine Siegs- und Helden-
thaten; nur die bildende Aufklärung hatte sich als ein öffentliches Element

Wir haben bisher unsere Frage zu beantworten gesucht, indem wir uns den Gesammtgeist gleichsam in Ruhe und im Stillstand vorgestellt haben; fragen wir uns, wie sich das Verhältniß, dessen Erkenntniß wir suchen, gestaltet, wenn der Nationalgeist in Bewegung gedacht wird. Zwar Ruhe und Bewegung sind hier durchaus nur relative Begriffe; da es sich um ein unausgesetzt thätiges Wesen handelt, können wir auch seine einfache stetige Thätigkeit als Bewegung ansehen; wiederum kann die gleichmäßig wiederkehrende, in alten Geleisen fortgehende Bewegung als eine relative Ruhe betrachtet werden, im Unterschiede von dem Aufsuchen neuer Bahnen, von dem Streben nach neuen Zielen. Wir werden darum mit Recht und ganz in überliefertem Sinne von Fortschritt und Bewegung des Nationalgeistes da zu reden haben, wo zur Erhaltung Bereicherung des Inhaltes, zur Wiederholung Umgestaltung sich fügt, wo er schöpferisch den Kreis seines Lebens erweitert oder vertieft. Wir haben den Inhalt des Gesammtgeistes in den Einzelnen als Zusammengehörigen vertreten gefunden: wie geschieht es, wenn dieser Inhalt sich ändert?

Man pflegt die Fortschritte der Nationen auf verschiedene, mehr oder weniger einseitige Weise zu erklären.

Im Laufe unseres Jahrhunderts sah man in der philosophischen Geschichtsbetrachtung, und von hier aus auch in der

---

noch von zweien, von einander fast unabhängigen, Seiten über weitere Kreise verbreitet.

Wie wenig aber z. B. der Glanz Ludwig XIV. über sein Hoflager hinaus das Selbstbewußtsein des Volkes zu ergreifen vermochte, kann nicht stärker als aus der einen Thatsache erhärtet werden, daß man die Leiche des großen Halbgotts von der vorgeschriebenen Straße nach St. Denis, weil diese mit Possen- und Maskenspielen zur Verhöhnung des dahingestreckten Tyrannen angefüllt war, ablenken und auf geheimen Umwegen zur Gruft führen mußte.

öffentlichen Bildung, drei verschiedene Formen der Auffassung auf einander folgen, welche allmälig ihre gegenseitig kritische Ergänzung fanden. Die erste dieser Formen war die Hypo = stasirung der Principien. Aus Abstractionen, welche an und für sich berechtigt waren, allgemeinen Begriffen, welche geeignet waren, die eigenthümliche Lebensrichtung und schöpferische Thätigkeit eines Volkes treffend zu bezeichnen und von denen anderer Völker zu unterscheiden, oder die Erscheinung großer historischer Ereignisse im Zusammenstoß der Nationen zu kennzeichen, aus diesen allgemeinen Begriffen machte man Principien, welche jene Völker geleitet, diese Ereignisse hervorgebracht haben sollten. Fast wie in der früheren Naturbetrachtung für jede einzelne Erscheinung — anstatt den Proceß und seine Bedingungen in ihr aufzusuchen — ein principium expressivum als Ursache derselben angenommen wurde: legte man auch dem Verlauf der Geschichte Principien zu Grunde, welche „in die Welt treten." Solche Betrachtungsweise, deren Begriffe, wie gesagt, als zusammenfassende und übersichtliche Abstractionen noch so zutreffend sein mögen, gewährt keinerlei Einsicht in den eigentlichen Vorgang der Geschichte; denn die Principien schweben nicht in der Luft; im Volke und den hervorragenden Individuen desselben mindestens müssen sie wirksam sein.

Nicht sehr verschieden davon war die beliebte Form, den „Zeitgeist" zu personificiren. Die Frage nach dem eigentlichen Subject, nach dem Träger der Handlungen wird dabei noch mehr in den Schatten gestellt; der Zeitgeist ist seiner Natur nach ein durchaus unbestimmter Begriff, desto unbestimmter, wenn man, wie gewöhnlich geschieht, davon redet, daß es innerhalb derselben Zeit, also auch des Zeitgeistes, Leute giebt, welche gegen ihn ankämpfen; aber auch bei einer glücklicheren Fassung desselben, wenn man ihn in seinen Gegensätzen begreift, wird er immer mehr geeignet sein, die Signatur als das Subject des öffentlichen Geschehens zur Anschauung zu bringen.

Trotz aller Uebertreibung stellte man sich dann der Wahrheit bei weitem näher, als man den Verlauf der Geschichte in eine Apotheose des Genius verwandelte. Aber die Uebertreibung ist nicht zu verkennen; man vergaß, daß auch das Genie nicht nach Belieben schaffen und denken kann, man vergaß, daß auch das Genie Schranken hat nicht blos in der schaffenden Kraft, sondern vor Allem in der ausbreitenden Gewalt, deren Bedingungen auch außer ihm liegen.

Nunmehr können wir den Grundsatz aufstellen, der in der neuesten Geschichtschreibung schon mit größerer oder geringerer Klarheit zur Anwendung gekommen ist: daß man, um das Völkerleben in seiner Entwicklung zu begreifen, jedesmal so genau und vollständig als immer möglich den ganzen Volksgeist ins Auge fassen muß; dies heißt, um es kurz anzudeuten, nichts Anderes, als: den Complex von Personen und deren Gliederung, den Complex von subjectiven Arbeiten und Thätigkeiten und ihre Gliederung, den Complex endlich von objectiven Antrieben, die aus der Natur und der Geschichte der Personen, ihrer Handlungen und ihrer Verhältnisse, als Ziele und Ursachen weiteren Geschehens, sich ergeben. Nur durch eine solche Betrachtungsweise wird es möglich sein, eine psychologische Analyse, d. h. eine wirklich erklärende Einsicht in historische Ereignisse zu gewinnen. Ich will hier nur auf einen Punkt hinweisen, wie bei allen bisherigen Fortschritten der Pragmatik die eigentliche psychologische Analyse dennoch neue Gesichtspunkte ans Licht zu stellen geeignet sein wird.

Neben den objectiven Verhältnissen der Politik, der force des choses oder, wie man neuerdings sagt, der Logik der Thatsachen, neben den Interessen und den Leidenschaften pflegt man auch den sittlichen Ideen, denen des Rechts, der Billigkeit und des Culturfortschritts einen Platz unter den treibenden, lebendigen Kräften der Geschichte einzuräumen. Von der Wirksamkeit ästhetischer Motive aber in der Geschichte ist meines Wissens noch nirgends die Rede gewesen. Zwar von dem Einfluß politischer, überhaupt historischer Ereignisse auf die Blüthe oder den Verfall der Künste hat man oft gesprochen; seltener schon umgekehrt von dem Einfluß, den der Stand der Künste etwa auf die anderen Formen des Cultur= und speciell des politischen Lebens ausübte. Man hat dies Causalverhältniß nicht mit der gleichen Unbefangenheit betrachtet, als das gegentheilige.

Wir aber wollen gar nicht auf die Beziehungen der Kunst, auf die Schöpfung und Anschauung ästhetischer Gebilde hin= weisen; dagegen die Wirksamkeit rein ästhetischer Motive ge= denken wir in Gebieten und Ereignissen nachzuweisen, welche dem Zwecke nach ganz und gar nicht auf das Schöne gerichtet, aber auch den Mitteln nach scheinbar von demselben ganz un= berührt sind.

In der Gestaltung nicht blos des häuslichen und im engeren Sinne geselligen, sondern auch des gesellschaftlichen Lebens, in den eigentlich politischen Ereignissen des Krieges wie des Friedens wird man neben den ethischen auch die ästhetischen Ideen als kraft= und maßgebende Principien wirk= sam sehen.

Versuchen wir nun uns einige ganz allgemeine Grundzüge des Fortschrittsprocesses eines Volksgeistes zu vergegenwärtigen, innerhalb welcher mannigfaltige Modificationen möglich sind.

Da die Massen niemals im engeren Sinne des Wortes schöpferisch (productiv) sind, sondern nur aufnehmen, nach=

achtend und nachahmend handeln, immer einer Fahne folgen, die
ein Hervorragender voranträgt, so sind es die Wenigen, mit
einem Worte die Genies, welche, nicht willkürlich, sondern aus
der gegebenen Geschichte, objective Ideen schöpfen, sie in der
Masse — abgestuft — verbreiten, und das Ganze so in
handelnde Bewegung versetzen; was natürlich eben so sehr
von rein innerlicher Thätigkeit, von geistigem Fortschritt gilt,
wie von jeder äußeren Action. Es ist bemerkenswerth, daß
selbst die Wünsche und Hoffnungen der Massen immer zuerst
von Wenigen, wenn auch nicht erzeugt, so doch zur Klarheit
und zum Ausdruck gebracht werden. Wir müssen aus diesen
Gründen bei diesem Verhältniß der Wirksamkeit hervorragender
Individuen auf die Gesammtheit noch etwas mehr verweilen.
Nur angedeutet aber mag hier werden, daß nicht alle historischen
Bewegungen in dieser gleichsam idealen Art, unter der Leitung
nämlich von genialen Führern auf dem Grunde objectiver
Ideen, vor sich gehen. Die Massen gerathen zuweilen in
eine ungezügelte Bewegung, überrennen ihre Führer, entwickeln
eine gedankenlose Gewalt; das Allerleichteste im Reiche des
Geistes ist es, irgend einen gegebenen Gedanken einfach zu
verneinen; am Niederreißen und Zertrümmern kann Jeder
mithelfen ohne sonderliche Anleitung; — auch am Aufbau
könnte Jeder helfen, aber nur unter Leitung der Werkmeister;
die Massen also, unfähig zur positiven Gedankenarbeit, ohne
Klarheit über das Ziel, ohne Bewußtsein über den Weg,
vollziehen eine schlechthin verneinende und vernichtende Be=
wegung.*) Aber nicht blos ohne, zuweilen auch durch Führer

---

*) „Das Volk entwickelt immer entweder zu viel Thätigkeit oder zu
wenig. Bald wirft es mit seinen hunderttausend Armen Alles über den
Haufen, bald geht es mit seinen hunderttausend Füßen wie die Schnecken.“
Montesquieu.

geräth die Masse in vergebliche oder verderbliche Bewegung, durch Führer, die zwar der Ideen entbehren oder ihnen widerstehen, aber Schwärmerei oder Klugheit genug besitzen, die Masse mit sich fortzureißen. — Die schöpferische Thätigkeit des Geistes entspringt meist immer im Kopfe eines oder einiger Einzelnen, und es gewinnt deshalb leicht den Anschein, als ob die Individualität der einzige Factor wäre, den wir als Ursache der fortschreitenden und erhebenden Production anzunehmen hätten. In der That geschieht eine jede bedeutsame Schöpfung zunächst f ü r die Gesammtheit; der Jäger braucht eine Büchse oder eine Armbrust, nur der Staat braucht Kanonen; der Schiffer einen Kahn, aber keine Flotte; wie die Werke des Krieges zeigen die des Friedens dasselbe Verhältniß: die Religiosität eines Einzelnen baut keine Kirche und gießt keine Glocken, für den Einzelnen bedarf es keines Rathhauses. Die monumentale Kunst überhaupt schafft Denkmale nicht für das Individuum und seine Familie, sondern für eine Stadt oder einen Staat, und wo etwa für einzelne Geschlechter monumentale Kunstwerke geschaffen sind, da haben diese Geschlechter in ihrem Leben nicht private, sondern öffentliche Bedeutung. Wenn aber die Werke des Geistes in Wahrheit f ü r die Gesammheit geschaffen sind, so geschieht es auch d u r c h die Gesammtheit. Nicht blos, daß die materiellen Bedingungen solcher Schöpfungen mannigfaltige Kräfte in Anspruch nehmen, welche unmittelbar mitwirken oder mittelbar beisteuern müssen, sondern (wie dies bei rein geistigen, poetischen oder wissenschaftlichen Erzeugnissen der Fall ist, welche solcher materiellen Beihülfe nicht bedürfen) die geistige That selbst entspringt zwar an einem einzelnen Punkt, aber doch gleichsam aus der Kraftquelle der Gesammtheit. Der Gedanke, den ein monumentales Kunstwerk darstellt, ist niemals der eines individuellen Beliebens, sondern ein im weitesten Sinne historischer, allgemein verbreiteter geistiger Inhalt;*) und man mag füglich den wahren Werth eines solchen danach messen, wie viel oder wenig es geeignet ist, dem öffentlichen Bewußtsein von dem dargestellten Inhalt einen entsprechenden Ausdruck zu geben.

Und nicht blos von den Dichtern werden wir behaupten dürfen, daß ihre Werke eine Veredlung und Begeisterung der Gesammtheit zu erwecken geeignet und darum dem Verständniß derselben entsprechend sein müssen, sondern selbst die wissenschaft= lichen und selber die höchsten metaphysischen Untersuchungen — welche unmittelbar nie ins Volksbewußtsein hinabdringen möchten — werden in ihrem Werthe geschätzt werden müssen nach dem Einfluß, den sie mittelbar durch den gelehrten und lehrenden Theil des Volkes auf dessen Gesammtheit auszuüben im Stande sind. Es bleibt ein ewig denkwürdiges und darum hier der Er= wähnung werthes Beispiel, welches der große Weise von Königs= berg gegeben hat, wenn er in Bezug auf den Werth und Erfolg seines unsterblichen Werkes, der Kritik der reinen Vernunft,**) die Frage nach dem Einfluß ihrer Resultate auf die große Masse als eine wesentliche betrachtet, „auf die große, für uns achtungs= würdigste Masse," wie er selbst hinzufügt.

Was nun für die Gesammtheit geschaffen ist, das muß sie erfassen, begreifen können; man begreift aber nur das, wovon die Elemente schon in Einem liegen. Soll das Genie

---

*) Daher denn auch die vorzugsweise monumentale, die Baukunst, in ihrer Blüthezeit meist von Gewerkschaften und nicht von einzelnen Bau= meistern betrieben wird, deren Namen uns deshalb auch weit seltner als die anderer Künstler überliefert sind. Vergl. „Zeitsch. f. Völkerpsychol." Bd. II. Heft 3, S. 259.

**) Zweite Vorrede.

den Volksgeist leiten, wie der Feldherr sein Heer, so beruht dies
vor Allem auf Verständniß; die Losung, das Feldgeschrei ver=
mittelt die Action. Die militärische Action freilich hat einfache
conventionelle Zeichen, nicht so die Geschichte und die geistige
Bewegung überhaupt. Allein schon die innere Thätigkeit des
Heeres, die Begeisterung läßt sich nicht commandiren; dennoch
geschieht sie unter gegebenen Bedingungen, in bestimmten Fällen
gleichmäßig, sicher, durchgehend mit einem Schlage; auch hier
wirkt die Losung im bildlichen Sinne.

Die Möglichkeit nun einer solchen Gesammtwirkung auf
den Volksgeist und in ihm beruht auf der g l e i c h a r t i g e n
N a t u r der Einzelnen; sie entspringt aus dem gleichen Ver=
ständniß der Ideen und deren gleicher Wirksamkeit auf die
Vorstellungsmassen in jedem Einzelnen; kurz: aus der gleichen
Abfolge des psychischen Processes bei Allen unter einer ge=
gebenen Bedingung. Eine weitere Ausführung dieses Gedankens
liefert die individuelle Psychologie in ihrer Theorie von den
herrschenden Ideen und leitenden Vorstellungen, vom Einfluß
gegebener Vorstellungen überhaupt auf andere Massen der=
selben. Herauszuheben ist von dort nur der Gesichtspunkt, daß
diejenigen Ideen die kräftigsten sind, welche aus der e i g e n e n
Vorstellungsmasse sich als Resultat eines psychischen Processes
ergeben; sie werden dann als eigene, nicht aufgedrungene,
Ideen empfunden, sie führen eine innere Nöthigung mit,
welche den Menschen durch ihn selbst emporhebt, sie schließen
Klärung, Hebung, Festigung und Veredlung der Vorstellungs=
masse ein. Solche Ideen zu finden, ist Sache der Führer,
des Genies. Werden sie gefunden, so mag man eine zufällige
Gunst oder vielmehr providentielle Leitung des Schicksals als
letzte Ursache dafür anführen; inzwischen ist der Grund und
die Bedingung dafür, daß das Genie trotz seiner viel edler

gearteten Natur, seiner idealeren Denkweise dennoch auf die bewußt=
lose unschöpferische Masse einwirken und sie geistig erheben und
weiter führen kann, schon näher erkennbar. — Die allgemeinen,
menschheitlichen Bedürfnisse, sei es der Erkenntniß der Natur im
weitesten Sinne, sei es der praktischen Gestaltung oder der
geistigen Erfassung des Lebens, oder der inneren, idealen Er=
füllung und Erhebung desselben in jeder Art, gestalten sich
zunächst bei den Völkern verschieden. Diese Bedürfnisse nun ent=
springen — und wechseln — bei jedem Volke je nach der Lage
der objectiven Verhältnisse, der thatsächlich erreichten Stufe der
Entwicklung, d. h. je nach den vorhandenen Vorstellungen,
Empfindungsweisen, Gesinnungen u. s. w. Dichter und Denker,
indem sie selbst zunächst auf dieser Entwicklungsstufe ihres Volkes
stehen, bringen dadurch vor Allem, daß sie eben diese allgemeinen
Bedürfnisse selbst aufs Tiefste fühlen, dieselben zum Ausdruck,
zur vollendeten, bestimmten, den Fortschritt bildenden Fassung
und beziehungsweise dadurch zur Lösung.*) (Lessing, Schiller und
Goethe, Kant.) Sie, die Denker und Dichter, geleitet vom Durst
des Wissens, tragen am stärksten, und man darf sagen leiden am
schwersten die Pein der Probleme, welche sich aus dem jezeitigen
Stand der nationalen Wissenschaft ergeben, sie empfinden aufs
Tiefste die glühende Sehnsucht nach der Erkenntniß und Erfüllung
derjenigen idealen Forderungen, die dem öffentlichen Geiste aus
den Keimen seiner Entwicklung erwachsen. Darum rechnen wir
ihr Leben und Wirken nicht ihnen allein zu, sondern dem

---

*) Wir verweisen hier mit Vergnügen auf einen Vortrag des Professor
Dr. Ferd. Deycks zu Münster „Ueber die Wechselwirkung des Dichters und
seines Zeitalters mit besonderer Rücksicht auf Goethe und Schiller." Münster
1860. In schöner Begeisterung und mit weitem und tiefem Blick wird dort,
wenn auch vielfach nur in flüchtigen Andeutungen, wie die Natur eines
Vortrages es wohl bedingt, an einem Beispiel das Verhältniß erwogen,
welches uns hier beschäftigt.

Gesammtgeist, aus welchem sie ihre Nahrung schöpften, für welchen sie dulden (wie Sokrates) oder siegen (wie Luther).

Nicht blos die Verbreitung, sondern auch der Ursprung aller Ideen ist von Bedingungen abhängig, die durchaus nicht individuell, sondern weithin in der Gesammtheit vorhanden sind; und es ist nur eine Bestätigung für die Wahrheit dieser Thatsache: daß die gefundene Idee nur für den gefunden ist, der sie zu suchen schon vorher geneigt und geeignet war.

Was also in Wahrheit für den Gesammtgeist geschaffen ist, das geht auch aus der Gesammtheit hervor. Nur aus den vorhandenen Elementen bildet sich das Neue, aus dem gegebenen Allgemeinen entspringt das Einzelne, und man kann darum sagen, der Proceß des Allgemeinen ist es, der sich im Einzelnen vollzieht.

Betrachten wir die Schöpfungen des Genies, auf welchem Gebiete wir wollen: überall preisen wir als das Höchste, was in seiner Gestalt und Form so noch nicht vorhanden war, was neu und darum schöpferisch erscheint, uns aber dennoch so angemessen, so unserem besten Theil verwandt ist, daß wir sagen müssen, es ist uns „ganz aus der Seele" gedacht, gesprochen, gebildet. Das Wort des einen Genius löst die Zunge Aller; es spannt ihre Seelen und stillt ihre Sehnsucht zugleich.

Hier haben wir den Einblick zu gewinnen in den Aufbau aller Geschichte des geistigen Lebens; hier die Quelle zu erkennen und das Maß der Originalität im Weltlauf; wir sehen das ewige Gleichniß aller inneren Entwicklung, die beiden goldenen Schöpfungseimer an der Quelle aller geistigen That; es ist: die Allgemeinheit der Idee und die Individualität ihrer Gestaltung oder Auffassung im Einzelnen; aus dem Widerstreit und der Wechselwirkung dieser beiden Elemente entspringt

jeder Fortschritt der Cultur. Man sagt gewöhnlich und mit
Recht von der Religion, daß im Grunde genommen Jeder
seine eigene habe; aber nicht blos von den religiösen, auch
von allen anderen Idealen des Lebens hat Jeder für seine
Anschauung ein anderes Bild. Und doch sind alle diese Bilder
nur das Bild von der Einen Idee und in ihr (ruht nicht,
sondern) lebt die Einheit des Geistes aller Anschauenden. Wie
das reine, weiße Licht in allem Sichtbaren erscheint und es
sichtbar macht; wie es aber in unendlich mannigfach schattirte
Farben sich scheidet und erst in den Farben Gestalt und Leben
gewinnt: so die allgemeinen Ideen und die Individualität ihrer
Auffassung.

Vor Allem ist die Individualität das Fundament und die
Würde des Menschen und des Menschlichen. Auf der ganzen
Stufenreihe der Wesen bis zum Menschen herrscht auf jeder
Stufe, in jeder Art nur Gleichheit der Kraft und des Gesetzes.
Selbst im Kreise des Organischen bei Pflanzen und Thieren,
wo das einzelne Wesen schon ein in sich geschlossenes Ganze
ausmacht, ist ein jedes nur Exemplar der Gattung; zwar von
einander verschieden, liegt doch die Bedeutung eines jeden fast
nur in der Gleichheit mit allen, und selbst das Maß der Be=
sonderheit ist auf enge Grenzen beschränkt. Ein einzelnes Wesen
kann auch hier die anderen übertreffen, aber keines kann sich über
die anderen wahrhaft und wesentlich d. h. dadurch erheben, daß
es die Erhebung der anderen bewirke. Anders der Mensch. Der
Adel seiner Kraft ist seine eigenthümliche, individuelle Gestaltung,
und die einflußreiche Gewalt, auch die anderen Wesen seiner Art
mit werthvoller Besonderheit zu erfüllen.

Die letzte Ursache der Individualität ist bis jetzt und viel=
leicht für immer in ein undurchdringliches Dunkel gehüllt.
Die Thatsachen aber, welche die Individualität einschließt, sind

offenbar. Sie besteht allerwege in einer Zusammenfassungskraft, deren Maß, bei Allen verschieden, fast ein unendliches ist; ihr Gegenstand aber sind die allgemeinen, in allen Menschen wirkenden Ideen, welche das Gleiche und den Gehalt des Menschenthums ausmachen. Nicht in der Einzelheit schlechthin, nicht in der Absonderung und Absonderlichkeit besteht das Wesen und die Würde der Individualität; nein! vielmehr besteht sie in der Strahlenbrechung der allgemeinen Menschheitsideen, in dem Maße und der Art, wie sie und ihre historischen Erfolge zusammengefaßt, wie sie dadurch neu gestaltet und zu neuen geistigen Erfolgen befruchtet werden. Was sich bei der Betrachtung der großen durchschnittlichen Masse dem Auge des Forschers entzieht, wird an den hervorleuchtenden Geistern klar und erkennbar. Man kann den Inhalt eines ganzen Buches, ja eines schriftstellerischen Denkerlebens in wenige Begriffe zusammenfassen; mit wenigen Worten kann man die geistige Schöpfung eines Plato, eines Spinoza, vorausgesetzt, daß man ihrer vollkommen kundig ist, zusammenfassend wiederholen. Ja den historischen Kern, den geistigen Gewinn und Gehalt eines ganzen Jahrhunderts, einer ganzen Nation erfassen wir klar in den wenigen schöpferischen Ideen, welche darin herrschend gewesen. So giebt es einzelne Individuen, welche in ähnlicher Weise in ihrer Person den Inhalt ihres eigenen Volksgeistes zusammenfassen; sie sind gleichsam solche personificirte, herrschende Ideen, in ihnen findet das Allgemeine selber eine neue, bestimmte, individuelle Gestalt, weil sie nicht blos Exemplare, sondern Producte des Allgemeinen sind; von der Vorsehung dazu bestimmt, laufen in ihrer Seele, als einem Brennpunkt, die Strahlen des gesammten geistigen Lebens zusammen.

Der Mensch ist ein geschichtliches Wesen; Alles in uns,

an uns, ist ein Erfolg der Geschichte; wir sprechen kein Wort, wir denken keine Idee, ja uns belebt kein Gefühl und keine Empfindung, ohne daß sie von unendlich mannigfaltig ab= geleiteten historischen Bedingungen abhängig ist. Auch die Heroen des Geistes sind solche geschichtliche Wesen; aber sie sind es in zwiefacher Hinsicht: nicht blos Wirkungen, sondern dann auch Ursachen der Gestaltung des nationalen Geisteslebens. Weil sie dem Boden des Nationalgeistes entspringen, können sie auch wiederum auf ihn wirken. Wie Blüthe und Frucht das Ziel und der Ertrag des ganzen Lebens einer Pflanze ist, wie dann aber in dem kleinen Kern der Frucht wiederum die ganze Lebens= fülle eines mächtigen Baumes vorgebildet liegt und aus demselben sich entfaltet: so sammelt der Gesammtgeist einer Nation sich in ihren Heroen und findet dann in ihnen neue Trieb= und Bildungskraft.

Eben daher kommt es auch, daß die Heroen des Geistes in den glücklichen Epochen gesteigerten Fortschritts selten einzeln erscheinen, sondern ihrer viele, bald unabhängig von ein= ander, bald sich gegenseitig hebend und stützend und aufklärend, zusammenwirken.

Aber klarer noch als aus der einsamen Schöpfung des Genies tritt uns die Wirkung des öffentlichen Geistes da ent= gegen, wo eine größere Anzahl von Männern, aus der Mitte des Volkes heraustretend, gemeinschaftlich dem inneren Fort= schritt desselben Form und Ausdruck verleihen. In einer gesetz= gebenden Versammlung z. B. treten zwar die Einzelnen mit i h r e n Ansichten hervor; aber es ist nicht das Belieben und das Meinen des Individuums, von welchem ausgegangen oder worauf gezielt wird, sondern das Rechtsbewußtsein der Gesammt= heit ist es, welches aus der relativen — je durch die bisherige Entwicklung entstandenen — Unbestimmtheit zur Bestimmtheit, aus dem Bedürfniß zur Erfüllung, aus der Aufgabe zur Lösung sich hindurchringt. Es sind nicht die Neigungen und Meinungen der Einzelnen als solcher, es sind die möglichen verschiedenen Gestaltungen des Allgemeinen, welche in einer solchen Versammlung, sich gegenseitig erhellend, zur Klarheit und Einheit gestaltet werden.

Wir haben hiermit gleichsam die Lichtseite des Verhältnisses zwischen der Gesammtheit und den Einzelnen gezeigt; es ist aber wohl zu beachten, daß auch auf der Schattenseite das Verhältniß dasselbe bleibt.

Immer beurtheilt man ein Volk und einen Volksgeist nach seiner Geschichte; dies geschieht, und geschieht mit Recht, obgleich man sehr wohl weiß, daß nicht alle Theile unmittelbar bei der Thätigkeit des Ganzen betheiligt sind. Ein beträchtlicher Antheil des organischen Ganzen verholzt, steht fast passiv in der Mitte des lebendigen Baumes.

In den tropischen Ländern haben auch die stärksten Gewächse keine festen Jahresringe, wie unsere Bäume, nach denen man ihre Lebensdauer noch in den Kohlenlagern ersehen kann; und nur in der tropischen Hitze politischer Leidenschaft aufgeregter Zeiten bilden sich keine festen Massen; wild und üppig blühend wuchert das politische Bewußtsein gestaltenreich, um gestaltlos wieder hinzuwelken; im gemäßigten Klima politischer Vegetation dagegen findet die Verholzung von selber statt und man kann sie an den festen Jahresringen von allerlei ständischen Unterschieden und Institutionen auch spät noch erkennen. Aber auch dieses Maß der weiter oder enger verbreiteten Passivität ist ein Element in dem verschiedenen Charakter eines jeden Volkes oder verschiedener Epochen seiner Geschichte.

Wenn in despotisch regierten Staaten ein Einzelner oder Wenige die geschichtlichen Thaten des Volkes zu vollziehen scheinen, dann täusche man sich nicht; man glaube nicht, daß Verdienst und Schuld jener Thaten dem Volke fremd und nur dem Herrscher anzurechnen seien. „Wenn Rink die Nicobaren fragte, wer unter ihnen zu befehlen habe, so antworteten sie lachend, wie er glauben könne, daß Einer gegen so Viele etwas vermöge."*) Was Gutes geschehen kann, ist der Vorzug, was Uebles geschehen darf, ist Nachtheil und Schuld der Gesammtheit.

Wir sind so geneigt, wenn es sich um die Ursache irgend einer Wirkung handelt, nur das eine Ende des Geschehens ins Auge zu fassen und die ganze Reihe der Bedingungen, welche zur Erscheinung jener Wirkung gehören, zu übersehen; daher glauben wir immer an kleine Ursachen großer Wirkungen. Wir finden es wunderbar, daß ein kleiner Funke ein Pulverfaß in Brand steckt und eine Stadt in Asche legt. Nicht der Funke ist es, sondern die Natur des Pulvers; der Funke hat nicht mehr gethan und Nichts mehr vermocht, als wenn er auf ein Wollen= zeug gefallen und ein kleiner Brandfleck sein Erfolg gewesen wäre; er hat eben ein Wenig Wärme verbreitet, das ist Alles, was ein Funke kann. An der Natur und Beschaffenheit eines Volkes liegt es, ob es durch den idealen Funken aus dem Kopfe eines Einzelnen explodiren kann, oder nicht; aber je mehr es der führenden Kraft und der schöpferisch bewegenden Leistung eines hervorragenden Mannes, er sei nun Meister des Gedankens oder der That, zu verdanken im Stande ist, desto größer wird auch seine Dankbarkeit gegen denselben sein.

Auch unbewußt und unthätig für das Allgemeine gehören

---

*) Selbst ein Napoleon bedurfte oft genug des officiellen Betruges gegen das Volk. Man vergleiche u. a. (bei Pertz, Bedeutung des Jahres 1810) die geradezu grobe Gleißnerei, welche er seinem Bruder, dem spanischen Senat und sich selbst auferlegen will; und wenn „Heuchelei der Tribut ist, den das Laster an die Tugend zahlt," so bietet er einen hohen Tribut.

alle Individuen eines Volkes, Staates, zur objectiven Einheit des Ganzen; sie haben dann für dies Ganze keine Bedeutung, aber eben dies ist für das Wesen dieses Volksgeistes be= deutungs= und zuweilen verhängnißvoll. Liegt der erhöhte Grad der Lebendigkeit des Volksgeistes darin, daß Jeder wenigstens ein deutliches Bewußtsein von ihm habe, so ist es die Aufgabe der Gesellschaft, eben hierfür Sorge zu tragen. Die überlieferte, abstracte, verdichtete Vorstellung von der Gemein= schaft, zu der er gehört, die ein Jeder besitzt, muß in dem Be= wußtsein eines Jeden so viel als möglich zur Entfaltung ge= langen. Wir haben oben bereits angedeutet, daß dies besonders dadurch geschehen kann, daß Jedem irgend ein Act der Mit= wirkung für öffentliche Interessen zugestanden werde. Im Unter= schied von der absoluten Despotie und dem Alles verwaltenden und verwesenden Polizeistaat, werden Gemeindeverwaltung, all= gemeine Wahlen u. s. w. Jeden in die Mitte des Vorstellungs= kreises führen, von welchem er die Zwecke der Gemeinschaft und ihren Charakter einigermaßen überschauen kann. Bei den Griechen waren außer den politischen Institutionen auch noch die öffent= lichen Feste und ganz besonders die olympischen Spiele solche Pflanzstätten des Gemeinsinns. In unseren Zeiten ist es die Presse, welche dadurch, wo nicht die Erzeugerin, doch die Er= zieherin der öffentlichen Meinung wird.

Man darf sich nicht der Täuschung hingeben, welche man bei so vielen ideologischen und abstract rationalisirenden Po= litikern findet, daß die Gesellschaft nämlich von vorne herein aus lauter absoluten, freien, selbstständigen Individuen besteht; es ist auch durchaus verfehlt, weil vergeblich, zu fordern, daß dies zum Princip der Gesellschaft, zum Fundament und zur Voraussetzung derselben gemacht werde, worauf ihre Institutionen zu gründen sind. Vielmehr ist dies nur eines der höchsten Ziele

der Gemeinschaft und sie hat alle erziehende Gewalt noch lange
hin darauf zu wenden, daß die Gesellschaft in allen ihren
Gliedern und Gliederungen den Standpunkt erreiche, von
welchem Jene, als von einer leeren Voraussetzung, ausgehen.
Gleichwohl kann man den Vorzug der modernen Sittlichkeit
erkennen und preisen, daß sie die gesellschaftliche Berechtigung
nicht, wie es in der sittlichen Anschauung der Alten fast durch=
gehends geschieht, von der K r a f t des Individuums herleitet
und abhängig macht. Auch der Schwache an Geist und Leib
ist uns in einem ganz anderen Sinn und Maß Gegenstand der
sittlichen Fürsorge.

In der Sclavenfrage würde man ebenfalls wohlthun, nicht
so abstract von freien und selbstständigen Menschen zu reden,
und dafür desto eifriger und aufrichtiger auf eine wahrhaft
befreiende und erziehende Fürsorge zu denken. Ein moderner
Philosoph aber hätte besser gethan, sich nicht ohne Weiteres
auf die Seite des Aristoteles zu stellen, und aus den geistigen
Mängeln der Sclaven, anstatt auf die Pflicht einer sittlichen
und erziehenden Fürsorge, auf das Recht der Sclavenhalterei
zu schließen.

In der Gesammtthätigkeit also des öffentlichen Geistes findet
fortwährend eine Vertheilung an die verschiedenen Massen und
Schichten der Bevölkerung statt, in denen gleichzeitig die mannig=
fachen Seiten seines charakteristischen Inhaltes vertreten sind.
Es schließt sich hieran aber noch ein anderes Verhältniß von
der größten Wichtigkeit, das bis jetzt fast ganz der Zufälligkeit
der von den Einzelnen ausgehenden Antriebe anheimgegeben ist,
während es für eine wahrhaft weise, leitende und erziehende
Politik der Gegenstand einer freilich überaus schwierigen, aber
höchst fruchtbaren Fürsorge sein könnte und sollte. Wir
meinen den Gegensatz der activen, in wirklicher Thätigkeit

begriffenen und der ruhenden Kräfte, und, was sich daran an=
schließt, der latenten und der freien Kräfte. Beide Gegensätze
bezeichnen nicht ganz das Gleiche; ruhende Kräfte sind solche,
die vorhanden aber nicht in Wirksamkeit sind; latente solche, die
noch nicht vorhanden, deren Bedingungen aber gegeben sind, so
daß sie in jedem Moment ins Leben gerufen werden könnten.
Ein erlerntes Handwerk, das nicht betrieben wird, ist eine
ruhende, die Fähigkeit des Ungelernten, eines zu lernen, ist eine
latente Kraft.

Dieser Gegensatz spielt im geistigen Leben überhaupt eine
bedeutende Rolle. Auch im Individuum nämlich findet fort=
während der Unterschied statt, dessen, was er in jedem Moment
wirklich als Thätigkeit vollzieht, was er denkt, anschaut und fühlt
oder will, und dessen, was je nach der Stufe seiner Ausbildung
den Inhalt seines geistigen Daseins ausmacht. Davon, daß ich
jetzt irgend einen wissenschaftlichen Satz wirklich denke, unter=
scheidet sich, ob ich ihn nur früher einmal gedacht habe und ihn
also als Wissen besitze; ein Unterschied, auf welchen schon
Aristoteles sehr oft zurückkommt; kurz gefaßt, der Unterschied
zwischen geistigem Besitz und geistiger Arbeit.

Man sieht wohl auf den ersten Blick, welche Bedeutung
dieser Gegensatz für das Wesen nnd Leben des Volksgeistes
hat, und welche Aufgaben daraus denen erwachsen könnten,
die eine Leitung des öffentlichen Geistes übernehmen. Wie
fragmentarisch erscheint dagegen Alles, was die menschliche
Gesellschaft oder der Staat bis jetzt den höchsten Vorständen
der Cultur als Aufgabe zuweist; mit Ausnahme des eigent=
lichen Erziehungswesens*) so geringfügig, daß es oft von den

---

*) Und sind nicht die meisten bedeutenden Fortschritte auch auf diesem
Gebiete von Einzelnen, nur innerlich Berufenen, hervorgegangen? und hat
sich dann der Staat nicht oft eher abwehrend als aufmunternd gegen sie

polizeilichen Vorkehrungen zur Hemmung des geistigen Lebens
übertroffen wurde.

Im Individuum überwiegt immer die ruhende Kraft gegen
die wirkliche Action; diese aber ist dann am vollkommensten,
wenn sie sich auf jene wenigstens so viel wie möglich stützt. D i e
Wirkung ist die vollkommenste, in welcher der g a n z e Mensch
wirkt, d. h. mit all seinem Wissen und Können.

G e s c h ä tz t wird der Mensch nach seinen ruhenden Kräften,
nach seinem Wissen und seiner Ausbildung, aber G e l t u n g,
Einfluß und Bedeutung findet er nur nach und von den activen.

Ein Staat darf nicht zu viel ruhende Kräfte haben; denn
für den Staat genügt nicht die Schätzung, sondern allein die
Geltung, und bald verliert er mit dieser auch jene. Jeder
Staat freilich bedarf der überschüssigen und darum ruhenden
Kraft; jede Ursache eines eintretenden Mangels oder stärkeren
Verbrauchs würde ihn sonst von seiner Höhe herabdrücken.
So z. B. muß der Staat auch im Frieden die überschüssige
Kraft besitzen, mit der er in einem Kriege sich vertheidigen
könnte. Uncivilisirte Staaten und unpolitische Nationen aber
sind daran zu erkennen, daß sie zu viel ruhende Kräfte haben.
Als einen idealen Zustand, der schwer und selten zu erreichen
sein mag, können wir es bezeichnen, wenn die Kräfte jederzeit
verwendet, aber so mannigfach geartet sind, daß sie leicht anders
verwerthet werden können.*) Alles dies gilt von rein geistigen

---

verhalten? Die Basedow und die Campe, die Pestalozzi und Herbart haben
auf eigene Hand den Weg der Besserung betreten müssen; der zuletzt Ge=
nannte hat nur in W. v. Humboldt, so lange er preußischer Minister war,
zwar eine schwache Unterstützung, aber wenigstens eine Aufmunterung für
seine pädagogischen Bestrebungen gefunden.

*) Man vergleiche stehende Heere und Miliz, Rußland und die Schweiz.
Auch die Miliz ist ein Beweis von überschüssiger Kraft über den Friedens=
bedarf, aber keine brachliegende.

Kräften eben so sehr wie von physischen; und dies in noch gar mancher Beziehung. Müßige Hände sind die Vorboten von Banquerutten; müßige Geister das Vorzeichen von Verdumpfung oder — Gährung. Wann wird die Zeit kommen, da man diese Verhältnisse in Bezug auf das geistige Leben eben so genau erkennen wird, wie die Nationalökonomie sie in Bezug auf materielle Kräfte uns klar vor Augen stellt? Welchem glücklichen Genius wird es vergönnt sein, Grundsätze zu ent= decken, nach denen der Strom des öffentlichen Geisteslebens so regulirt werden kann, daß er nicht blos in seiner reißenden, verwüstenden Gewalt gezügelt, sondern auch vor Versandungen und Verschlämmungen und unnöthigen Krümmungen ge= schützt wird!

Wir haben von der möglichen Veränderung im Inhalt des Volksgeistes gesprochen, und von der Vertheilung der Kräfte, die sich daran knüpft; daneben aber findet eine andere stetige Veränderung statt, nämlich die der Personen, der Subjecte und Träger des Volksgeistes. Die Generationen sterben dahin und andere treten an ihre Stelle. Hier droht unserer Be= trachtung des Volksgeistes ein gewaltiger Bruch; der Tod, so scheint es, vernichtet die Einheit und damit das Wesen und das Leben des Volksgeistes. Aber der Strom des öffentlichen Geistes fluthet unaufhaltsam — so lange er innerlich wahr= hafte Existenz behält — fort; tausend Herzen stehen an einem Tage still, aber tausend andere beginnen zu schlagen, und lebendig schreitet der Gesammtgeist über die Gräber vergangener Geschlechter hinweg, die sein Leben gelebt, denen er sein Leben gegeben hatte. Die Fülle des inneren Daseins, des geistigen Gehalts wird nicht vermindert; vielmehr verjüngt sich, vollends wenn wir an die Blüthe eines Volkeslebens

denken, Alles was das Leben des öffentlichen Geistes jemals er=
füllt hat, fortwährend von Neuem.

Wenn der Volksgeist nur in den gegenwärtig Lebenden seine
Existenz hat, so kann man fragen: wie verhält er sich zu seiner
eigenen Vergangenheit?

Ist diese etwa für ihn eine bloße Ueberlieferung, Erzählung
eines Gewesenen, ist sie bloße Geschichte? Ich will nicht auf
den ungeheuren Unterschied der eigenen und fremden Geschichte
hinweisen, auch davon wollen wir schweigen, daß, da die Ge=
schlechter nicht gleichaltrig dahinsinken und gleichaltrig neu er=
stehen, fortwährend Leben und Geschichte sich mischen; von alle
dem abgesehen, hat schon das unmittelbare, praktische Lebens=
bewußtsein der Völker eine ganz andere Auffassung von dem
Wesen seiner Dauer über den Wechsel der Zeiten. Sie sagen
z. B., wir Schweizer haben gekämpft, gesiegt oder das Leben
der Freiheit geopfert, bei Sempach, bei Laupen und am Tage
von St. Jacob.

Wir Schweizer?! Ruhen die Gebeine derer nicht längst,
die ihre Kraft der feindlichen Kraft entgegenstellten, der fremden
Macht obgesiegt, oder einem muthvollen, freiwilligen Opfertode
sich geweiht? Und dennoch sagen Sie: wir haben gekämpft;
die Gebeine ruhen, aber der Geist lebt fort; die damals ge=
kämpft haben, sind für Sie nicht andere Leute und zugleich
etwa die Vorfahren, sondern sie sind die Träger desselben
Geistes, der Sie beseelt, von dessen Beseelung Sie für Zeiten
der Gefahr die gleiche Kraft und den gleichen Muth mit der
gleichen Freiheitsgesinnung erwarten. Und nicht würdig ist ein
Volk, sich bei dem Namen seiner Väter zu nennen, wenn es
nicht den Geist derselben erhalten hat. In diesem „Wir"
aber, worin man das eigene Dasein mit dem der Vergangenheit
zusammenschließt, liegt der Gedanke einer Continuität des geistigen

Daseins. Wir müssen uns zu der Anschauung erheben — und auch eine metaphysische Fassung und Rechtfertigung des Begriffs finden — daß das Leben des Volksgeistes, trotz dem Wechsel nicht blos der subjectiven Thaten, sondern auch der individuellen Subjecte dieser Thaten, eine continuirliche Einheit bildet. Ist ja auch dies außer allem Zweifel, daß wir den Charakter irgend eines Gesammtgeistes nicht blos nach der Erscheinung desselben in irgend einer Zeit, sondern eben so sehr nach der ganzen Länge der Zeiten wie durch die Breite seiner Massen beurtheilen.

Blicken Sie auf diese Wappen!*) Sind sie etwa bloße, täglich neu zu ersetzende Zeichen der Verständigung? Würde ein Anführer im Kriege, statt sie in den Fahnen zu führen, vielleicht die eben so bequemen Ordnungszahlen wählen? Es sind auch nicht blos Bilder, mit denen die Einzelnen, welche ihnen folgen, nach zufälligem Maß mehr oder weniger alte Erinnerungen verknüpfen, sondern sie sind die Symbole der Continuität des ererbten, öffentlichen Geistes; in diesem Zeichen haben die Väter gesiegt, in ihm wollen auch die Söhne, wenn es gilt, wieder siegen. Diese Continuität und das Bewußtsein derselben ist überall der Vorzug des Adels. Die Continuität im Volksgeist und das verbreitete Bewußtsein derselben ist auch sein Adel. Auf das specifisch Menschliche in der sittlichen Verbindung einer Generation mit der früheren in der Elternliebe habe ich oben (S. 345) bereits hingewiesen; im Zusammenhang damit steht das Gewicht, welches ein „ehrliches Begräbniß" bei allen gebildeten und die Leichenceremonien

---

*) Der einzige Schmuck, welcher die glatten Wände im Saale des Großen Rathes von Bern zieret, ist ein Relieffries, welcher die Wappen sämmtlicher Cantone darstellt.

auch bei allen ungebildeten Völkern haben; diese beruhen keineswegs blos auf dem Widerschein, welchen die Ehre, die man dem Leichnam erweist, auf die lebenden Angehörigen werfen soll; vielmehr drückt sich darin so unmittelbar der Geist der Continuität und die Continuität des Geistes aus, daß Vico, einer der ersten, die mit Tiefblick die geistige Lebensbewegung der Gesammtheiten erfaßt haben, die Leichenbestattung als ersten Eckstein in dem Bau menschlicher Cultur betrachten konnte.

Der etwaige Einwand, daß alle Leichenfeier auf religiöse Anschauungen zurückgeht und mit diesen mehr als mit nationalem Bewußtsein zusammenhängt, ist viel mehr geeignet, unsere Ansicht zu unterstützen als zu widerlegen. Denn diesem Gedanken weiter nachgehend würde man finden, wie viele von den mannigfachen Gebilden verschiedener religiöser Anschauungen nicht blos auf verschiedene Naturbetrachtung sich gründen, sondern namentlich auch auf die Züge des innerlich-menschlichen Gesammtlebens. Es erfordert alle Behutsamkeit nicht blos der historischen, sondern auch der psychologischen Forschung, bevor man im Völkerleben entscheidend aussprechen kann, was als Grund und was als Folge in Erscheinung getreten ist.

In praktischer Beziehung schließt sich an den Begriff der Continuität die Frage nach der etwaigen Ausdehnung, in welcher er angewendet werden soll, von deren Beantwortung tiefgreifende, charakteristische Unterschiede der Nationalgeister sich herleiten. Die Generationen sterben dahin und der Gemeingeist regenerirt sich durch das nachwachsende Geschlecht; nun ist aber die Frage, ob die Continuität sich nicht auch auf die Familien ausdehnen, ob nicht auch die Vertheilung der Arbeit sich nach Classen oder Geschlechtern continuirlich wiederholen soll. Noch ist das Kastenwesen in allen seinen feineren oder gröberen, strengeren oder milderen Formen, für größere oder kleinere Kreise eines Volkes bei dem allergrößesten Theile der Menschheit in Gebrauch; Maß und Grund seiner Berechtigung aber ist überall eine offene Frage. Psychologisch betrachtet, handelt es sich hier um den Gegensatz, ob die nachwachsenden Träger des Volksgeistes immer wieder aus denselben Verhältnissen und Bedingungen hervorgehen, oder sich demselben aus indivi= duellem Trieb und Drang zuwenden sollen.

Offenbar schließt die praktische Seite dieser Frage sie mit einer anderen zusammen, welche sich ebenfalls auf das Maß der Continuität im Volksgeiste bezieht.

Neben der Erhaltung des Gegebenen steht das Streben nach Fortschritt, neben der Tradition des Alten die Gestaltung des Neuen. Aber selbst wessen Gesinnung ausschließlich für die Er= haltung des Ueberlieferten eingenommen, wenn er nicht durch egoistische Parteiinteressen geblendet ist, wird zugestehen müssen, daß die Entfaltung eines kräftigen und gedeihlichen Lebens da unmöglich ist, wo in breiten Schichten der überlieferte Beruf an Geschlechter, die That an die Geburt gekettet ist. Die Natur scheint feste Regeln gesetzt zu haben, nach denen im Großen und Ganzen die innere, geistige Fortpflanzung frei bleiben muß von den Banden der leiblichen; Regeln, deren psychologische Gründe einzusehen, keine schwierige Sache ist. Wie wenig übrigens eine ehrlich gemeinte Tendenz zur Erhaltung des Ueberlieferten mit einer kastenartigen Vererbung des Berufs nach Geschlechtern solidarisch verbunden ist, dies kann man an den Instituten er= kennen, welche, innerlich betrachtet, den Kasten so ähnlich, aber gerade darin von ihnen völlig verschieden sind, daß ohne Schranke alle Geschlechter und Stände ihnen zuströmen dürfen. Es sind dies die geistlichen Orden, in denen das Cölibat vorgeschrieben ist.

Gewiß wird man diesen Orden den Ruhm nicht streitig machen können, daß sie auf eine zureichend starre Weise den über= lieferten Geist zu erhalten wissen, ohne daß das Band leib= licher Erbschaft ihnen zu Hülfe kommt. Größer als die Freiheit von weltlichen Lüsten und Sorgen — welche ohnehin wie ein Proteus in hundert anderen Formen erscheinen und das mensch= liche Herz bestricken — möchte ich daher d e n Vorzug der Ehelosigkeit bei der Priesterschaft achten, daß diese genöthigt wird, durch immer erneute Aufnahme aus der weiten Laienwelt sich zu ergänzen.

Fassen wir nun die continuirliche Einheit des Volksgeistes als das Allgemeine, jede individuell bestimmte Zeit aber als das Besondere, so kehrt uns in einer neuen Form derselbe Gegensatz wieder, welchen wir vorhin besprochen haben. An diese Form des Gegensatzes aber knüpfen sich alle Kämpfe eines Volkes um den Fortschritt seiner Entwicklung. Wir wissen bereits, daß der Gegensatz kein absoluter ist, daß seine Glieder einander nicht ausschließen. Das Allgemeine ist seiner Natur nach bleibend, auch in den verschiedenen Formen, die es an= nimmt, in den verschiedenen Personen, in denen es sich mani= festirt, das Gleiche; die Individualität ist ihrer Natur nach frei; sie ist eben, was sie ist, nur durch die Freiheit, aber diese hat ihr Maß und ihre Schranken an dem Allgemeinen, welches individuell dargestellt werden soll. Dieses Verhältniß zwischen den beiden Begriffen des Allgemeinen und des Be= sonderen ist keineswegs ein bloßer Erfolg ihrer dialektischen Natur in dem üblichen Sinne. Wir werden nämlich in anderen Gebieten nicht dasselbe behaupten dürfen: wenn die Körper nach den Fallgesetzen sich bewegen, sobald sie des Stützpunktes ent= behren, so erscheinen diese Gesetze außerhalb des luftleeren Raumes immer modificirt. In der That aber sind mitwirkende Ursachen, welche außerhalb dieser Gesetze liegen, oder eine Coincidenz anderer Gesetze vorhanden, nicht aber eine wirkliche Individualisirung des Allgemeinen selbst. Nur von den psychischen Erscheinungen kann man mit Bestimmtheit behaupten, daß das Allgemeine sich in ihnen individualisirt, womit auch die Entwicklungsfähigkeit des geistigen Allgemeinen selbst zusammenhängt. — Ob es auch im Reiche des Organischen eigentliche Individualisirung in diesem Sinne giebt, kann man wohl jetzt noch nicht entscheiden.

Es ist übrigens wohl zu beachten, daß selbst im Reiche des Psychischen zwar die Erscheinungen, aber keineswegs die Gesetze individualisirbar sind. —

Für unsere Frage ergiebt sich daraus der natürliche Grundsatz: daß die Continuität des Volksgeistes sich auf das Allgemeine desselben, auf seine Ideen und Tendenzen zu beziehen hat, nicht aber auf die Individuen, auf die Subjecte, welche seine Träger sind. Wenn diese frei sind, wenn sie schrankenlos aus allen Ständen hervorgehen, werden sie für den Fortschritt sorgen, gemäß ihrer individuellen Natur, die sich auf andere Jugendverhältnisse gründet. Der höhere Organismus ergänzt sich mit allerlei Nahrung, von einem Punkte aus für alle verschiedenen Glieder des Leibes; nur das Anorganische erweitert sich, indem es das Angemessene an den einzelnen Theilen anzieht; das Organische assimilirt es sich.

Ein Staat so gut, wie ein einzelner Mann, kann seinem Charakter und seinen Grundsätzen treu bleiben und dennoch, frei und schöpferisch denkend, sich weiter und reicher gestalten.

Wir haben so eben von den Schranken gesprochen, welche die freie Individualität am Allgemeinen habe; fügen wir noch hinzu, daß auch das Allgemeine selbst, weil es ein menschliches und darum nicht unendliches ist, seine Schranke hat, die sich durch das Maß der Möglichkeit, verschiedene individuelle Formen anzunehmen, ausdrücken läßt, so können wir wenigstens andeutend auf die Gründe hinweisen, aus denen auch der Untergang eines Volkes und Volksgeistes zu erklären ist.

Wenn einerseits die Massen und besonders ihre durch er= erbten Vorrang oder erworbenen Vorzug an die Spitze gelangten Führer einem schrankenlosen Individualismus sich ergeben, dann verwest das geistige Band, das sie einigt, und sie zerfallen in eine atomistische Vielheit.

Die politischen Tugenden sind von den moralischen ver= schieden, aber nicht unabhängig. Auch die Moralität der Einzelnen ist nichts Anderes, als ihr Sinn für die allgemeinen Grundsätze, für die sittlichen Ideale der Gesammtheit, die Fähigkeit und die innere Nothwendigkeit, sich selbst und sein schlechthin individuelles Belieben und Genießen dem Anspruch der allgemeinen Gesetze unterzuordnen. Wenn nun die Mora= lität der Massen in Egoismus erstickt wird, wenn sie den schlechthin individuellen Interessen sich widmen, wenn sie den trennenden Leidenschaften fröhnen, von der Sinnenlust und Habsucht bis zum rein persönlichen Ehrgeiz; wenn gesetzlose Willkür für Freiheit geachtet und das Gemeinwohl dem Eigen= sinn geopfert wird, wenn die Thätigkeit und Theilnahme für diejenigen geistigen Schöpfungen schwindet, die den Gehalt des Volksgeistes ausdrücken und ihm Glanz verleihen, und so die Palladien des Gesammtgeistes mehr und mehr entweiht werden; wenn die leitenden Gewalten entweder unfähig sind, innere moralische Antriebe zu erwecken, oder gar sie zu ver= meiden und vollends zu ertödten nothwendig finden; — wenn so das Allgemeine als das Ideale sein Leben im Volke ver=

liert, dann stirbt der Volksgeist dahin, wie reich er an innerem Gehalte gewesen sein mag.

Oder wenn andererseits das Allgemeine selbst das Ziel seines Daseins erreicht, wenn es seine möglichen Formen er= schöpft, diese durch einander kritisch zersetzt, und so das Ganze sich aufgezehrt hat; oder wenn fremde Elemente des geistigen Lebens in starkem Zudrang und mit kritischer Gewalt ein= dringen und das Einheimische überwuchern und überwinden; wenn vielfältige Berührungen mit fremden Völkern (sei es im erobernden Siege über sie oder in der Niederlage vor ihnen, sei es in einem ausdauernden, vielseitigen, friedlichen Handelsverkehr) die gleiche oder gar höhere Berechtigung fremder Ideale vor Augen legen; wenn dadurch der Sinn für das Ideale und seine Nothwendigkeit überhaupt mit dem für die eigene, ererbte, indivi= duelle Form desselben zu Grunde geht oder zu höheren Zielen emporgehoben wird, dann offenbart sich die endliche und be= schränkte Natur auch des beziehungsweise Allgemeinen und es erweist sich als eine blos individuelle Form des der gesammten Menschheit einwohnenden und als höchstes Ziel vorschwebenden Allgemeinen. So sind die Phönizier, die Griechen, die Römer vom Erdball verschwunden. Freilich die geistigen Daseinsformen so wenig als die körperlichen verschwinden in das Nichts. Aber nicht in der organischen Form zusammengehaltenen (concreten) einheitlichen Lebens, sondern zurückgekehrt in die elementare Gestalt vereinzelter Gedanken sind sie als Elemente in das Leben späterer Volksgeister eingegangen; und nur die Gelehrsamkeit weiß alle diese Elemente zu einem musivischen Gemälde zusammen= zusetzen, welches zwar ein todtes, aber doch ein getreues Abbild dessen ist, was einst lebendig gewesen.

Wir haben versucht, einen Rahmen zu geben, innerhalb dessen man die Thatsachen fassen kann, welche das Verhältniß des Einzelnen zur Gesammtheit betreffen. Wollten wir uns anheischig machen, zu zeigen, wie die Beziehungen, die wir im Allgemeinen angedeutet haben, sich sämmtlich in den Erscheinungen des wirklichen Völkerlebens specialisiren, ja wollten wir nur die Zahl dieser Beziehungen ergänzen und von denen, die thatsächlich noch vorhanden sind, auch nur eine ähnliche Andeutung geben, müßten wir uns noch weit verbreiten. So z. B. haben wir bisher nur von den Männern geredet, weil ihnen der Beruf der schöpferischen Thätigkeit und alles praktischen Gemeinlebens zugewiesen ist. Aber auch die Frauen, deren Wirksamkeit den engeren Kreisen menschlicher Gemeinschaft gewidmet und von der unmittelbaren Arbeit für die Gesammtheit ausgeschlossen ist, fehlen wenigstens in den Zeiten allgemeiner Noth und Freude nicht in dem Chor der allgemeinen Erhebung, in welchem die Geister der Männer zusammentönen; sie harmonisiren gleichsam die Grundtöne männlichen Strebens. Die sittliche, begleitende, oft auch lenkende und spornende Theilnahme des Frauengemüths ist in großen Zeiten gewissermaßen das Spiegelbild derjenigen Begeisterung, aus welcher des Mannes Thatkraft entspringt. Und auch das Spiegelbild besteht aus Lichtstrahlen. Daher kann man in vielen Epochen der Geschichte aus dem Verhalten der Frauen auf den Charakter der Männer schließen.

Von der mittelbaren Wirkung der Frauen auf Ueberlieferung, Erhaltung und Hebung des Gesammtgeistes, und von dem verschiedenen Maß, das verschiedene Völker und Zeiten ihnen zumessen, wollen wir nicht reden; so wenig wie auf die Geschichte derjenigen unter ihnen eingehen, welche auf abnorme Weise genial und mächtig in die Geschichte der Nationen ein-

gegriffen haben. Daß wenigstens bei den heutigen Völkern
Europas und einigen Asiens das zarte Geschlecht Schönheit und
Anmuth und alle sanften Beziehungen des Gemüthslebens zu
pflegen hat, ist bekannt. Und wenn allerdings die weiblichen
Glieder des Menschengeschlechts durchschnittlich mehr zu einer
Isolirung als Verbindung ihrer Männer beizutragen geneigt
sind, so machen sie es als Mütter reichlich wieder gut, durch die
Pflege alles Guten und Großen, das dem Nationalgeist eignet,
in dem Herzen ihrer aufblühenden Söhne. Die Geschichte er=
zählt uns nicht oft von den Helden an Geist oder Thatkraft,
welche zugleich großsinnige Weiber gehabt hätten, aber fast alle
bedeutenden Männer hatten bedeutende Mütter.

Auch das Verhältniß der jüngeren, an der eingreifenden
Arbeit noch unbetheiligten Lebensalter zu den reiferen ist nicht
außer Acht zu lassen. Man wird die Jugend billig mit der
Blüthe, auch am Lebensbaume des Volksgeistes, vergleichen;
der Gehalt und die Gestalt eines Volksgeistes wird wohl nicht
vollständig erkannt, wenn man nicht zugleich auf das Bild und
das Ideal achtet, welches die vorzugsweise ideal gesinnte Jugend
sich von demselben macht. Die Blüthe ist schöner als die Frucht;
und von ihr erwartet die kommende Zeit ihre Früchte. Aber
viel, viel mehr Blüthen muß es geben, als Früchte erscheinen;
durch den Nachtfrost des Egoismus, der Sonderinteressen, durch
den Mehlthau der Sinnlichkeit und Kleingeisterei in allen Arten
fallen viele Blüthen der Idealität, ohne zu einer Frucht zu
reifen, dahin.

Unter den Gleichnissen, die wir gebrauchten, um uns das
Bild der Gemeinsamkeit des geistigen Lebens zu vergegenwärtigen,
war das vollkommenste der Organismus, in welchem eine
Vielheit von organischen Individuen zu einer Einheit zusammen=
geschlossen ist.

Im Zweck der Gesellschaft aber liegt es, daß nicht blos eine Wechselwirkung der Erhaltung des Ganzen durch alle Theile und jedes Theiles durch das Ganze stattfinde, sondern, daß jeder Einzelne zur höchst möglichen F r e i h e i t u n d I n d i v i d u a l i t ä t gelange und dennoch zugleich die höchste Innigkeit und S t ä r k e der E i n h e i t stattfinde.

Die größte Einheit besteht in der größten Wirkung des In= dividuums auf die Gesammtheit; und dies ist wiederum nur durch die größte Empfänglichkeit aller Anderen, beides aber durch die schärfste Zuspitzung der Individualität möglich; also die g r ö ß t e W e c h s e l w i r k u n g soll stattfinden, deren Resultat die höchste Freiheit und Individualität sein soll.

Blickt man nun auf die freie Entfaltung des Individuums in einer cultivirten Gesellschaft, wozu die Gelegenheit immer die nächste ist, dann scheint es freilich, als ob das Einzelleben ganz im Vordergrund stände, so daß man das andere Element, nämlich die Einheit, kaum zu erkennen vermag. Um diese zu sehen, muß man aus eigener, innerer Erfahrung Etwas von der Zusammen= schließung mit Anderen und mit dem Ganzen wahrgenommen haben. Bloßes Demonstriren wird demjenigen gegenüber fruchtlos sein, welcher niemals gefühlt hat, was es heißt: mit seinem Volke, seinem Staate Eins, sich hinzugeben und zu vergessen und erst im Ganzen sich wiederzufinden.

Man soll wissenschaftliche Untersuchungen Niemandem ins Gewissen schieben; aber hier wie bei aller Erkenntniß in idealen Dingen ist es unleugbar, daß Tiefe der Einsicht von der Größe der Gesinnung abhängig ist.

Wer aber jemals von dem Gedanken und dem Interesse etwa des Vaterlandes durchglüht gewesen ist, der weiß, daß in allen Gebilden der Natur eine solche untrennbare Einheit des Vielen nicht gefunden wird, wie die Gemeinschaft der Geister sein kann und sein soll; man kann das Blatt vom Zweige, man kann ein Glied vom Leibe reißen und es, vom Ganzen getrennt, einem eigenen Schicksal preisgeben; wer aber jemals in seinem Inneren gefühlt hat, was es heißt: Einer für Alle, und Alle für Einen, der weiß auch wenigstens von sich selbst, daß er von dem Leben und Geschick des sittlichen, politischen Ganzen, dem er angehört, für alle Zeit und für alle Fälle innerlich untrennbar ist. Auch in einer Schule, in einem Clubb, kann man sagen, bildet sich ein gemeinsamer Geist, und er wird auf die Angehörigen nicht ohne Einfluß geblieben sein; gleichwohl verhalten sich Verbindungen solcher Art zu denen des Staates und der Nationalität wie das Gespinnst der Sommer= (oder Marien=) Fäden zu dem Gewebe eines alten Gobelin.

Das höchste Bild, in welchem wir des Volksgeistes geeinigtes Gesammtleben anschauen werden, ist deshalb der Geist selbst. Der Geist eines einzelnen Menschen ist erfüllt von einer unzählbaren Vielheit von Vorstellungen aller Art; in der reizbarsten Wechsel= wirkung unter einander begriffen, bilden sie zusammen die Be= stimmtheit, den Charakter, den Lebensgehalt dieser Persönlichkeit. Seine Gedanken gehören alle zum Individuum; aber eine Idee, welche in diesem Individuum entspringt, kann Macht gewinnen hinauszuwirken auf das ganze Volk, auf Jahrhunderte, auf viele Nationen.

Anhang
zur dritten Auflage.

_____

Zu S. 24 oben. Leichter und freier Verkehr der verschiedenen Stände und Altersklassen und der beiden Geschlechter mit einander befördert den edlen Anstand; alle künstlichen Sonderungen machen die Menschen steif oder unempfindlich.

Zu S. 38. Neben Lessing kann auf Wilhelm von Humboldt hingewiesen werden; wie auch bei ihm die Idee der Humanität Centrum und Quellpunkt seiner, in Philosophie des Schönen, der Geschichte und der Sprache ausgebreiteten, Gedanken gewesen ist, das hat Steinthal in seinem großen Commentarwerk ausführlich dargelegt. (s. Die sprachphilos. Werke W. v. H.'s. Berlin bei Dümmler 1883 vgl. auch die vortreffliche Anzeige dieses Werkes von Dr. C. Th. Michaelis in der Nat.-Zeitung vom 27. Mai 83.)

Zu S. 63. Die Thatsachen thuns eben nicht und Principien bilden nicht den einzigen Gegensatz. Ich kenne eine Dame, welche aus der Kunstgeschichte, nach dem Urtheil der Kunstgelehrten „unausstehlich viel Thatsachen" weiß; welche Stiche von welchen Stechern aus welchen Jahren es in welchen Museen giebt. Aber in den Lehrbüchern und Katalogen stehen noch mehr Thatsachen; und die Bücher sind mir lieber. Nur wenn persönliches Gefühl oder wissenschaftliche Combination zu den gewußten Thatsachen tritt, haben sie einen Werth.

Zu S. 106 Anm. Die politischen Wandelungen der letzten Jahre können an den ethischen Forderungen eben so wenig ändern, wie an den psychologischen Thatsachen, auf welche sie gegründet sind. Ob die Lutherfeier den Sieg über den politischen Handel erringen und die Tiefen des sittlichen Geistes zu Gunsten jener Forderungen erregen wird?

Zu S. 138. Der Eintritt in eine große Gesellschaft, noch mehr in eine große Stadt, in der uns Niemand kennt, ist von einem oft niederdrückenden Gefühl begleitet. Unsere Seele ist gleichsam isolirt; wir stehen einer großen und mannigfachen Existenz gegenüber, mit welcher wir und welche mit uns keine Verbindung hat.

Zu S. 143 Z. 4 v. o. Begreiflich wird die Sache überhaupt nur aus folgendem Grunde: Die Schätzung der Ehre bleibt immer die gleiche; nur daß man — auf Kosten der Wahrheit oder der Tugend — als Schein gewinnen will, was man durch die Wirklichkeit aus Mangel an Fähigkeit oder Energie zu erreichen nicht im Stande ist.

Zu S. 143 Mitte: Die vorzüglichste Festrede zum 7. Stiftungsfest des Bonner Bildungsvereins 1879 von J. B. Meyer ist zu vergleichen.

Zu S. 184. Kein schärferes Argument gegen alle die aus dem Tadel der Ablehnung des von der Sitte geforderten Duells abgeleiteten Gründe für dasselbe giebt es, als das sogenannte amerikanische. An sich ein unseliger Unsinn, würde es, zur Ehrensitte erhoben, die Ablehnung oder Nichtausführung ebenso mit einem mitleidigen, spöttischen oder verächtlichen Lächeln bestrafen. Friedrich Kapp, gewiß einer der besten Kenner amerikanischer Zustände, antwortet mir auf meine Anfrage, die ich jüngst in Folge des traurig berühmt gewordenen Falles eines jungen Professors an ihn gerichtet: „Das sogenannte amerikanische Duell ist ein Unsinn, von welchem man allerdings oft hier, niemals aber in den Vereinigten Staaten von Amerika hört." Mit gutem Grund hat die National=Zeitung vom 3. August 1883 in einem vortrefflichen Leitartikel über „das sogenannte amerikanische Duell" auf die Nothwendigkeit hingewiesen, daß „die öffentliche Meinung sich wappne, um einer solchen gräßlichen Unsitte, wenn sie sich wirklich regen sollte, alsbald und energisch ein Ende zu bereiten;" zu den besten Mitteln, um dies Ziel sicher zu erreichen, würde allerdings gehören, daß in den Ehrencodex derjenigen Stände, welche an dem Duell als Sitte — aus welchen Gründen immer — noch festhalten, die Bestimmung aufgenommen würde, nach welcher derjenige, der zum sogenannten amerikanischen Duell herausfordert, damit sich jeden Anspruches auf Satisfaction begiebt und die Annahme der Herausforderung als den Gesetzen der Ehre widerstreitend unbedingt verboten wird."

Die Entscheidung des letzten Schicksals des Menschen, also über Leben und Tod, von dem „Loose" abhängig machen, ist eine solche Entehrung des menschlichen Daseins, daß alle Ehrenhaften, Anhänger wie Feinde des Duells zusammenstehen sollten in dem Kampfe gegen diese gräßlich = lächerliche todesmuthige Lebensfeigheit.

Mit Bezug auf den

S. 186 ausgeführten Gedanken, möchte ich noch eine Stelle aus dem in voriger Note citirten Briefe von Friedrich Kapp hier anführen; mag sie zu weiterem Nachdenken anregen; uns würde ihre Prüfung über die Grenze der gegenwärtigen Untersuchung weit hinausführen. — „Eine besondere Standesehre giebt es dort überhaupt nicht; sie geht auf in der höheren, persönlichen Würde des gentleman. Stand und Charakter = Europa und Amerika = Mittelalter und Neuzeit!"

Zu S. 194 f. Coningsby von Disraeli S. 702. „Ob er Reichthümer erbte oder verlor, was kümmerte das die vorübereilende Menge? Sie konnte doch nicht an seinem Glanze theilnehmen. Aber ein Wort von seinen Lippen, ein Gedanke seines Kopfes, zur rechten Zeit am rechten Orte ausgesprochen, konnte ihr Herz bewegen, ihren Leidenschaften eine andere Richtung geben, ihre Meinungen ändern, ihr Schicksal bestimmen. Nichts ist groß als das Persönliche. So wie die Civilisation weiter schreitet, werden die Ereignisse des Lebens mit jedem Tage weniger wichtig. Die Macht des Menschen, seine Größe und sein Ruhm hängen von wesentlichen Eigenschaften ab. Das Gehirn wird mit jedem Tage kostbarer als das Blut. Wer groß werden will, der muß der Menschheit neue Ideen geben, ihr neue Worte lehren, ihre Gesetze abändern, Vorurtheile ausrotten und Ueberzeugungen umstoßen. Die Größe hängt nicht mehr von den Einkünften ab, denn die Welt ist zu reich, und auch nicht von Stammbäumen, denn die Welt ist zu aufgeklärt."

Zu S. 196. Vgl. das vorzügliche Buch von Prof. Baumgarten: Doctor Martin Luther, Volksbuch zum Lutherfest. 1883. Rostock.

„Man fing bei seinen Lebzeiten schon an, sich nach seinem Namen zu benennen. Er verbittet sich das ganz ernstlich; wer ist Luther? fragt er, ich kenne ihn nicht und will ihn nicht kennen. Man soll nicht die Kinder Christi mit meinem heillosen Namen nennen."

Zu S. 272 vgl. mein „Erziehung und Geschichte." Ein Vortrag. Breslau und Leipzig bei Schottländer 1881.

Zu S. 278 s. Leben der Seele. Bd. II. 2. Aufl. S. 268 Anm.

Zu S. 286. Die am Schluß d. Anm. erwähnte Tafel der Interessen habe ich in meiner Abhandlung über „das Herz" dargestellt; s. „Ideale Fragen." Berlin bei A. Hofmann & Comp. 1878. S. 63—133.

Zu S. 296. Vgl. Ideale Fragen S. 116 s. auch für.

Zu S. 298. Daher erscheinen die Paroxismen der Liebe, welche mit elementarer Gewalt hervorbrechen, die Liebenden überwältigen, während sie Ursache und Deutung nicht finden können, diesen selbst wie ein Wunder: sie werden als ein „Unendliches" aufgefaßt und führen zur Verhimmelung und erwecken oder begünstigen den Glauben an Zauberei als ihrer letzten Ursache. Nun ist zwar die Wirkung eines Liebestrankes eben so dunkel wie die eines Liebesreizes; aber man verschmäht den offenkundigen aber unverstandenen Zauber des Reizes, um sich zugleich an dem Reiz des Zaubers zu weiden, oder um die Schuld auf ihn abzuwälzen.

Zu S. 309. Auch in Tilliers Onkel Benjamin und in manchen Erzählungen von Wilhelm Raabe ist die vorzügliche humoristische Wirkung auf dies Zusammentreffen des Komischen and des Ethischen zurück zu führen.

Zu S. 317 s. Daher wirkt auch der heftige Uebergang vom Schmerz zur Freude, von Streit zu Frieden, von Entsagen zum Glück, alles Wiedersehen, alle Versöhnung, und alle Lösung von Mißverstand so gewaltig und rührt uns im Leben wie in der Dichtung und auf der Bühne immer zu — Thränen.

Den Charakter der Individuen kann man gewiß, vielleicht auch den der Bildungsstufen daran erkennen, ob ihre Thränen mehr im Lustspiel oder im Trauerspiel vergossen werden.

Zu S. 342 und 47. Dazu ist Bd. III. S. 406 s. zu vergleichen.

Zu S. 390. Gewiß auch bei den Thieren findet Wandel der Individuen, Fortschritt und Rückschritt und die Vererbung desselben statt; aber das Thier kann seine abweichende Individualität nur auf seine Descendenz vererben; der Mensch aber, der Geist kann seine originelle Gestaltung, Wahrheit und Irrthum, Tugend und Laster jedem anderen Menschen lehren, überliefern.